杭州统计年鉴 2023

HANGZHOU STATISTICAL YEARBOOK

杭州统计年鉴 2023

HANGZHOU STATISTICAL YEARBOOK

杭　州　市　统　计　局
Hangzhou Municipal Bureau of Statistics
国家统计局杭州调查队
Survey Office of the National Bureau of Statistics in Hangzhou

中国统计出版社
China Statistics Press

图书在版编目（CIP）数据

杭州统计年鉴 . 2023 = Hangzhou Statistical Yearbook 2023 : 汉英对照 / 杭州市统计局，国家统计局杭州调查队编 . -- 北京 : 中国统计出版社 , 2023.10
ISBN 978-7-5230-0198-1

Ⅰ. ①杭… Ⅱ. ①杭… ②国… Ⅲ. ①统计资料—杭州—2023—年鉴—汉、英 Ⅳ. ①C832.551-54

中国国家版本馆 CIP 数据核字 (2023) 第 160931 号

杭州统计年鉴 2023

作　者 / 杭州市统计局　国家统计局杭州调查队
责任编辑 / 钟钰
装帧设计 / 杭州云鼎文化创意有限公司
出版发行 / 中国统计出版社有限公司
地　址 / 北京市丰台区西三环南路甲 6 号
邮政编码 / 100073
电　话 / 邮购（010）63376909　书店（010）68783171
网　址 / http://www.zgtjcbs.com
印　刷 / 浙江新中商务印刷有限公司
经　销 / 新华书店
开　本 / 890mm×1240mm 1/16
字　数 / 414 千字
印　张 / 26.25　彩　页 0.25
版　别 / 2023 年 10 月第 1 版
版　次 / 2023 年 10 月第 1 次印刷
定　价 / 300.00 元　Price:300.00yuan(RMB)

如有印装差错，由本社发行部调换。

统计年鉴

HANGZHOU STATISTICAL YEARBOOK

2023 编委会和编辑人员

统计年鉴
HANGZHOU STATISTICAL YEARBOOK

2023 Editorial Board and Staff

编者说明

一、《杭州统计年鉴2023》是一部信息密集的资料性年刊。本年鉴系统收集了全市和各区、县（市）2022年经济和社会各方面的统计数据，以及多个重要历史年份和近年全市主要统计数据。

二、本年鉴分为13个篇章：综合；人口和就业人员；农业；工业、能源；建筑业；交通运输、邮电；固定资产投资；批发、零售贸易和住宿餐饮业；对外经济、旅游；财政、金融、保险；城市建设、环境保护；科技、教育、文化、卫生、体育；人民生活、物价、民政。为便于读者使用，各篇章附有简要说明和主要统计指标解释。

三、本年鉴中涉及历史数据，均以最新版本为准；本年鉴中部分数据合计数或相对数由于单位取舍不同而产生的计算误差，均未做机械调整。

四、2001年起，萧山、余杭撤市建区，市区数据含萧山、余杭区；2014年起富阳撤市建区，市区数据包括富阳区；2017年起临安撤市建区，市区数据包括临安区；2019年起区县分组新增钱塘新区，萧山区数据未做特殊说明的均含托管在钱塘新区的街道数据；2021年起撤销原上城区、下城区、江干区、拱墅区、余杭区，设立新的上城区、拱墅区、余杭区、临平区、钱塘区。

五、本年鉴表中符号使用说明：“－”表示这一栏没有数字；“…”表示该数字不足本表最小计量单位；“#”表示其中的主要项；“空格”表示该项统计数据不详；“＊”表示表下有注解。

六、本年鉴所使用的度量衡单位均采用国际统一标准计量单位，金额除特别标明外，均以人民币计量。

七、《杭州统计年鉴》公开出版以来，受到了社会各界的关心和支持，对此我们深表谢意。限于我们的水平，欢迎各界人士继续对年鉴的不足之处给予批评指正，帮助我们进一步提高统计年鉴的编辑工作，更好地为社会各界服务（网址：http：//tjj. hangzhou. gov. cn）。

Editorial Note

Ⅰ. *Hangzhou Statistical Yearbook 2023* is an informative annual which contains very comprehensive statistics of Hangzhou's social and economic development in 2022, and selected data of recent years and some historically important years.

Ⅱ. This yearbook is composed of 13 chapters: 1. General Survey; 2. Population and Employment; 3. Agriculture; 4. Industry and Energy; 5. Construction; 6. Transportation, Post and Telecommunications; 7. Investment in Fixed Assets; 8. Wholesale and Retail Trade and Hotel and Catering Trade; 9. Foreign Economic Cooperation and Tourism; 10. Finance, Banking and Insurance; 11. Urban Construction and Environmental Protection; 12. Science and Technology, Education, Culture, Public Health and Sports; 13. People's Livelihood, Price Indices and Civil Administration. To facilitate readers, each chaper provides brief introduction and explanatory notes on main statistical indicators.

Ⅲ. Please refer to the newly published version of the yearbook for updated historical data. Statistical discrepancies on totals and relative figures due to rounding are not adjusted in the yearbook.

Ⅳ. Because of the change of urban administrative division, the data of Xiaoshan District and Yuhang District have been included into the urban districts since 2001, and it is the same for Fuyang District since 2014, Lin'an District since 2017. Qiantang New Area has been added into classification of districts and counties since 2019. Figures of Xiaoshan District without special explanation all include districts under administered by Qiantang New Area. Since 2021, the original Shangcheng, Xiacheng, Jianggan, Gongshu and Yuhang have been abolished, and the new Shangcheng, Gongshu, Yuhang, Linping and Qiantang have been established.

Ⅴ. Notations used in this yearbook: "—" indicates that the column has no figure; "…" indicates that the figure is not large enough to be measured with the smallest unit in the table; "#" indicates the major items of the total; "blank" indicates that the data are unknown; " * " indicates "see footnotes below".

Ⅵ. International standard units of measurement are applied in this yearbook, all amounts are denominated in RMB, unless otherwise indicated.

Ⅶ. Since published openly, we are so grateful that the previous editions of *Hangzhou Statistical Yearbook* have been widely concerned and supported. In order to get further improvement in the yearbook editing, we welcome all candid comments and criticism from our readers (website: http: //tjj. hangzhou. gov. cn).

目　　录
Contents

一、综合
Ⅰ. General Survey

二、人口和就业人员
Ⅱ. Population and Employment

三、农业
Ⅲ. Agriculture

四、工业、能源
Ⅳ. Industry and Energy

五、建筑业
Ⅴ. Construction

六、交通运输、邮电
Ⅵ. Transportation, Post and Telecommunications

七、固定资产投资

Ⅶ. Investment in Fixed Assets

八、批发、零售贸易和住宿餐饮业

Ⅷ. Wholesale and Retail Trade and Hotel and Catering Trade

九、对外经济、旅游

Ⅸ. Foreign Economic Cooperation and Tourism

十、财政、金融、保险
Ⅹ. Finance, Banking and Insurance

十一、城市建设、环境保护

Ⅺ. Urban Construction and Environmental Protection

十二、科技、教育、文化、卫生、体育

Ⅻ. Science and Technology,Education,Culture,Public Health and Sports

十三、人民生活、物价、民政

XIII. People's Livelihood, Price Indices and Civil Administration

一 综合

GENERAL SURVEY

1 综　　合
General Survey

主要统计指标
Major Statistical Indicators

全市生产总值	Gross Domestic Product	18753.07	亿元	(100 million yuan)
为上年	As Compared with the Preceding Year	101.5	%	(%)
第一产业	Primary Industry	345.97	亿元	(100 million yuan)
为上年	As Compared with the Preceding Year	101.8	%	(%)
第二产业	Secondary Industry	5619.86	亿元	(100 million yuan)
为上年	As Compared with the Preceding Year	100.4	%	(%)
第三产业	Tertiary Industry	12787.24	亿元	(100 million yuan)
为上年	As Compared with the Preceding Year	102.0	%	(%)
常住居民人均生产总值	Per Capita GDP (Long-term Residents)	152588	元	(yuan)
为上年	As Compared with the Preceding Year	99.8	%	(%)
地区生产总值构成	Composition of Gross Domestic Product	100	%	(%)
第一产业	Primary Industry	1.8	%	(%)
第二产业	Secondary Industry	30.0	%	(%)
第三产业	Tertiary Industry	68.2	%	(%)

1-01 行政区划(2022年末)
Administrative Division(End of 2022)

单位:个 (unit)

地 区	Region	街 道 Subdistricts	乡(镇) Towns and Townships	镇 Towns	村、社区、居民区 Villages, Communities and Residential Areas	村 Villages
全 市	**Whole City**	**93**	**98**	**75**	**3285**	**1906**
市 区	Urban District	86	52	46	2435	1159
#上城区	Shangcheng	14	–	–	203	4
拱墅区	Gongshu	18	–	–	174	–
西湖区	Xihu	10	2	2	222	41
高新(滨江)区	Hi-Tech(Binjiang)	3	–	–	66	–
萧山区	Xiaoshan	10	12	12	572	336
余杭区	Yuhang	7	5	5	222	116
临平区	Linping	7	1	1	196	57
钱塘区	Qiantang	7	–	–	122	59
富阳区	Fuyang	5	19	13	350	276
临安区	Lin'an	5	13	13	308	270
桐庐县	Tonglu	4	10	6	218	181
淳安县	Chun'an	–	23	11	361	337
建德市	Jiande	3	13	12	271	229

注:1. 西湖区含风景名胜区数据。

a) Figures of Xihu include the West Lake Scenic Zone.

1－02 平均每天主要

Selected Indicators on Average Daily Social

指 标 Item		2013	2014	2015
全市生产总值 Gross Domestic Product	(万元) (10,000 yuan)	236710	260335	287542
工业增加值 Value－Added of Industry	(万元) (10,000 yuan)	87282	94747	99774
规模以上工业企业利税总额 Total Pre－tax Profits of Industrial Enterprises above Designated Size	(万元) (10,000 yuan)	39741	42139	42731
农林牧渔业总产值 Gross Output Value of Farming, Forestry, Animal Husbandry and Fishery	(万元) (10,000 yuan)	10942	11468	12066
固定资产投资 Investment in Fixed Assets	(万元) (10,000 yuan)	116818	135690	152228
住宅竣工面积 Floor Space of Residential Buildings Completed	(平方米) (sq. m)	23154	25425	29323
社会消费品零售总额 Total Retail Sales of Consumer Goods	(万元) (10,000 yuan)	99719	107540	119378
住户存款新增额 The Increased Amount of Household Deposits	(万元) (10,000 yuan)	8729	9825	8739
财政总收入 Total Financial Revenue	(万元) (10,000 yuan)	47534	52606	61335

2016	2017	2018	2019	2020	2021	2022
319930	360568	391965	421179	442809	499927	513783
101894	107739	113221	117491	115401	130939	134844
45236	48617	49322	50822	54821	62649	64473
12268	12540	12770	13730	13679	13741	14130
159629	160456	–	–	–	–	–
30419	40297	30434	28301	–	–	–
131447	145220	158046	171869	165450	184754	199824
23921	4858	41861	46066	68219	38912	109476
69902	80036	94725	100001	105306	124979	125756

1－03 国民经济

Major Indicators of

指　　标		Item	
年末常住人口	(万人)	Long－term Residents(End of 2022)	(10,000 persons)
年末户籍人口	(万人)	Household Registration Population(End of 2022)	(10,000 persons)
#城镇人口	(万人)	Urban Population	(10,000 persons)
年末从业人员数	(万人)	Total Number of Employed Persons(End of 2022)	(10,000 persons)
全市生产总值	(亿元)	Gross Domestic Product	(100 million yuan)
第一产业	(亿元)	Primary Industry	(100 million yuan)
第二产业	(亿元)	Secondary Industry	(100 million yuan)
第三产业	(亿元)	Tertiary Industry	(100 million yuan)
人均生产总值(户籍)	(元)	Per Capita GDP(Household)	(yuan)
人均生产总值(常住)	(元)	Per Capita GDP(Long－term)	(yuan)
主要农产品产量		Output of Major Farm Products	
粮食	(万吨)	Grain	(10,000 tons)
棉花	(吨)	Cotton	(ton)
油菜籽	(吨)	Rapeseeds	(ton)
茶叶	(吨)	Tea	(ton)
蚕茧	(吨)	Silk－worm Cocoons	(ton)
生猪年末存栏	(万头)	Hogs in Stock at Year End	(10,000 heads)
肉类产量	(万吨)	Output of Meat	(10,000 tons)
淡水产品产量	(吨)	Freshwater Aquatic Products	(ton)
全部工业总产值	(亿元)	The Total Output Value of Industrial Enterprises	(100 million yuan)
规模以上工业总产值	(亿元)	The Output Value of Industrial Enterprises Above Designated Size	(100 million yuan)
规模以上工业企业利税总额	(亿元)	Total Pre－tax Profits of Industrial Enterprises Above Designated Size	(100 million yuan)
客运量	(万人次)	Total Passenger Traffic	(10,000 person－times)
货运量	(万吨)	Total Freight Traffic	(10,000 tons)
固定资产投资	(亿元)	Investment in Fixed Assets	(100 million yuan)
社会消费品零售总额	(亿元)	Total Retail Sales of Consumer Goods	(100 million yuan)

注:1. 规模以上工业的计算口径,1997 年以前为乡及乡以上,1998－2010 年为主营业务收入 500 万元及以上,2011 年起为 2000 万元及以上的工业企业。

2. 从 2014 年起,粮食数据按粮食生产统计监测抽样调查口径。

主要指标（主要年份）
National Economy (Main Years)

1985	1990	1995	2000	2005	2010	2016	2017	2018	2019	2020	2021	2022
	583.21		701.70	771.30	870.54	1061.00	1092.10	1125.40	1161.30	1196.50	1220.4	1237.6
543.05	574.78	597.96	621.58	660.45	689.12	736.00	753.90	774.10	795.37	813.83	834.54	846.75
153.46	169.00	191.43	226.99	297.54	365.24	463.86	482.55	515.04	535.96	568.23	593.36	610.08
330.37	363.49	422.55	408.11	481.10	591.90	641.45	658.37	685.86	726.57	748.39	759.68	758.64
90.49	189.62	762.01	1395.67	2973.74	6049.56	11709.45	13160.72	14306.72	15418.80	16206.82	18247.33	18753.07
15.97	30.94	69.25	103.96	140.29	205.34	293.63	299.96	305.56	325.72	329.56	337.49	345.97
52.08	96.17	410.00	717.88	1524.25	2861.45	4226.87	4453.44	4694.06	4838.08	4823.04	5472.82	5619.86
22.44	62.51	282.76	573.83	1309.21	2982.77	7188.96	8407.32	9307.10	10255.00	11054.22	12437.01	12787.24
1675	3310	12797	22554	45327	88154	160453	176668	187263	196483	201426	221398	223080
					71007	111572	122249	129035	134856	137474	150998	152588
180.00	189.56	174.50	153.08	103.50	58.00	45.91	47.26	49.60	49.64	50.86	53.00	53.01
6704	6693	8038	2112	1038	704	300	255	240	292	243	216	187
51849	60683	61446	80436	70733	67946	43526	47223	55584	59503	61388	57890	61327
22742	26429	19824	24810	25551	30500	28150	30103	30091	31342	29575	29838	29969
7980	11085	13240	9308	16339	11700	3482	3013	4564	3454	-	-	-
166.10	159.00	147.58	172.16	165.28	192.53	126.91	114.03	107.02	90.34	104.51	109.61	95.31
11.16	14.93	19.21	25.24	30.74	31.78	22.19	21.27	19.11	14.97	10.98	11.53	12.96
30400	47588	63294	91626	147800	208945	173447	172845	166947	168042	172247	181045	178117
				6589.51	12810.52	15054.78	15688.35	16087.41	16895.32	-	-	-
128.59	292.26	1020.03	1543.57	5441.13	11081.04	12420.96	12963.76	14016.41	14585.45	14712.08	17746.18	18360.12
24.81	31.54	63.05	161.61	450.68	1224.48	1655.64	1774.52	1800.26	1854.99	2006.46	2286.68	2353.25
6724	8119	16620	18607	24124	33772	20541	22289	20121	20888	12183	13823	9826
2488	6522	10347	11459	19909	25915	30170	34785	35180	36384	41944	46997	43161
14.19	22.92	156.63	376.65	1277.80	2651.88	5842.42	5856.65	-	-	-	-	-
47.81	98.17	299.35	514.68	967.38	2155.37	4810.95	5300.52	5768.67	6273.22	6055.47	6743.52	7293.56

a) The standard for above designated size of industry, before 1997, it was above the sub - district level; 1998 - 2010, it was the annual sales income over 5 million yuan; since 2011, it was the annual sales income over 20 million yuan.

b) The data of grain was obtained from the sampling survey of grain production since 2014.

1－03 续表

指　标		Item	
境外旅游者人数	（万人次）	Number of Foreign Tourists	（10,000 person－times）
财政总收入	（亿元）	Total Financial Revenue	（100 million yuan）
一般公共预算支出	（亿元）	General Public Budget Revenue	（100 million yuan）
金融机构存款余额（本外币）	（亿元）	Deposits of Financial Institutions	（100 million yuan）
住户存款余额	（亿元）	Household Deposits	（100 million yuan）
金融机构贷款余额（本外币）	（亿元）	Loans of Financial Institutions	（100 million yuan）
非私营单位就业人员工资总额	（亿元）	Total Wages of Employed Persons in Non－private Units	（100 million yuan）
非私营单位就业人员平均工资	（元）	Average Wage of Employed Persons in Non－private Units	（yuan）
市区居民消费价格指数	（以1978年为100）	Consumer Price Index in Urban District	（Year of 1978＝100）
市区商品零售价格指数	（以1978年为100）	Retail Price Index in Urban District	（Year of 1978＝100）
全体居民人均可支配收入	（元）	Per Capita Annual Disposable Income of Urban and Rural Residents	（yuan）
城镇居民人均可支配收入	（元）	Per Capita Annual Disposable Income of Urban Residents	（yuan）
农村居民人均可支配收入	（元）	Per Capita Annual Disposable Income of Rural Residents	（yuan）
高等学校在校学生数	（人）	Student Enrollment in Institutions of Higher Education	（person）
中等专业学校在校学生数	（人）	Student Enrollment in Secondary Specialized Schools	（person）
普通中学在校学生数	（人）	Student Enrollment in Secondary Schools	（person）
小学在校学生数	（人）	Student Enrollment in Primary Schools	（person）
卫生机构数	（个）	Number of Health Institutions	（unit）
#医院	（个）	Number of Hospitals	（unit）
卫生技术人员	（人）	Number of Medical Technical Personnel	（person）
#执业（助理）医师	（人）	Number of Lisensed（Assistant）Doctors	（person）
床位数	（张）	Number of Beds in Health Institutions	（unit）
#医院	（张）	Beds in Hospital	（unit）

continued

1985	1990	1995	2000	2005	2010	2016	2017	2018	2019	2020	2021	2022
23.84	38.83	44.13	70.71	151.36	275.71	363.23	402.23	420.51	113.31	14.31	18.16	9.64
18.65	25.25	55.13	142.85	520.79	1245.43	2558.41	2921.30	3457.46	3650.04	3854.19	4561.72	4590.08
5.77	11.82	24.91	73.43	238.33	616.58	1404.31	1540.92	1717.08	1952.85	2069.66	2392.04	2542.09
48.50	133.77	707.97	2088.47	6748.72	17084.35	33386.04	36483.24	39810.50	45286.99	54246.47	61044.30	69592.03
15.96	69.75	342.34	788.56	2191.66	4990.97	8493.27	8670.60	10198.52	11901.30	14398.12	15818.40	19814.42
58.01	180.33	567.20	1686.64	5545.30	15078.73	26169.00	29270.94	36598.25	42245.17	49799.28	56274.77	62306.30
13.01	27.79	89.05	126.75	297.02	933.06	2417.60	2646.72	2864.69	3298.52	3676.74	4241.82	4604.90
1266	2382	7156	14257	31069	48772	85022	93891	103798	117339	128308	146701	153558
140.21	246.68	503.06	611.07	623.07	701.33	822.66	843.23	862.62	889.36	908.04	919.84	941.92
142.61	256.45	476.99	504.42	470.47	526.76	583.12	588.95	600.73	619.35	624.92	634.92	653.33
						46116	49832	54348	59261	61879	67709	70281
1026	1985	6301	9668	16601	30035	52185	56276	61172	66068	68666	74700	77043
624	1171	3012	4894	7655	13186	27908	30397	33193	36255	38700	42692	45183
36996	39866	63124	122386	351918	434811	480953	484070	496383	518325	550608	584533	613126
16527	23564	42784	45238	20344	3999	4402	4566	4448	4535	4540	4493	4601
244399	199940	257071	342533	362257	352997	326187	337851	349327	362109	373997	394788	415837
414839	460514	513988	485679	458942	453897	543038	560411	590491	616929	645302	680976	710667
1582	1738	1712	1599	2196	2819	4691	4933	5377	5925	5675	5633	5823
404	440	414	396	127	151	277	302	316	343	353	370	387
25593	30990	34245	35487	42353	61117	101194	110395	117425	126995	134258	142341	148515
11503	14483	16465	16317	17833	24345	38172	41833	44896	48962	51135	55013	57455
19637	24121	26684	27166	33251	42828	69452	75948	81215	85708	90057	90754	92894
15010	18879	21360	23303	25907	36148	63994	70187	75186	79957	84251	85475	87950

1－04　全市生产总值(1949－2022 年)

Gross Domestic Product(1949－2022)

单位:亿元　　(100 million yuan)

年　份 Year	生产总值(当年价格) Gross Domestic Product	第一产业 Primary Industry	第二产业 Secondary Industry	第三产业 Tertiary Industry	人均生产总值(元)(按常住) Per Capita GDP(yuan) Long－term Residents	人均生产总值(元)(按户籍) Per Capita GDP(yuan) Household Registered
1949	2.55	1.43	0.38	0.74		89
1950	2.99	1.73	0.48	0.79		102
1951	3.76	1.94	0.86	0.96		125
1952	4.47	2.28	1.05	1.14		145
1953	5.02	2.32	1.32	1.37		159
1954	5.17	2.28	1.50	1.40		160
1955	5.37	2.43	1.49	1.45		161
1956	6.20	2.50	1.94	1.76		181
1957	7.04	2.33	2.61	2.10		198
1958	9.91	2.55	5.28	2.07		268
1959	12.50	2.63	7.20	2.71		330
1960	13.39	2.49	7.74	3.16		345
1961	10.70	2.70	5.16	2.84		273
1962	9.94	3.04	4.24	2.67		249
1963	10.32	3.28	4.39	2.64		252
1964	11.56	3.39	5.49	2.68		274
1965	12.77	3.56	6.38	2.83		296
1966	13.91	3.82	7.10	2.99		317
1967	13.27	3.72	6.49	3.05		298
1968	13.06	3.77	6.26	3.03		288
1969	15.13	3.81	8.09	3.23		332
1970	16.73	4.07	9.25	3.42		366
1971	19.10	4.74	10.59	3.77		412
1972	19.92	5.19	10.83	3.90		423
1973	20.75	4.99	11.72	4.04		435
1974	18.98	5.14	9.80	4.04		393
1975	18.63	4.88	9.62	4.13		381
1976	19.04	5.00	9.87	4.17		386
1977	23.06	4.91	13.59	4.56		463
1978	28.40	6.34	16.93	5.13		565
1979	33.53	8.39	19.41	5.73		659
1980	40.65	8.15	25.35	7.14		791
1981	46.82	9.10	28.76	8.96		904
1982	50.19	10.88	29.47	9.84		957
1983	55.89	10.11	33.44	12.34		1054
1984	69.47	12.64	40.55	16.27		1298
1985	90.49	15.97	52.09	22.44		1675
1986	105.36	17.76	60.13	27.47		1917
1987	126.02	20.44	71.89	33.69		2276
1988	152.54	25.68	85.53	41.33		2717
1989	166.29	28.27	89.67	48.35		2928

1-04 续表 continued

单位:亿元 (100 million yuan)

年 份 Year	生产总值 (当年价格) Gross Domestic Product	第一产业 Primary Industry	第二产业 Secondary Industry	第三产业 Tertiary Industry	人均生产总值 (元)(按常住) Per Capita GDP(yuan) Long-term Residents	人均生产总值 (元)(按户籍) Per Capita GDP(yuan) Household Registered
1990	189.62	30.94	96.17	62.51		3310
1991	227.95	33.40	113.11	81.44		3952
1992	290.07	34.90	148.78	106.38		4996
1993	424.71	41.94	226.44	156.33		7263
1994	585.52	57.51	314.34	213.67		9924
1995	762.01	69.25	410.00	282.75		12797
1996	906.61	84.00	477.62	344.99		15095
1997	1036.33	91.36	541.50	403.47		17113
1998	1134.89	96.06	587.96	450.88		18611
1999	1225.28	97.58	630.75	496.95		19961
2000	1395.67	103.96	717.88	573.83		22554
2001	1582.94	111.46	803.16	668.32		25313
2002	1798.96	114.64	912.78	771.53		28421
2003	2118.71	126.59	1087.74	904.38		33115
2004	2566.46	132.23	1334.99	1099.24		39653
2005	2973.74	140.29	1524.25	1309.21		45327
2006	3483.41	149.88	1763.65	1569.89	44639	52510
2007	4155.84	162.85	2085.15	1907.84	52065	62090
2008	4850.59	178.50	2419.08	2253.01	59619	71861
2009	5181.80	188.45	2404.92	2588.44	62673	76146
2010	6049.56	205.34	2861.45	2982.77	71007	88154
2011	7153.03	232.32	3326.34	3594.38	80360	103306
2012	7968.58	249.44	3553.18	4165.95	85831	114144
2013	8639.91	254.74	3649.62	4735.54	89649	122802
2014	9502.21	266.62	3953.53	5282.07	95313	133611
2015	10495.28	278.98	4133.92	6082.38	102318	145838
2016	11709.45	293.63	4226.87	7188.96	111572	160453
2017	13160.72	299.96	4453.44	8407.32	122249	176668
2018	14306.72	305.56	4694.06	9307.10	129035	187263
2019	15418.80	325.72	4838.08	10255.00	134856	196483
2020	16206.82	329.56	4823.04	11054.22	137474	201426
2021	18247.33	337.49	5472.82	12437.01	150998	221398
2022	18753.07	345.97	5619.86	12787.24	152588	223080

1－05　市区生产总值(1978－2022年)

Gross Domestic Product of Urban District (1978－2022)

单位:万元　　　　(10,000 yuan)

年　份 Year	地区生产总值(当年价格) Gross Domestic Product	第一产业 Primary Industry	第二产业 Secondary Industry	第三产业 Tertiary Industry	人均生产总值(元)(按常住) Per Capita GDP(yuan) Long－term Residents	人均生产总值(元)(按户籍) Per Capita GDP(yuan) Household Registered
1978	141995	5215	106663	30117	－	1389
1979	167206	6527	126517	34162	－	1555
1980	208220	5943	159161	43116	－	1863
1981	229243	6165	171946	51132	－	2005
1982	248297	7327	183284	57686	－	2125
1983	282171	5938	200334	75899	－	2369
1984	353781	8469	244445	100867	－	2919
1985	448574	11233	293579	143762	－	3633
1986	513639	12245	324585	176809	－	4042
1987	605234	15408	370668	219158	－	4724
1988	708474	19602	425319	263553	－	5441
1989	772208	23869	435847	312492	－	5848
1990	896496	23919	470844	401733	－	6722
1991	1096628	25767	547949	522912	－	8158
1992	1413278	27611	712697	672970	－	10420
1993	2086571	36208	1052187	998176	－	15196
1994	2788314	48257	1395127	1344930	－	19945
1995	3697793	57784	1866784	1773225	－	25969
1996	4727377	110881	2356408	2260088	－	28552
1997	5414265	130062	2630349	2653853	－	32227
1998	5905726	134320	2786159	2985247	－	34620
1999	6317335	145242	2915614	3256479	－	36394
2000	7111585	145715	3278310	3687560	－	40127
2001	12260890	582492	6026353	5652045	－	32607
2002	14042278	605433	6901224	6535621	－	36640
2003	16647332	665083	8343138	7639111	－	42675
2004	20362738	664676	10368453	9329609	－	51241
2005	23789254	682559	11800886	11305809	－	58659
2006	27930116	728962	13551253	13649901	51904	67816
2007	33296640	780966	15859466	16656208	59911	79879
2008	38841136	838780	18288447	19713909	68036	92062
2009	41615787	879676	18119189	22616921	71325	97491
2010	48718469	920654	21638629	26159186	80230	112740
2011	57405621	1019227	25002422	31383972	89363	131189
2012	64206239	1083214	26609724	36513301	94881	144973
2013	70003793	1108054	27286186	41609552	98841	156215
2014	83305362	1506729	33190100	48608533	102178	159934
2015	92269251	1589108	34672097	56008046	109395	174434
2016	103682893	1664265	35642963	66375666	119512	192444
2017	122414796	2100929	40378589	79935278	128103	201827
2018	133519062	2123934	42866281	88528847	135202	213540
2019	144057812	2270061	44070699	97717051	141012	223020
2020	152059852	2289196	44068191	105702465	143921	228342
2021	171489390	2311028	49935127	119243236	157938	250003
2022	176186116	2350780	51267999	122567337	159271	250649

1－06　全市生产总值指数(1949－2022年)

Indices of Gross Domestic Product (1949－2022)

(上年＝100)　　(Preceding Year＝100)

年　份 Year	生产总值 Gross Domestic Product	第一产业 Primary Industry	第二产业 Secondary Industry	第三产业 Tertiary Industry	人均生产总值(按常住) Per Capita GDP Long－term Residents	人均生产总值(按户籍) Per Capita GDP Household Registered
1949	100.0	100.0	100.0	100.0		100.0
1950	116.4	119.9	116.8	105.8		113.0
1951	118.3	112.9	165.8	111.0		115.4
1952	119.0	114.7	135.3	120.4		116.1
1953	108.9	103.4	115.9	119.9		106.2
1954	101.9	99.5	111.7	100.4		99.5
1955	105.6	106.9	104.4	103.3		102.3
1956	111.2	103.1	124.0	121.9		108.4
1957	113.6	99.9	144.4	116.2		109.4
1958	132.2	105.7	204.0	99.2		127.6
1959	118.9	101.9	129.4	129.8		116.1
1960	105.4	91.8	110.1	117.2		102.8
1961	76.7	94.6	61.8	87.6		76.0
1962	91.3	104.5	77.6	94.6		89.7
1963	105.3	109.4	104.5	101.3		102.5
1964	111.5	105.4	126.0	107.6		108.4
1965	112.3	106.5	120.9	105.8		109.7
1966	107.0	103.8	110.5	101.5		105.3
1967	96.6	94.4	96.1	99.3		95.0
1968	99.2	105.5	93.9	106.4		97.6
1969	114.1	96.9	130.3	105.8		113.3
1970	109.8	110.3	114.8	110.1		109.6
1971	100.3	100.9	96.0	103.4		99.0
1972	114.4	109.1	123.1	103.6		112.5
1973	103.6	96.4	108.2	100.2		102.2
1974	92.9	103.6	84.3	100.2		91.9
1975	98.7	95.7	99.1	102.4		97.7
1976	102.4	102.9	102.7	101.0		101.2
1977	118.8	98.3	136.7	109.3		117.9
1978	120.2	119.1	123.7	111.6		119.0
1979	113.3	114.2	114.0	110.0		112.1
1980	119.7	92.5	130.2	118.8		118.4
1981	113.6	102.9	114.0	124.2		112.6
1982	107.2	119.4	103.2	108.6		105.9
1983	111.2	89.1	114.3	124.7		109.9
1984	122.7	121.2	120.8	129.0		121.6
1985	119.4	99.9	122.6	124.4		118.2
1986	111.5	103.6	111.5	116.2		110.3
1987	112.8	102.5	114.0	115.1		111.3
1988	107.4	97.8	109.8	105.4		105.8
1989	96.9	99.8	94.4	102.3		95.8

1－06 续表 continued

（上年＝100） (Preceding Year＝100)

年 份 Year	生产总值 Gross Domestic Product	第一产业 Primary Industry	第二产业 Secondary Industry	第三产业 Tertiary Industry	人均生产总值（按常住） Per Capita GDP Long－term Residents	人均生产总值（按户籍） Per Capita GDP Household Registered
1990	105.8	106.4	106.5	103.8		104.9
1991	118.1	104.4	116.6	127.0		117.3
1992	122.9	100.3	129.7	122.3		122.1
1993	130.1	105.9	138.3	125.8		129.1
1994	126.3	108.1	132.1	122.0		125.2
1995	119.9	107.1	123.1	117.6		118.8
1996	113.0	105.4	114.5	112.2		112.0
1997	113.1	106.8	112.8	114.8		112.1
1998	111.2	109.4	111.8	110.7		110.5
1999	110.2	105.5	110.1	111.1		109.4
2000	112.0	105.7	112.5	112.1		111.1
2001	112.2	107.4	112.7	112.5		111.1
2002	113.2	104.1	113.3	114.7		111.8
2003	115.2	106.0	118.6	112.6		114.0
2004	115.0	105.1	116.7	114.3		113.7
2005	113.1	103.4	111.6	116.5		111.6
2006	114.3	104.1	112.5	117.4		113.0
2007	114.7	102.8	114.4	116.3	112.2	113.7
2008	111.0	103.8	108.8	114.0	108.9	110.0
2009	110.0	103.1	106.0	114.7	108.2	109.1
2010	112.0	102.5	111.2	113.5	108.7	111.1
2011	110.1	102.5	108.5	112.2	105.4	109.1
2012	109.0	102.5	106.9	111.3	104.5	108.1
2013	108.0	101.4	106.7	109.5	104.0	107.2
2014	108.2	101.9	107.8	108.8	104.6	107.0
2015	110.2	101.8	105.5	114.6	107.1	108.9
2016	109.7	101.4	104.5	113.6	107.2	108.2
2017	108.2	101.7	104.8	110.6	105.5	106.0
2018	106.7	101.8	105.8	107.5	103.6	104.1
2019	106.8	101.9	104.7	108.1	103.5	103.9
2020	103.9	99.4	102.3	105.0	100.8	100.0
2021	108.5	101.8	108.6	108.7	105.9	106.0
2022	101.5	101.8	100.4	102.0	99.8	99.5

注：1.本表按可比价格计算。

a) The indices in this table are calculated at comparable prices.

1－07　市区生产总值指数(1978－2022 年)

Indices of Gross Domestic Product of Urban District (1978－2022)

(上年＝100)　　(Preceding Year＝100)

年　份 Year	地区生产总值 Gross Domestic Product	第一产业 Primary Industry	第二产业 Secondary Industry	第三产业 Tertiary Industry	人均生产总值(按常住) Per Capita GDP Long－term Residents	人均生产总值(按户籍) Per Capita GDP Household Registered
1978	120.1	118.8	122.3	113.6	118.0	
1979	116.4	109.4	118.1	111.6	111.4	
1980	124.8	85.9	127.8	120.0	119.7	
1981	110.1	96.1	108.6	117.4	107.6	
1982	108.6	118.8	107.4	111.7	106.3	
1983	113.9	77.5	110.1	130.7	111.7	
1984	124.0	138.2	121.5	130.0	121.8	
1985	118.2	105.0	114.7	128.1	116.0	
1986	109.4	101.6	106.5	116.7	107.4	
1987	111.3	111.8	109.1	116.0	109.4	
1988	105.0	99.2	106.0	103.2	103.3	
1989	93.6	107.8	89.1	102.0	92.2	
1990	105.6	100.6	106.0	105.2	104.6	
1991	116.2	102.6	113.3	120.5	115.3	
1992	125.7	101.1	125.6	127.0	124.5	
1993	128.5	103.0	130.5	127.3	126.9	
1994	126.6	109.3	133.6	119.5	124.4	
1995	119.6	106.5	121.3	117.9	117.4	
1996	114.7	106.1	116.7	112.4	105.3	
1997	113.4	110.0	111.5	116.0	104.7	
1998	109.4	107.7	108.7	110.4	107.8	
1999	107.9	110.3	107.0	108.9	106.0	
2000	111.6	100.4	111.6	112.0	109.3	
2001	113.0	107.9	113.1	113.1	111.2	
2002	114.1	105.2	112.9	115.4	111.9	
2003	115.8	104.2	120.1	112.5	113.8	
2004	115.5	103.6	117.4	114.1	113.4	
2005	112.5	101.2	108.8	116.3	110.2	
2006	114.1	101.2	111.2	118.0	112.4	
2007	114.6	101.5	113.2	116.6	113.2	111.0
2008	110.8	100.9	107.8	114.1	109.4	107.9
2009	110.4	102.9	106.3	114.4	109.1	108.0
2010	111.9	101.4	110.6	113.4	110.6	107.6
2011	110.0	101.9	107.8	112.1	108.6	104.0
2012	109.0	102.1	106.3	111.3	107.7	103.4
2013	107.8	99.4	106.5	109.1	106.5	103.0
2014	108.2	101.0	107.9	108.6	106.7	104.0
2015	110.4	101.5	105.3	114.6	108.7	106.7
2016	109.8	100.1	104.1	113.6	107.8	106.7
2017	108.2	101.2	104.8	110.5	105.6	105.1
2018	106.8	101.5	106.0	107.4	103.6	103.3
2019	106.8	101.5	104.4	108.3	103.4	103.3
2020	104.1	99.3	102.2	105.3	100.7	100.7
2021	108.6	101.5	108.1	109.0	105.7	105.4
2022	101.4	101.2	100.2	102.0	99.6	99.0

1－08 分行业
Composition of

单位:万元

行　　业	Sector	全 Whole 2022	全 Whole 为上年(%) As Compared with the Preceding Year(%)
全市生产总值	**Gross Domestic Product**	**187530726**	**101.5**
按行业分	Grouped by Sector		
#农林牧渔业	#Farming Forestry Animal Husbandry & Fishery	3553364	101.9
工业	Industry	49218146	100.4
建筑业	Construction	7008326	100.1
批发和零售业	Wholesale and Retail Trade	15445251	104.1
交通运输、仓储和邮政业	Transportation, Storage and Post	4671148	95.1
住宿和餐饮业	Hotels and Catering Services	2263175	97.3
金融业	Financial Intermediation	24067548	107.5
房地产业	Real Estate	12365311	90.1
其他服务业	Others	68938457	102.8
营利性服务业	For－profit Service Industry	50871797	101.6
非营利性服务业	Non－profit Service Industry	18066660	106.3
第一产业	Primary Industry	3459669	101.8
第二产业	Secondary Industry	56198648	100.4
第三产业	Tertiary Industry	127872409	102.0

生产总值构成(2022 年)
Gross Domestic Product(2022)

(10,000 yuan)

市 City		#市 区 Urban District			
比 重 (%) Proportion(%)		2022	为上年(%) As Compared with the Preceding Year(%)	比 重 (%) Proportion(%)	
2022	2021			2022	2021
100.0	**100.0**	**176186116**	**101.4**	**100.0**	**100.0**
1.9	1.9	2422504	101.3	1.4	1.4
26.2	26.2	45338545	100.2	25.7	25.7
3.7	3.8	5954822	99.9	3.4	3.5
8.2	8.0	14562837	104.2	8.3	8.0
2.5	2.6	4193840	94.9	2.4	2.5
1.2	1.3	2078234	97.4	1.2	1.2
12.8	12.1	23216703	107.4	13.2	12.4
6.6	7.5	11560156	89.9	6.6	7.4
36.8	36.7	66858475	102.8	37.9	37.9
27.1	27.3	49977899	101.5	28.4	28.6
9.6	9.3	16880576	106.3	9.6	9.3
1.8	1.8	2350780	101.2	1.3	1.3
30.0	30.0	51267999	100.2	29.1	29.1
68.2	68.2	122567337	102.0	69.6	69.6

1－09　分地区和产业生产总值构成(2022年)

Gross Domestic Product by Region and Industry(2022)

单位:万元　　　　(10,000 yuan)

地　区	Region	地区生产总值 Gross Domestic Product	第一产业 Primary Industry	第二产业 Secondary Industry	第三产业 Tertiary Industry	工　业 Industry	建筑业 Construction	户籍人口人均GDP(元) Per Capita GDP (yuan)(Household Registered)	常住人口人均GDP(元) Per Capita GDP (Long－term Residents)
全　市	**Whole City**	**187530726**	**3459669**	**56198648**	**127872409**	**49218146**	**7008326**	**223080**	**152588**
市　区	Urban District	176186116	2350780	51267999	122567337	45338545	5954822	250649	159271
#上城区	Shangcheng	25605314	－	6710423	18894891	5352085	1360075	292815	189248
拱墅区	Gongshu	20033192	－	1933676	18099516	1239896	701671	227239	172551
西湖区	Xihu	19701016	31729	1539082	18130205	1144507	396491	246013	172438
高新(滨江)区	Hi－Tech(Binjiang)	21847959	5350	8489873	13352736	8304937	185083	689912	414179
萧山区	Xiaoshan	20639462	592857	8007348	12039257	7084013	927387	164991	99085
余杭区	Yuhang	26512511	418320	3392541	22701650	2944386	450786	370675	198373
临平区	Linping	10066786	160122	5321167	4585497	5017773	305148	169793	87575
钱塘区	Qiantang	12260328	127124	8233029	3900175	7740322	495580	361929	154218
富阳区	Fuyang	9173962	528340	4156937	4488685	3556308	602941	131734	108568
临安区	Lin'an	6723429	469940	3411137	2842352	2954319	456872	123915	104239
西湖风景名胜区	The West Lake Scenic Zone	519630	16998	182	502450	－	185	275505	216512
桐庐县	Tonglu	4314101	276125	2021678	2016297	1589514	433818	102901	94504
淳安县	Chun'an	2695100	423606	712949	1558545	442890	270698	59692	82545
建德市	Jiande	4335410	409158	2196022	1730230	1847196	348987	85596	97425

1 - 10 分地区和产业生产总值指数(2022 年)

Indices of Gross Domestic Product by Region and Industry(2022)

(上年 = 100) (Preceding Year = 100)

地 区	Region	地区生产总值 Gross Domestic Product	第一产业 Primary Industry	第二产业 Secondary Industry	第三产业 Tertiary Industry	工 业 Industry	建筑业 Construction
全 市	**Whole City**	**101.5**	**101.8**	**100.4**	**102.0**	**100.4**	**100.1**
市 区	Urban District	101.4	101.2	100.2	102.0	100.2	99.9
#上城区	Shangcheng	103.8	–	102.6	104.2	102.3	103.5
拱墅区	Gongshu	101.5	–	101.9	101.5	101.9	102.1
西湖区	Xihu	100.1	104.3	99.8	100.1	100.1	99.0
高新(滨江)区	Hi - Tech(Binjiang)	101.8	111.9	101.1	102.3	101.2	100.2
萧山区	Xiaoshan	101.2	100.8	99.0	102.6	98.6	102.3
余杭区	Yuhang	101.0	102.2	100.1	101.1	99.6	104.0
临平区	Linping	100.3	102.5	99.5	101.1	99.4	101.9
钱塘区	Qiantang	100.1	97.6	98.7	103.1	98.2	108.2
富阳区	Fuyang	102.1	102.7	101.4	102.6	100.7	105.4
临安区	Lin'an	100.4	102.4	104.2	96.2	104.0	105.4
西湖风景名胜区	The West Lake Scenic Zone	100.1	100.0	99.2	100.1	100.0	82.0
桐庐县	Tonglu	103.5	102.2	104.9	102.4	104.3	107.5
淳安县	Chun'an	102.4	103.2	101.4	102.6	102.1	100.3
建德市	Jiande	101.3	103.6	101.2	100.9	102.4	95.2

1-11 主要指标占全省比重(2022 年)
Proportion of Main Indicators in Whole Province(2022)

指标 Item		全省 Zhejiang Province	杭州市 Hangzhou	杭州市占全省(%) Proportion of Hangzhou in Zhejiang(%)
年末常住人口 Long-term Residents(End of 2022)	(万人) (10000 persons)	6577	1237.6	18.8
年末户籍人口 Household Registration Population(End of 2022)	(万人) (10000 persons)	5110.51	846.75	16.6
年末就业人员数 Total Number of Employed Persons	(万人) (10000 persons)	3885	758.64	19.5
地区生产总值 Gross Domestic Product	(亿元) (100 million yuan)	77715.36	18753.07	24.1
第一产业 Primary Industry	(亿元) (100 million yuan)	2324.77	345.97	14.9
第二产业 Secondary Industry	(亿元) (100 million yuan)	33205.17	5619.86	16.9
第三产业 Tertiary Industry	(亿元) (100 million yuan)	42185.42	12787.24	30.3
常住人口人均生产总值 Per Capita GDP of Long-term Residents	(元) (yuan)	118496	152588	-
农林牧渔业总产值 Gross Output Value of Farming, Forestry, Animal Husbandry and Fishery	(亿元) (100 million yuan)	3752.31	515.75	13.7
主要农产品产量 Output of Major Farm Products				
#粮食 Grain	(万吨) (10000 tons)	620.97	53.01	8.5
生猪年末存栏 Hogs in Stock at Year End	(万头) (10000 heads)	644.49	95.31	14.8
淡水产品总产量 Freshwater Aquatic products	(万吨) (10000 tons)	146.31	17.81	12.2

1-11 续表1 continued 1

指 标 Item		全 省 Zhejiang Province	杭州市 Hangzhou	杭州市占全省(%) Proportion of Hangzhou in Zhejiang (%)
规模以上工业企业总产值 Output Value of Industrial Enterprises Above Designated Size	(亿元) (100 million yuan)	102331.10	18360.12	17.9
规模以上工业企业利税总额 Total Pre-tax Profits of Industrial Enterprises above Designed Size	(亿元) (100 million yuan)	9457.45	2353.25	24.9
主要工业产品产量 Output of Major Industrial Products				
#发电量 Electricity	(亿千瓦时) (100 million kW·h)	4115	174.09	4.2
碳酸钠(纯碱) Soda Ash	(万吨) (10000 tons)	32.47	32.47	100.0
合成氨 Synthetic Ammonia	(万吨) (10000 tons)	46.60	6.71	14.4
水泥 Cement	(万吨) (10000 tons)	12934.17	1684.77	13.0
钢材 Steels	(万吨) (10000 tons)	2934.85	229.51	7.8
化学纤维 Chemical Fiber	(万吨) (10000 tons)	3220.97	804.68	25.0
纱 Yarn	(万吨) (10000 tons)	142.80	30.62	21.4
自行车 Bicycles	(万辆) (10000 units)	151	45	29.7
电冰箱 Household Refrigerator	(万台) (10000 units)	454	53	11.6
洗衣机 Washing Machine	(万台) (10000 units)	931	255	27.3
客运量 Volume of Passenger Transport	(万人次) (10000 person-times)	33761	9826	29.1

1-11 续表2 continued 2

指 标 Item		全 省 Zhejiang Province	杭州市 Hangzhou	杭州市占全省(%) Proportion of Hangzhou in Zhejiang (%)
货运量 Volume of Goods Transport	(万吨) (10000 tons)	320785	43161	13.5
社会消费品零售总额 Total Retail Sales of Consumer Goods	(亿元) (100 million yuan)	30467.20	7293.56	23.9
出口额 Total Exports	(亿元) (100 million yuan)	34319.71	5140.65	15.0
实际利用外资 Foreign Capital Actually Used	(亿美元) (100 million USD)	193.00	78.12	40.5
财政总收入 Total Financial Revenue	(亿元) (100 million yuan)	14421.25	4590.08	31.8
#一般公共预算收入 General Public Budget Revenue	(亿元) (100 million yuan)	8039.38	2450.61	30.5
一般公共预算支出 Financial Expenditure	(亿元) (100 million yuan)	12017.70	2542.09	21.2
金融机构存款余额(本外币) Deposits of Financial Institutions	(亿元) (100 million yuan)	196339.85	69592.03	35.4
住户存款余额 Deposits of Households	(亿元) (100 million yuan)	82241.95	19814.42	24.1
金融机构贷款余额(本外币) Loans of Financial Institutions	(亿元) (100 million yuan)	189808.33	62306.30	32.8
非私营单位就业人员平均工资 Average Wage of Employed Persons of Non-private Units	(元) (yuan)	128825	153558	119.2
全体居民人均可支配收入 Per Capita Annual Disposable Income of Urban and Rural Residents	(元) (yuan)	60302	70281	116.5
城镇居民人均可支配收入 Per Capita Annual Disposable Income of Urban Residents	(元) (yuan)	71268	77043	108.1
农村居民人均可支配收入 Per Capita Annual Disposable Income of Rural Residents	(元) (yuan)	37565	45183	120.3
高等学校在校学生数 Number of Institutions of Higher Education	(万人) (10000 persons)	140.40	61.31	43.7
普通中学在校学生数 Number of Secondary Schools	(万人) (10000 persons)	255.70	41.58	16.3
小学在校学生数 Number of Primary Schools	(万人) (10000 persons)	393.10	71.07	18.1

1－12 国民经济主要指标人均水平(2017－2022年)

Major Per Capita Indicators of National Economy(2017－2022)

指 标 Item	2017	2018	2019	2020	2021	2022
全市生产总值 (元) Gross Domestic Product (yuan)	122249	129035	134856	137474	150998	152588
规模以上工业总产值 (元) Gross Industrial Output Value above Designatted Size (yuan)	120419	126416	127568	124795	146851	149330
农林牧渔业总产值 (元) Gross Output Value of Farming, Forestry, Animal Husbandry and Fishery (yuan)	4252	4204	4383	4247	4150	4193
社会消费品零售总额 (元) Total Retail Sales of Consumer Goods (yuan)	49236	52029	54867	51365	55803	59273
财政总收入 (元) Financial Revenue (yuan)	27136	31183	31924	32693	37749	37287
#一般公共预算收入 (元) General Public Budget Revenue (yuan)	14560	16461	17195	17757	19749	19899
一般公共预算支出 (元) General Public Budgetary Expenditure (yuan)	14313	15487	17080	17556	19794	20634
全体居民可支配收入 (元) Annual Disposable Income of Urban and Rural Residents (yuan)	49832	54348	59261	61879	67709	70281
全体居民消费性支出 (元) Annual Living Expendituer of Urban and Ruarual Residents (yuan)	34146	37369	40016	38235	44609	46440
城镇居民可支配收入 (元) Annual Disposable Income of Urban Residents (yuan)	56276	61172	66068	68666	74700	77043
城镇居民消费性支出 (元) Annual Living Expenditure of Urban Residents (yuan)	38179	41615	44076	41916	48629	50336
农村居民可支配收入 (元) Annual Disposable Income of Rural Residents (yuan)	30397	33193	36255	38700	42692	45183
农村居民消费性支出 (元) Annual Living Expenditure of Rural Residents (yuan)	21983	24203	26296	25664	30224	31980

1－13 数字经济主要指标(2021－2022 年)
Digital Economy(2021－2022)

指 标 Item	2021				2022			
	营业收入(亿元) Operating Income (100 million yuan)	增速(%) Growth (%)	增加值(亿元) Added Value (100 million yuan)	增速(%) Growth (%)	营业收入(亿元) Operating Income (100 million yuan)	增速(%) Growth (%)	增加值(亿元) Added Value (100 million yuan)	增速(%) Growth (%)
数字经济核心产业 Digital Economy Core Industry	**16331**	**20.2**	**4905**	**11.5**	**16393**	**-0.5**	**5076**	**2.8**
相关产业 Related industries								
电子商务产业 E－commerce	4282	10.2	1818	2.1	4185	-3.5	1929	3.0
云计算与大数据产业 Cloud Computing and Big Data	4001	20.2	1615	9.5	4322	3.7	1686	2.2
物联网产业 Internet of Things	2721	17.2	665	12.1	2825	0.3	656	4.6
数字内容产业 Digital Content	10339	19.2	3548	9.3	9911	-2.6	3415	2.3
软件与信息服务产业 Software ware and Information Service	12167	15.8	3933	10.1	11940	-1.7	3835	2.1
电子信息产品制造产业 Electronic Information Products Manufacturing Industry	5499	21.9	1231	16.2	5950	4.2	1299	4.7
集成电路产业 Integrate Circuit Industry	413	25.7	109	21.9	452	8.9	124	10.2
机器人产业 Robot Industry	152	29.4	42	24.8	175	15.3	46	13.4

注:1.2018 年起采用浙江数字经济口径,之前为杭州信息经济口径。

a) Since 2018, the Zhejiang Digital Economy statistical caliber has been used, which was the Hangzhou Information Economy caliber before.

1-14 分地区数字经济核心产业增加值(2022年)
Added Value of Core Industries of Digital Economy by Region(2022)

地　区	Region	增加值(亿元) Added Value (100 million yuan)	比上年增长(%) Increase over the preceding year(%)	占地区生产总值(%) Proportion in Gross Domestic Product(%)
杭州市	**Hangzhou**	**5076.0**	**2.8**	**27.1**
#上城区	Shangcheng	100.0	29.9	3.9
拱墅区	Gongshu	80.4	-3.5	4.0
西湖区	Xihu	663.9	-5.2	33.7
高新(滨江)区	Hi-Tech(Binjiang)	1723.0	3.5	78.9
萧山区	Xiaoshan	227.1	18.5	11.0
余杭区	Yuhang	1698.7	0.7	64.1
临平区	Linping	65.6	3.4	6.5
钱塘区	Qiantang	134.8	7.4	11.0
富阳区	Fuyang	105.8	3.0	11.5
临安区	Lin'an	84.3	5.7	12.5
西湖风景名胜区	The West Lake Scenic Zone			
桐庐县	Tonglu	51.6	3.8	12.0
淳安县	Chun'an	8.1	8.6	3.0
建德市	Jiande	16.1	18.2	3.7

1－15 “1＋6”产业集群主要指标(2021－2022年)
“1＋6” Industrial Cluster(2021－2022)

产业分组 Industry Grouping	2021 增加值(亿元) Added Value (100 million yuan)	2021 速度(%) Growth (%)	2022 增加值(亿元) Added Value (100 million yuan)	2022 速度(%) Growth (%)
数字经济核心产业 Digital Economy Core Industry	4905	11.5	5076	2.8
文化产业 Cultural Industry	2586	8.7	2420	4.0
金融产业 Financial service Industry	2191	6.4	2409	7.5
旅游休闲产业 Tourism Leisure Industry	1068	4.5	929	－15.5
健康产业 Health Industry	1332	8.2	1577	8.5
时尚产业(制造业) Fashion Industry (Manufacturing)	288	9.4	291	－2.2
高端装备产业(制造业) High－end Equipment Industry(Manufacturing)	860	11.5	1568	1.2

注:1.2021年,根据《浙江省文化及相关特色产业分类(2018)》执行文化产业定义、范围和编码等省级标准;2022年,依据国家《文化及相关产业分类(2018)》执行文化产业定义、范围和编码等国家标准》。

2.高端装备产业(制造业)2022年开始启用浙江省高端装备制造业统计分类目录(2021年)。

a)In 2021, according to the Classification of Cultural and Related Characteristic Industries in Zhejiang Province (2018), provincial standards such as the definition, scope and coding of cultural industries were implemented; In 2022, according to the national Classification of Cultural and Related Industries (2018), national standards such as the definition, scope, and coding of cultural industries were implemented。

b)In 2022, High－end Equipment Industry(Manufacturing) implemented statistical classification catalogue of High－end Equipment Manufacturing Industry in Zhejiang Province 2021.

1-16 按机构类型和登记注册类型分组的法人单位数(2022年)

Number of Corporation Units by Types of Organization and Registration(2022)

单位:个　　(unit)

指标名称	Item	法人单位数 Number of Corporation Units	单产业法人单位 Containing Single Industrial Activity	多产业法人单位 Containing Multiple Industrial Activity
总计	**Total**	**643191**	**630417**	**12774**
按机构类型分组	**By Type of Organization**			
企业	Enterprises	615090	602446	12644
事业单位	Publlic Institution	5039	5007	32
机关	Office	1223	1163	60
社会团体	Social Group	4523	4523	-
民办非企业单位	Private Non - enterprise Unit	8919	8918	1
基金会	Foundation	373	373	-
居委会	Neighborhood Committees	1257	1246	11
村委会	Village Committees	1899	1897	2
农民专业合作社	Specialty Cooperative of Peasants	2638	2627	11
农村集体经济组织	Rural Collective economic organization	985	978	7
其他组织机构	Other	1245	1239	6
按登记注册类型分组	**Grouped By Registered Type**	**643191**	**630417**	**12774**
内资企业	Domestic - funded	636408	624135	12273
国有企业	State - owned	7277	7124	153
集体企业	Collective - owned	3155	3123	32
股份合作企业	Cooperative	391	377	14
联营企业	Joint Ownership	156	155	1
国有联营企业	State Joint Ownership	8	8	-
集体联营企业	Collective Joint	19	19	-
国有与集体联营企业	Joint State - collective	11	11	-
其他联营企业	Other Joint Ownership	118	117	1

1－16 续表 continued

单位:个 (unit)

指标名称	Item	法人单位数 Number of Corporation Units	单产业法人单位 Containing Single Industrial Activity	多产业法人单位 Containing Multiple Industrial Activity
有限责任公司	Limited Liability Corporations	25795	24304	1491
国有独资公司	State－funded Corporations	758	658	100
其他有限责任公司	Other Limited Liability Corporations	25037	23646	1391
股份有限公司	Share－holding Corporations Ltd.	1205	895	310
私营企业	Private	581225	570981	10244
私营独资企业	Private－funded	12595	12447	148
私营合伙企业	Private Partnership	15530	15505	25
私营有限责任公司	Private Limited Liability Corporations	552181	542223	9958
私营股份有限公司	Private Share－holding Corporations Ltd.	919	806	113
其他企业	Other Domestic－funded	17204	17176	28
港、澳、台商投资企业	Enterprises With Investment from Hong Kong, Macao and Taiwan	2531	2357	174
合资经营企业(港或澳、台资)	Joint－venture Enterprises with funds from Hong Kong, Macao and Taiwan	639	586	53
合作经营企业(港或澳、台资)	Cooperative Enterprises with funds from Hong Kong, Macao and Taiwan	23	22	1
港、澳、台商独资经营企业	Enterprises With Sole Investment from Hong Kong, Macao and Taiwan	1788	1685	103
港、澳、台商投资股份有限公司	Share－holding Corporations Ltd. With Investment from Hong Kong, Macao and Taiwan	48	36	12
其他港、澳、台商投资企业	Other Enterprises With Investment from Hong Kong, Macao and Taiwan	33	28	5
外商投资企业	With Foreign Investment	4252	3925	327
中外合资经营企业	Joint－venture	1289	1199	90
中外合作经营企业	Cooperation Enterprises	43	36	7
外资企业	With Sole Foreign Investment	2700	2479	221
外商投资股份有限公司	Share－holding Corporations Ltd. With Foreign Investment	58	51	7
其他外商投资企业	Other Enterprises With Foreign Investment	162	160	2

1－17　按行业和地区分组的法人单位数(2022年)

Number of Corporation Units by Sector and Region(2022)

单位:个　　　　(unit)

指标名称 Item	法人单位数 Number of Corporation Units	单产业法人单位 Containing Single Industrial Activity	多产业法人单位 Containing Multiple Industrial Activity
合计 Total	**643191**	**630417**	**12774**
一、按国民经济行业分组 Grouped by Sector			
农、林、牧、渔业 Farming,Forestry,Animal Husbandry and Fishery	6996	6960	36
农业 Agriculture	4011	3995	16
林业 Forestry	960	956	4
畜牧业 Animal Husbandry	672	664	8
渔业 Fishery	599	594	5
农、林、牧、渔、服务业 Services for Farming,Forestry,Animal Husbandry and Fishery	754	751	3
采矿业 Mining and Quarrying	135	133	2
煤炭采选业和洗选业 Coal Mining and Processing	2	2	–
黑色金属矿采选业 Ferrous Metals Mining and Processing	8	8	–
有色金属矿采选业 Nonferrous Metals Mining and Processing	11	10	1
非金属矿采选业 Nonmetal Minerals Mining and Processing	114	113	1
制造业 Manufacturing Industry	57072	56158	914
农副食品加工业 Agricultural Products Processing	955	932	23
食品制造业 Food Manufacturing	946	905	41
酒、饮料和精制茶制造业 Wine,Beverage and Tea Manufacturing	638	616	22
烟草制品业 Tobacco Processing	–	–	–
纺织业 Textile Industry	4774	4715	59
纺织服装、服饰业 Textile Products and Costune Indnstry	4901	4860	41

1－17 续表1 continued 1

单位:个 (unit)

指标名称 Item	法人单位数 Number of Corporation Units	单产业法人单位 Containing Single Industrial Activity	多产业法人单位 Containing Multiple Industrial Activity
皮革、毛皮、羽毛及其制品和制鞋业 Leather. Furs. Downand Related and Shoes Products	923	913	10
木材加工和木、竹、藤、棕、草制品业 Timber Processing, Bamboo, Cane, Palm Fiber and Straw Products	1085	1081	4
家具制造业 Furniture Manufacturing	1120	1104	16
造纸和纸制品业 Paper Making and Paper Products	2202	2184	18
印刷和记录媒介复制业 Printing and Record Media	1325	1315	10
文教、工美、体育和娱乐用品制造业 Cultural, Educational. Industrial Arts. Sports and Entertainment Goods	2381	2360	21
石油、煤炭及其他燃料加工业 Petroleum, Coal and other Fuel Processing	93	91	2
化学原料和化学制品制造业 Raw Chemical Materials and Chemical Products	1846	1804	42
医药制造业 Medical and Pharmaceutical Products	518	501	17
化学纤维制造业 Chemical Fiber	394	388	6
橡胶和塑料制品业 Rubber and Plastic Products	3393	3353	40
非金属矿物制品业 Nonmetal Minerals Products	2754	2712	42
黑色金属冶炼和压延加工业 Smelting and Processing of Ferrous Metal	271	268	3
有色金属冶炼和压延加工业 Smelting and Processing of Nonferrous Metals	346	339	7
金属制品业 Metals Products	6143	6082	61
通用设备制造业 Ordinary Machinery	6262	6165	97
专用设备制造业 For Special Purpose Equipment Manufacturing	3525	3449	76
汽车制造业 Automobile Manufacturing	1794	1775	19
铁路、船舶、航空航天和其他运输设备制造业 Railway. watercraft. Avigation spaceflight and other Equipment Manufacturing	470	466	4
电气机械和器材制造业 Electric Equipment and Machinery	3492	3406	86
计算机、通信和其他电子设备制造业 Computers. Telecommunications and Other Electronic Equipment Manufacturing	2192	2121	71
仪器仪表制造业 Instruments and Meters Manufacturing	1244	1185	59

1－17　续表2　continued 2

单位:个　　　　　　　　　　　　　　　　　　　　　　　　　　　　　　　　（unit）

指标名称 Item	法人单位数 Number of Corporation Units	单产业法人单位 Containing Single Industrial Activity	多产业法人单位 Containing Multiple Industrial Activity
其他制造业 Other Manufacturing	408	405	3
废弃资源综合利用业 Multiple Utilization of Waste Resouces	188	183	5
金属制品、机械和设备修理业 Metal Products, Machinery and Equipment Repair	489	480	9
电力、热力、燃气及水生产和供应业 Production and supply of electricity, gas & water	901	872	29
电力、热力生产和供应业 Production and Supply of Electric Power and Hot Water	604	595	9
燃气生产和供应业 Production and Supply of Gas	70	63	7
水的生产和供应业 Production and Supply of Tap Water	227	214	13
建筑业 Construction	30797	29744	1053
房屋建筑业 Housing	4669	4358	311
土木工程建筑业 Civil Engineering	6398	6057	341
建筑安装业 Installation	2852	2716	136
建筑装饰、装修和其他建筑业 Building Decoration and Others	16878	16613	265
批发和零售业 Wholesale and Retail Trade	196791	193953	2838
批发业 Wholesale	116907	115596	1311
零售业 Retail Trade	79884	78357	1527
交通运输、仓储和邮政业 Transportation, Storage and Post	11858	11544	314
铁路运输业 Railway Transport	16	15	1
道路运输业 Highway Transport	8535	8363	172
水上运输业 Water Transport	143	137	6
航空运输业 Air Transport	86	82	4
管道运输业 Pipeline Transport	2	2	–
多式联运和运输代理业 Multimodal Transport and Transport Agency	1654	1597	57

1-17 续表3 continued 3

单位:个 (unit)

指标名称 Item	法人单位数 Number of Corporation Units	单产业法人单位 Containing Single Industrial Activity	多产业法人单位 Containing Multiple Industrial Activity
装卸搬运和仓储业 Carrying and Storage	938	917	21
邮政业 Postal Services	484	431	53
住宿和餐饮业 Lodging and Catering Services	14309	13579	730
住宿业 Lodging	4181	4041	140
餐饮业 Catering Services	10128	9538	590
信息传输、软件和信息技术服务业 Information Transmission , Software and Information Technology Services	83734	82687	1047
电信、广播电视和卫星传输服务 Telecommunication, Radio and Television, Satellite Transmission Services	808	759	49
互联网和相关服务 Internet and Related Services	7741	7626	115
软件和信息技术服务业 Software and Information Technology Services	75185	74302	883
金融业 Banking and Insurance	3808	3566	242
货币金融服务 Monetary and Financial Services	371	297	74
资本市场服务 Capital Market Services	2404	2365	39
保险业 Insurance	249	141	108
其他金融业 Others	784	763	21
房地产业 Real Estate	19611	18830	781
房地产业 Real Estate	19611	18830	781
租赁和商务服务业 Renting and Business Service	96181	94084	2097
租赁业 Renting	5915	5795	120
商务服务业 Commercial Service	90266	88289	1977
科学研究和技术服务业 Scientific Research and Technical Service	50977	49917	1060
研究和试验发展 Research and Experiment	5293	5229	64
专业技术服务业 Technical Services	24788	24001	787

1－17　续表4　continued 4

单位:个　　(unit)

指标名称 Item	法人单位数 Number of Corporation Units	单产业法人单位 Containing Single Industrial Activity	多产业法人单位 Containing Multiple Industrial Activity
科技推广和应用服务业 Promotion and Application of Service and Technology Services	20896	20687	209
水利、环境和公共设施管理业 Water Conservancy, Environment and Public Utility	3186	3091	95
水利管理业 Water Conservancy	175	172	3
生态保护和环境治理业 Ecological Protection and Environmental Management	640	617	23
公共设施管理业 Public Facilities	2151	2096	55
土地管理业 Land Management	220	206	14
居民服务、修理和其他服务业 Service for the Residents , Repair and Others	15653	15191	462
居民服务业 Resident Services	8849	8539	310
机动车、电子产品和日用产品修理业 Motor Vehicles , Electronics and Household Goods Repair Industry	4640	4551	89
其他服务业 Other Services	2164	2101	63
教育 Education	11405	11071	334
教育 Education	11405	11071	334
卫生和社会工作 Health Care, Sports & Social Welfare	5057	4738	319
卫生 Health Care	2531	2241	290
社会工作 Sports & Social Welfare	2526	2497	29
文化、体育和娱乐业 Culture, Sports and Entertainment	22020	21673	347
新闻和出版业 News and Publishing	234	226	8
广播、电视、电影和录音制作业 Television, Radio, Film and Television Sound Recording Production	4373	4324	49
文化艺术业 Culture and Arts	4973	4935	38
体育 Sports	2441	2328	113
娱乐业 Recreation	9999	9860	139

1－17 续表 5 continued 5

单位:个 (unit)

指标名称 Item	法人单位数 Number of Corporation Units	单产业法人单位 Containing Single Industrial Activity	多产业法人单位 Containing Multiple Industrial Activity
公共管理、社会保障和社会组织 Public Administration ,Social Security and Social Organization	12700	12626	74
中国共产党机关 Communist Party Agencies	144	144	–
国家机构 Government Agencies	2586	2525	61
人民政协、民主党派 The CPPCC, Democratic Parties	40	40	–
社会保障 Social Security	51	51	–
群众团体、社会团体和其他成员组织 Mass Organizations,Social Groups and Other Members of Organization	5576	5576	–
基层群众自治组织及其他组织 Basic Level Mass Autonomous Organization and Other Organizations	4303	4290	13
二、按地区分组			
杭州市 HangZhou	643191	630417	12774
#上城区 Shangcheng	59914	57957	1957
拱墅区 Gongshu	84554	82362	2192
西湖区 Xihu	61162	59319	1843
高新(滨江)区 Hi－Tech(Binjiang)	50435	49515	920
萧山区 Xiaoshan	96345	94954	1391
余杭区 Yuhang	70691	69595	1096
富阳区 Fuyang	36963	36454	509
临安区 Lin'an	22469	22143	326
临平区 Linping	52239	51315	924
钱塘区 Qiantang	58826	57991	835
桐庐县 Tonglu	21978	21730	248
淳安县 Chun'an	14420	14128	292
建德市 Jiande	13195	12954	241

注:1. 建筑业单位地区分组按照注册地行政区划代码进行汇总,因此与分机构类型、登记注册类型及行业汇总数据有差异。

a) Construction enterprises grouped by region is according to the code of administrative division of the registered area, therefore the data is different to grouped by organizations, groupe by registration types and industry aggregate.

1－18 市区分月气象概况(2022年)

Monthly Meteorological Conditions in Urban District(2022)

月　份	Month	平均气温(度) Average Temperature(℃)	日照时数(小时) Sunshine Hours(hours)	降雨天数(天) Rainfall Days (day)	降雨量(毫米) Precipitation(mm)
全　年	**Whole Year**	**18.4**	**1943.1**	**149**	**1501.9**
1　月	January	6.4	70.8	14	142.8
2　月	February	5.1	72.7	15	152.3
3　月	March	14.6	157.5	17	231.6
4　月	April	18.0	167.1	11	122.4
5　月	May	20.7	168.3	14	108.5
6　月	June	26.9	183.2	14	191.7
7　月	July	31.6	280.4	12	115.3
8　月	August	32.1	276.4	8	148.8
9　月	September	24.7	173.3	8	111.4
10　月	October	19.0	167.7	8	34.5
11　月	November	16.2	99.8	13	79.1
12　月	December	5.7	125.9	15	63.5

注:1.市区数据不含萧山区、余杭区、临平区、富阳区、临安区。

a)The data of urban area doesn't include Xiaoshan District, Yuhang District, Linping District, Fuyang District and Lin'an District.

1－19 气　象

Meteorological

指　标	Item	市　区 Urban District	萧山区 Xiaoshan
一、气　温	**The Atmospheric Temperature**		
全年平均气温（度）	Annual Average Temperature（℃）	18.4	18.2
极端最高气温（度）	The Highest Temperature of the Year（℃）	41.8	41.9
出现日期（日/月）	Date（d/m）	20220814	20220819
极端最低气温（度）	The Lowest Temperature of the Year（℃）	－3.1	－2.2
出现日期（日/月）	Date（d/m）	20221218	20221218
二、降　雨	**Rainfall**		
本年降雨日数（日）	Total Rainy Days（day）	149	150
全年降雨总量（毫米）	Annual Rainfall（millimeters）	1501.9	1300.7
最长连续降雨日数（日）	Longest Consecutive Days of Rain（day）	9	9
最长连续降雨总量（毫米）	Rainfall（millimeters）	131.8	124
最长连续降雨起止日期（日/月）	Start/End（d/m）	0122/0130	0122/0130
日最大降雨量（毫米）	Maximum Daily Rainfall（millimeters）	63.6	54.3
出现日期（日/月）	Date（d/m）	20220321	20220824
三、全年日照总时数（小时）	**Total Sunshine Hours（hours）**	**1943.1**	**1670.3**
四、降　霜	**Frost**		
全年降霜日数（日）	Annual Frost Days（day）		
初霜日期（日/月）	Start Date（d/m）		
终霜日期（日/月）	End Date（d/m）		
五、降　雪	**Snow**		
全年降雪日数（日）	Annual Frost Days（day）	15	17
初雪日期（日/月）	Start Date（d/m）	20211225	20211225
终雪日期（日/月）	End Date（d/m）	20220223	20220223

注：1. 市区数据不含萧山区、余杭区、临平区、富阳区、临安区。

概　　况(2022 年)
Conditions by Region(2022)

余杭区 Yuhang	临平区 Linping	富阳区 Fuyang	临安区 Lin'an	桐庐县 Tonglu	淳安县 Chun'an	建德市 Jiande
18.7	17.9	18.3	17.4	18.0	18.2	18.2
43.7	41.4	41.3	42.1	41.9	40.4	42.4
20220713	20220812	20220814	20220812	20220823	20220823	20220823
-3.1	-3.7	-3.8	-5.0	-4.8	-0.8	-3.5
20221225	20221218	20221218	20221218	20221218	20221219	20221219
155	147	148	145	157	146	152
1481.1	1442.9	1177.0	1304.3	1376.8	1225.7	1278.7
9	10	9	9	15	14	14
120.6	118.7	107.7	109.6	132.9	104.3	116.4
0122/0130	0121/0130	0122/0130	0122/0130	0121/0204	0122/0204	0122/0204
68.7	63.6	52.1	70.6	84.1	65.5	70.8
20220413	20220413	20220321	20220413	20220603	20220605	20220605
		1733.5	**1512.4**	**1592.0**	**1779.0**	**1559.6**
		12				
		20211123				
		20220205				
	14	15	18	15	13	12
	20211225	20211225	20211225	20211225	20211225	20211228
	20220223	20220223	20220223	20220223	20220223	20220223

a) The data of urban area doesn't include Xiaoshan District, Yuhang District, Linping District, Fuyang District and Lin'an District.

主要统计指标解释

地区生产总值(GDP)　指一个国家(或地区)所有常住单位在一定时期内生产活动的最终成果。地区生产总值有三种表现形态,即价值形态、收入形态和产品形态。从价值形态看,它是所有常住单位在一定时期内生产的全部货物和服务价值超过同期投入的全部非固定资产货物和服务价值的差额,即所有常住单位的增加值之和;从收入形态看,它是所有常住单位在一定时期内创造并分配给常住单位和非常住单位的初次收入分配之和;从产品形态看,它是所有常住单位在一定时期内最终使用的货物和服务价值与货物和服务净出口价值之和。在实际核算中,生产总值有三种计算方法,即生产法、收入法和支出法。三种方法分别从不同的方面反映生产总值及其构成。

三次产业　是根据社会生产活动历史发展的顺序对产业结构的划分,产品直接取自自然界的部门称为第一产业,对初级产品进行再加工的部门称为第二产业,为生产和消费提供各种服务的部门称为第三产业。它是世界上较为通用的产业结构分类,但各国的划分不尽一致。2017 年前的三次产业划分标准按照当年《统计年鉴》,从 2018 年起,三次产业分类依据国家统计局修订的标准调整为:

第一产业是指农、林、牧、渔业(不含农、林、牧、渔专业及辅助性活动)。

第二产业是指工业[采矿业(不含开采专业及辅助性活动),制造业(不含金属制品、机械和设备修理业),电力、热力、燃气及水生产和供应业]和建筑业。

第三产业即服务业,是指除第一产业、第二产业以外的其他行业。

可比价格　指在不同时期的价值指标对比时,扣除了价格变动的因素,以确切反映物量的变化。按可比价格计算有两种方法:一种是直接用产品产量乘每一年的不变价格计算;另一种使用价格指数换算。

不变价格　指用同类产品的年平均价格作为固定价格,来计算各年产品价值。按不变价格计算的产品价值消除了价格变动因素,不同时期对比可反映出生产的发展速度。新中国成立后,随着工农业产品价格的变化,国家统计局先后五次制定了全国统一的工业产品不变价格和农业产品不变价格,从 1949 年到 1957 年使用 1952 工(农)业产品不变价格,从 1957 年到 1971 年使用 1957 年不变价格,从 1981 年到 1990 年使用 1980 年不变价格,从 1991 年到 2000 年使用 1990 年不变价格,从 2001 年到 2005 年使用 2000 年不变价格,从 2006 年到 2010 年使用 2005 年不变价格,从 2011 年到 2015 年使用 2010 年不变价格,从 2016 年到 2020 年使用 2015 年不变价格,从 2021 到 2025 年使用 2020 年不变价格。

数字经济　按照《国民经济行业分类(2017 版)》新的行业分类目录,界定数字经济核心产业统计分类目录,确定了计算机通信和其他电子设备制造业、电子信息机电制造业、专用电子设备制造业、电信广播电视和卫星传输服务业、互联网及其相关服务业、软件和信息技术服务业、文化数字内容及其服务业等 7 大类 128 个小类行业作为数字经济核心产业统计范围,并确定在全省组织开展数字经济核心产业定期统计监测工作。

"1+6 产业集群"　2016 年,杭州在国民经济和社会发展第"十三个"五年规划纲要中,提出:构建以信息经济为引领、现代服务业为主导、先进制造业为支撑、都市现代农业为基础的现代产业新体系,推进产业迈向中高端。确立发展万亿信息产业集群以及文化创意、旅游休闲、金融服务、健康、时尚、高端装备制造等六大千亿产业集群的目标。

降水量　从天空降落到地面的液态或固态(经融化后)降水,未经蒸发、渗透、流失而在水平面上积聚的深度。降水量以毫米为单位。

空气的温度(简称气温)　表示空气冷热程度的物理量。

日照时数　太阳在一地实际照射地面的时数。

Explanatory Notes on Main Statistical Indicators

Gross Domestic Product (GDP) refers to the final products of all resident units in a country (or a region) during a certain period of time. Gross domestic product is expressed in three different forms, i. e. value, income, and products respectively. The form of value refers to the total value of all products and services produced by all resident units during a certain period of time minus total value of input of materials and services of the nature of non – fixed assets or the summation of the value – added of all resident units; the form of income includes all the income created by all resident units and distributed primarily to all resident and non – resident units; the form of products refers to all goods and services for final use by all resident units plus net export of goods and services during a given period of time. In the practice of national accounting, gross domestic product is calculated with three approaches, i. e. production approach, income approach, and expenditure approach, which reflect gross domestic product and its composition from different aspects.

Three Industries Industry structure has been classified according to the historical sequence of development. Primary Industry refers to extraction of natural resources; Secondary Industry involves processing of primary products; and Tertiary Industry provides services of various kinds for production and consumption. The above classification is universal although it varies to some extent from country to country. The division standard of three industries was in accordance with Hangzhou Statistical Yearbook of the year before 2017, but since 2018 according to the classification standard revised by the Antional Bureau of Statistics, it has been adjusted as follows.

Primary Industry refers to agriculture, forestry, animal husbandry and fishery industries (excluding professional and support activities in agriculture, forestry, animal husbandry and fishery).

Second Industry refers to industry [mining(excluding its professional and support activities), manufacturing(excluding the repair services of metal product, machine and equipment), production and supply of electricity, heat, water and gas] and construction.

Tertiary Industry is the service industry, refers to all other industries other than Primary or Secondary industries.

Comparable Price refers to the price deducting the factor of price change when comparing value indicators of different periods to reflect accurately the changes in physical value. There are two methods to calculate comparable price: one is to multiply the output of products by their constant prices of a certain year, and the other is to converse the data by relevant price index.

Constant Price refers to the average price of a given production a certain year, which is used to calculate the product value per year. The product value calculated on constant prices eliminates the factor of price changes, so its comparison between different periods may reflect the speed of production development. since the establishment of new China,, with the changes in general price level, the State Statistical Bureau has issued nationally unified constant prices for five times. The 1952 constant prices had been used from1949 to1957, the 1957 constant prices from1957 to1971, the 1970 constant prices from1971 to1981, the 1980 constant prices from1981 to1990, the 1990 constant prices from 1991 to 2000, the 2000 constant prices from 2001 to 2005, the 2005 constant prices from 2006 to 2010, the 2010 constant prices from 2011 to 2015, the 2015 constant prices from 2016 to 2020, and the 2020 constant price from 2021 to 2025.

Digital Economy According to the new industry classification catalogue of national economic industry classification (2017 Edition), define the statistical classification catalogue of core industries of digital economy. The statistical scope of the core industries of digital economy is determined as seven categories and 128 sub industries, including computer communication and other electronic equipment manufacturing industry, electronic information electromechanical manufacturing industry, special electronic equipment manufacturing industry, telecommunication, radio and television and satellite transmission service industry, Internet and its related service industry, software and information technology service industry, cultural digital content and its service industry. The regular statistical monitoring work of digital economy core industry is launched in the whole province.

"1 +6"Industrial Cluster In 2016, in the outline of the 13th five – year plan for national economic and social development, Hangzhou suggested to establish a new system of modern industry led by the information economy, dominated by the modern service industry, supported by the advanced manufacturing industry and based on the urban modern agriculture to promote industries to develop towards medium and high end. An aim is established to develop a trillion – scale information industrial cluster, and six hundred – billion – scale industrial cluster of Cultural and Creative Industry, Tourism Leisure Industry, Financial Services Industry, Health Industry, Fashion Industry and High – end Equipment Manufacturing Industry.

Precipitation refers to the depth of the water accumulated on the horizontal plane by rainwater, liquid or melt from solid, falling from the sky to the ground without evaporation, infiltration and loss.

It is calculated in the unit of millimeter (mm).

Air Temperature refers to the physical quantity indicating the degree of coldness or hotness of the air.

Duration of sunshine refers to the number of hours the sun actually shines on the ground in one place.

二 人口和就业人员

POPULATION AND EMPLOYMENT

2 人口和就业人员
Population and Employment

主要统计指标
Major Statistical Indicators

年末常住人口	Long-term Residents(year-end)	1237.6	万人	(10, 000 persons)
为上年	As Compared with the Preceding Year	101.4	%	(%)
# 城镇人口	Urban Population	1039.0	万人	(10, 000 persons)
年末户籍登记户数	Total Registration Households(year-end)	266.45	万户	(10, 000 Subscribers)
为上年	As Compared with the Preceding Year	101.7	%	(%)
年末户籍登记人口	Total Registration Population(year-end)	846.75	万人	(10, 000 persons)
为上年	As Compared with the Preceding Year	101.5	%	(%)
# 男性	Male	417.66	万人	(10, 000 persons)
为上年	As Compared with the Preceding Year	101.3	%	(%)
户籍人口自然增长率	Natural Growth Rate of Household Registered Population	2.46	‰	(‰)
年末就业人员	Number of Employed Persons(year-end)	758.64	万人	(10, 000 persons)
为上年	As Compared with the Preceding Year	99.9	%	(%)

2-01 历次普查常住人口情况

Long - term Residents in the Past Population Census

单位:万人 (10000 persons)

地 区 Region	第一次全国人口普查 1953.7.1 the First National Population Census (1953.7.1)	第二次全国人口普查 1964.7.1 the Second National Population Census (1964.7.1)	第三次全国人口普查 1982.7.1 the Third National Population Census (1982.7.1)	第四次全国人口普查 1990.7.1 the Fourth National Population Census (1990.7.1)	第五次全国人口普查 2000.11.1 the Fifth National Population Census (2000.11.1)	第六次全国人口普查 2010.11.1 the Sixth National Population Census (2010.11.1)	第七次全国人口普查 2020.11.1 the Seventh National Population Census (2020.11.1)
杭州市 Hangzhou	**301.13**	**421.90**	**526.05**	**583.21**	**687.87**	**870.04**	**1193.60**
市 区 Urban District	227.49	318.88	405.55	454.38	564.52	752.64	1071.12
#上城区 Shangcheng				21.10	33.51	34.46	35.77
下城区 Xiacheng				25.66	41.24	52.61	48.58
江干区 Jianggan				36.12	56.54	99.88	148.78
拱墅区 Gongshu				29.34	42.93	55.19	63.51
西湖区 Xihu				35.40	59.33	82.00	111.30
高新(滨江)区 Hi - Tech(Binjiang)					11.59	31.90	50.38
萧山区 Xiaoshan	56.32	82.34	106.11	113.06	123.33	151.13	225.89
余杭区 Yuhang	52.28	64.96	80.50	86.08	81.77	117.03	240.25
富阳区 Fuyang	29.22	39.66	54.13	58.07	62.86	71.77	83.20
临安区 Lin'an	26.01	35.57	45.65	49.55	51.42	56.67	63.46
桐庐县 Tonglu	19.73	26.20	34.83	37.66	37.81	40.64	45.31
淳安县 Chun'an	27.49	38.66	42.03	43.55	38.23	33.68	32.90
建德市 Jiande	26.42	38.15	43.64	47.63	47.31	43.08	44.27

注:1.历年普查市区口径均已按现行行政辖区调整。

a) The data of the past population censuses in urban district were adjusted according to the current administrative division.

2－02 分地区常住人口和城镇化率(2020－2022年末)

Resident Population and Urbanization Rate by Region (End of 2020－2022)

地 区	Region	常住人口(万人) Long－term Residents(10000 Persons)			城镇化率(%) Urbanization Rate(%)		
		2020年末 End of 2020	2021年末 End of 2021	2022年末 End of 2022	2020年末 End of 2020	2021年末 End of 2021	2022年末 End of 2022
全市	**Whole City**	**1196.5**	**1220.4**	**1237.6**	**83.3**	**83.6**	**84.0**
上城区	Shangcheng	132.5	133.5	137.1	100.0	100.0	100.0
拱墅区	Gongshu	112.2	114.5	117.7	100.0	100.0	100.0
西湖区	Xihu	109.1	111.8	116.7	97.0	97.1	97.4
西湖风景名胜区	The West Lake Scenic Zone	2.4	2.4	2.4	100.0	100.0	100.0
高新(滨江)区	Hi－Tech (Binjiang)	50.6	52.5	53.0	100.0	100.0	100.0
萧山区	Xiaoshan	201.6	205.6	211.0	80.8	80.9	81.1
余杭区	Yuhang	123.3	130.9	136.4	72.6	72.9	74.1
临平区	Linping	118.1	119.1	110.8	89.5	89.5	89.1
钱塘区	Qiantang	77.3	79.3	79.7	88.2	88.4	88.6
富阳区	Fuyang	83.3	83.9	85.1	70.2	71.6	72.0
临安区	Lin'an	63.5	64.2	64.8	59.3	59.8	60.9
桐庐县	Tonglu	45.4	45.5	45.8	70.4	70.9	71.0
淳安县	Chun'an	32.9	32.8	32.5	46.7	48.6	50.7
建德市	Jiande	44.3	44.4	44.6	52.8	53.2	53.5

2-03　户籍人口和总户数(1949-2022年)

Household Registered Population and Households(1949-2022)

年份 Year	总户数(万户) Total Households (10000 Households)	总人口 (万人) Total Population (10000 Persons)	城镇人口(万人) Urban Population (10000 Persons)	按性别分 By Gender 男(万人) Male (10000 Persons)	女(万人) Female (10000 Persons)
1949		288.08	68.67	152.99	135.09
1950		297.64	70.08	158.74	138.90
1951		304.89	73.10	163.27	141.61
1952		318.97	75.18	164.60	147.52
1953		328.63	77.17	168.69	150.28
1954		339.29	82.71	173.67	154.96
1955		346.57	85.27	179.25	160.04
1956		365.64	86.97	182.86	163.71
1957		372.75	99.49	192.46	173.18
1958		384.41	108.15	198.82	173.93
1959		391.16	117.88	204.89	179.52
1960		391.16	126.55	207.87	183.29
1961		393.79	119.23	207.15	186.64
1962		403.74	108.96	211.02	192.72
1963		416.36	108.83	217.15	199.21
1964		426.76	104.96	222.66	204.10
1965		435.66	107.29	226.56	209.10
1966		441.84	106.64	229.25	212.59
1967		449.35	107.92	233.27	216.18
1968		456.39	107.14	236.76	219.63
1969		455.58	104.49	235.77	219.81
1970		458.82	101.94	237.09	221.73
1971		467.81	105.98	241.93	225.88
1972		474.06	109.08	244.68	229.88
1973		480.62	110.10	248.06	232.56
1974		485.68	109.87	250.73	234.95
1975		491.68	110.87	253.71	237.97
1976		495.91	112.05	255.78	240.10
1977		499.96	112.14	257.75	242.20
1978	117.89	505.55	116.06	260.74	244.81
1979	116.61	511.83	124.60	263.97	247.86
1980	119.11	515.53	128.88	266.02	249.51
1981	125.96	520.73	134.56	268.69	252.04
1982	131.53	528.06	139.94	272.72	255.34
1983	135.55	533.05	143.34	275.64	257.41
1984	139.24	537.49	147.46	278.04	259.45
1985	145.23	543.05	153.46	281.11	261.94
1986	151.59	549.53	157.19	284.57	264.96
1987	157.66	557.63	161.12	288.70	268.93
1988	164.41	565.04	164.87	292.21	272.83
1989	169.09	570.98	167.28	295.15	275.83

2-03 续表 continued

年 份 Year	总户数(万户) Total Households (10000 Households)	总人口 (万人) Total Population (10000 Persons)	城镇人口(万人) Urban Population (10000 Persons)	按性别分 By Gender 男(万人) Male (10000 Persons)	女(万人) Female (10000 Persons)
1990	171.94	574.78	169.00	297.02	277.76
1991	174.78	578.73	171.25	298.85	279.88
1992	177.68	582.40	174.03	300.63	281.77
1993	179.17	587.10	179.11	303.03	284.07
1994	180.65	592.93	186.50	306.00	286.93
1995	182.55	597.96	191.43	308.25	289.71
1996	184.33	603.22	196.68	310.76	292.46
1997	186.28	607.96	204.39	313.02	294.94
1998	187.80	611.64	210.52	314.69	296.95
1999	191.60	616.05	219.05	316.63	299.42
2000	193.48	621.58	227.00	319.09	302.49
2001	195.56	629.14	237.77	322.78	306.36
2002	198.27	636.81	252.02	326.62	310.19
2003	201.12	642.78	263.67	329.04	313.74
2004	204.52	651.68	282.58	332.62	319.06
2005	207.42	660.45	297.54	336.12	324.33
2006	209.91	666.31	309.78	338.23	328.08
2007	211.99	672.35	323.75	340.50	331.85
2008	213.74	677.64	340.76	342.45	335.19
2009	215.28	683.38	354.48	344.51	338.87
2010	216.51	689.12	365.24	346.56	342.56
2011	218.26	695.71	376.03	349.09	346.62
2012	218.95	700.52	384.09	350.90	349.62
2013	220.66	706.61	393.88	353.32	353.29
2014	222.35	715.76	404.27	357.26	358.50
2015	225.79	723.55	447.24	360.68	362.87
2016	229.57	736.00	463.86	366.47	369.53
2017	235.26	753.88	482.55	374.75	379.12
2018	241.84	774.10	515.04	384.20	389.90
2019	248.14	795.37	535.96	394.26	401.11
2020	254.75	813.83	568.23	402.72	411.11
2021	261.95	834.54	593.36	412.25	422.30
2022	266.45	846.75	610.08	417.66	429.09

注:1. 按公安户籍人口统计。
2. 城镇人口2015年前为非农业人口。
a) Figures in this table are based on the household registered statistics which published by Public Security Bureau.
b) Since 2015, the donotation of Non-agriculture Population has been adjusted to Urban Population.

2-04 市区户籍人口和总户数(1978-2022年)

Household Registered Population and Households of Urban District(1978-2022)

年 份 Year	总户数(万户) Total Households (10000 households)	总人口数(万人) Total Population (10000 persons)	城镇人口(万人) Urban Population (10000 persons)	按性别分 By Gender 男(万人) Male (10000 persons)	女(万人) Female (10000 persons)
1978	25.52	104.53	78.73	53.95	50.58
1979	26.23	110.50	85.05	57.09	53.41
1980	27.23	113.08	87.93	58.56	54.52
1981	29.88	115.59	90.53	59.96	55.63
1982	31.24	118.05	92.72	61.28	56.77
1983	32.69	120.13	94.94	62.43	57.70
1984	34.07	122.29	97.34	63.63	58.66
1985	35.36	124.67	100.01	64.96	59.71
1986	37.02	127.07	102.59	66.29	60.78
1987	38.70	129.16	104.09	67.38	61.78
1988	40.05	131.26	107.30	68.46	62.80
1989	41.19	132.84	108.88	69.28	63.56
1990	42.26	133.89	109.97	69.75	64.14
1991	42.98	134.97	111.20	70.33	64.64
1992	43.63	136.30	112.70	71.08	65.22
1993	44.55	138.33	115.13	72.22	66.11
1994	45.04	141.27	118.48	73.82	67.45
1995	46.06	143.52	121.38	74.91	68.61
1996	52.39	166.73	128.76	87.15	79.58
1997	53.14	169.29	131.76	88.53	80.76
1998	53.92	171.89	134.62	89.86	82.03
1999	54.64	175.27	139.29	91.65	83.62
2000	55.34	179.18	143.69	93.64	85.54
2001	115.81	379.49	193.26	194.59	184.90
2002	117.11	387.01	205.98	198.47	188.54
2003	119.01	393.19	216.13	201.14	192.05
2004	120.56	401.59	233.08	204.43	197.16
2005	122.02	409.52	245.56	207.70	201.82
2006	123.31	414.18	256.42	209.45	204.73
2007	124.40	419.50	269.30	211.59	207.91
2008	125.56	424.30	285.11	213.54	210.76
2009	126.92	429.44	297.83	215.56	213.88
2010	128.43	434.82	307.52	217.65	217.16
2011	130.14	440.34	317.63	219.86	220.48
2012	131.48	445.43	325.50	221.99	223.43
2013	133.27	450.82	334.38	224.24	226.58
2014	157.11	525.07	358.56	261.17	263.90
2015	160.47	532.86	389.14	264.71	268.15
2016	164.22	544.68	403.20	270.31	274.38
2017	188.48	615.23	440.61	304.86	310.37
2018	194.84	635.30	469.27	314.28	321.02
2019	201.01	656.56	488.16	324.39	332.17
2020	207.43	675.30	517.09	333.05	342.25
2021	214.44	696.59	541.52	342.89	353.70
2022	218.88	709.25	558.12	348.58	360.67

注:1.城镇人口2015年前为非农业人口。

a) Before 2015, the Urban Population was Non-agriculture Population.

2-05 分地区户籍人口和总户数(2022年末)
Household Registered Population and Households by Region(End of 2022)

地 区 Region	总户数(户) Total Households(household)	总人口数(人) Total Population(person)	按性别分 By Gender 男(人) Male(person)	女(人) Female(person)
全 市 Whole City	**2664533**	**8467474**	**4176566**	**4290908**
市 区 Urban District	2188750	7092478	3485820	3606658
#上城区 Shangcheng	291574	882797	431886	450911
拱墅区 Gongshu	289668	886412	431079	455333
西湖区 Xihu	231724	824362	408092	416270
高新(滨江)区 Hi-Tech(Binjiang)	85760	322197	161215	160982
萧山区 Xiaoshan	372001	1261831	618404	643427
余杭区 Yuhang	226820	729075	356960	372115
临平区 Linping	181379	602419	290452	311967
钱塘区 Qiantang	93570	342507	169507	173000
富阳区 Fuyang	224191	697888	349202	348686
临安区 Lin'an	192063	542990	269023	273967
桐庐县 Tonglu	150315	419276	207768	211508
淳安县 Chun'an	147037	450242	227523	222719
建德市 Jiande	178431	505478	255455	250023

注:1. 西湖区包含风景名胜区。
a) Figures of Xihu include the West Lake Scenic Zone.

2-06 分地区户籍人口年龄构成(2022年末)

Age Structure of Household Registered Population by Region(End of 2022)

地 区 Region	0-17岁 0~17 years old		18-34岁 18~34 years old		35-59岁 35~59 years old		60岁以上 over 60 years old	
	人数(人) Number of people (person)	占总人口% of the total population	人数(人) Number of people (person)	占总人口% of the total population	人数(人) Number of people (person)	占总人口% of the total population	人数(人) Number of people (person)	占总人口% of the total population
全 市 Whole City	**1525786**	**18.0**	**1717702**	**20.3**	**3185821**	**37.6**	**2038165**	**24.1**
市 区 Urban District	1328879	18.7	1460963	20.6	2634244	37.1	1668392	23.5
#上城区 Shangcheng	162427	18.4	158560	18.0	325037	36.8	236773	26.8
拱墅区 Gongshu	143693	16.2	184747	20.8	318915	36.0	239057	27.0
西湖区 Xihu	167735	20.3	179446	21.8	317304	38.5	159877	19.4
高新(滨江)区 Hi-Tech(Binjiang)	73372	22.8	84754	26.3	117010	36.3	47061	14.6
萧山区 Xiaoshan	216852	17.2	260924	20.7	454881	36.0	329174	26.1
余杭区 Yuhang	157877	21.7	156903	21.5	266061	36.5	148234	20.3
临平区 Linping	142642	23.7	119892	19.9	218730	36.3	121155	20.1
钱塘区 Qiantang	75290	22.0	89137	26.0	119548	34.9	58532	17.1
富阳区 Fuyang	110237	15.8	131540	18.8	280717	40.2	175394	25.1
临安区 Lin'an	78754	14.5	95060	17.5	216041	39.8	153135	28.2
桐庐县 Tonglu	63524	15.2	77912	18.6	165581	39.5	112259	26.8
淳安县 Chun'an	62232	13.8	83462	18.5	186960	41.5	117588	26.1
建德市 Jiande	71151	14.1	95365	18.9	199036	39.4	139926	27.7

2-07 户籍人口自然变动情况(1949-2022年)
Natural Changes of Household Registered Population(1949-2022)

年份 Year	人口自然变动人数(人) Population Natural Change			人口自然变动率(‰) Population Natural Change Rate		
	出生人数 Birth Population	死亡人数 Death Population	自然增长人数 Natural Growth Population	出生率 Birth Rate	死亡率 Death Rate	自然增长率 Natural Growth Rate
1949	-	-	-	-	-	-
1950	101227	41810	59417	34.56	14.28	20.28
1951	116825	43156	73669	38.78	14.32	24.46
1952	120319	45073	75246	39.00	14.61	24.39
1953	124863	44777	80086	39.57	14.19	25.38
1954	130491	45526	84965	40.30	14.06	26.24
1955	130236	43984	86252	39.00	13.17	25.83
1956	111440	30537	80903	32.50	8.90	23.60
1957	142406	34673	107733	39.99	9.74	30.25
1958	137238	35642	101596	37.17	9.65	27.52
1959	102030	40031	61999	26.95	10.57	16.38
1960	108282	34569	73713	27.92	8.91	19.01
1961	83206	34361	48845	21.20	8.75	12.45
1962	155335	32116	123219	38.95	8.05	30.90
1963	170431	30884	139547	41.59	7.54	34.05
1964	146073	36868	109205	34.62	8.74	25.88
1965	137319	32585	104734	31.85	7.56	24.29
1966	120047	31509	88538	27.36	7.18	20.18
1967	107577	28248	79329	24.14	6.34	17.80
1968	111134	28303	82831	24.55	6.25	18.30
1969	109723	26956	82767	24.06	5.91	18.15
1970	101075	27768	73307	22.08	6.08	16.00
1971	96497	28571	67926	20.83	6.17	14.66
1972	85188	27890	57298	18.09	5.92	12.17
1973	81414	28144	53270	17.06	5.90	11.16
1974	70353	29723	40630	14.56	6.15	8.41
1975	74209	29655	44554	15.19	6.07	9.12
1976	71064	30053	41011	14.39	6.09	8.30
1977	73471	33239	40232	14.76	6.68	8.08
1978	73550	29928	43622	14.63	5.95	8.68
1979	71442	29500	41942	14.04	5.80	8.24
1980	52145	30727	21418	10.15	5.98	4.17
1981	73015	31352	41663	14.09	6.05	8.04
1982	82910	30805	52105	15.81	5.87	9.94
1983	69940	33598	36342	13.18	6.33	6.85
1984	60091	33070	27021	11.23	6.18	5.05
1985	66757	33715	33042	12.36	6.24	6.12
1986	84702	33576	51126	15.50	6.15	9.35
1987	94127	33238	60889	17.00	6.00	11.00
1988	85472	35356	50116	15.23	6.30	8.93
1989	81048	34031	47017	14.27	5.99	8.28

2-07 续表 continued

年 份 Year	人口自然变动人数(人) Population Natural Change			人口自然变动率(‰) Population Natural Change Rate		
	出生人数 Birth Population	死亡人数 Death Population	自然增长人数 Natural Growth Population	出生率 Birth Rate	死亡率 Death Rate	自然增长率 Natural Growth Rate
1990	76579	34977	41602	13.37	6.11	7.26
1991	66144	33534	32610	11.47	5.81	5.66
1992	61708	34681	27027	10.63	5.97	4.66
1993	62465	34127	28338	10.68	5.84	4.84
1994	63580	35099	28481	10.78	5.95	4.83
1995	62586	36186	26400	10.51	6.08	4.43
1996	63680	35417	28263	10.60	5.90	4.70
1997	58471	34663	23808	9.65	5.72	3.93
1998	53951	38302	15649	8.85	6.28	2.57
1999	59085	36866	22219	9.63	6.01	3.62
2000	62300	40218	22082	10.07	6.50	3.57
2001	52088	33827	18261	8.33	5.41	2.92
2002	53064	35867	17197	8.38	5.67	2.72
2003	51420	36662	14758	8.04	5.73	2.31
2004	59940	34078	25862	9.26	5.27	3.99
2005	57233	35417	21816	8.72	5.39	3.33
2006	57790	38892	18898	8.71	5.86	2.85
2007	60296	37833	22463	9.01	5.65	3.36
2008	61332	42648	18684	9.09	6.32	2.77
2009	62441	39159	23282	9.18	5.76	3.42
2010	69606	46193	23413	10.14	6.73	3.41
2011	70337	38225	32112	10.16	5.52	4.64
2012	77349	49789	27560	11.08	7.13	3.95
2013	70850	37544	33306	10.07	5.34	4.73
2014	89743	40415	49328	12.62	5.68	6.94
2015	70617	40326	30291	9.81	5.60	4.21
2016	90896	35614	55282	12.46	4.88	7.58
2017	109496	63366	46130	14.70	8.51	6.19
2018	94713	46525	48188	12.40	6.09	6.31
2019	91450	36774	54676	11.65	4.68	6.97
2020	79806	42532	37274	9.92	5.29	4.63
2021	71606	47612	23994	8.69	5.78	2.91
2022	68655	47980	20675	8.17	5.71	2.46

注:1.本表按公安部门统计。

a) Figures in this table are based on the Public Security Bureau.

2-08 市区户籍人口自然变动情况(1978-2022年)
Natural Changes of Household Registered Population of Urban District(1978-2022)

年 份 Year	人口自然变动人数(人) Population Natural Change			人口自然变动率(‰) Population Natural Change Rate		
	出生人数 Birth Population	死亡人数 Death Population	自然增长人数 Natural Growth Population	出生率 Birth Rate	死亡率 Death Rate	自然增长率 Natural Growth Rate
1978	11923	6449	5474	11.56	6.25	5.31
1979	13184	5808	7376	12.26	5.40	6.86
1980	9708	6511	3197	8.68	5.82	2.86
1981	14938	6599	8339	13.06	5.77	7.29
1982	18092	6494	11598	15.49	5.56	9.93
1983	17107	6949	10158	14.36	5.84	8.52
1984	16257	6892	9365	13.41	5.69	7.72
1985	15824	7403	8421	12.81	6.84	6.82
1986	17120	6865	10255	13.60	5.45	8.15
1987	18701	7070	11631	14.60	5.52	9.08
1988	18503	7503	11000	14.21	5.76	8.45
1989	15868	6985	8883	12.02	5.29	6.73
1990	14085	7490	6595	10.56	5.62	4.94
1991	10195	7025	3170	7.58	5.22	2.36
1992	9994	7259	2735	7.37	5.35	2.02
1993	10099	7196	2903	7.35	5.24	2.11
1994	9918	7082	2836	7.09	5.06	2.03
1995	9806	7367	2439	6.89	5.17	1.72
1996	12098	8221	3877	7.80	5.30	2.50
1997	12304	8630	3674	7.32	5.13	2.19
1998	11714	9060	2654	6.87	5.31	1.56
1999	13694	8148	5546	7.89	4.69	3.20
2000	15058	10996	4062	8.50	6.20	2.30
2001	30902	19439	11463	8.22	5.17	3.05
2002	33156	19922	13234	8.65	5.20	3.45
2003	29019	21176	7843	7.44	5.43	2.01
2004	34858	19445	15413	8.77	4.89	3.88
2005	34056	21310	12746	8.39	5.25	3.14
2006	33260	21156	12104	8.08	5.14	2.94
2007	37029	20051	16978	8.88	4.81	4.07
2008	38703	21428	17275	9.17	5.08	4.09
2009	40293	22178	18115	9.44	5.20	4.24
2010	47052	25404	21648	10.89	5.88	5.01
2011	47256	22140	25116	10.80	5.06	5.74
2012	51892	27271	24621	11.72	6.16	5.56
2013	48107	21332	26775	10.74	4.76	5.97
2014	69577	27249	42328	13.36	5.23	8.13
2015	55275	26492	28783	10.45	5.01	5.44
2016	71427	23544	47883	13.26	4.37	8.89
2017	92571	52817	39754	15.96	9.11	6.85
2018	80238	36336	43902	12.83	5.81	7.02
2019	78168	27683	50485	12.10	4.28	7.82
2020	68661	33013	35648	10.31	4.96	5.35
2021	62554	37341	25213	9.12	5.44	3.68
2022	60594	37494	23100	8.62	5.33	3.29

2-09 分地区户籍人口自然变动情况(2022年)
Natural Changes of Household Registered Population by Region(2022)

地 区 Region	出 生 Birth		死 亡 Death		自然增长 Natural Growth	
	人数(人) Birth Population (person)	出生率(‰) Birth Rate(‰)	人数(人) Death Population (person)	死亡率(‰) Death Rate(‰)	人数(人) Natural Growth Population (person)	自然增长率(‰) Natural Growth Rate(‰)
全 市 Whole City	**68655**	**8.17**	**47980**	**5.71**	**20675**	**2.46**
市 区 Urban District	60594	8.62	37494	5.33	23100	3.29
#上城区 Shangcheng	6731	7.70	6034	6.90	697	0.80
拱墅区 Gongshu	6572	7.45	4988	5.66	1584	1.80
西湖区 Xihu	6492	7.92	2870	3.50	3622	4.42
高新(滨江)区 Hi-Tech(Binjiang)	3444	10.88	787	2.49	2657	8.39
萧山区 Xiaoshan	10829	8.66	7308	5.84	3521	2.81
余杭区 Yuhang	8998	12.58	3454	4.83	5544	7.75
临平区 Linping	6336	10.69	2643	4.46	3693	6.23
钱塘区 Qiantang	3326	9.82	1097	3.24	2229	6.58
富阳区 Fuyang	4712	6.77	3915	5.62	797	1.14
临安区 Lin'an	3154	5.81	4398	8.11	-1244	-2.29
桐庐县 Tonglu	2720	6.49	3001	7.16	-281	-0.67
淳安县 Chun'an	2298	5.09	3336	7.39	-1038	-2.30
建德市 Jiande	3043	6.01	4149	8.19	-1106	-2.18

2-10 分地区户籍人口机械变动情况(2022年)
Mechanical Changes of Household Registered Population by Region(2022)

单位:人 (person)

地区 Region	本年迁入人数 Number of the Persons Moved in(person)		本年迁出人数 Number of the Persons Moved Out(person)		本年净迁入人数 Net Persons Moved in
	省内 From Zhejiang Province	省外 From Other Provinces	省内 To Zhejiang Province	省外 To Other Provinces	
全市 Whole City	**50437**	**82868**	**14274**	**17691**	**101340**
市区 Urban District	48914	79924	8753	16668	103417
#上城区 Shangcheng	7614	9477	724	1561	14806
拱墅区 Gongshu	7538	10037	1175	2754	13646
西湖区 Xihu	8425	11732	2041	4904	13212
高新(滨江)区 Hi-Tech(Binjiang)	4347	6635	794	1213	8975
萧山区 Xiaoshan	4682	8729	619	1029	11763
余杭区 Yuhang	5768	11986	682	1275	15797
临平区 Linping	4458	10659	421	694	14002
钱塘区 Qiantang	4574	6185	1600	2462	6697
富阳区 Fuyang	543	1882	263	290	1872
临安区 Lin'an	965	2602	434	486	2647
桐庐县 Tonglu	678	1324	1319	349	334
淳安县 Chun'an	387	626	2203	300	-1490
建德市 Jiande	458	994	1999	374	-921

2－11 婚姻登记情况(2021－2022 年)
Marriage Registration Situations(2021－2022)

地 区 Region	2021			2022		
	准予登记结婚对数(对) Marriages Legally Registered(couples)	再婚人数(人) Re－married (person)	离婚对数(对) Divorces (couples)	准予登记结婚对数(对) Marriages Legally Registered(couples)	再婚人数(人) Re－married (person)	离婚对数(对) Divorces (couples)
全 市 Whole City	**59827**	**17555**	**16615**	**65315**	**25296**	**17027**
市 区 Urban District	52874	14698	14558	56960	21622	14848
#萧山区 Xiaoshan	8882	2186	1952	9077	3050	1673
余杭区 Yuhang	5320	1978	1622	5434	2329	996
临平区 Linping	2058	866	462	4807	2648	934
富阳区 Fuyang	4005	1572	1131	4044	1811	1338
临安区 Lin'an	2885	1391	1103	2922	1646	1325
桐庐县 Tonglu	2292	1021	759	2338	1237	766
淳安县 Chun'an	2091	761	569	3672	1130	628
建德市 Jiande	2570	1075	729	2345	1307	785

2－12 规模以上单位

Number of Employed Persons of

单位:人

地区、行业	Region,Sector	就业人员合计 Number of Employed Persons	非私营单位 Non－private
全市	**Total**	**3305362**	**1996180**
市区	Urban District	3123821	1918972
#上城区	Shangcheng District	292350	177830
拱墅区	Gongshu District	359228	227357
西湖区	Xihu District	391714	293443
高新(滨江)区	Hi－Tech(Binjiang) District	421649	328180
萧山区	Xiaoshan District	525511	301247
余杭区	Yuhang District	322991	156754
临平区	Linping	251658	113107
钱塘区	Qiantang	301593	188044
富阳区	Fuyang District	130176	67781
临安区	Lin'an District	116309	56517
西湖风景名胜区	The West Lake Scenic Zone	10642	8712
桐庐县	Tonglu County	74315	32036
淳安县	Chun'an County	37656	17643
建德市	Jiande City	69570	27529
按国民经济行业分组	**Grouped by Sector**		
农、林、牧、渔业	Farming,Forestry,Animal Husbandry & Fishery	－	－
采矿业	Mining	1039	452
制造业	Manufacturing	1062660	655701
电力、热力、燃气及水生产和供应业	Production & Supply of Electricity,Heat,Gas & Water	16398	15307
建筑业	Construction	667338	290065
批发和零售业	Wholesale & Retail Trades	328358	184824
交通运输、仓储和邮政业	Transportation,Storage and Posts	115727	92894
住宿和餐饮业	Hotels and Catering Services	115848	69432
信息传输、软件和信息技术服务业	Information Transmission, Software and Information Technology	342344	251240
金融业	Financial Intermediation	－	－
房地产业	Real Estate	175864	134701
租赁和商务服务业	Leasing and Business Services	223564	135389
科学研究、技术服务业	Scientific Research,Technical Services	138569	96127
水利、环境和公共设施管理业	Management of Water Conservancy,Environment and Public Facilities	19981	12625
居民服务、修理和其他服务业	Service to Households,Repair and Other Services	39716	21314
教育	Education	12211	6822
卫生和社会工作	Health Care and Social Work	30278	17876
文化、体育和娱乐业	Culture,Sports and Entertainment	15467	11411
公共管理、社会保障和社会组织	Public Management,Social Security and Social Organizations	－	－

就业人员数(2022 年末)

Units Above Designated Size(End of 2022)

(person)

女性 Female	非私营单位 Non – private	在岗职工 Staff and Workers	非私营单位 Non – private	其他就业人员 Other Employed Persons	非私营单位 Non – private
1150678	**685462**	**3185727**	**1933787**	**119635**	**62393**
1084421	658504	3009884	1858098	113937	60874
111533	69033	276933	169771	15417	8059
127202	85349	335999	211481	23229	15876
145578	114146	377753	283629	13961	9814
141240	106196	411886	319646	9763	8534
157480	76906	510913	293292	14598	7955
117442	55548	304537	155089	18454	1665
88729	39823	243432	109313	8226	3794
104076	68745	295299	185152	6294	2892
48007	23400	127982	66577	2194	1204
38819	16054	114855	55753	1454	764
4315	3304	10295	8395	347	317
28718	12004	73235	31656	1080	380
15841	6917	35268	16966	2388	677
21698	8037	67340	27067	2230	462
–	–	–	–	–	–
199	83	982	413	57	39
397704	224380	1048429	647380	14231	8321
4390	4180	16128	15079	270	228
89426	29810	628188	280809	39150	9256
171497	94444	317459	176357	10899	8467
32566	25532	114422	91786	1305	1108
63850	40406	98343	56652	17505	12780
122178	90714	339999	249402	2345	1838
–	–	–	–	–	–
80638	61740	166070	128182	9794	6519
73037	40602	209032	127500	14532	7889
46584	32471	135876	94229	2693	1898
8195	5406	19224	12449	757	176
23970	12955	36896	19621	2820	1693
7343	4205	11492	6599	719	223
21138	12597	28151	16255	2127	1621
7963	5937	15036	11074	431	337
–	–	–	–	–	–

2-13 规模以上单位

Average Number of Employed Persons of

单位:人

地区、行业	Region, Sector	就业人员年平均人数 Annual Average Number of Staff and Workers	非私营单位 Non-private
全市	**Total**	**3314543**	**1997963**
市区	Urban District	3131316	1921289
#上城区	Shangcheng District	296147	175715
拱墅区	Gongshu District	359343	229624
西湖区	Xihu District	400984	300605
高新(滨江)区	Hi-Tech(Binjiang) District	423668	327899
萧山区	Xiaoshan District	517226	298072
余杭区	Yuhang District	320908	151867
临平区	Linping	252328	114338
钱塘区	Qiantang	300905	188692
富阳区	Fuyang District	132607	68893
临安区	Lin'an Districty	116350	56717
西湖风景名胜区	The West Lake Scenic Zone	10850	8867
桐庐县	Tonglu County	74554	31665
淳安县	Chun'an County	39307	17370
建德市	Jiande City	69366	27639
按国民经济行业分组	**Grouped by Sector**		
农、林、牧、渔业	Farming, Forestry, Animal Husbandry & Fishery	-	-
采矿业	Mining	1151	588
制造业	Manufacturing	1064685	654709
电力、热力、燃气及水生产和供应业	Production & Supply of Electricity, Heat, Gas & Water	16397	15412
建筑业	Construction	651466	286651
批发和零售业	Wholesale & Retail Trades	332608	186711
交通运输、仓储和邮政业	Transportation, Storage and Posts	122061	99257
住宿和餐饮业	Hotels and Catering Services	118667	69696
信息传输、软件和信息技术服务业	Information Transmission, Software and Information Technology	350441	253777
金融业	Financial Intermediation	-	-
房地产业	Real Estate	176732	134443
租赁和商务服务业	Leasing and Business Services	218566	130203
科学研究、技术服务业	Scientific Research, Technical Services	136362	94340
水利、环境和公共设施管理业	Management of Water Conservancy, Environment and Public Facilities	24594	13394
居民服务、修理和其他服务业	Service to Households, Repair and Other Services	41782	22124
教育	Education	13088	7456
卫生和社会工作	Health Care and Social Work	29742	17301
文化、体育和娱乐业	Culture, Sports and Entertainment	16201	11901
公共管理、社会保障和社会组织	Public Management, Social Security and Social Organizations	-	-

平均人员数(2022 年)

Units Above Designated Size(2022)

(person)

在岗职工年平均人数 Staff and Workers	非私营单位 Non - private	其他就业人员年平均人数 Average Number of Other Employed Persons	非私营单位 Non - private
3195372	**1935278**	**119171**	**62685**
3017863	1860343	113453	60946
281215	167551	14932	8164
335280	212720	24063	16904
387141	291276	13843	9329
414084	319687	9584	8212
502782	290133	14444	7939
302170	150174	18738	1693
244600	110682	7728	3656
294969	185967	5936	2725
130344	67641	2263	1252
114769	55958	1581	759
10509	8554	341	313
73430	31288	1124	377
36752	16428	2555	942
67327	27219	2039	420
–	–	–	–
1103	557	48	31
1050162	646202	14523	8507
16123	15181	274	231
612895	277872	38571	8779
320988	177654	11620	9057
119990	97338	2071	1919
102092	57489	16575	12207
348329	252232	2112	1545
–	–	–	–
166816	127741	9916	6702
204669	122430	13897	7773
133641	92403	2721	1937
23769	13242	825	152
39119	20503	2663	1621
12333	7177	755	279
27696	15759	2046	1542
15647	11498	554	403
–	–	–	–

2－14 分行业规模以上单位

The Education Level of Workers in

单位:人

行　业	Sector	单位就业人员 The Education Level 研究生及以上 Graduate of above
总　计	**Total**	**151870**
农、林、牧、渔业	Farming, Forestry, Animal Husbandry & Fishery	–
采矿业	Mining	4
制造业	Manufacturing	40158
电力、热力、燃气及水生产和供应业	Production & Supply of Electricity, Heat, Gas & Water	541
建筑业	Construction	3945
批发和零售业	Wholesale & Retail Trades	10568
交通运输、仓储及邮政业	Transportation, Storage and Posts	1588
住宿和餐饮业	Hotels and Catering Services	437
信息传输、软件和信息技术服务业	Information Transmission, Software and Information Technology	58543
金融业	Financial Intermediation	–
房地产业	Real Estate	3260
租赁和商务服务业	Leasing and Business Services	7476
科学研究和技术服务业	Scientific Research, Technical Services	20314
水利、环境和公共设施管理业	Management of Water Conservancy, Environment and Public Facilities	295
居民服务、修理和其他服务业	Service to Households, Repair and Other Services	175
教育	Education	1418
卫生和社会工作	Health Care and Social Work	1519
文化、体育和娱乐业	Culture, Sports and Entertainment	1629
公共管理、社会保障和社会组织	Public Management, Social Security and Social Organizations	–

职工素质情况(2022 年末)

Units Above Designated Size by Sector(End of 2022)

(persons)

文化程度 of the Employed Persons in Onits				单位就业人员中专业技术人员 Professional and Technical Personnel	单位就业人员中技术工人 Skilled Workers
大学本科 Bachelor's Degree	大专 College Degree	中专及高中 Technical Secondary School and High School	初中及以下 Junior High School and Below		
818512	**635779**	**736869**	**962332**	**798010**	**1097886**
–	–	–	–	–	–
49	125	219	642	98	389
209754	169419	258064	385265	224014	541560
6904	4605	2829	1519	3788	7016
87257	106834	188096	281206	141426	267488
99627	98063	75150	44950	41881	40484
23375	30118	28274	32372	12623	43369
12353	23816	37967	41275	4074	25404
199526	69436	11483	3356	193775	20798
–	–	–	–	–	–
31413	37035	40398	63758	18216	28509
47961	35147	66723	66257	30681	89265
71497	35066	9222	2470	96924	9266
2515	2172	3247	11752	2239	5773
2666	5178	7682	24015	1673	14063
7484	2154	808	347	4476	1043
8780	13640	4458	1881	15948	2543
7351	2971	2249	1267	6174	916
–	–	–	–	–	–

2-15 三次产业就业人员及构成(2012-2022年)

Number of Employed Persons by Three Industries(2012-2022)

单位:万人 (10000 persons)

指标名称 Item	2012	2013	2014	2015	2016	2017	2018	2019	2020	2021	2022
全市总计 Total	**600.97**	**606.89**	**613.64**	**627.70**	**641.45**	**658.37**	**685.86**	**726.57**	**748.39**	**759.68**	**758.64**
第一产业 Primary Industry	64.64	57.29	55.67	48.95	44.83	43.30	36.06	34.28	30.31	30.32	29.81
第二产业 Secondary Industry	235.47	236.17	237.67	238.21	240.19	241.13	243.50	251.22	255.40	265.49	263.64
第三产业 Tertiary Industry	300.86	313.43	320.30	340.54	356.43	373.94	406.30	441.07	462.68	463.87	465.19
全市构成(以合计为100) Composition(Total=100)	**100**	**100**	**100**	**100**	**100**	**100**	**100**	**100**	**100**	**100**	**100**
第一产业 Primary Industry	10.8	9.4	9.1	7.8	7.0	6.6	5.3	4.7	4.1	4.0	3.9
第二产业 Secondary Industry	39.2	38.9	38.7	37.9	37.4	36.6	35.5	34.6	34.1	34.9	34.8
第三产业 Tertiary Industry	50.1	51.6	52.2	54.3	55.6	56.8	59.2	60.7	61.8	61.1	61.3

注:1.根据第七次人口普查结果,对2011-2019年数据进行修订。

a)The historical data of 2011-2019 are revised according to the results of the seventh population census.

主要统计指标解释

人口数 指一定时点、一定地区范围内的有生命的个人的总和。

年度统计的年末人口数是指每年 12 月 31 日 24 时的人口数。

常住人口 常住人口是国际上进行人口统计、发布人口数据时通用的总人口指标口径,指经常居住在某一地区的人口。在我国,常住人口是指实际经常居住在某地区半年以上的人口。主要包括三种类型的人口:一是居住在本乡镇街道且户口在本乡镇街道或户口待定的人。二是居住在本乡镇街道且离开户口登记地所在的乡镇街道半年以上的人。三是户口在本乡镇街道且外出不满半年或在境外工作学习的人。

出生率(又称粗出生率) 指一定时期内(通常为一年)平均每千人所出生的人数的比率,一般用千分率表示。计算公式:

$$出生率=\frac{年出生人数}{年平均人数}\times 1000‰$$

出生人数是指活产婴儿,即胎儿脱离母体时(不管怀孕月数),有过呼吸或其他生命现象。

年平均人数是年初、年底人口数的平均数,也可用年中人口数代替。

死亡率(又称粗死亡率) 指一定时期内(通常为一年)一定地区的死亡人数与同期平均人数(或期中人数)之比,一般用千分率表示。计算公式:

$$死亡率=\frac{年死亡人数}{年平均人数}\times 1000‰$$

人口自然增长率 指一定时期内(通常为一年)人口自然增加数(出生人数减死亡人数)与该时期内平均人数(或期中人数)之比,一般用千分率表示。计算公式:

$$人口自然增长率=\frac{本年出生人数-本年死亡人数}{年平均人数}\times 1000‰$$

人口自然增长率 = 人口出生率 - 人口死亡率

就业人员 指从事一定社会劳动并取得劳动报酬或经营收入人员,包括各级机关企事业单位就业人员、个体户主、个体就业人员、农村就业人员及其他未包括的就业人员(包括宗教职业者、现役军人等)。

单位就业人员 是指在各级国家机关、政党机关、社会团体及企业、事业单位中工作,并取得劳动报酬的全部人员。包括在岗职工、再就业的离退休人员、民办教师、在各单位中工作的外方人员和港、澳、台方人员以及聘用的外单位下岗职工、兼职人员、从事第二职业人员、使用的劳务派遣人员。各单位的就业人员反映了实际参加生产或工作的全部劳动力。

在岗职工 指在本单位工作并由单位支付劳动报酬的人员,以及在本单位有工作岗位,但由于学习、病伤产假等原因暂未工作,仍由单位支付劳动报酬的人,包括本单位临时性用工并支付劳动报酬的人员。2012 年开始在岗职工包含劳务派遣人员。

非私营单位 包括独立核算的机关、事业单位和国有、集体、股份制、港澳台投资及外商投资企业等。

规模以上单位 包括辖区内规模以上工业、有资质的建筑业、限额以上批发和零售业、限额以上住宿和餐饮业、有开发经营活动的全部房地产开发经营业、规模以上服务业法人单位。

Explanatory Notes on Main Statistical Indicators

Total Population refers to the total number of people alive at a certain point of time within a given area.

The annual statistics on total population is taken at midnight on December 31.

Permanent Resident Population The permanent resident population is the general population indicator used internationally for population statistics and population data release, referring to the population who frequently reside in a certain area. In China, the permanent resident population refers to the population who actually frequently reside in a certain area for more than half a year. There are mainly three types of population: firstly, people who reside in the local township(street) and have their household registration in the local township(street) or whose household registration is pending; Secondly, people who reside in the local township(street) and have left the township(street) where their household registration is located for more than six months. Thirdly, people with household registration in the local township(street) who have been away for less than six months or have been working or studying abroad.

Birth Rate (or Crude Birth Rate) refers to the ratio of the number of births to the average population during a certain period of time (usually a year), which is often expressed in ‰. The following formula is used:

$$\text{Birth Rate} = \frac{\text{Number of Births}}{\text{Average Number of Population}} \times 1000‰$$

Number of births refers to live births, i. e. the births when babies had showed any vital phenomena regardless of the length of pregnancy.

Annual Average Number of Population is the average of the number of population at the beginning of the year and that at the end of the year. Sometimes it is substituted by the mid – year population.

Death Rate (or Crude Death Rate) refers to the ratio of the number of deaths to the average population (or mid – year population) during a certain period of time (usually a year), which is often expressed in ‰. The following formula is used:

$$\text{Death Rate} = \frac{\text{Number of Deaths}}{\text{Annual Average Number of Population}} \times 1000‰$$

Natural Growth Rate of Population refers to the ratio of natural increase in population (number of births minus number ofdeaths) in a certain period of time (usually a year) to the average population(or mid – year population) of the same period, which is often expressed in ‰. The following formulas are applied:

$$\text{Natural Growth Rate of Population} = \frac{\text{Number of Births} - \text{Number of Deaths}}{\text{Average Number of Population}} \times 1000‰$$

Natural Growth Rate of Population = Birth Rate – Death Rate

Employed Persons refer to persons who are engaged in social labour and receive remuneration payment or earn business income, including all employees of government, enterprises and institutions, self – employed workers, employed persons in the rural areas and other employed workers(including religious professionals, servicemen, etc.).

Persons Employed in Various Units refer to all the persons working in government agencies of various levels, political and party organizations, social organizations, enterprises, institutions, and receiving wages or other forms of payment, which include fully – employed staff and workers, re – employed retirees, teachers in schools run by the local people, foreigners and Chinese compatriots from Hong Kong, Macao, and Taiwan working in various units, hired laid – off workers from other units, part – time employees, employees engaged a second job, dispatched personnels. Persons Employed in various units reflect the total laborers actually engaged in production or work.

Fully Employed Staff and Workers refer to persons who work and receive wages from their working units, as well as persons who maintain their posts, are out of commission temporarily for reasons of study, sickness, injury or maternal leave, but still receive wages from their working units, which includes persons who are temporarily employed and receive remuneration payment. After2012, fully employed staff includes dispatched personnels.

Non – private Units include independent accounting government organizations and institutions, state – owned, collective – owned and joint stock enterprises, and enterprises with funds from foreign and from Hong Kong, Macao and Taiwan.

Units above designated size include industries above designated size, qualified construction industries, wholesale and retail Industries above designated size, accommodation and catering industries above designated size, all real estate development and operation industries with development and business activities, and service industries legal entities above designated size.

三 农业

AGRICULTURE

3 农 业
Agriculture

主要统计指标
Major Statistical Indicators

农村机械总动力	Total Power of Agricultural Machinery	188.75	万千瓦	(10, 000 kW)
为上年	As Compared with the Preceding Year	99.1	%	(%)
农林牧渔业增加值	Value-added of Farming,Forestry,Animal Husbandry and Fishery	355.34	亿元	(100 million yuan)
为上年	As Compared with the Preceding Year	101.9	%	(%)
粮食总产量	Total Output of Grain Crops	53.01	万吨	(10, 000 tons)
为上年	As Compared with the Preceding Year	100.0	%	(%)
肉类产量	Total Output of Meat	12.96	万吨	(10, 000 tons)
为上年	As Compared with the Preceding Year	112.4	%	(%)

3-01 分地区农林牧渔业增加值(2022年)

The Added Value of Agriculture, Forestry, Animal Husbandry and Fishery(2022)

单位:万元 (10,000 yuan)

地 区 Region	农林牧渔业合计 Total	为上年 %	农、林、牧、渔专业及辅助性活动 Services for Farming, Forestry, Animal Husbandary and Fishery	为上年 %
全 市 Whole City	**3553364**	**101.9**	**93696**	**107.9**
市 区 Urban District	2422504	101.3	71724	108.3
#上城区 Shangcheng	-	-	-	-
拱墅区 Gongshu	-	-	-	-
西湖区 Xihu	32852	104.1	1123	100.0
高新(滨江)区 Hi-Tech(Binjiang)	5350	111.9	-	-
萧山区 Xiaoshan	619307	101.1	26449	109.6
余杭区 Yuhang	439307	102.4	20987	107.4
临平区 Linping	168022	102.7	7900	107.8
钱塘区 Qiantang	130929	97.7	3806	105.5
富阳区 Fuyang	532743	102.7	4403	110.6
临安区 Lin'an	476997	102.5	7057	108.4
西湖风景名胜区 The West Lake Scenic Zone	16998	-	-	-
桐庐县 Tonglu	281980	102.4	5855	110.7
淳安县 Chun'an	430709	103.2	7103	105.7
建德市 Jiande	418171	103.7	9014	104.7

3-02 农林牧渔业总产值(1949-2022年)

Gross Output Value of Agriculture, Forestry, Animal Husbandry and Fishery(1949-2022)

单位:亿元　　(100 million yuan)

年 份 Year	合计 Total	为上年(%) As Compared with the Preceding Year(%)	#农业 Agriculture	#林业 Forestry	#牧业 Animal	#渔业 Fishery	农、林、牧、渔专业及辅助性活动 Services for Farming, Forestry, Animal Husbandary and Fishery
1949	3.38	-	2.34	0.47	0.47	0.10	
1950	4.03	119.3	2.85	0.55	0.52	0.11	
1951	4.57	113.3	3.27	0.61	0.58	0.11	
1952	5.16	112.9	3.71	0.65	0.69	0.12	
1953	5.33	103.2	3.77	0.66	0.78	0.13	
1954	5.24	98.5	3.58	0.73	0.80	0.13	
1955	5.67	108.1	4.10	0.72	0.70	0.14	
1956	5.99	105.7	4.15	0.80	0.89	0.15	
1957	6.40	106.8	4.34	0.78	1.13	0.15	
1958	6.76	105.6	4.97	0.80	0.86	0.13	
1959	6.89	101.9	4.93	0.95	0.86	0.15	
1960	6.32	91.8	4.53	0.86	0.80	0.13	
1961	5.97	94.5	4.53	0.65	0.67	0.11	
1962	6.24	104.4	4.63	0.71	0.80	0.09	
1963	6.74	108.1	4.97	0.64	1.03	0.09	
1964	7.20	106.8	5.24	0.66	1.19	0.11	
1965	7.86	109.1	5.67	0.66	1.36	0.17	
1966	8.10	103.1	5.82	0.67	1.47	0.14	
1967	7.94	98.1	5.81	0.53	1.50	0.10	
1968	7.98	100.5	5.92	0.59	1.35	0.11	
1969	8.06	101.0	5.96	0.59	1.39	0.12	
1970	8.40	104.7	6.15	0.56	1.61	0.13	
1971	8.44	100.1	6.21	0.38	1.74	0.11	
1972	9.16	108.5	6.85	0.43	1.79	0.11	
1973	8.79	98.9	6.43	0.44	1.80	0.12	
1974	9.05	103.0	6.61	0.46	1.87	0.11	
1975	8.62	95.2	6.29	0.45	1.74	0.13	
1976	8.85	102.7	6.72	0.49	1.53	0.12	
1977	8.90	100.5	6.73	0.46	1.58	0.13	
1978	8.59	114.0	6.74	0.34	1.45	0.07	
1979	11.56	115.0	8.47	0.46	2.52	0.11	
1980	11.24	92.3	7.90	0.73	2.50	0.11	
1981	12.08	105.9	8.74	0.83	2.38	0.13	
1982	15.06	116.5	10.76	0.89	3.18	0.23	
1983	14.89	95.7	10.37	0.98	3.27	0.27	
1984	17.70	113.5	12.26	1.48	3.59	0.38	
1985	21.30	98.3	13.69	1.90	5.01	0.69	
1986	23.83	105.8	15.08	2.00	5.82	0.93	
1987	28.13	104.4	17.31	2.64	7.01	1.17	
1988	35.85	101.0	20.88	3.14	10.10	1.72	
1989	38.68	100.3	22.60	2.79	11.40	1.90	

3－02 续表 continued

单位:亿元 (100 million yuan)

年份 Year	合计 Total	为上年(%) As Compared with the Preceding Year(%)	#农业 Agriculture	#林业 Forestry	#牧业 Animal	#渔业 Fishery	农、林、牧、渔专业及辅助性活动 Services for Farming, Forestry, Animal Husbandary and Fishery
1990	42.10	103.3	26.00	2.70	11.34	2.06	
1991	46.36	104.4	28.43	3.78	11.75	2.41	
1992	49.79	104.7	30.08	3.56	13.39	2.76	
1993	60.08	106.7	36.51	4.75	15.48	3.34	
1994	81.25	106.6	49.64	5.86	21.72	4.02	
1995	99.64	105.2	62.01	8.13	24.41	5.10	
1996	117.33	104.7	74.02	9.57	27.17	6.57	
1997	128.77	106.2	79.78	11.45	29.42	8.12	
1998	136.76	105.2	84.51	12.12	28.91	11.22	
1999	141.47	103.4	87.67	12.60	29.35	11.86	
2000	152.65	107.9	90.33	13.68	33.16	15.48	
2001	165.00	108.1	96.50	14.93	36.23	17.34	
2002	168.50	102.1	93.30	16.22	39.19	19.80	
2003	189.01	112.2	99.16	18.26	41.78	23.26	6.56
2004	198.27	104.9	101.09	20.68	45.76	23.41	7.33
2005	219.48	110.7	113.66	23.30	49.59	27.08	5.85
2006	225.38	102.7	122.48	26.77	49.04	20.61	6.47
2007	247.14	109.7	130.80	29.47	58.55	22.26	6.05
2008	273.76	110.8	140.81	32.02	63.66	30.93	6.34
2009	289.74	105.5	149.74	36.23	64.29	32.56	6.92
2010	316.34	109.2	169.88	32.93	70.56	34.90	8.07
2011	357.07	112.9	190.79	34.85	83.65	39.00	8.78
2012	384.34	107.6	207.72	38.18	86.85	42.00	9.59
2013	399.37	103.9	216.11	40.82	91.13	40.73	10.59
2014	418.58	104.8	233.38	47.02	82.82	44.20	11.16
2015	440.41	105.2	252.42	49.81	80.70	45.23	12.26
2016	449.01	102.0	262.15	53.05	76.88	43.61	13.32
2017	457.70	101.9	273.88	54.91	68.58	45.32	15.00
2018	466.10	101.8	282.71	57.30	61.85	47.47	16.77
2019	501.15	107.5	295.34	61.89	76.77	48.57	18.58
2020	500.65	99.9	296.05	63.10	70.87	49.99	20.62
2021	501.53	100.2	314.29	56.81	53.34	54.65	22.45
2022	515.75	102.8	321.04	59.89	58.98	51.06	24.77

3－03　农林牧渔业总产值构成(1978－2022年)

Composition of Gross Output Value of Agriculture, Forestry, Animal Husbandry and Fishery(1978－2022)

单位:%　　　　(%)

年份 Year	农林牧渔业 Gross Output Value	#农业 Farming	种植业 Planting	林业 Forestry	牧业 Animal	渔业 Fishery	农、林、牧、渔专业及辅助性活动 Services for Farming, Forestry, Animal Husbandary and Fishery
1978	100	78.4	74.9	4.0	16.8	0.8	–
1979	100	73.3	70.9	4.0	21.8	0.9	–
1980	100	70.3	67.7	6.5	22.2	1.0	–
1981	100	72.3	67.6	6.9	19.7	1.1	–
1982	100	71.4	68.6	5.9	21.1	1.6	–
1983	100	69.6	64.7	6.6	22.0	1.8	–
1984	100	69.2	65.1	8.3	20.3	2.2	–
1985	100	64.3	59.2	9.0	23.5	3.2	–
1986	100	63.3	58.0	8.4	24.4	3.9	–
1987	100	61.5	55.4	9.4	24.9	4.2	–
1988	100	58.2	52.3	8.8	28.2	4.8	–
1989	100	58.4	52.1	7.2	29.5	4.9	–
1990	100	61.8	55.4	6.4	26.9	4.9	–
1991	100	61.3	55.0	8.2	25.3	5.2	–
1992	100	60.4	51.6	7.2	26.9	5.5	–
1993	100	60.8	50.1	7.9	25.8	5.5	–
1994	100	61.1	51.1	7.2	26.7	5.0	–
1995	100	62.2	52.8	8.2	24.5	5.1	–
1996	100	63.1	52.6	8.2	23.1	5.6	–
1997	100	62.0	51.7	8.9	22.8	6.3	–
1998	100	61.8	51.3	8.9	21.1	8.2	–
1999	100	62.0	52.1	8.9	20.7	8.4	–
2000	100	59.2	49.4	9.0	21.7	10.1	–
2001	100	58.5	52.2	9.0	22.0	10.5	–
2002	100	55.4	52.6	9.6	23.3	11.7	–
2003	100	52.5	50.2	9.7	22.1	12.3	3.4
2004	100	51.0	49.1	10.4	23.1	11.8	3.7
2005	100	51.8	50.3	10.6	22.6	12.3	2.7
2006	100	54.3	52.9	11.9	21.8	9.1	2.9
2007	100	52.9	51.8	11.9	23.7	9.0	2.5
2008	100	51.4	50.2	11.7	23.3	11.3	2.3
2009	100	51.7	50.5	12.5	22.2	11.2	2.4
2010	100	53.7	52.9	10.4	22.3	11.0	2.6
2011	100	53.4	52.7	9.8	23.4	10.9	2.5
2012	100	54.0	53.1	9.9	22.6	10.9	2.6
2013	100	54.1	53.1	10.2	22.8	10.2	2.7
2014	100	55.8	54.7	11.2	19.8	10.6	2.6
2015	100	57.3	56.1	11.3	18.3	10.3	2.8
2016	100	58.4	57.0	11.8	17.1	9.7	3.0
2017	100	59.8	58.5	12.0	15.0	9.9	3.3
2018	100	60.7	59.3	12.3	13.3	10.2	3.5
2019	100	58.9	57.7	12.3	15.3	9.7	3.8
2020	100	59.1	57.9	12.6	14.2	10.0	4.1
2021	100	62.7	61.6	11.3	10.6	10.9	4.5
2022	100	62.2	61.3	11.6	11.4	9.9	4.8

3－04 农林牧渔业分项产值(2015－2022年)

Gross Output Value of Agriculture, Forestry, Animal Husbandry and Fishery by Branch(2015－2022)

单位:万元 (10,000 yuan)

指 标	Item	2015	2016	2017	2018	2019	2020	2021	2022
农林牧渔业总产值(现价)	**Gross Output Value (Current Price)**	**4404121**	**4490065**	**4577017**	**4660989**	**5011510**	**5006463**	**5015320**	**5157483**
一、农业产值	**Farming**	**2524163**	**2621544**	**2738813**	**2827117**	**2953377**	**2960514**	**3142887**	**3210448**
1. 种植业产值	Planting	2468981	2558927	2677779	2666080	2892153	2900314	3088317	3162314
粮食	Grain	228341	171736	177764	175924	179017	192009	206011	208083
油料	Oil－bearing Crops	48373	34737	37332	38607	45369	47251	48568	54237
棉花	Cotton	1094	467	397	371	451	381	345	354
麻类	Fiber Crops	6	5	3	2	2	–	9	–
甘蔗	Sugarcane	16322	5770	5214	5102	8426	9763	7370	6264
烟叶	Tobacco	1	1	1	–	–	–	–	–
药材类	Crude Drugs	86538	98954	112902	122997	139832	151006	167083	171779
蔬菜	Vegetables	748644	834633	829020	842779	880336	875957	937460	972001
茶、桑、果、坚果	Tea, Mulberry & Fruits	802647	828571	908024	942095	985879	989268	1078315	1124525
其他	Others	537015	584053	607122	638203	652841	634679	643156	625071
2. 其他农业产值	Other Farming	55182	62617	61034	61037	61224	60200	54569	48134
二、林业产值	**Forestry**	**498051**	**530464**	**549138**	**572957**	**618886**	**631016**	**568055**	**598875**
人造林木生长	Artificial Forestry	32574	31490	31415	32211	32962	33162	51748	34789
林产品	Forest Products	294806	327864	349421	373384	414016	432001	430788	468752
竹木采伐	Lumbering	127670	125112	122773	121574	124431	117730	85520	95334
采集野生植物	Wild Plant collected	43001	45998	45529	45788	47477	48123	–	–
三、畜牧业产值	**Animal Husbandry**	**807001**	**768795**	**685811**	**618513**	**767683**	**708743**	**533385**	**589796**
牲畜	Livestock	522001	572122	498108	411261	556348	514871	343831	404793
家禽饲养	Poultry Raising	72394	36208	30122	36241	43002	39813	37940	130456
活的畜禽产品	Livestock Products	112964	92066	88831	98876	98252	85921	94302	–
捕猎野兽野禽	Hunting Wild Beast and Wild Fowl	5256	6032	6043	5534	6777	6842	4533	–
其他动物饲养	Other Animals Raising	94386	62367	62707	66601	63304	61296	52779	54547
四、渔业产值	**Fishery**	**452309**	**436050**	**453211**	**474742**	**485734**	**499942**	**546511**	**510624**
五、农、林、牧、渔专业及辅助性活动	**Services for Farming, Forestry, Animal Husbandary and Fishery**	**122597**	**133212**	**150044**	**167660**	**185830**	**206248**	**224482**	**247740**

注:1. 2022年起"人造林木生长"口径调整为"林木的培育和种植"。
2. 2022年起家禽饲养包括肉禽和禽蛋。
3. 2022年起牲畜包含生猪饲养和牲畜饲养。

a) Artificial Forestry was adjusted to Cultivation and Planting of Forestry since 2022.
b) Since 2022, Poultry Raising in clude Poultry meat and eggs.
c) Since 2022, Livestock include pig raising and livestock raising

3-05 农林牧渔业分项

Composition of Gross Output Value of Agriculture, Forestry,

单位:%

指　　标	Item	2013	2014
农林牧渔业总产值(现价)	**Gross Output Value(Current Price)**	**100**	**100**
一、农业产值	**Farming**	**54.1**	**55.8**
1.种植业产值	Planting	53.1	54.7
粮食	Grain	6.2	5.4
油料	Oil Plants	0.9	0.9
棉花	Cotton	-	-
麻类	Fiber Crops	-	-
甘蔗	Sugarcane	0.5	0.4
烟叶	Tobacco	-	-
药材类	Crude Drugs	1.7	1.8
蔬菜	Vegetables	16.7	16.4
茶、桑、果、坚果	Tea, Mulberry & Fruits	15.8	17.9
其他	Others	11.3	11.9
2.其他农业产值	Other Farming	1.0	1.0
二、林业产值	**Forestry**	**10.2**	**11.2**
人造林木生长	Artificial Forestry	0.8	0.8
林产品	Forest Products	5.7	6.4
竹木采伐	Lumbering	2.6	3.1
采集野生植物	Wild Plant collected	1.1	0.9
三、畜牧业产值	**Animal Husbandry**	**22.8**	**19.8**
牲畜	Livestock Raising	14.8	12.5
家禽饲养	Poultry Raising	1.9	1.7
活的畜禽产品	Livestock Products	3.3	3.0
捕猎野兽野禽	Hunting Wild Beast and Wild Fowl	0.1	0.1
其他动物饲养	Other Animals Raising	2.7	2.4
四、渔业产值	**Fishery**	**10.2**	**10.6**
五、农、林、牧、渔专业及辅助性活动	**Services for Farming, Forestry, Animal Husbandary and Fishery**	**2.7**	**2.6**

产值构成(2013－2022 年)
Animal Husbandry and Fishery by Branch(2013－2022)

(%)

2015	2016	2017	2018	2019	2020	2021	2022
100	**100**	**100**	**100**	**100**	**100**	**100**	**100**
57.3	**58.4**	**59.8**	**60.7**	**58.9**	**59.1**	**62.7**	**62.2**
56.1	57.0	58.5	59.3	57.7	57.9	61.6	61.3
5.2	3.8	3.9	3.8	3.6	3.8	4.1	4.0
1.1	0.8	0.8	0.8	0.9	0.9	1.0	1.1
–	–	–	–	–	–	–	–
–	–	–	–	–	–	–	–
0.4	0.1	0.1	0.1	0.2	0.2	0.1	0.1
–	–	–	–	–	–	–	–
2.0	2.2	2.5	2.6	2.8	3.0	3.3	3.3
16.9	18.6	18.1	18.1	17.6	17.5	18.7	18.8
18.2	18.5	19.8	20.2	19.7	19.8	21.5	21.8
12.2	13.0	13.3	13.7	13.0	12.7	12.8	12.1
1.3	1.4	1.3	1.4	1.2	1.2	1.1	0.9
11.3	**11.8**	**12.0**	**12.3**	**12.3**	**12.6**	**11.3**	**11.6**
0.7	0.7	0.7	0.7	0.6	0.7	1.0	0.7
6.7	7.3	7.6	8.0	8.3	8.6	8.6	9.1
2.9	2.8	2.7	2.6	2.5	2.4	1.7	1.8
1.0	1.0	1.0	1.0	0.9	0.9	–	–
18.3	**17.1**	**15.0**	**13.3**	**15.3**	**14.2**	**10.6**	**11.4**
11.9	12.7	10.9	8.9	11.1	10.3	6.8	7.8
1.6	0.8	0.7	0.8	0.8	0.8	0.8	2.5
2.6	2.1	1.9	2.1	2.0	1.7	1.9	–
0.1	0.1	0.1	0.1	0.1	0.1	–	–
2.1	1.4	1.4	1.4	1.3	1.3	1.1	1.1
10.3	**9.7**	**9.9**	**10.2**	**9.7**	**10.0**	**10.9**	**9.9**
2.8	**3.0**	**3.3**	**3.5**	**3.8**	**4.1**	**4.5**	**4.8**

3－06 分地区农林牧

Gross Output Value of Agriculture, Forestry,

单位:万元

指　标	Item	全　市 Whole City	市　区 Urban District	上城区 Shangcheng	拱墅区 Gongshu	西湖区 Xihu
合　计	**Gross Output Value**	**5157483**	**3510341**			**48622**
一、农业产值	**Farming**	**3210448**	**2118200**			**33010**
1. 谷物	Cereal	158039	115403			837
2. 薯类	Tubers	26183	13680			–
3. 油料	Oil Plants	54237	25901			11
4. 豆类	Beans	23861	12842			–
5. 棉花	Cotton	354	178			–
6. 生麻	Fiber Crops	–	–			–
7. 糖类	Sugar Crops	6265	4516			–
8. 烟草	Tobacco	–	–			–
9. 其他农作物	Others	48134	15415			2
10. 蔬菜	Vegetables	972001	740012			6215
11. 食用菌	Edible Fungi	19301	8123			90
12. 花卉	Flowers and Plants	537803	482612			1626
13. 盆景园艺	Bonsai gardening	67965	56367			2300
14. 水果、坚果、茶、饮料和香料	Fruits, Nuts, Tea, Beverages and Spices	1124526	594699			21728
15. 中草药材	Chinese Herbal Medicine	171780	48451			201
二、林业产值	**Forestry**	**598875**	**428804**			**–**
1. 林木的培育和种植	Cultivation and Planting of Trees	34789	23704			–
2. 竹木采伐	Lumbering	95334	67255			–
3. 林产品	Forest Products	468752	337846			–
三、畜牧业产值	**Animal Husbandry**	**589796**	**340341**			**–**
1. 牲畜饲养	Livestock Raising	57452	50113			–
2. 猪的饲养	Pig Raising	347341	228476			–
3. 家禽饲养	Poultry Raising	130456	38624			–
4. 其他畜牧业	Other Animal Husbandry	54547	23129			–
四、渔业产值	**Fishery**	**510624**	**428037**			**13812**
五、农、林、牧、渔专业及辅助性活动	**Services for Farming, Forestry, Animal Husbandary and Fishery**	**247740**	**194958**			**1800**

渔业总产值(2022 年)

Animal Husbandry and Fishery by Region(2022)

(10,000 yuan)

高新(滨江)区 Hi-Tech (Binjiang)	萧山区 Xiaoshan	余杭区 Yuhang	临平区 Linping	钱塘区 Qiantang	富阳区 Fuyang	临安区 Lin'an	西湖风景名胜区 The West Lake Scenic Zone	桐庐县 Tonglu	淳安县 Chun'an	建德市 Jiande
8227	**925358**	**669566**	**249424**	**180188**	**730788**	**672227**	**25940**	**408374**	**591640**	**647127**
7363	**610023**	**354718**	**137813**	**127411**	**471327**	**350594**	**25940**	**277544**	**413951**	**400753**
172	19876	32551	4760	12043	30714	14450	–	13641	10341	18654
–	463	1118	138	75	8500	3386	–	3767	4556	4180
34	8808	1430	1018	1829	7767	5004	–	7797	10648	9890
–	3500	1776	657	1684	4052	1173	–	2237	5159	3623
–	144	7	27	–	–	–	–	–	138	38
–	–	–	–	–	–	–	–	–	–	–
–	3141	74	282	692	295	32	–	952	96	700
–	–	–	–	–	–	–	–	–	–	–
–	104	15	2034	–	13114	146	–	3480	2295	26945
2871	263912	100469	91193	81541	116575	77234	–	78645	75029	78315
–	617	197	–	–	2493	4727	–	1733	8980	465
4197	240140	94669	5977	14439	84063	37500	–	27391	11649	16151
–	5608	15181	5136	561	18796	8785	–	2329	1026	8242
88	57228	100745	25336	14546	170263	178824	25940	110630	233050	186147
–	6481	6485	1255	–	14695	19334	–	24942	50983	47403
–	**12936**	**92877**	**200**	**–**	**118822**	**203970**	**–**	**50983**	**80614**	**38473**
–	2277	13457	200	–	3832	3937	–	1541	6002	3542
–	1161	17504	–	–	22664	25927	–	3712	14736	9630
–	9498	61916	–	–	92326	174105	–	45730	59876	25300
–	**119390**	**39135**	**5775**	**30098**	**69845**	**76098**	**–**	**40280**	**48729**	**160445**
–	25952	4499	1385	3275	3493	11508	–	1320	354	5665
–	85818	21139	1955	26196	45481	47888	–	17394	30342	71129
–	6527	12706	745	181	7015	11450	–	5330	7451	79052
–	1093	792	1690	446	13856	5253	–	16235	10583	4600
864	**108595**	**122347**	**87366**	**14656**	**58582**	**21815**	**–**	**23754**	**34786**	**24047**
–	**74415**	**60489**	**18270**	**8023**	**12212**	**19750**	**–**	**15814**	**13559**	**23409**

3-07 主要农作物播种面积及产量(2021-2022年)

Sown Areas and Yield of Major Farm Crops(2021-2022)

指标	Item	2021			2022		
		播种面积(千公顷) Sown Area (1000 hectares)	总产量(吨) Total Output (ton)	公顷产量(公斤) Yield per Hectare (kg/hectare)	播种面积(千公顷) Sown Area (1000 hectares)	总产量(吨) Total Output (ton)	公顷产量(公斤) Yield per Hectare (kg/hectare)
农作物总计	**Total Farm Crops**	**246.26**	**–**	**–**	**247.92**	**–**	**–**
一、粮　食	**Grain Crops**	**91.38**	**529994**	**5800**	**93.04**	**530065**	**5697**
(一)谷　物	Cereals	65.17	420536	6453	71.42	448523	6280
1.稻谷	Rice	41.24	313120	7592	45.10	339088	7518
①早稻及早中稻	Early Rice & Semi-late Rice	2.23	14608	6559	3.28	20744	6328
②晚稻及迟中稻	Late Rice & Semi-late Rice	39.02	298512	7651	41.82	318344	7611
#单季稻	#Single-crop Rice	37.11	285161	7684	39.57	303051	7659
2.小麦	Wheat	12.50	51751	4140	17.27	69226	4008
3.大麦	Barley	0.31	1142	3708	0.41	1514	3650
4.玉米	Corn	10.61	52524	4952	8.22	37146	4519
5.其他谷物	Other Cereals	0.82	3141	3828	0.83	3063	3701
(二)豆　类	Beans	14.88	42189	2835	14.66	42139	2874
1.大豆	Soybeans	12.11	34462	2846	12.23	35215	2879
2.其他小豆类	Other	2.77	7226	2607	2.43	6923	2849
(三)薯　类	Tubers	11.33	67270	5935	6.95	39404	5666
二、油料	**Oil Plants**	**27.33**	**67890**	**2490**	**27.54**	**71145**	**2583**
1.油菜籽	Rapeseeds	23.86	57890	2430	24.19	61327	2535
2.花生	Peanuts	2.13	7771	3645	2.03	7565	3726
3.芝麻	Sesame	1.33	2212	1665	1.32	2220	1682
4.其他	Others	–	–	–	–	–	–
三、棉花(皮棉)	**Cotton**	**0.15**	**216**	**1455**	**0.14**	**187**	**1382**
四、麻类	**Fiber Cropers**	**0.004**	**18**	**4500**	**–**	**–**	**–**
五、糖类	**Sugar Crops**	**0.77**	**42315**	**55095**	**0.69**	**36779**	**53303**
六、烟叶	**Tobacco**	**–**	**–**	**–**	**–**	**–**	**–**
七、药材	**Crude Drugs**	**8.75**	**58692**	**6705**	**8.46**	**57573**	**6805**
八、蔬菜	**Vegetables**	**99.06**	**3443174**	**34755**	**100.67**	**3512248**	**34889**
九、果用瓜	**Melon as Fruit**	**10.06**	**337815**	**33585**	**9.69**	**326656**	**33711**
#西瓜	Watermelon	6.47	238311	36825	6.09	223385	36681
草莓	Strawberry	1.81	50530	27900	1.84	52132	28332
十、花卉苗木	**Flower Gardening**	**–**	**–**	**–**	**–**	**–**	**–**
十一、其他作物	**Others**	**8.76**	**–**	**–**	**7.70**	**–**	**–**
#绿肥	Green Manure	–	–	–	–	–	–

注:1.2020年蔬菜产量包含食用菌,2021年起其他谷物包含大麦。

a) Vegetable Output contains edible fungus since 2020, Since 2021, other grains include barley.

3-08 分地区粮食播种面积及产量(2022年)
Sown Areas and Yield of Grain Crops by Region(2022)

地　区	Region	播种面积总计（公顷）(Sown Area of Grain Crops (hectare))	总产量（吨）Yield of Grain Crops(ton)	公顷产量（公斤）Yield per Hectare(kg)
全　市	**Whole City**	**93038**	**530065**	**5697**
萧山	Xiaoshan	11288	62738	5558
余杭	Yuhang	15191	100003	6583
富阳	Fuyang	15346	100108	6523
临安	Lin'an	7379	40140	5440
临平	LinPing	2718	15631	5751
钱塘	Qiantang	7863	44128	5612
桐庐	Tonglu	8373	48624	5807
淳安	Chun'an	11508	44590	3875
建德	Jiande	12730	70600	5546
其他区	Other	642	3503	5456

3－09 分地区油、菜、茶、

Statistics on Rapeseeds, Vegetables, Tea,

指 标		Item		全 市 Whole City	市 区 Urban District	上城区 Shangcheng	拱墅区 Gongshu	西湖区 Xihu
一、油料		**Oil Plants**						
播种面积	（亩）	Sown Area	（Mu）	413149	174385			522
每亩产量	（公斤）	Yield per Mu	（kg）	172	179			113
总产量	（吨）	Total Output	（ton）	71145	31219			59
二、蔬菜		**Vegetables**						
播种面积	（亩）	Sown Area	（Mu）	1510010	1107349			10578
总产量	（吨）	Total Output	（ton）	3512248	2716436			15202
三、茶叶		**Tea**						
（一）茶园面积	（亩）	Tea Garden Area	（Mu）	545430	226437			15380
（二）总产量	（吨）	Output of Tea	（ton）	29969	17665			363
绿 茶	（吨）	Green Tea	（ton）	29123	17349			342
红 茶	（吨）	Black Tea	（ton）	638	304			21
白 茶	（吨）	White Tea	（ton）	193	8			-
四、桑蚕		**Silkworm Cocoons & Mulberry**						
（一）桑园总面积	（亩）	Mulberry Garden Area	（Mu）	56936	4434			-
（二）蚕茧总产量	（吨）	Output of Silkworm Cocoons	（ton）					
春 茧	（吨）	Spring Silkworm Cocoons	（ton）					
夏 茧	（吨）	Summer Silkworm Cocoons	（ton）					
秋 茧	（吨）	Autumn Silkworm Cocoons	（ton）					

注：1. 蔬菜产量包含食用菌。

蚕、果生产情况(2022 年)
Silkworm Cocoons and Fruits Production by Region(2022)

高新(滨江)区 Hi－Tech (Binjiang)	萧山区 Xiaoshan	余杭区 Yuhang	临平区 Linping	钱塘区 Qiantang	富阳区 Fuyang	临安区 Lin'an	西湖风景名胜区 The West Lake Scenic Zone	桐庐县 Tonglu	淳安县 Chun'an	建德市 Jiande
405	45416	13658	10436	15691	58490	29767	–	48125	96111	94528
130	191	158	153	195	178	174	–	162	142	196
53	8682	2160	1596	3061	10433	5175	–	7777	13608	18540
4620	309729	206779	154718	117333	174778	128815	–	113485	151219	137957
13190	929674	395055	371914	324738	435184	231479	–	248192	282266	265354
–	16868	64691	101	–	67266	54906	7225	58787	193687	66519
–	642	7144	8	–	6723	2603	183	4086	5110	3109
–	633	6892	8	–	6703	2590	183	3706	4967	3101
–	1	249	–	–	20	13	–	194	132	8
–	7	1	–	–	–	–	–	186	–	–
–	100	323	831	–	565	2615	–	5573	45763	1166

a) Vegetable Output contains edible fungus.

3－09 续表

指标	Item	全市 Whole City	市区 Urban District	上城区 Shangcheng	拱墅区 Gongshu	西湖区 Xihu
五、水果生产	**Fruits**					
（一）果园面积合计（亩）	Area of Orchards (Mu)	427772	157760			366
柑桔园（亩）	Citrus (Mu)	112486	8749			57
梨园（亩）	Pears (Mu)	50236	23842			2
桃园（亩）	Peaches (Mu)	72721	29750			85
猕猴桃园（亩）	Kiwifruit Orchard (Mu)	13097	7229			5
杨梅园（亩）	Red Bayberry (Mu)	43715	19251			20
李子园（亩）	Plum Orchard (Mu)	12310	5837			8
枇杷园（亩）	Loquat (Mu)	37433	18519			10
柿子园（亩）	Persimmons (Mu)	12668	4260			–
葡萄园（亩）	Grapes (Mu)	16355	12062			108
其他果园（亩）	Others (Mu)	56751	28262			71
（二）水果总产量（吨）	Yield of Fruits (ton)	812307	360424			755
柑桔（吨）	Citrus (ton)	194102	11565			49
梨头（吨）	Pears (ton)	60989	33047			1
桃子（吨）	Peaches (ton)	86547	54285			90
猕猴桃（吨）	Kiwifruit (ton)	10872	6259			4
杨梅（吨）	Red Bayberry (ton)	17468	10601			20
枇杷（吨）	Loquat (ton)	21455	11837			21
柿子（吨）	Persimmons (ton)	11218	5269			–
葡萄（吨）	Grapes (ton)	23657	18354			123
红枣（吨）	Jujube (ton)	8	–			–
李子（吨）	Plum (ton)	11185	4521			2
热带水果（吨）	Tropical fruits (ton)	286	126			–
果用瓜（吨）	Melon as Fruit (ton)	326656	178677			382
其他水果（吨）	Others (ton)	47863	25883			63

continued

高新（滨江）区 Hi-Tech (Binjiang)	萧山区 Xiaoshan	余杭区 Yuhang	临平区 Linping	钱塘区 Qiantang	富阳区 Fuyang	临安区 Lin'an	西湖风景名胜区 The West Lake Scenic Zone	桐庐县 Tonglu	淳安县 Chun'an	建德市 Jiande
45	21291	35213	20617	679	46228	33321	–	53462	124295	92255
7	623	1326	227	47	4374	2088	–	1694	65700	36343
22	1198	11874	228	80	7051	3387	–	13537	7766	5091
–	1979	8523	525	35	13306	5297	–	13606	17706	11659
–	301	1376	–	19	3274	2254	–	2523	1920	1425
–	7420	1687	1598	–	6088	2438	–	7922	6276	10266
–	540	554	26	7	1022	3680	–	1393	1584	3496
1	211	1191	15750	15	1026	315	–	1776	8732	8406
–	920	349	35	–	2141	815	–	290	6858	1261
–	888	2454	1574	460	3880	2698	–	1784	1379	1130
15	7211	5879	654	16	4066	10350	–	8937	6374	13178
67	81637	45844	18284	17082	134209	62545	–	92001	128184	231698
11	384	2918	310	51	6431	1410	–	2158	63590	116789
32	1053	12882	300	128	14749	3903	–	15697	6143	6102
–	1851	10417	442	43	34924	6519	–	12022	10161	10079
–	140	1481	–	10	2773	1850	–	3043	1045	526
–	3075	1056	911	–	4319	1221	–	2352	1949	2567
1	69	1028	9397	13	934	374	–	814	5539	3266
–	988	740	17	–	2221	1304	–	254	4434	1260
–	1086	3575	2208	608	7407	3349	–	1670	1153	2479
–	–	–	–	–	–	–	–	6	2	–
–	937	534	23	8	1158	1859	–	1174	2074	3416
–	–	20	6	–	–	100	–	–	20	140
–	69321	6475	3863	16221	54883	27534	–	47266	28169	72543
23	2735	4719	808	2	4410	13123	–	5543	3904	12533

3-10 分地区畜牧业

Statistics on Animal Husbanday

指 标		Item		全 市 Whole City		市 区 Urban District	
				2021	2022	2021	2022
一、生猪		**Hogs**					
生猪年末存栏	(万头)	Being Raised at Year - end	(10000 heads)	109.61	95.31		
#能繁殖的母猪	(万头)	#Reproducible	(10000 heads)	11.05	10.10		
年内肥猪出栏	(万头)	Slaughtered Hogs of the Year	(10000 heads)	115.09	131.29		
全年饲养量	(万头)	Number of Hogs Raised in the year	(10000 heads)				
二、牛		**Cattle & Buffaloes**					
牛年末存栏	(头)	Being Raised at Year - end	(head)	12682	12065		
#良种及改良种乳牛	(头)	#Improved Milk Cows	(head)	6664	6900		
牛年内出栏	(头)	Slaughtered Cattle & Buffaloes of the Year	(head)	6921	5553		
三、羊		**Sheep & Goats**					
羊年末存栏	(万只)	Being Raised at Year - end	(10000 heads)	22.42	22.49		
羊年内出栏	(万只)	Slaughtered Sheep & Goats of the Year	(10000 heads)	19.98	17.54		
四、兔		**Rabbits**					
兔年末存栏	(万只)	Being Raised at Year - end	(10000 heads)	6.59	5.93		
兔年内出栏	(万只)	Slaughtered Rabbits of the Year	(10000 heads)	27.11	20.53		
五、家禽		**Poultry**					
家禽年末存栏	(万只)	Being Raised at Year - end	(10000 heads)	916.12	934.10		
家禽年内出栏	(万只)	Slaughtered Poultry of the Year	(10000 heads)	1251.16	1139.23		
六、年末养蜂箱数	**(箱)**	**Beehives**	**(case)**	**180123**	**169507**		
七、畜禽产品产量		**Output of Livestock Products**					
1. 肉类产量	(吨)	Output of Meat	(ton)	115253	129555		
#猪 肉	(吨)	Pork	(ton)	91306	108931		

渔业生产(2021－2022年)
and Fishery by Region(2021－2022)

上城区 Shangcheng		拱墅区 Gongshu		西湖区 Xihu		高新(滨江)区 Hi－Tech(Binjiang)		萧山区 Xiaoshan		余杭区 Yuhang	
2021	2022	2021	2022	2021	2022	2021	2022	2021	2022	2021	2022
								41.45	23.83	3.96	6.13
								3.56	3.11	0.60	0.54
								27.17	29.86	7.18	7.28
								2482	2495	99	80
								2406	2427	–	–
								707	933	69	45
								10.75	10.94	2.76	1.88
								8.93	7.72	3.37	2.64
								0.02	0.01	1.82	1.38
								0.05	0.07	7.31	7.26
								71.76	66.00	108.26	92.22
								205.25	162.68	312.44	272.41
								5178	**3016**	**6104**	**2428**
								23773	28523	10053	9819
								19304	24900	5117	5401

3－10 续表1

指 标		Item		全 市 Whole City 2021	全 市 Whole City 2022	市 区 Urban District 2021	市 区 Urban District 2022
牛 肉	（吨）	Beef	（ton）	1236	902		
羊 肉	（吨）	Mutton	（ton）	3624	3167		
兔 肉	（吨）	Rabbit Meat	（ton）	502	295		
禽 肉	（吨）	Poultry Meat	（ton）	18278	15924		
2. 禽蛋产量	（吨）	Poultry Eggs	（ton）	75932	86366		
3. 蜂蜜产量	（吨）	Honey	（ton）	14251	13820		
4. 蜂皇浆产量	（公斤）	Honey Tonic	（kg）	511734	556413		
5. 牛奶产量	（吨）	Milk	（ton）	28316	32757		
6. 兔毛产量	（吨）	Rabbit Wool	（ton）	2	－		
八、渔业生产		**Fishery**					
（一）淡水产品产量总计	（吨）	Total Output of Freshwater Aquatic Products	（ton）	181045	178117	146823	142825
其中：养殖产量	（吨）	Artificially Cultured	（ton）	165790	161812	138846	133964
1. 鱼 类	（吨）	Fish	（ton）	103757	103064	78752	77222
#鲫 鱼	（吨）	#Crucians	（ton）	16819	17293	12358	12566
鳊 鱼	（吨）	Breams	（ton）	7905	7980	5194	5193
黑 鱼	（吨）	Snake Heads	（ton）	288	292	226	230
2. 虾蟹类	（吨）	Shrimps, Prawns & Crabs	（ton）	27929	27545	27648	27340
3. 贝 类	（吨）	Shellfish	（ton）	1004	970	251	334
4. 其 他	（吨）	Others	（ton）	33100	30020	32195	28914
#甲 鱼	（吨）	Turtles	（ton）	31738	28059	31040	27310
（二）淡水养殖面积合计	（公顷）	Freshwater Aquiculture Area	（hectare）	53367	52036	9306	8105

continued 1

上城区 Shangcheng		拱墅区 Gongshu		西湖区 Xihu		高新(滨江)区 Hi - Tech(Binjiang)		萧山区 Xiaoshan		余杭区 Yuhang	
2021	2022	2021	2022	2021	2022	2021	2022	2021	2022	2021	2022
								124	102	12	7
								1637	1435	567	507
								3	1	123	114
								2705	2069	4234	3780
								1331	1119	2593	2723
								322	214	212	134
								29205	17254	28592	10073
								8912	11016	–	–
								–	–	–	–
				5833	5915	592	560	36924	37938	71022	40289
				5024	5125	310	300	36406	37445	68020	37917
				4844	4967	140	140	14840	14513	39761	23013
				986	989	–	–	500	597	4439	3132
				335	331	–	–	31	20	2961	2111
				202	201	–	–	–	–	–	–
				62	53	80	80	18362	20472	2190	2260
				–		–		–	–	–	–
				118	101	90	80	3204	2460	26069	12644
				118	101	90	80	3136	2342	25590	12195
				320	327	50	50	2109	2109	2510	1455

3－10 续表2

指标	Item	市区 临平区 Linping 2021	市区 临平区 Linping 2022	市区 钱塘区 Qiantang 2021	市区 钱塘区 Qiantang 2022
一、生猪	**Hogs**				
生猪年末存栏（万头）	Being Raised at Year－end (10000 heads)		0.57	9.19	5.32
#能繁殖的母猪（万头）	#Reproducible (10000 heads)		0.05	0.82	0.63
年内肥猪出栏（万头）	Slaughtered Hogs of the Year (10000 heads)		0.82	10.06	8.88
全年饲养量（万头）	Number of Hogs Raised in the year (10000 heads)				
二、牛	**Cattle & Buffaloes**				
牛年末存栏（头）	Being Raised at Year－end (head)		－	1663	1941
#良种及改良种乳牛（头）	#Improved Milk Cows (head)		－	1529	1715
牛年内出栏（头）	Slaughtered Cattle & Buffaloes of the Year (head)		－	152	251
三、羊	**Sheep & Goats**				
羊年末存栏（万只）	Being Raised at Year－end (10000 heads)		0.75	1.09	0.92
羊年内出栏（万只）	Slaughtered Sheep & Goats of the Year (10000 heads)		0.93	0.55	0.61
四、兔	**Rabbits**				
兔年末存栏（万只）	Being Raised at Year－end (10000 heads)		－	0.24	0.23
兔年内出栏（万只）	Slaughtered Rabbits of the Year (10000 heads)		－	1.54	0.91
五、家禽	**Poultry**				
家禽年末存栏（万只）	Being Raised at Year－end (10000 heads)		11.02	4.08	2.73
家禽年内出栏（万只）	Slaughtered Poultry of the Year (10000 heads)		22.10	11.01	5.72
六、年末养蜂箱数（箱）	**Beehives (case)**		**3630**	**3435**	**3355**
七、畜禽产品产量	**Output of Livestock Products**				
1.肉类产量（吨）	Output of Meat (ton)		1187	9176	7936
#猪　肉（吨）	Pork (ton)		707	8896	7694

continued 2

Urban District						桐庐县 Tonglu		淳安县 Chun'an		建德市 Jiande	
富阳区 Fuyang		临安区 Lin'an		西湖风景名胜区 The West Lake Scenic Zone							
2021	2022	2021	2022	2021	2022	2021	2022	2021	2022	2021	2022
6.14	8.70	12.78	12.08			5.92	5.31	10.17	10.23	20.00	23.14
0.73	0.85	1.15	1.24			0.54	0.50	1.10	1.03	2.55	2.15
13.95	16.12	17.21	19.52			7.09	7.17	11.30	14.15	21.13	27.49
969	771	3112	3043			932	820	641	572	2784	2343
–	–	1976	2020			–	–	–	–	753	738
1999	1326	1525	1207			755	585	379	195	1335	1011
1.42	1.21	4.44	4.74			0.41	0.38	0.38	0.55	1.17	1.12
1.91	1.16	3.51	3.44			0.29	0.25	0.20	0.15	1.22	0.64
4.20	4.21	0.25	–			0.04	0.07	0.02	0.01	0.01	0.01
17.06	11.87	1.03	0.37			0.02	0.03	0.05	0.02	0.04	–
73.82	64.31	85.15	89.73			65.13	64.13	52.54	44.13	455.38	499.83
149.31	113.47	108.16	94.48			64.54	62.41	50.22	42.99	350.23	362.97
14587	**11226**	**15280**	**13402**			**62249**	**65425**	**52086**	**46151**	**21204**	**20874**
15383	16701	18449	19985			6675	7582	10092	11598	21650	26224
11467	14320	15550	17623			5696	6607	9333	10960	15943	20719

3－10　续表3

指　标		Item		市　区			
				临平区 Linping		钱塘区 Qiantang	
				2021	2022	2021	2022
牛　肉	（吨）	Beef	（ton）		–	28	51
羊　肉	（吨）	Mutton	（ton）		173	72	81
兔　肉	（吨）	Rabbit Meat	（ton）		–	23	30
禽　肉	（吨）	Poultry Meat	（ton）		307	157	80
2.禽蛋产量	（吨）	Poultry Eggs	（ton）		52	72	48
3.蜂蜜产量	（吨）	Honey	（ton）		56	156	53
4.蜂皇浆产量	（公斤）	Honey Tonic	（kg）		13940	29681	22095
5.牛奶产量	（吨）	Milk	（ton）		–	5827	7597
6.兔毛产量	（吨）	Rabbit Wool	（ton）		–	–	–
八、渔业生产		**Fishery**					
（一）淡水产品产量总计	（吨）	Total Output of Freshwater Aquatic Products	（ton）		28657	7791	4620
其中:养殖产量	（吨）	Artificially Cultured	（ton）		27333	7756	4580
1.鱼　类	（吨）	Fish	（ton）		15819	1698	1864
#鲫　鱼	（吨）	#Crucians	（ton）		1611	187	214
编　鱼	（吨）	Breams	（ton）		905	–	25
黑　鱼	（吨）	Snake Heads	（ton）		–	–	–
2.虾蟹类	（吨）	Shrimps, Prawns & Crabs	（ton）		668	5661	2481
3.贝　类	（吨）	Shellfish	（ton）		–	–	–
4.其　他	（吨）	Others	（ton）		10846	397	98
#甲　鱼	（吨）	Turtles	（ton）		10770	397	98
（二）淡水养殖面积合计	（公顷）	Freshwater Aquiculture Area	（hectare）		1037	1303	754

continued 3

Urban District						桐庐县 Tonglu		淳安县 Chun'an		建德市 Jiande	
富阳区 Fuyang		临安区 Lin'an		西湖风景名胜区 The West Lake Scenic Zone							
2021	2022	2021	2022	2021	2022	2021	2022	2021	2022	2021	2022
352	203	272	228			134	89	66	30	248	192
386	207	689	619			29	24	27	19	217	102
334	143	15	5			1	–	1	1	1	–
2800	1784	1686	1283			790	822	665	588	5241	5211
2807	2917	5900	7731			2435	2679	4400	3655	56394	65442
770	651	753	705			5756	6329	4326	3751	1957	1928
27324	21655	61156	60352			264042	326922	55613	68332	16122	15791
–	–	9035	8985			–	–	–	5	4542	5154
–	–	–	–			2	–	–	–	–	–
19430	19515	5231	5258			9510	9952	14520	15400	10100	9940
18408	18330	2922	2934			8490	8836	11540	12230	6914	6782
15178	14606	2291	2300			7931	8212	11293	11847	5781	5783
5673	5456	573	567			1800	1865	1810	1960	851	902
1615	1554	252	247			1048	1085	850	860	813	842
24	29	–	–			11	11	–	–	51	51
1189	1219	104	107			100	72	–	–	181	133
251	334	–	–			–	–	–	–	753	636
1790	2158	527	527			459	515	247	383	199	208
1335	1336	374	391			400	421	247	265	51	60
2288	1655	726	718			1340	1317	41041	41041	1680	1573

3－11 分地区林业
Statistics on Forestry

指 标 Item		全 市 Whole City	市 区 Urban Districtt	上城区 Shangcheng	拱墅区 Gongshu	西湖区 Xihu
一、营林情况 Afforestation						
1. 当年造林面积 Afforested Areas	（公顷）(hectare)	3196	900	26		47
2. 迹地更新面积 Area of Forest Updating	（公顷）(hectare)	965	31			
3. 封山育林面积 Area of Afforestation in Enclosed Mountain	（公顷）(hectare)	2919	1057			
4. 零星(四旁)植树 Planting Trees	（万株）(10000 plant)	560	420			
5. 中、幼龄林抚育面积 Area of Grown Forest Cultivated	（公顷）(hectare)	4678	1661			
二、林产品产量 Output of Forest Products						
1. 油茶籽 Camellia Seeds	（吨）(ton)	12900	250			
2. 竹笋干 Dried Bamboo Shoots	（吨）(ton)	78674	60045			
3. 核　桃 Walnuts	（吨）(ton)	27475	16605			
4. 板　栗 Chestnuts	（吨）(ton)	10267	1422			
三、竹木采伐量 Lumbering						
1. 木　材 Timber Cut	（万立方米）(10000 cu. m)	22.90	5.25			
2. 竹　材 Bamboo Cut	（万支）(10000 pieces)	3884.02	3063.15			

注：1. 2019 年起封山育林面积为当年新增封山育林面积。

生产(2022 年)
by Region(2022)

高新(滨江)区 Hi - Tech (Binjiang)	萧山区 Xiaoshan	余杭区 Yuhang	临平区 Linping	钱塘区 Qiantang	富阳区 Fuyang	临安区 Lin'an	西湖风景名胜区 The West Lake Scenic Zone	桐庐县 Tonglu	淳安县 Chun'an	建德市 Jiande
27	66	85	40	24	299	287		318	1590	388
					31			90	244	600
					1057				–	1862
	33.60	185.00	77.00		52.00	72.00			80.80	60.00
		208			867	586		1000	1017	1000
					120	130		440	9560	2650
	2260	13655			15470	28660		7846	7740	3043
		15			290	16300		1780	8900	190
	420	152			30	820		2500	3575	2770
	0.28	0.15			1.29	3.54		1.24	9.79	6.62
	135.15	941.00			1332.00	655.00		115.35	473.02	232.50

a) Area of Afforestation in Enclosed Mountain was newly added in the cument year since 2019.

3－12 分地区主要农

Possession of Major Agricultural

指 标 Item		全 市 Whole City	西湖区 Xihu	高新（滨江）区 Hi－Tech（Binjiang）
一、农业机械总动力 **Total Power of Agricultural Machinery**	**（千瓦）** **（kW）**	**1887531**	**63367**	**3055**
二、主要农机具 **Agricultural Machinery and Machinery For Processing Farm Products**				
大中型拖拉机 Large & Medium Tractors	（台） （unit）	1672	8	－
拖拉机配套农具 Mechanized Farm Implement	（台） （unit）	8398	33	－
小型（22.1 千瓦及以下）拖拉机 Mini－tractors	（台） （unit）	2566	24	－
联合收割机 Combine Harvesters	（台） （unit）	796	3	－
机动脱粒机 Motorized Thresher	（台） （unit）	4183	－	－
谷物烘干机 Cereal Dryer	（台） （unit）	983	1	－
水泵 Water Pump for Agricultural Use	（台） （unit）	98836	2293	45
节水灌溉类机械 Saving Water and Sprinkling Machinery	（套） （set）	4903	18	2
粮食加工机械 Grain Processing Machinery	（台） （unit）	9194	16	－
棉花加工机械 Cotton Processing Machinery	（台） （unit）	115	－	－
油料加工机械 Oil Processing Machinery	（台） （unit）	1341	2	－

机具年末拥有量(2022 年)
Machinery at the Year - end by Region(2022)

萧山区 Xiaoshan	余杭区 Yuhang	临平区 Linping	钱塘区 Qiantang	富阳区 Fuyang	临安区 Lin'an	桐庐县 Tonglu	淳安县 Chun'an	建德市 Jiande
365630	**241187**	**45252**	**88861**	**239154**	**268167**	**119712**	**294047**	**159099**
362	290	20	237	313	187	90	59	106
1276	1315	66	768	2334	434	705	112	1355
13	1241	1	65	700	56	371	43	52
139	146	6	58	178	44	115	41	66
–	–	–	30	2175	–	357	1592	29
147	184	26	69	142	101	126	56	131
14125	7261	5746	801	17247	17842	5342	5158	22976
304	377	8	24	255	70	12	638	3195
881	194	26	174	142	385	593	5886	897
23	1	3	5	–	–	11	56	16
79	27	7	70	70	104	197	509	276

3－13 农业物资
Agricultural Material

指 标 Item		全 市 Whole City	市 区		
			上城区 Shangcheng	拱墅区 Gongshu	西湖区 Xihu
一、农业化肥施用量 Consumption of Chemical Fertilizer					
按折纯法计算 Pure Consumption	（吨）（ton）	78129			804
1. 氮　肥 Nitrogenous Fertilizer	（吨）（ton）	20860			159
2. 磷　肥 Phosphate Fertilizer	（吨）（ton）	3502			9
3. 钾　肥 Potash Fertilizer	（吨）（ton）	5222			116
4. 复合肥 Compound Fertilizer	（吨）（ton）	48546			521
二、农用塑料薄膜使用量 Use of Plastic Film	**（吨）（ton）**	**6703**			**6**
三、农用柴油使用量 Consumption of Diesel Oil	**（吨）（ton）**	**12433**			**329**
四、农药使用量 Consumption of Pesticide	**（吨）（ton）**	**4703**			**35**

消耗情况（2022 年）
Consumption(2022)

Urban District								桐庐县 Tonglu	淳安县 Chun'an	建德市 Jiande
高新（滨江）区 Hi－Tech (Binjiang)	萧山区 Xiaoshan	余杭区 Yuhang	临平区 Linping	钱塘区 Qiantang	富阳区 Fuyang	临安区 Lin'an	西湖风景名胜区 The West Lake Scenic Zone			
173	14902	7889	2924	3299	7183	10367	33	8515	6610	15430
43	5174	2117	844	1178	1658	2373	–	1718	1223	4373
16	1875	119	91	223	231	420	–	250	110	157
10	1164	249	129	197	300	837	–	411	457	1353
104	6689	5403	1859	1701	4994	6738	33	6136	4820	9548
15	**1447**	**776**	**142**	**558**	**539**	**358**	**–**	**567**	**1135**	**1160**
–	**3200**	**1250**	**298**	**1002**	**1722**	**1711**	**–**	**857**	**979**	**1086**
3	**889**	**367**	**141**	**364**	**630**	**735**	**8**	**485**	**428**	**619**

3－14 乡(镇)

Statistics on Towns

乡镇名称	Town	社区(居民委员会) Number of communities (residents committees)	村民委员会(个) Number of Villagers' Committees (unit)	乡镇户籍户数(户) Resident Households in Towns (household)
全　市	**Whole City**	**793**	**1917**	**1821439**
西湖区	**Xihu District**	**98**	**32**	**97327**
留下街道	Liuxia Subdistrict	12	1	10635
转塘街道	Zhuantang Subdistrict	36	8	21373
三墩镇	Sandun	41	2	48935
双浦镇	Shuangpu	9	21	16384
高新(滨江)区	**Hi－Tech(Bingjiang) District**			
西兴街道	Xixing Subdistrict			
长河街道	Changhe Subdistrict			
浦沿街道	Puyan Subdistrict			
西湖风景名胜区	**The West Lake Scenic Zone**	**6**	**9**	**5991**
西湖街道	West Lake Subdistrict	6	9	5991
萧山区	**Xiaoshan District**	**230**	**351**	**370331**
城厢街道	Chengxiang Subdistrict	36	－	40521
北干街道	Beigan Subdistrict	39	1	34652
蜀山街道	Shushan Subdistrict	28	8	13713
新塘街道	Xintang Subdistrict	27	17	22335
靖江街道	Jingjiang Subdistrict	7	10	10428
南阳街道	Nanyang Subdistrict	3	13	10713
闻堰街道	Wenyan Subdistrict	7	6	11170
宁围街道	Ningwei Subdistrict	16	6	17351

基本情况(2022 年)

and Townships(2022)

乡镇户籍人口数 (人) Resident Population in Towns (person)	乡镇常用耕地面积 (公顷) Commonly used cultivated area of township (hectare)	一般公共预算收入 (万元) General public budget income (10,000 yuan)	一般公共预算支出 (万元) General public budget expenditure (10,000 yuan)
5747977	**150071**	**3811880**	**2265364**
344767	**3529**	**412128**	**96181**
41765	59	24191	24191
68924	405	264633	27837
167690	587	88351	28463
66388	2478	34953	15691
18741	**–**	**28872**	**16566**
18741	–	28872	16566
1256295	**23630**	**1110309**	**535832**
115223	–	23410	23537
100732	57	130965	24953
60189	494	51491	17217
80036	522	107214	25450
37831	1120	28504	17678
42167	678	31712	17252
38626	118	33239	19263
53436	781	148302	30296

3-14 续表1

乡镇名称	Town	社区(居民委员会) Number of Communities (residents committees)	村民委员会(个) Number of Villagers' Committees (unit)	乡镇户籍户数(户) Resident Households in Towns (household)
新街街道	Xinjie Subdistrict	7	15	19772
盈丰街道	Yingfeng Subdistrict	15	15	14834
楼塔镇	Louta	1	12	8115
河上镇	Heshang	1	15	9146
戴村镇	Daicun	2	22	11046
浦阳镇	Puyang	1	18	9715
进化镇	Jinhua	1	25	13557
临浦镇	Linpu	14	20	16630
义桥镇	Yiqiao	5	21	18435
所前镇	Suoqian	2	19	10717
衙前镇	Yaqian	2	11	6322
瓜沥镇	Guali	13	61	46689
益农镇	Yinong	1	19	12146
党湾镇	Dangwan	2	17	12324
余杭区	**Yuhang District**	**104**	**116**	**226835**
五常街道	Wuchang Subdistrict	20	-	17449
仁和街道	Renhe Subdistrict	4	18	19055
良渚街道	Liangzhu Subdistrict	23	20	50873
闲林街道	Xianlin Subdistrict	13	8	27817
仓前街道	Cangqian Subdistrict	10	6	17611
余杭街道	Yuhang Subdistrict	16	11	35593

continued 1

乡镇户籍人口数（人）Resident Population in Towns (person)	乡镇常用耕地面积（公顷）Commonly used cultivated area of township (hectare)	一般公共预算收入（万元）General public budget income (10,000 yuan)	一般公共预算支出（万元）General public budget expenditure (10,000 yuan)
67884	1581	26940	30022
46553	642	18212	18212
26820	454	6822	14477
28859	1074	26154	21204
38887	1100	16859	19821
32611	993	20553	15914
47618	677	14147	20914
56829	785	57965	32603
62148	493	64476	30215
41154	804	40235	20933
26226	520	76526	28786
165242	6213	129466	69950
43717	2327	26861	18098
43507	2198	30256	19035
730306	**20748**	**1097354**	**556109**
60539	24	247542	43607
79089	2527	53309	49362
168790	2605	190114	110354
76730	260	90056	85425
63786	1299	285417	42761
103416	2675	76727	76727

3-14 续表2

乡镇名称	Town	社区(居民委员会) Number of Communities (residents committees)	村民委员会(个) Number of Villagers´ Committees (unit)	乡镇户籍户数(户) Resident Households in Towns (household)
中泰街道	Zhongtai Subdistrict	5	10	13366
径山镇	Jingshan	2	13	13093
瓶窑镇	Pingyao	8	13	19389
鸬鸟镇	Luniao	1	6	4283
百丈镇	Baizhang	1	6	3275
黄湖镇	Huanghu	1	5	5031
富阳区	**Fuyang District**	**74**	**276**	**222860**
富春街道	Fuchun Subdistrict	42	12	50547
春江街道	Chunjiang Subdistrict	2	9	7928
鹿山街道	Lushan Subdistrict	2	9	8493
东洲街道	Dongzhou Subdistrict	5	15	12674
银湖街道	Yinghu Subdistrict	12	22	18121
万市镇	Wanshi	1	15	7141
洞桥镇	Dongqiao	-	11	6093
渌渚镇	Luzhu	-	13	5886
永昌镇	Yongchang	-	5	3521
里山镇	Lishan	-	5	2653
常绿镇	Changlu	-	8	5227
场口镇	Changkou	2	24	13441
常安镇	Chang'an	-	16	7716
龙门镇	Longmen	-	4	2476
新登镇	Xindeng	7	28	23930
胥口镇	Xukou	-	13	6483
大源镇	Dayuan	1	15	10852

continued 2

乡镇户籍人口数（人） Resident Population in Towns (person)	乡镇常用耕地面积（公顷） Commonly used cultivated area of township (hectare)	一般公共预算收入（万元） General public budget income (10,000 yuan)	一般公共预算支出（万元） General public budget expenditure (10,000 yuan)
39041	1058	33193	20887
38988	3175	39618	38006
64005	2130	59093	58041
12110	595	3898	4994
10303	3471	7555	14717
13509	929	10832	11228
698565	**20160**	**184360**	**169267**
138789	895	43789	25388
31319	355	1635	6328
26519	752	7729	7730
49182	1013	11873	11872
60582	1646	9791	7009
21660	1114	6028	6028
18864	1222	5611	5611
17044	937	5744	5744
11141	493	10757	10638
10177	399	2028	3345
15376	198	3277	3277
43358	1298	9568	9568
24709	878	5625	5625
7208	242	3082	3082
67839	2293	17543	17543
18028	881	4501	4501
37135	483	9222	9232

3-14 续表3

乡镇名称	Town	社区(居民委员会) Number of Communities (residents committees)	村民委员会(个) Number of Villagers' Committees (unit)	乡镇户籍户数(户) Resident Households in Towns (household)
灵桥镇	Lingqiao	–	13	7533
新桐乡	Xintong	–	7	4630
上官乡	Shangguan	–	5	2651
环山乡	Huanshan	–	7	3827
湖源乡	Huyuan	–	10	4377
春建乡	Chunjian	–	6	2952
渔山乡	Yushan	–	4	3708
临安区	**Lin'an City**	**38**	**270**	**192010**
玲珑街道	Linlong Subdistrict	2	14	9137
锦南街道	Jinnan Subdistrict	3	7	4709
锦城街道	Jincheng Subdistrict	15	4	35070
锦北街道	Jinbei Subdistrict	9	5	15761
青山湖街道	Qingshanghu Subdistrict	7	14	14578
高虹镇	Gaohong	–	9	4927
太湖源镇	Taihuyuan	–	20	11013
於潜镇	Yuqian	1	30	16985
太阳镇	Taiyang	–	18	9088
潜川镇	Qianchuan	–	16	8276
昌化镇	Changhua	1	14	7258
河桥镇	Heqiao	–	11	6003
湍口镇	Tuankou	–	13	4127
清凉峰镇	Qingliangfeng	–	17	9640
岛石镇	Daoshi	–	16	8246
板桥镇	Banqiao	–	15	8393

continued 3

乡镇户籍人口数（人）Resident Population in Towns (person)	乡镇常用耕地面积（公顷）Commonly used cultivated area of township (hectare)	一般公共预算收入（万元）General public budget income (10,000 yuan)	一般公共预算支出（万元）General public budget expenditure (10,000 yuan)
27146	635	5160	5160
14058	501	3393	3393
8128	2358	3330	3330
12756	355	4226	4226
15316	268	3902	4092
9195	704	3922	3922
13036	239	2624	2624
542997	**17923**	**248074**	**169852**
26553	612	9691	6180
14393	114	8854	6470
89961	333	19858	18954
45498	300	11040	6732
44815	847	72841	31489
14305	588	11683	7262
30979	2067	11031	10125
47477	1604	17544	12086
26277	1375	9010	5826
22863	690	8811	7795
20926	870	8359	5749
16803	2170	5510	5320
12280	565	6775	6344
27138	1289	7980	7808
24711	576	7440	6939
24829	924	7556	5702

3-14 续表4

乡镇名称	Town	社区(居民委员会) Number of Communities (residents committees)	村民委员会(个) Number of Villagers' Committees (unit)	乡镇户籍户数(户) Resident Households in Towns (household)
天目山镇	Tianmushan	–	23	11821
龙岗镇	Longgang	–	24	6978
临平区	**Linping**	**136**	**57**	**181666**
临平街道	Linpin Subdistrict	15	–	17176
南苑街道	Nanyuan Subdistrict	31	–	32405
东湖街道	Donghu Subdistrict	45	3	39549
星桥街道	Xingqiao Subdistrict	17	–	17528
乔司街道	Qiaosi Subdistrict	6	11	19439
运河街道	Yunhe Subdistrict	5	14	12386
崇贤街道	Chongxian Subdistrict	7	11	19446
塘栖镇	Tangqi	10	18	23737
钱塘区	**Qiantang Area**	**16**	**59**	**45538**
河庄街道	Hezhuang Subdistrict	4	20	14180
义蓬街道	Yipeng Subdistrict	6	22	19137
新湾街道	Xinwan Subdistrict	2	12	7703
临江街道	Linjiang Subdistrict	2	2	2412
前进街道	Qianjin Subdistrict	2	3	2106
桐庐县	**Tonglu County**	**32**	**181**	**153378**
旧县街道	Jiuxian Subdistrict	–	5	2835
桐君街道	Tongjun Subdistrict	7	6	18909
城南街道	Chengnan Subdistrict	15	13	27892
凤川街道	Fengchuan Subdistrict	1	13	10859
富春江镇	Fuchunjiang	2	15	9338
横村镇	Hengcun	2	24	14811

continued 4

乡镇户籍人口数（人）Resident Population in Towns (person)	乡镇常用耕地面积（公顷）Commonly used cultivated area of township (hectare)	一般公共预算收入（万元）General public budget income (10,000 yuan)	一般公共预算支出（万元）General public budget expenditure (10,000 yuan)
32658	1892	13799	10426
20531	1107	10292	8645
603584	**6389**	**393573**	**277136**
47545	61	30227	12199
103703	458	23109	23109
138437	872	150000	146108
50454	150	43254	15707
67393	782	49833	27129
45176	1340	11423	10887
67255	920	50199	21709
83621	1807	35529	20289
168228	**7609**	**61806**	**74063**
56608	2185	17300	17300
69214	2700	18942	18942
26520	1140	15183	14822
7447	1041	7874	13000
8439	543	2508	10000
428443	**14486**	**89416**	**34807**
8270	465	1405	931
43462	346	18780	2897
75623	895	5606	2051
32449	494	1507	1455
24628	1042	19760	4268
41250	2039	13920	1482

3－14 续表5

乡镇名称	Town	社区(居民委员会) Number of Communities (residents committees)	村民委员会(个) Number of Villagers' Committees (unit)	乡镇户籍户数(户) Resident Households in Towns (household)
分水镇	Fenshui	3	26	18936
瑶琳镇	Yaolin	–	16	12038
百江镇	Baijiang	–	15	6130
江南镇	Jiangnan	2	19	16954
莪山畲族乡	Eshan	–	7	2993
钟山乡	Zhongshan	–	11	6866
新合乡	Xinghe	–	5	1644
合村乡	Hecun	–	6	3173
淳安县	**Chun'an County**	**18**	**337**	**147039**
千岛湖镇	Qiandaohu	13	16	31902
文昌镇	Wenchang	–	14	4238
石林镇	Shilin	–	7	1448
临歧镇	Linqi	1	16	5940
威坪镇	Weiping	1	35	15799
姜家镇	Jiangjia	1	17	8380
梓桐镇	Zitong	–	18	5939
汾口镇	Fenkou	1	42	16363
中洲镇	Zhongzhou	–	15	5979
大墅镇	Dashu	1	13	4382
枫树岭镇	Fengshuling	–	18	5683
里商乡	Lishang	–	13	3401
金峰乡	Jinfeng	–	9	2035
富文乡	Fuwen	–	8	2452
左口乡	Zuokou	–	9	3307

continued 5

乡镇户籍人口数（人） Resident Population in Towns (person)	乡镇常用耕地面积（公顷） Commonly used cultivated area of township (hectare)	一般公共预算收入（万元） General public budget income (10,000 yuan)	一般公共预算支出（万元） General public budget expenditure (10,000 yuan)
52073	1820	10803	2285
34290	1869	2039	2039
19484	945	4852	4852
51711	1522	2690	1949
9062	903	914	2852
21054	1187	4282	4969
5144	255	657	576
9943	704	2201	2201
450459	**16737**	**41614**	**209299**
85291	496	20293	19602
14367	552	1857	9208
4898	171	442	5419
20193	962	1718	14600
45697	2693	1717	18940
25713	1204	4147	12980
18270	684	1065	9262
54188	2325	1435	23695
19872	1036	518	7107
13724	939	1135	10403
18023	1090	1013	13043
11106	254	1402	8809
5967	320	828	2192
8187	183	364	4005
11428	438	548	4816

3－14 续表6

乡镇名称	Town	社区(居民委员会) Number of Communities (residents committees)	村民委员会(个) Number of Villagers´ Committees (unit)	乡镇户籍户数(户) Resident Households in Towns (household)
屏门乡	Pingmen	–	11	3843
瑶山乡	Yaoshan	–	10	2775
王阜乡	Wangfu	–	15	5774
宋村乡	Songcun	–	6	2091
鸠坑乡	Jiukeng	–	8	2527
浪川乡	Langchuan	–	17	6081
界首乡	Jieshou	–	8	3078
安阳乡	Anyang	–	12	3622
建德市	**Jiande City**	**41**	**229**	**178464**
新安江街道	Xin´anjiang Subdistrict	11	4	32343
洋溪街道	Yangxi Subdistrict	4	2	6762
更楼街道	Genglou Subdistrict	2	14	7694
莲花镇	Lianhua	1	6	3453
乾潭镇	Qiantan	1	24	14733
梅城镇	Meicheng	5	13	14781
杨村桥镇	Yangcunqiao	1	13	6973
下涯镇	Xiaya	1	11	8865
大洋镇	Dayang	3	19	10472
三都镇	Sandu	1	19	8827
寿昌镇	Shouchang	4	23	16750
航头镇	Hangtou	1	18	12081
大慈岩镇	Daciyan	1	12	6884
大同镇	Datong	3	34	18429
李家镇	Lijia	1	10	6527
钦堂乡	Qintang	1	7	2890

continued 6

乡镇户籍人口数（人）Resident Population in Towns (person)	乡镇常用耕地面积（公顷）Commonly used cultivated area of township (hectare)	一般公共预算收入（万元）General public budget income (10,000 yuan)	一般公共预算支出（万元）General public budget expenditure (10,000 yuan)
12319	306	401	5117
9451	261	407	5117
17092	370	271	6540
6827	55	234	3711
7352	184	564	4909
19773	1042	811	7484
9311	444	164	6640
11410	729	280	5700
505592	**18860**	**144375**	**126253**
84410	290	42945	14491
17411	187	10566	10976
22909	915	6962	4283
10227	355	755	3915
43913	1778	7674	9833
39994	993	14550	9424
20636	750	3842	5062
27173	1101	10100	7200
33038	1420	4472	6537
24218	1960	1948	8032
44545	1670	10837	9924
34236	1846	3075	6048
20263	1288	2385	6339
54345	2802	10990	14169
19699	885	9466	5637
8575	622	3808	4383

主要统计指标解释

农林牧渔业总产值 是以货币表现的农、林、牧、渔业全部产品的总量和对农林牧渔生产活动进行的各种支持性服务活动的价值。它反映一定时期内农林牧渔业生产的总规模和总成果。

农林牧渔业的统计范围是:

(1)农业 包括农作物种植业和其他农业。

农作物种植业 包括谷类、豆类、薯类、棉花、麻类、烟叶、蔬菜、药材、瓜类和其他农作物的种植以及茶园、桑园、果园的生产经营。

其他农业 包括采集野生植物的果实、纤维、树脂、油料以及柴草、野生药材、菌类等。

(2)林业 包括林木的栽培(不包括茶园、桑园和果园的栽培、管理和收获等活动)、林产品的采集、村及村以下合作经济组织和农户的竹木砍伐。

(3)牧业 包括除渔业养殖以外的一切动物饲养和放牧以及野生动物的捕猎和饲养。

(4)渔业 包括水生动物和海藻类植物的养殖和捕捞。

(5)农林牧渔服务业 包括对农林牧渔生产活动进行的各种支持性服务活动。

粮食产量 指全社会的产量,包括国有农场等全民所有制经营、集体统一经营和农民家庭经营的产量,还包括工矿企业家属办的农场和其他生产单位的产量。粮食除包括稻谷、小麦、大麦、玉米、高粱、谷子及其他杂粮外,还包括薯类和豆类。其产量计算方法,豆类按去豆荚后的干豆计算,薯类按 5 公斤鲜薯折 1 公斤粮食计算,其他粮食一律按脱粒后的原粮计算。

猪、牛、羊肉产量 指当年出栏并已屠宰的猪、牛、羊的肉产量,即屠宰后除去头蹄下水后带骨的(即胴体重)重量。

水产品产量 指人工养殖的水产品和天然生长的水产品的捕捞量。包括海水的鱼类、虾蟹类、贝类和藻类以及内陆水域的鱼类、虾蟹类和贝类,不包括淡水生植物。

有效灌溉面积 指具有一定水源,地块比较平整、灌溉工程或设备已经配套,在一般年景下当年能够进行正常灌溉的耕地面积。

农业机械总动力 指主要用于农、林、牧、渔业的各种动力机械的动力总和。包括耕作机械、排灌机械、收获机械、农用运输机械、植物保护机械、牧业机械、林业机械和其他农业机械[内燃机按引擎马力折成瓦(特)计算,电动机按功率折成瓦(特)计算]。不包括专门用于乡、镇、村、组办工业、基本建设、非农业运输、科学试验和教学等非农业方面的动力机械与作业机械。

农村用电量 指本年度内扣除在农村中的全民所有制工业、交通、基建单位的用电量以后的农村生产上和生活上的全年用电总度数(全年累计数),包括国家电网的供电量,也包括农村自办电站的供电量。

农用化肥施用量 指本年内实际用于农业生产的化肥数量。包括氮肥、磷肥、钾肥及复合肥。化肥施用量要求按折纯量计算数量。折纯量是指氮肥、磷肥、钾肥分别按含氮、含五氧化二磷、含氧化钾的百分之百成分进行折算后的数量。复合肥按其所含主要成分折算。

Explanatory Notes on Main Statistical Indicators

Gross Output Value of Farming, Forestry, Animal Husbandry and Fishery refers to the total volume of products of farming, forestry, animal husbandry and fishery in value terms and output value of all kinds of service activities that support farming, forestry, animal husbandry and fishery production. It reflects the total scale and total result of agricultural production during a given period of time.

The statistical scopes for Farming, Forestry, Animal Husbandry and Fishery are as follows:

(1) **Farming** includes crop cultivation and other farming.

Crop cultivation includes planting of cereals, beans, tubers, cotton, fiber crops, tobacco, vegetables, crude drugs, melons and others, as well as production and management of tea, mulberry and fruit plantation.

Other farming includes gathering of wild plant fruits, fiber, gum, oil, firewood, wild crude drugs, fungus.

(2) **Forestry** includes planting of trees (not including planting, management and harvest of tea, mulberry and fruit plantation), collection of forest products, and felling of bamboos and trees by villagers and cooperative organizations of villages and under villages.

(3) **Animal Husbandry** includes raising and grazing of any kind of animals and hunting and raising of wild animals, other than fish breeding.

(4) **Fishery** includes cultivation and catches of aquatic animals and seaweed.

(5) **Service Industry for Farming, Forestry, Animal Husbandry and Fishery** refers to all kinds of service activities that support farming, forestry, animal husbandry and fishery production.

Grain Yield refers to the total yield including grains produced by state – owned, collectively operated and family farms as well as grains produced by farms run by family members of industrial and mining enterprises. Grain includes rice, wheat, corn, sorghum, millet and other miscellaneous grains as well as tubers and beans. For the yield of beans, it is to calculated by beans without pods, for tubers is to convert the yield of fresh tubers into that of grain at the ratio 5:1, and for others are all the husked grain.

Output of Pork, Beef, and Mutton refers to the meat weight of slaughtered hogs, cattle, sheep and goats, which are full grown, without heads, feets and offal but with bones.

Output of Aquatic Products refers to catches of both artificially cultured and naturally grown aquatic products, including fish, shrimps, crabs and shellfish in sea and inland water as well as seaweed. Freshwater plants are not included.

Irrigated Area refers to cultivated areas that are flat with water source and complete irrigation projects or equipments to be effectively irrigated under normal conditions.,

Total Power of Farm Machinery refers to total mechanical power of machinery used in farming, forestry, animal husbandry, and fishery, including the machinery of ploughing, irrigation and drainage, harvesting, transport, plant protection, stock breeding, forestry and others. For internal combustion engine is to calculate its engine power in watts and for electric motor is to calculate its power in watts. Machinery employed for non – agricultural purposes, such as the machines used in town and village run industries, capital construction, non – agricultural transport, scientific experiments and teaching, is excluded.

Electricity Consumption in Rural Areas refers to annual total degree (annual aggregate) of electricity consumption of rural production and living discounting the consumption of industries owned by the whole people, transport and infrastructure units in the rural areas, including the power supply of State Grid and rural run power stations.

Consumption of Chemical Fertilizers in Agriculture refers to the quantity of chemical fertilizers applied in agriculture in theyear, including nitrogen, phosphorus, potassium and compound fertilizers. The consumption of chemical fertilizers is required to calculate by the purity, i. e. by 100% nitrogen content in nitrogenous fertilizer, 100% phosphorous pent oxide content in phosphorus fertilizer, 100% potassium oxide contents in potassium fertilizer. Compound fertilizer is calculated by its major component.

四 工业、能源

INDUSTRY AND ENERGY

4 工业、能源 Industry and Energy

主要统计指标 Major Statistical Indicators

规模以上工业企业单位数	Number of Industrial Enterprises above Designated Size	6802	个	(unit)
为上年	As Compared with the Preceding Year	104.2	%	(%)
规模以上工业增加值	Value-added of Industrial Enterprises above Designated Size	4185	亿元	(100 million yuan)
为上年	As Compared with the Preceding Year	100.3	%	(%)
规模以上工业总产值	Gross Output Value of Industrial Enterprises above Designated Size	18360	亿元	(100 million yuan)
为上年	As Compared with the Preceding Year	102.7	%	(%)
轻工业	Light Industry	5813	亿元	(100 million yuan)
为上年	As Compared with the Preceding Year	101.4	%	(%)
重工业	Heavy Industry	12547	亿元	(100 million yuan)
为上年	As Compared with the Preceding Year	103.4	%	(%)

4-01 工业企业单位数(主要年份)

Number of Industrial Enterprises(Main Years)

单位:个 (unit)

年 份 Year	规模以上工业合计 Industry above Designated Size Total	国有经济 State - owned Enterprises	集体经济 Collective - owned Enterprises	其他各种经济类型 Enterprises of Other Types of Ownership
1978	2868	680	2188	-
1980	3519	691	-	-
1985	5800	823	-	-
1990	6183	921	4966	11
1991	6234	933	5219	82
1992	6235	941	5162	132
1995	6744	1086	4722	936
1996	6148	1011	4268	869
1997	4980	760	3250	970
1998	2559	464	815	1280
1999	2474	396	689	1389
2000	2715	282	598	1835
2001	3580	237	252	3091
2002	4015	172	232	3611
2003	4689	144	219	4326
2004	7738	185	192	7361
2005	7359	124	169	7066
2006	7826	110	162	7554
2007	8674	71	131	8472
2008	9907	73	101	9733
2009	10032	71	84	9877
2010	10370	74	68	10228
2011	5868	52	25	5791
2012	5927	56	20	5851
2013	6284	25	11	6248
2014	6169	22	9	6138
2015	6073	17	5	6051
2016	5684	15	4	5665
2017	5533	10	2	5521
2018	5431	9	1	5421
2019	5698	7	-	5691
2020	5992	14	3	5975
2021	6528	7	2	6519
2022	6802	10	3	6789

注:1. 规模以上工业口径:1997 年及以前为乡及以上工业;1998 -2010 年为主营业务收入 500 万及以上;2011 年为主营业务收入 2000 万及以上(后同)。

a) Industry above Designated Size: Data after 2011 refer to all the industrial enterprises with annual Sales income of over 20 million yuan, data in 1998 -2010 refer to all the industrial enterprises with annual sales income of over 5 million yuan, data in 1997 and before refer to enterprises at township and above level.

4-02 市区工业企业单位数(主要年份)

Number of Industrial Enterprises in Urban District(Main Years)

单位:个 (unit)

年 份 Year	规模以上工业合计 Industry above Designated Size Total	国有经济 State - owned Enterprises	集体经济 Collective - owned Enterprises	其他各种经济类型 Enterprises of Other Types of Ownership
1978	787	313	414	-
1980	894	315	579	-
1985	1250	345	859	7
1990	1360	361	971	28
1991	1411	382	990	39
1992	1490	395	1024	71
1995	1998	440	1102	456
1996	2043	458	1109	476
1997	1733	372	951	410
1998	1019	315	315	389
1999	959	255	284	420
2000	1005	182	253	570
2001	2645	195	200	2250
2002	2838	140	178	2520
2003	3230	115	158	2957
2004	5527	156	122	5249
2005	4995	98	104	4793
2006	5195	85	91	5019
2007	5726	54	77	5595
2008	6530	55	64	6411
2009	6477	52	49	6376
2010	6478	51	37	6390
2011	3867	36	10	3821
2012	3862	37	7	3818
2013	4145	18	5	4122
2014	4716	17	5	4694
2015	4584	12	3	4569
2016	4235	11	2	4222
2017	4726	8	1	4717
2018	4746	8	1	4737
2019	4984	6	-	4978
2020	5188	13	2	5173
2021	5653	5	1	5647
2022	5898	7	2	5889

4-03 工业总产值(1949-2022年)

Gross Industrial Output Value(1949-2022)

单位:亿元 (100 million yuan)

年份 Year	工业总产值 Gross Industrial Output Value	#轻工业 Light Industry	重工业 Heavy Industry	国有经济 State-owned	集体经济 Collective-owned
1949	1.41				
1950	1.60				
1951	2.46				
1952	3.00				
1953	3.80				
1954	4.26				
1955	4.38				
1956	5.42				
1957	6.08				
1958	11.73				
1959	16.16				
1960	18.48				
1961	12.65				
1962	10.30				
1963	10.76				
1964	12.82				
1965	15.12				
1966	14.81				
1967	16.73				
1968	15.90				
1969	20.74				
1970	24.08				
1971	27.04				
1972	28.32				
1973	31.38				
1974	26.24				
1975	25.10				
1976	26.24				
1977	35.92				
1978	43.96				
1979	51.00				
1980	63.45				
1981	71.00				
1982	75.08				
1983	84.44				
1984	106.21				
1985	146.55				
1986	177.96				
1987	226.30				
1988	297.62				
1989	331.56				
1990	359.47				
1991	435.79				
1992	568.33				
1993	828.92				
1994	1181.50				
1995	1509.71				
1996	1479.22				
1997	1654.70				

4－03 续表 continued

单位:亿元 (100 million yuan)

年 份 Year	工业总产值 Gross Industrial Output Value	#轻工业 Light Industry	重工业 Heavy Industry	国有经济 State－owned	集体经济 Collective－owned
1998	1109.94	572.64	537.30	342.23	282.48
1999	1200.08	613.00	587.08	316.46	254.40
2000	1543.57	762.33	781.24	186.03	269.84
2001	1919.51	995.70	923.81	178.88	191.13
2002	2400.30	1243.55	1156.75	214.71	215.15
2003	3202.52	1565.25	1637.28	248.42	244.40
2004	4486.58	1976.19	2510.38	342.00	55.89
2005	5441.13	2405.97	3035.16	605.43	60.34
2006	6975.46	2909.35	4066.11	677.68	66.76
2007	8351.40	3587.84	4763.56	768.89	51.79
2008	9379.58	3873.53	5506.05	744.07	38.61
2009	9390.73	4011.60	5379.14	757.65	35.47
2010	11081.04	4576.47	6504.57	905.05	30.03
2011	12352.92	4866.08	7486.84	1022.05	17.19
2012	12959.68	5137.76	7821.92	1150.72	16.73
2013	12418.00	4866.38	7551.63	714.09	3.98
2014	12853.05	4997.92	7855.13	692.22	3.22
2015	12415.68	4820.80	7594.88	230.94	1.41
2016	12420.96	4693.99	7726.97	553.41	1.23
2017	12963.76	4711.50	8252.27	187.04	0.59
2018	14016.41	4882.08	9134.33	169.11	0.24
2019	14585.45	5221.27	9364.18	177.62	0.00
2020	14712.08	4839.21	9872.87	355.79	4.37
2021	17746.18	5616.85	12129.33	26.38	0.62
2022	18360.12	5812.68	12547.45	174.80	1.02

注:1. 从 1998 年以来为规模以上工业。

a) It was industry above designated size since 1998.

4-04 市区工业总产值(主要年份)

Gross Industrial Output Value in Urban District(Main Years)

单位:万元 (10,000 yuan)

年 份 Year	工业总产值 Gross Industrial Output Value	#轻工业 Light Industry	重工业 Heavy Industry	国有经济 State-owned	集体经济 Collective-owned	其他经济 Other Types of Ownership
1978	304242	-	-	248534	55708	-
1980	433623	-	-	335789	97834	-
1985	812246	512767	301998	536498	267613	8135
1990	1533000	1026764	599899	1067400	416500	49100
1991	1814600	1140394	674072	1237600	496800	80200
1992	2291300	1379154	917085	1497400	601200	192700
1995	4760900	2507752	2753196	2252300	908900	1599700
1996	4599778	2460319	2139459	2018768	951432	1629578
1997	4997257	2889406	2609217	2537740	819984	1639533
1998	6110192	3068600	3041592	2989467	1123013	1997712
1999	6280838	3178286	3102552	2668519	979070	2633249
2000	7804302	3635578	4168724	1498595	968509	5337198
2001	16156245	8377563	7778681	1695132	1792228	12668885
2002	20252484	10431428	9821056	2036097	2045450	16170937
2003	26945006	13080771	13864235	2390424	2305431	22249151
2004	37564968	16361706	21203262	3097656	419720	34047592
2005	44775260	19601053	25174207	5592419	390555	38792286
2006	57255453	23722868	33532585	6305071	347788	50602594
2007	67565456	29452269	38113187	7123810	323842	60117804
2008	74564803	31236743	43328060	6812616	219140	67533047
2009	74059755	32178951	41880805	6880470	148937	67030348
2010	86653885	36440816	50213069	8155395	156026	78342464
2011	97800625	39467105	58333520	9253445	70299	88476881
2012	101396009	41428864	59967145	10452692	72743	90870574
2013	94197123	38407906	55789218	6332681	22398	87842044
2014	110230328	42840596	67389732	6463681	22354	103744292
2015	105641721	40775608	64866113	1841145	8633	103791944
2016	105688299	39331082	66357217	5061048	6629	100620622
2017	119823690	42792636	77031054	1689177	2846	118131668
2018	131259285	45433816	85825469	1570111	2375	129686799
2019	135952373	48734026	87218348	1649607	-	134302766
2020	136802991	44921301	91881690	3437846	41400	133323745
2021	164637453	52134466	112502987	199356	3990	164434107
2022	169579282	53925969	115653313	1277510	8184	168293588

注:1. 从 1998 年以来为规模以上工业。

a) It was industry above designated size since 1998.

4－05 规模以上工业企业

Main Economic Indicators of Industrial

单位:亿元

年 份 Year	规模以上工业总产值 Output Value of Industrial Enterprises Above Designated Size	规模以上工业增加值 Added Value of Industrial Enterprises Above Designated Size	资产总计 Total Assets	流动资产合计 Total Current Assets	营业收入 Revenue	主营业务收入 Revenues in Main Business	利润总额 Total Profits
2001	1919.51	444.91	2148.96	1122.07		1828.28	107.56
2002	2400.30	597.01	2514.19	1313.92		2288.21	145.48
2003	3202.52	783.51	3258.93	1783.50		3117.46	194.16
2004	4486.58	1019.47	4118.31	2300.84		4363.27	226.74
2005	5441.13	1126.54	4781.34	2692.73		5282.80	234.99
2006	6975.46	1363.17	5564.68	3215.19		6807.64	314.49
2007	8351.40	1717.65	6573.12	3880.23		8057.03	414.55
2008	9379.58	1743.20	7506.26	4437.50		8976.46	453.92
2009	9390.73	1792.00	8405.62	4968.21		9026.32	510.97
2010	11081.04	2153.83	9937.41	6011.68		10843.24	764.47
2011	12352.92	2369.00	10968.69	6709.76		12022.57	795.53
2012	12959.68	2492.00	11983.52	7215.40		12525.39	771.68
2013	12418.00	2664.13	12680.28	7609.51		12424.15	853.60
2014	12853.05	2813.51	13376.72	7938.51		12833.70	904.60
2015	12415.68	2875.05	14015.54	8306.78		12237.39	891.12
2016	12420.96	2990.34	14467.36	8502.92		12367.54	946.06
2017	12963.76	3184.05	15403.30	9009.58		13209.59	998.56
2018	14016.41	3415.45	16662.89	9885.42		14432.89	1015.16
2019	14585.45	3481.89	18290.37	10971.46		15212.51	1126.17
2020	14712.08	3467.16	20502.77	12384.26		15712.46	1302.40
2021	17746.18	4021.14	23281.43	14219.33	20379.36	19280.83	1515.22
2022	18360.12	4185.06	27707.42	17541.50	21288.42	20237.29	1543.04

主要经济效益指标(2001 - 2022 年)

Enterprises Above Designated Size(2001 - 2022)

(100 million yuan)

利税总额 Total Profits and Tax	资产负债率 (%) Ratio of Debts to Assets(%)	流动资产周转次数 (次) Turnover of Current Assets(times)	成本费用利润率 (%) Ratio of Profits to Costs(%)	全员劳动生产率 (元/人) Overall Labor Productivity (Yuan/Person)	产品销售率(%) Rate of Production Sold (%)
208.54	57.20	1.70	6.26	59518	97.40
274.98	56.82	1.82	6.84	76402	97.76
359.54	58.70	1.87	6.69	91284	97.68
427.23	59.80	2.00	5.50	98809	98.10
450.68	60.12	2.06	4.69	105786	98.25
576.51	59.83	2.23	4.87	120289	98.36
730.50	60.43	2.21	5.44	138016	98.17
802.13	60.42	2.10	5.34	152070	98.14
882.62	59.07	1.86	5.86	151002	98.63
1224.48	58.34	1.96	7.60	166516	98.83
1330.48	59.12	1.91	6.96	190110	98.61
1339.94	49.57	1.74	6.60	232587	98.63
1450.55	58.09	1.63	7.39	222570	99.18
1538.07	56.83	1.62	7.61	245726	98.48
1559.68	55.69	1.54	7.91	257020	98.50
1655.64	54.29	1.53	7.97	278384	99.43
1772.81	54.66	1.55	7.77	301608	98.45
1800.26	55.00	1.54	7.19	330206	98.28
1854.99	55.02	1.46	7.85	339577	-
2006.46	54.26	1.34	8.51	340083	-
2286.68	52.87	1.43	8.05	377338	-
2353.25	54.97	1.21	7.81	382489	-

4-06 分地区工业

Number of Industrial Enterprises

单位:个

指标	Item	全市 Whole City	市区 Urban District	上城区 Shangcheng	拱墅区 Gongshu	西湖区 Xihu
规模以上工业合计	**Industrial above Designated Size**	**6802**	**5898**	**94**	**97**	**154**
一、按轻重工业分	**Grouped by Light & Heavy Industry**					
轻工业	Light Industry	3040	2614	22	26	39
重工业	Heavy Industry	3762	3284	72	71	115
二、按所有制分	**Grouped by Ownership**					
国有企业	State - owned Enterprises	10	7			
集体企业	Collective - owned Enterprises	3	2			
股份合作企业	Cooperative Enterprises	5	5		1	
联营企业	Joint Ownership Enterprises	1	1			
有限责任公司	Limited Liability Corporations	676	590	15	17	38
股份有限公司	Share - holding Corporations Ltd.	268	248	12	14	16
私营企业	Private Enterprises	5117	4369	55	55	82
外商及港澳台投资企业	Enterprises with Investment from Foreign、Hong Kong、Macao and Taiwan	722	676	12	10	18
其他企业	Other Enterprises					
合计中:国有控股企业	Of the Total:Controlling Share Hold Enterprises	230	192	6	9	13
三、按企业规模分	**Grouped by Size of Enterprises**					
大型企业	Large	130	124	6	1	3
中型企业	Medium - sized	602	552	9	10	12
小微企业	Small	6070	5222	79	86	139

企业单位数(2022 年末)

by Region(End of 2022)

(unit)

高新(滨江)区 Hi-Tech (Binjiang)	萧山区 Xiaoshan	余杭区 Yuhang	临平区 Linping	钱塘区 Qiantang	富阳区 Fuyang	临安区 Lin'an	桐庐县 Tonglu	淳安县 Chun'an	建德市 Jiande
278	**1626**	**754**	**743**	**693**	**725**	**733**	**397**	**92**	**415**
65	960	266	415	276	227	318	206	46	174
213	666	488	328	417	498	415	191	46	241
		1		4	2		1		2
	1	1							1
	2	2							
	1								
50	66	51	55	116	87	95	32	19	35
38	36	41	25	24	22	19	8	1	11
138	1354	602	579	334	574	596	326	67	355
52	166	56	84	215	40	23	30	5	11
18	22	12	20	38	21	32	14	7	17
20	23	5	17	37	5	7	4		2
50	138	62	75	112	44	40	23	8	19
208	1465	687	651	544	676	686	370	84	394

4－07 分地区工业

Gross Industrial

单位:万元

指　标	Item	全　市 Whole City	市　区 Urban District	上城区 Shangcheng	拱墅区 Gongshu	西湖区 Xihu
规模以上工业合计	**Industrial above Designated Size**	**183601248**	**169579282**	**10011883**	**2994529**	**3947927**
一、按轻重工业分	**Grouped by Light & Heavy Industry**					
轻工业	Light Industry	58126793	53925969	4839048	1312581	1573921
重工业	Heavy Industry	125474455	115653313	5172836	1681948	2374007
二、按所有制分	**Grouped by Ownership**					
国有企业	State－owned Enterprises	1747955	1277510	－	－	－
集体企业	Collective－owned Enterprises	10223	8184	－	－	－
股份合作企业	Cooperative Enterprises	28352	28352	－	－	－
联营企业	Joint Ownership Enterprises	－	－	－	－	－
有限责任公司	Limited Liability Corporations	45419625	41858368	7260473	546800	491351
股份有限公司	Share－holding Corporations Ltd.	29510102	27590064	1018368	608152	542306
私营企业	Private Enterprises	58876539	52019548	691129	1556863	893674
外商及港澳台投资企业	Enterprises with Investment from Foreign、Hong Kong、Macao and Taiwan	48001555	46790357	1041914	280912	2020597
其他企业	Other Enterprises					
合计中:国有控股企业	Of the Total:Controlling Share Hold Enterprises	27607804	25740217	7151292	492749	674295
三、按企业规模分	**Grouped by Size of Enterprises**					
大型企业	Large	62282849	59616644	7989851	－	1113950
中型企业	Medium－sized	55545185	52128422	1161512	976123	1529418
小微企业	Small	65773215	57834216	860520	992001	1304560

总产值(2022 年)

Output Value by Region(2022)

(10,000 yuan)

高新(滨江)区 Hi - Tech (Binjiang)	萧山区 Xiaoshan	余杭区 Yuhang	临平区 Linping	钱塘区 Qiantang	富阳区 Fuyang	临安区 Lin'an	桐庐县 Tonglu	淳安县 Chun'an	建德市 Jiande
32939667	**30277121**	**10330147**	**15761451**	**35251078**	**14998034**	**13064109**	**5906063**	**1153301**	**6962602**
3008757	15976902	2928108	6256274	12039988	2284740	3705652	1577703	792744	1830376
29930911	14300219	7402040	9505177	23211089	12713294	9358457	4328360	360557	5132226
–	–	–	–	1095968	161797	–	–	–	300583
–	–	–	–	–	–	–	–	–	–
–	14796	11754	–	–	–	–	–	–	–
–	–	–	–	–	–	–	–	–	–
7164546	6228794	770093	1910583	8265204	6673454	2547072	1566362	315929	1678966
5250044	3098070	1655595	4837353	4552426	1838755	4185661	656562	–	1248039
2815277	15562865	6375218	6179687	7443695	5058164	5442978	2910213	752403	3194375
17709801	5362531	1492725	2833828	13893785	1265865	888399	603065	69533	538600
4623250	2529240	453704	2746260	3698446	1549001	1818644	1146463	132763	588362
15087585	5950650	566886	6380884	13395759	3863917	4240756	1635613	–	1030593
11913172	10323574	3995886	3672685	12661515	3443554	2450984	1247424	224722	1944617
5938911	14002897	5767376	5707881	9193804	7690564	6372368	3023027	928580	3987392

4－08 规模以上工业

Main Economic Indicators of Industrial

单位：万元

项 目	tem	企业单位数（个）Number of Enterprises (unit)	亏损企业(个) Loss Making Enterprises (unit)	工业总产值（当年价格）Gross Industrial Output Value (current price)	新产品产值 Output of New Products
总 计	**Total**	**6802**	**1548**	**183601248**	**75226845**
按隶属关系分	**Grouped by Subordination**				
中央	Central	41	3	10115865	202558
地方	Local	89	20	4087094	1834105
其他	Other	6672	1525	169398290	73190182
按所有制分	**Grouped by Ownership**				
国有企业	State－owned Enterprises	10	－	1747955	553834
集体企业	Collective－owned Enterprises	3	－	10223	5080
股份合作企业	Cooperative Enterprises	5	2	28352	3827
联营企业	Joint Ownership Enterprises	1	－	－	－
有限责任公司	Limited Liability Corporations	676	176	45419625	15357306
股份有限公司	Share－holding Corporations Ltd.	268	52	29510102	17686987
私营企业	Private Enterprises	5117	1137	58876539	23244093
外商及港澳台投资企业	Enterprises with Investment from Foreign、Hong Kong、Macao and Taiwan	722	181	48001555	18375717
其他企业	Other Enterprises	－	－	－	－
按企业规模分	**Grouped by Size of Enterprises**				
大型企业	Large	130	14	62282849	32770891
中型企业	Medium－sized	602	106	55545185	22126531
小微企业	Small	6070	1428	65773215	20329423
按轻重工业分	**Grouped by Light & Heavy Industry**				
轻工业	Light Industry	3040	756	58126793	20541359
重工业	Heavy Industry	3762	792	125474455	54685486
按地区分	**Grouped by Region**				
上城区	Shangcheng	94	19	10011883	687881
拱墅区	Gongshu	97	20	2994529	1108146
西湖区	Xihu	154	32	3947927	1411948

企业主要经济指标(2022 年)(一)
Enterprises Above Designated Size(2022)(Ⅰ)

(10,000 yuan)

实收资本 Total Capital Hold	国家资本 State Capital	个人资本 Personal Capital	港澳台资本 Hongkong, Macau and TaiWan Capital	外商资本 Foreign Capital	就业人员年平均人数(人) Annual Average Number of Staff and Workers (person)
40979756	**1827506**	**10728094**	**2120656**	**3069359**	**1094165**
745915	80362	7878	–	–	11564
1848730	191565	126809	238418	13807	34288
38385111	1555579	10593407	1882238	3055551	1048313
459955	452821	–	–	–	3653
46660	–	–	–	–	373
6068	–	6068	–	–	403
–	–	–	–	–	–
9789908	904217	281889	3791	158	165346
7736372	215132	2419037	1287	4967	147056
13480441	37115	7713137	14220	591	535316
9450351	218223	306964	2101359	3063642	241933
–	–	–	–	–	–
10542711	653620	1363208	365855	592050	293017
10656681	402708	2006507	606795	1051539	305691
19780363	771178	7358379	1148007	1425769	495457
15302276	222232	5551382	935298	1312702	460738
25677480	1605275	5176713	1185359	1756656	633427
1693365	190	160777	5312	24829	29601
617207	22608	180628	9686	4250	21691
727865	100996	231782	31806	66650	22202

4－08 续表 1

单位:万元

项 目	Item	企业单位数(个) Number of Enterprises (unit)	亏损企业(个) Loss Making Enterprises (unit)	工业总产值(当年价格) Gross Industrial Output Value (current price)	新产品产值 Output of New Products
高新(滨江)区	Hi－Tech(Binjiang)	278	76	32939667	15515131
萧山区	Xiaoshan	1626	309	30277121	11951530
余杭区	Yuhang	754	179	10330147	4560468
临平区	Linping	743	211	15761451	9370869
钱塘区	Qiantang	693	179	35251078	12993969
富阳区	Fuyang	725	140	14998034	5986475
临安区	Lin'an	733	170	13064109	6347887
桐庐县	Tonglu	397	89	5906063	2572788
淳安县	Chun'an	92	22	1153301	119811
建德市	Jiande	415	102	6962602	2599942
按国民经济行业分	**Grouped by Economic Sector**				
采矿业	Mining and Quarrying	20	6	205942	22197
煤炭开采和洗选业	Coal Mining and Dressing	1		5318	
黑色金属矿采选业	Ferrous Metals Mining and Dressing	－	－	－	－
有色金属矿采选业	Nonferrous Metals Mining and Dressing	3	1	25943	
非金属矿采选业	Nonmetal Minerals Mining and Dressing	16	5	174681	22197
制造业	Manufacturing Industry	6660	1517	169484029	75050954
农副食品加工业	Agricultural Products Processing	123	25	1505186	174962
食品制造业	Food Manufacturing	128	41	2410496	402667
酒、饮料和精制茶制造业	Wine, Beverage and Tea Manufacturing	56	10	1955900	217895
烟草制品业	Tobacco Processing	1		3850997	472
纺织业	Textile Industry	672	180	6690773	2470978
纺织服装、服饰业	Textile Products and Costune Indnstry	247	71	2291143	1137343
皮革、毛皮、羽毛及其制品和制鞋业	Leather. Furs. Downand Related and Shoes Products	98	31	1175357	443220
木材加工和木、竹、藤、棕、草制品业	Timber Processing, Bamboo, Cane, Palm Fiber and Straw Products	42	9	224475	63005
家具制造业	Furniture Manufacturing	110	26	1379303	526135

continued 1

(10,000 yuan)

实收资本 Total Capital Hold	国家资本 State Capital	个人资本 Personal Capital	港澳台资本 Hongkong, Macau and TaiWan Capital	外商资本 Foreign Capital	就业人员年平均人数(人) Annual Average Number of Staff and Workers (person)
5322712	184106	1069664	317596	369686	123754
10656982	82200	4296944	694854	683150	231619
1961627	23119	811526	101250	79670	96545
3022122	154871	769087	336676	179921	122178
8828103	782522	787912	464254	1335967	181197
3406534	165558	848854	13159	93593	81721
2211959	162777	793136	37350	53072	79569
1066930	26733	333679	63317	93355	52291
236520	18866	89477	2628	3057	10071
1192530	67660	354629	42769	82159	41616
75572	1000	10266			1165
98		98			28
–	–	–	–	–	–
3868		3868			259
71606	1000	6300			878
37788891	1281737	10694686	2062045	2965678	1072453
224619		98380	47166	6486	8305
649083	27937	124312	44598	156954	22950
592165		62059	109819	135196	11986
60512					2432
1664792	3698	758417	98976	198834	88656
633099	12606	131282	311643	70461	38169
245771	179	85155	20799	3493	13836
47964		28165			3349
427832	44	96472	16511	57521	24006

4－08 续表2

单位:万元

项 目	Item	企业单位数（个）Number of Enterprises (unit)	亏损企业(个) Loss Making Enterprises (unit)	工业总产值（当年价格）Gross Industrial Output Value (current price)	新产品产值 Output of New Products
造纸和纸制品业	Paper Making and Paper Products	196	56	2477504	990872
印刷和记录媒介复制业	Printing and Record Media	101	24	898003	252901
文教、工美、体育和娱乐用品制造业	Cultural,Educational. Industrial Arts. Sports and Entertainment Goods	107	28	1503145	569410
石油、煤炭及其他燃料加工业	Petroleum,Coal and Other Fuel Processing	16	3	211476	27803
化学原料和化学制品制造业	Raw Chemical Materials and Chemical Products	320	58	9567019	3978371
医药制造业	Medical and Pharmaceutical Products	152	31	10109389	4094551
化学纤维制造业	Chemical Fiber	151	46	8385356	3645187
橡胶和塑料制品业	Rubber and Plastic Products	390	81	6752797	2411313
非金属矿物制品业	Nonmetal Minerals Products	390	90	7119030	1582347
黑色金属冶炼和压延加工业	Ferrous Metals Smelting and Processing	49	14	1053516	498244
有色金属冶炼和压延加工业	Nonferrous Metals Smelting and Processing	54	18	5050005	781912
金属制品业	Metals Products	496	91	6902895	2703818
通用设备制造业	Ordinary Machinery	703	118	15325532	8229576
专用设备制造业	For Special Purpose Equipment Manufacturing	403	105	4565305	1961208
汽车制造业	Automobile Manufacturing	232	55	8537628	4602150
铁路、船舶、航空航天和其他运输设备制造业	Railway. watercraft. Avigation spaceflight and other Equipment Manufacturing	60	12	1599032	891217
电气机械和器材制造业	Electric Equipment and Machinery	581	130	19201583	11130122
计算机、通信和其他电子设备制造业	Computers. Telecommunications and Other Electronic Equipment Manufacturing	482	123	31695888	17806304
仪器仪表制造业	Instruments and Meters Manufacturing	246	26	5770068	2898986
其他制造业	Other Manufacturing	25	9	317706	58609
废弃资源综合利用业	Multiple Utilization of Waste Resouces	26	6	921991	498974
金属制品、机械和设备修理业	Metal Products, Machinery and Equipment Repair	3		35534	403
电力、燃气及水的生产和供应业	Produotion and supply of electricity, gas & water	122	25	13911278	153694
电力、热力生产和供应业	Production and Supply of Electric Power and Hot Water	72	10	8567811	152807
燃气生产和供应业	Production and Supply of Gas	20	9	4712759	
水的生产和供应业	Production and Supply of Tap Water	30	6	630708	887

continued 2

(10,000 yuan)

实收资本 Total Capital Hold	国家资本 State Capital	个人资本 Personal Capital	港澳台资本 Hongkong, Macau and TaiWan Capital	外商资本 Foreign Capital	就业人员年平均人数(人) Annual Average Number of Staff and Workers (person)
457850	2235	180237	18838	17162	21063
300850	30358	74797	44536	2965	11307
229911		61432	11820	55106	14276
636732		18467		4900	910
2053696	23509	481457	47874	212858	37327
1492255	44644	183905	17775	147360	48307
4795872		2700086	12931	81890	30348
1236896	34412	413729	31173	198914	50342
1204850	162273	367891	28935	78557	34751
138865		73338		4715	3159
389692		31336	1000	30433	5577
1233652	26167	407932	91913	73961	51592
2941853	71902	913333	129424	245001	124409
1550800	52360	432450	160135	184365	49387
2808835	428271	321270	234467	158701	44743
198820	650	49480		22676	10405
4279497	238677	940409	182355	335273	96529
6024424	115252	1149057	368064	399621	163672
1103034	6565	451529	29780	71117	53482
51914		20972	814	4588	3908
109456		37220		6570	3062
3300		120	700		208
3115293	544769	23142	58611	103681	20547
1506027	108030	14148	55984	46890	11314
517705	167655	1494	2628	56791	2811
1091561	269085	7500			6422

4－09 规模以上工业

Main Economic Indicators of Industrial

单位:万元

项 目	Item	资产合计 Total Assets	流动资产合计 Total Circulating Funds	应收账款 Receivables	存 货 Stock
总 计	**Total**	**277074221**	**175414983**	**50638450**	**31127186**
按隶属关系分	**Grouped by Subordination**				
中央	Central	9290860	3423361	675794	2042080
地方	Local	12283612	5989892	1107627	905904
其他	Other	255499749	166001730	48855029	28179202
按所有制分	**Grouped by Ownership**				
国有企业	State－owned Enterprises	1108942	448348	161320	137224
集体企业	Collective－owned Enterprises	5613500	426572	26331	4757
股份合作企业	Cooperative Enterprises	46199	39847	8742	2952
联营企业	Joint Ownership Enterprises	61378	24372	3554	122
有限责任公司	Limited Liability Corporations	75210586	44223640	9807472	7642650
股份有限公司	Share－holding Corporations Ltd.	66377502	38634472	9199376	6671735
私营企业	Private Enterprises	68412305	46900587	15647427	9161134
外商及港澳台投资企业	Enterprises with Investment from Foreign、Hong Kong、Macao and Taiwan	60243808	44717145	15784228	7506612
其他企业	Other Enterprises	－	－	－	－
按企业规模分	**Grouped by Size of Enterprises**				
大型企业	Large	93069025	55589468	18218509	10690713
中型企业	Medium－sized	93839432	64390412	14402842	10221299
小微企业	Small	90165765	55435104	18017100	10215175
按轻重工业分	**Grouped by Light & Heavy Industry**				
轻工业	Light Industry	76609027	44820510	10218544	10654250
重工业	Heavy Industry	200465194	130594473	40419906	20472936
按地区分	**Grouped by Region**				
上城区	Shangcheng	14273760	6581856	1552750	2423655
拱墅区	Gongshu	4353420	2793466	751193	450337
西湖区	Xihu	5733962	4216278	1031717	768509

企业主要经济指标(2022 年)(二)

Enterprises Above Designated Size(2022)(Ⅱ)

(10,000 yuan)

产成品 Finished Products	固定资产净额 Fixed Assets	累计折旧 Accumulated Depreciation	本年折旧 Depreciation of the year	负债合计 Total Liabilities	流动负债合计 Total Current Liabilities	应付账款 Accounts Payable	所有者权益合计 Creditors´Equity
11799310	**37912013**	**34916314**	**4381699**	**152302312**	**132176910**	**39000560**	**124771869**
82640	4577882	5968071	544994	5544359	4881060	575313	3746501
377652	2483620	1913066	206273	6848940	3962075	1086138	5434672
11339019	30850511	27035177	3630433	139909014	123333776	37339109	115590696
56509	492276	434237	53875	851645	722790	235608	257298
26	103686	11882	1378	4258242	3207395	42032	1355258
1677	3374	6744	527	12413	12413	3814	33786
	34782	27579	3623	45055	5570	5169	16324
2357436	14489851	12930946	1496374	49489295	43233323	9480344	25721289
2593149	5876913	3950946	589980	29599960	23934403	7112977	36777541
3863987	10344784	9701082	1342597	38538477	35313983	10719906	29873795
2926528	6566347	7852899	893344	29507227	25747033	11400710	30736579
3244684	12523168	11903642	1411017	50044738	42152187	14768639	43024287
4332376	10941204	10297289	1316262	51691986	46193163	11847574	42147443
4222251	14447641	12715383	1654421	50565588	43831559	12384348	39600139
–	–	–	–	–	–	–	–
4215444	11852148	12373773	1529744	37093017	33625090	8713892	39515992
7583866	26059865	22542542	2851956	115209295	98551820	30286669	85255877
202178	4062407	4352651	373766	7385558	5593383	1264475	6888202
161198	479162	828248	68396	1459974	1314431	450508	2893444
336305	510911	511341	69475	2977114	2558586	971066	2756846

4-09 续表1

单位:万元

项　目	Item	资产合计 Total Assets	流动资产合计 Total Circulating Funds	应收账款 Receivables	存　货 Stock
高新(滨江)区	Hi-Tech(Binjiang)	67612443	52685813	15766841	5555432
萧山区	Xiaoshan	52793450	25896468	6338436	5000396
余杭区	Yuhang	13924157	9976614	3233194	1714104
临平区	Linping	22812775	15155744	4252874	3045252
钱塘区	Qiantang	41714686	26127741	8333949	5981391
富阳区	Fuyang	20160460	12040453	3545486	2726558
临安区	Lin'an	17240606	11182219	3250064	1797138
桐庐县	Tonglu	6597313	3989662	1361507	856877
淳安县	Chun'an	1336259	694870	214545	138110
建德市	Jiande	8246716	4029621	1002484	664656
按国民经济行业分	**Grouped by Economic Sector**				
采矿业	Mining and Quarrying	657986	364372	48358	15254
煤炭开采和洗选业	Coal Mining and Dressing	4340	3639	1602	736
黑色金属矿采选业	Ferrous Metals Mining and Dressing	-	-	-	-
有色金属矿采选业	Nonferrous Metals Mining and Dressing	16151	6850	-65	4026
非金属矿采选业	Nonmetal Minerals Mining and Dressing	637495	353883	46821	10492
制造业	Manufacturing Industry	239040361	155000229	49046022	30657575
农副食品加工业	Agricultural Products Processing	1457365	1036794	218509	346659
食品制造业	Food Manufacturing	2979868	2018417	353949	282064
酒、饮料和精制茶制造业	Wine, Beverage and Tea Manufacturing	1955569	1000120	271503	240853
烟草制品业	Tobacco Processing	3055123	2279986	109110	1917409
纺织业	Textile Industry	7857374	4777072	1077742	1278278
纺织服装、服饰业	Textile Products and Costune Indnstry	2788009	1856961	354417	575652
皮革、毛皮、羽毛及其制品和制鞋业	Leather. Furs. Downand Related and Shoes Products	1365008	1031270	322239	318355
木材加工和木、竹、藤、棕、草制品业	Timber Processing, Bamboo, Cane, Palm Fiber and Straw Products	399586	206991	75340	29837
家具制造业	Furniture Manufacturing	2417853	1283881	382303	196780

continued 1

(10,000 yuan)

产成品 Finished Products	固定资产净额 Fixed Assets	累计折旧 Accumulated Depreciation	本年折旧 Depreciation of the year	负债合计 Total Liabilities	流动负债合计 Total Current Liabilities	应付账款 Accounts Payable	所有者权益合计 Creditors´Equity
1778058	3642534	1631143	340708	38011775	34354910	10659980	29600667
2283011	6139491	7555175	820906	30216665	26010331	5751887	22576779
577750	1481744	1405695	214363	6753382	5925534	2156541	7170771
1041013	3490384	2496496	350589	12462025	10751850	3317849	10350747
2936672	8686432	8559970	1050307	22481267	19374186	7055357	19233415
1136536	3267981	2496960	361437	11919073	10242692	2827535	8241382
614076	2336019	1811522	293062	9183540	7712322	2123765	8057062
354963	1310112	1202417	155146	3886713	3462282	1231885	2710596
70109	374733	482754	47237	799571	688141	222290	536687
307441	2118662	1577106	235839	4674997	4128537	962256	3571716
9737	75267	67459	9870	274120	223549	29616	383867
721	681	1283	173	3319	3319	843	1021
–	–	–	–	–	–	–	–
2147	8746	5519	907	11046	11046	7873	5105
6870	65840	60657	8791	259755	209184	20901	377740
11773093	28085579	26410560	3515765	124463431	109750093	36860074	114576890
101533	249500	148837	22010	1022878	961981	162698	434487
95186	615531	665821	76601	1224237	1156302	321581	1755629
101590	709214	941686	91874	1020538	951249	313824	935030
67504	363592	621308	51530	373021	357236	90442	2682102
688873	1892950	2367513	254473	4339685	4145971	660776	3517685
332159	438483	371642	44007	1478245	1275398	356902	1309763
58327	154919	105031	18299	965222	940703	167590	399786
15884	37979	25725	4960	261289	234750	40089	138297
67854	382527	217707	35020	1151744	1056487	275455	1266109

4－09 续表2

单位：万元

项 目	Item	资产合计 Total Assets	流动资产合计 Total Circulating Funds	应收账款 Receivables	存 货 Stock
造纸和纸制品业	Paper Making and Paper Products	3305237	2153789	550898	332870
印刷和记录媒介复制业	Printing and Record Media	1130111	687290	212930	109476
文教、工美、体育和娱乐用品制造业	Cultural, Educational. Industrial Arts. Sports and Entertainment Goods	996223	702725	82173	286085
石油、煤炭及其他燃料加工业	Petroleum, Coal and Other Fuel Processing	914896	218997	65212	21080
化学原料和化学制品制造业	Raw Chemical Materials and Chemical Products	14159885	7415578	1383906	1136464
医药制造业	Medical and Pharmaceutical Products	11314149	6888335	1655919	1517929
化学纤维制造业	Chemical Fiber	15967111	5949406	1451123	938202
橡胶和塑料制品业	Rubber and Plastic Products	7772256	4940296	1457192	1186123
非金属矿物制品业	Nonmetal Minerals Products	9567989	6723798	3644797	662653
黑色金属冶炼和压延加工业	Ferrous Metals Smelting and Processing	736509	582825	62539	101540
有色金属冶炼和压延加工业	Nonferrous Metals Smelting and Processing	2394008	1646439	176874	716785
金属制品业	Metals Products	6136148	4492141	1204310	1090120
通用设备制造业	Ordinary Machinery	22969999	15615508	4462039	3053954
专用设备制造业	For Special Purpose Equipment Manufacturing	7960101	5799849	1454869	1289449
汽车制造业	Automobile Manufacturing	18772855	8427281	2903255	1310903
铁路、船舶、航空航天和其他运输设备制造业	Railway. watercraft. Avigation spaceflight and other Equipment Manufacturing	1721287	1294183	308851	325456
电气机械和器材制造业	Electric Equipment and Machinery	30022511	21102815	7008212	4224921
计算机、通信和其他电子设备制造业	Computers. Telecommunications and Other Electronic Equipment Manufacturing	46524148	35213716	15463564	5089062
仪器仪表制造业	Instruments and Meters Manufacturing	10848216	8481803	2160729	1898384
其他制造业	Other Manufacturing	562017	432698	39127	55273
废弃资源综合利用业	Multiple Utilization of Waste Resouces	951422	708232	116317	124213
金属制品、机械和设备修理业	Metal Products, Machinery and Equipment Repair	37528	31035	16076	747
电力、燃气及水的生产和供应业	Produotion and supply of electricity, gas & water	37375874	20050382	1544070	454357
电力、热力生产和供应业	Production and Supply of Electric Power and Hot Water	28892885	17488304	1164672	307939
燃气生产和供应业	Production and Supply of Gas	2308093	615752	256110	34815
水的生产和供应业	Production and Supply of Tap Water	6174896	1946326	123288	111603

continued 2

(10,000 yuan)

产成品 Finished Products	固定资产净额 Fixed Assets	累计折旧 Accumulated Depreciation	本年折旧 Depreciation of the year	负债合计 Total Liabilities	流动负债合计 Total Current Liabilities	应付账款 Accounts Payable	所有者权益合计 Creditors´Equity
135443	609749	527066	77357	1483598	1281394	400615	1821639
53275	258843	400978	41514	585881	494799	168725	544231
80758	169892	217031	24956	471798	455609	93041	524425
2997	47123	25127	5858	150257	114340	28514	764639
551670	2109688	1897808	245343	6483343	5152460	1066457	7676540
866118	1834235	1272180	227526	3896438	3428921	1095766	7417711
583239	1422294	2001519	185258	10336214	9237335	1853266	5630898
776413	1577244	1792475	192501	4702732	4211515	1312366	3069520
336249	1470608	1164253	168384	6579442	5961937	2458777	2988545
49459	85683	171383	11574	542668	539405	50566	193841
171595	248146	328223	36772	1647704	1567381	643336	746304
461684	931810	960354	113710	3514605	3354783	990285	2621537
1004376	2426992	2079573	277081	12395588	10772512	3591267	10574408
347488	760573	690187	96921	3222954	2908035	1071350	4737146
626497	2196910	2287014	305084	10884556	9160151	2442694	7888297
110043	224239	120919	18459	997779	940224	375286	723508
1775467	2421209	2057648	303460	15622563	13238843	4912259	14399945
1734222	3478800	2235263	462466	23258166	20391846	9955840	23265981
498521	780869	586942	102752	5033867	4724999	1742198	5814347
22486	69745	47591	6616	231230	219858	93260	330787
56106	112126	80880	13132	558941	487718	113883	392480
75	4107	877	271	26252	25951	10968	11277
16480	9751167	8438296	856065	27564762	22203268	2110870	9811113
509	6361863	6335423	634896	21846132	19700630	1348574	7046753
13899	1419243	551111	73601	1710682	1106070	459186	597411
2072	1970061	1551763	147568	4007947	1396568	303110	2166949

4－10 规模以上工业

Main Economic Indicators of Industrial

单位：万元

项　目	Item	营业收入 Revenue	主营业务收入 Revenues in Main Business	销售费用 Sales Expenses
总　　计	**Total**	**212884206**	**202372871**	**9070445**
按隶属关系分	**Grouped by Subordination**			
中央	Central	12485854	10258770	60255
地方	Local	4898602	4769048	280026
其他	Other	195499749	187345053	8730165
按所有制分	**Grouped by Ownership**			
国有企业	State－owned Enterprises	1752231	1733328	4934
集体企业	Collective－owned Enterprises	16639	14164	768
股份合作企业	Cooperative Enterprises	25878	25745	610
联营企业	Joint Ownership Enterprises	16210	15941	－
有限责任公司	Limited Liability Corporations	59685704	55720262	888321
股份有限公司	Share－holding Corporations Ltd.	33969217	32110954	1681105
私营企业	Private Enterprises	64200065	61685855	2633192
外商及港澳台投资企业	Enterprises with Investment from Foreign、Hong Kong、Macao and Taiwan	53218262	51066621	3861515
其他企业	Other Enterprises	－	－	－
按企业规模分	**Grouped by Size of Enterprises**			
大型企业	Large	78015571	72840627	4272108
中型企业	Medium－sized	60433527	58625034	2748925
小微企业	Small	74435108	70907209	2049411
按轻重工业分	**Grouped by Light & Heavy Industry**			
轻工业	Light Industry	71914644	66702850	4311320
重工业	Heavy Industry	140969561	135670021	4759125
按地区分	**Grouped by Region**			
上城区	Shangcheng	12937106	10609257	325743
拱墅区	Gongshu	3177532	3084045	546859
西湖区	Xihu	4578313	4365596	211317

企业主要经济指标(2022 年)(三)
Enterprises Above Designated Size(2022)(Ⅲ)

(10,000 yuan)

管理费用 Management Expenses	财务费用 Financial Expenses	利息支出 Interest Expenditure	营业利润 Business Profits	利润总额 Total Profits	利税总额 Total Pre - tax Profits	本年应交增值税 Value Added Tax Payable
7196850	**588376**	**1736466**	**14936188**	**15430436**	**23532528**	**4670359**
249396	485	16143	599747	611603	3639540	528498
320600	50637	98716	446487	460111	637023	145131
6626854	537255	1621607	13889954	14358723	19255966	3996730
27234	3838	5315	60461	60850	118783	23900
10386	67018	159353	53550	54498	52846	-2245
2411	119	227	245	505	1459	845
864	1368	1367	2442	2400	3052	576
1305937	256477	438922	2384552	2445583	6444909	1370131
1105372	10152	394680	4320768	4258705	4990131	597382
2808691	345836	535884	3620870	3981652	5805266	1564585
1935955	-96431	200718	4493301	4626244	6116084	1115185
1930762	24233	429623	6631813	6674109	11593486	2019268
2015270	-35855	449881	4919828	4980080	6341606	1117316
3250818	599998	856961	3384548	3776247	5597435	1533776
2964502	119209	533104	5534782	5682979	10397189	1945311
4232348	469167	1203362	9401407	9747457	13135339	2725048
388566	-54424	42982	1244139	1194775	4223888	524251
132786	-8277	8977	416067	438234	619778	158463
300498	-26660	24979	479599	488171	618369	111362

4-10 续表1

单位:万元

项 目	Item	营业收入 Revenue	主营业务收入 Revenues in Main Business	销售费用 Sales Expenses
高新(滨江)区	Hi-Tech(Binjiang)	35253662	34301047	2575748
萧山区	Xiaoshan	39661933	37378751	724019
余杭区	Yuhang	11382638	10983357	449831
临平区	Linping	17073289	16602927	1081853
钱塘区	Qiantang	40234670	38333302	1828965
富阳区	Fuyang	19810349	18746640	441560
临安区	Lin'an	14365160	13935184	426934
桐庐县	Tonglu	5878030	5759496	170548
淳安县	Chun'an	1277377	1166346	44024
建德市	Jiande	7225062	7077837	242917
按国民经济行业分	**Grouped by Economic Sector**			
采矿业	Mining and Quarrying	208343	205012	5462
煤炭开采和洗选业	Coal Mining and Dressing	4191	4191	13
黑色金属矿采选业	Ferrous Metals Mining and Dressing	-	-	-
有色金属矿采选业	Nonferrous Metals Mining and Dressing	25840	25840	612
非金属矿采选业	Nonmetal Minerals Mining and Dressing	178312	174981	4837
制造业	Manufacturing Industry	198162984	187948492	8968253
农副食品加工业	Agricultural Products Processing	1748345	1692381	64089
食品制造业	Food Manufacturing	2731307	2627317	234675
酒、饮料和精制茶制造业	Wine, Beverage and Tea Manufacturing	2478229	2203271	231519
烟草制品业	Tobacco Processing	6041786	3831406	50882
纺织业	Textile Industry	6962044	6764476	153759
纺织服装、服饰业	Textile Products and Costune Indnstry	2559801	2497087	184129
皮革、毛皮、羽毛及其制品和制鞋业	Leather. Furs. Downand Related and Shoes Products	1192954	1178316	27479
木材加工和木、竹、藤、棕、草制品业	Timber Processing, Bamboo, Cane, Palm Fiber and Straw Products	299119	285920	11416
家具制造业	Furniture Manufacturing	1636647	1538308	152913

continued 1

(10,000 yuan)

管理费用 Management Expenses	财务费用 Financial Expenses	利息支出 Interest Expenditure	营业利润 Business Profits	利润总额 Total Profits	利税总额 Total Pre - tax Profits	本年应交增值税 Value Added Tax Payable
871603	-66793	183709	3236569	3263799	4195921	797273
1140693	295494	567654	1742208	1902403	2676900	647486
602033	2054	82858	1066273	1132644	1404238	223082
761415	-4965	114828	1138971	1201593	1665845	375864
1416724	104948	242063	2473350	2527633	3543393	708629
530608	196288	229815	729570	804167	1389001	529800
498040	56626	110640	1071516	1072402	1370857	247665
242384	38361	53887	453040	490090	655598	140080
39750	9101	8815	125151	133833	180044	36827
267635	44416	62607	744409	764808	971806	168693
18495	7352	6985	39468	38442	58816	13224
532	19		266	201	534	299
-	-	-	-	-	-	-
2421	84	85	873	828	4135	2753
15543	7249	6900	38329	37414	54146	10172
6960128	419114	1532387	14413393	14877800	22755235	4489126
41119	14126	14775	28801	35638	67862	28215
138289	-12595	13756	227973	237610	338436	87348
72629	5918	9569	304151	310226	441157	88967
178819	-13463	1104	478966	474456	3376699	423424
330839	29644	66695	208110	263207	450685	159907
245816	4917	14351	40691	87861	171843	71332
46882	832	15026	42331	50038	78983	25623
21870	5865	6333	18169	19993	28174	7055
92394	-7627	13013	213431	229295	269591	31944

4－10 续表2

单位:万元

项　目	Item	营业收入 Revenue	主营业务收入 Revenues in Main Business	销售费用 Sales Expenses
造纸和纸制品业	Paper Making and Paper Products	2648339	2487705	83785
印刷和记录媒介复制业	Printing and Record Media	945491	901613	20165
文教、工美、体育和娱乐用品制造业	Cultural, Educational. Industrial Arts. Sports and Entertainment Goods	1506533	1499319	44968
石油、煤炭及其他燃料加工业	Petroleum, Coal and Other Fuel Processing	278847	268212	5263
化学原料和化学制品制造业	Raw Chemical Materials and Chemical Products	10474693	10150385	464511
医药制造业	Medical and Pharmaceutical Products	9688186	9505880	1818633
化学纤维制造业	Chemical Fiber	15948007	14761929	28323
橡胶和塑料制品业	Rubber and Plastic Products	8443595	7634840	217966
非金属矿物制品业	Nonmetal Minerals Products	7354393	7183520	363777
黑色金属冶炼和压延加工业	Ferrous Metals Smelting and Processing	1068750	1057795	7345
有色金属冶炼和压延加工业	Nonferrous Metals Smelting and Processing	7206619	7063549	11877
金属制品业	Metals Products	7580335	7322162	96598
通用设备制造业	Ordinary Machinery	17288759	16807252	601906
专用设备制造业	For Special Purposc Equipment Manufacturing	4827273	4548657	303718
汽车制造业	Automobile Manufacturing	9516806	9122921	118048
铁路、船舶、航空航天和其他运输设备制造业	Railway. watercraft. Avigation spaceflight and other Equipment Manufacturing	1756566	1686520	34676
电气机械和器材制造业	Electric Equipment and Machinery	23790917	22317158	1182764
计算机、通信和其他电子设备制造业	Computers. Telecommunications and Other Electronic Equipment Manufacturing	34532329	33537364	2000867
仪器仪表制造业	Instruments and Meters Manufacturing	6206210	6033810	428660
其他制造业	Other Manufacturing	418615	410351	17080
废弃资源综合利用业	Multiple Utilization of Waste Resouces	992038	989693	6075
金属制品、机械和设备修理业	Metal Products, Machinery and Equipment Repair	39453	39375	390
电力、燃气及水的生产和供应业	Produotion and supply of electricity, gas & water	14512879	14219367	96730
电力、热力生产和供应业	Production and Supply of Electric Power and Hot Water	8771828	8743359	25793
燃气生产和供应业	Production and Supply of Gas	4902545	4692617	31376
水的生产和供应业	Production and Supply of Tap Water	838506	783391	39561

continued 2

(10,000 yuan)

管理费用 Management Expenses	财务费用 Financial Expenses	利息支出 Interest Expenditure	营业利润 Business Profits	利润总额 Total Profits	利税总额 Total Pre - tax Profits	本年应交增值税 Value Added Tax Payable
113479	5227	20588	152854	175144	255028	68610
58122	5479	7183	49768	53750	82003	24067
52519	5461	8180	54946	58959	88638	24564
15992	3604	5617	58856	59836	67486	6618
445388	16049	99519	770036	801463	1042516	199095
586031	-85933	35774	2280241	2210971	2673519	397931
107957	175998	199113	243250	255295	401055	124026
259144	57766	66802	338361	373074	512393	118886
293305	84636	89808	459830	480833	725019	204598
21154	6240	10144	6667	7736	16085	6657
40087	24257	23341	88107	106517	356546	241402
237596	23262	46334	187457	207370	376701	146579
786282	33181	121675	1476937	1554138	2013349	387134
373411	-28484	27813	602139	627415	798223	141758
370001	75676	199640	496352	503085	878986	180156
64579	-31702	6031	117077	121829	161092	19555
716777	121496	210865	1453261	1461973	1883303	353497
860829	-89815	150471	3120137	3172149	4018382	715263
351735	-16294	33527	788233	815413	1011289	163135
19068	-8045	1538	28171	30001	36149	4478
15361	13422	13570	73274	87520	127847	36240
2654	18	232	4818	5007	6197	1065
218227	161910	197094	483328	514194	718477	168009
118796	92644	101042	398390	416383	562269	120904
34505	28641	28799	58375	59502	92244	27256
64925	40625	67253	26563	38310	63964	19849

4－11 分行业规模以上工业

Main Economic Beneficial Indicators of Industrial

行 业	Sector
总 计	**Total**
煤炭开采和洗选业	Coal Mining and Dressing
黑色金属矿采选业	Ferrous Metals Mining and Dressing
有色金属矿采选业	Nonferrous Metals Mining and Dressing
非金属矿采选业	Nonmetal Minerals Mining and Dressing
农副食品加工业	Agricultural Products Processing
食品制造业	Food Manufacturing
酒、饮料和精制茶制造业	Wine, Beverage and Tea Manufacturing
烟草制品业	Tobacco Processing
纺织业	Textile Industry
纺织服装、服饰业	Textile Products and Costune Indnstry
皮革、毛皮、羽毛及其制品和制鞋业	Leather. Furs. Downand Related and Shoes Products
木材加工和木、竹、藤、棕、草制品业	Timber Processing, Bamboo, Cane, Palm Fiber and Straw Products
家具制造业	Furniture Manufacturing
造纸和纸制品业	Paper Making and Paper Products
印刷和记录媒介复制业	Printing and Record Media
文教、工美、体育和娱乐用品制造业	Cultural, Educational. Industrial Arts. Sports and Entertainment Goods
石油、煤炭及其他燃料加工业	Petroleum, Coal and Other Fuel Processing
化学原料和化学制品制造业	Raw Chemical Materials and Chemical Products
医药制造业	Medical and Pharmaceutical Products

企业主要经济效益指标(2022 年)
Enterprises Above Designated Size by Sector(2022)

每百元固定资产原值实现利税（元）Pre tax Profits per 100 Yuan Original Value of Fixed Assets (yuan)	每百元营业收入实现利税（元）Pre tax Profits per 100 yuan Revenues in Main Business (yuan)	新产品产值率（%）New Product ratio (%)
31.93	**11.05**	**40.97**
27.20	12.74	
28.99	16.00	
42.73	30.37	12.71
16.99	3.88	11.62
26.29	12.39	16.70
26.69	17.80	11.14
342.85	55.89	0.01
10.54	6.47	36.93
20.61	6.71	49.64
30.35	6.62	37.71
44.23	9.42	28.07
44.74	16.47	38.15
21.89	9.63	39.99
11.83	8.67	28.16
22.25	5.88	37.88
93.39	24.20	13.15
25.68	9.95	41.58
84.97	27.60	40.50

4-11 续表

行　业	Sector
化学纤维制造业	Chemical Fiber
橡胶和塑料制品业	Rubber and Plastic Products
非金属矿物制品业	Nonmetal Minerals Products
黑色金属冶炼和压延加工业	Ferrous Metals Smelting and Processing
有色金属冶炼和压延加工业	Nonferrous Metals Smelting and Processing
金属制品业	Metals Products
通用设备制造业	Ordinary Machinery
专用设备制造业	For Special Purpose Equipment Manufacturing
汽车制造业	Automobile Manufacturing
铁路、船舶、航空航天和其他运输设备制造业	Railway. watercraft. Avigation spaceflight and other Equipment Manufacturing
电气机械和器材制造业	Electric Equipment and Machinery
计算机、通信和其他电子设备制造业	Computers. Telecommunications and Other Electronic Equipment Manufacturing
仪器仪表制造业	Instruments and Meters Manufacturing
其他制造业	Other Manufacturing
废弃资源综合利用业	Multiple Utilization of Waste Resouces
金属制品、机械和设备修理业	Metal Products, Machinery and Equipment Repair
电力、热力生产和供应业	Production and Supply of Electric Power and Hot Water
燃气生产和供应业	Production and Supply of Gas
水的生产和供应业	Production and Supply of Tap Water

continued

每百元固定资产原值实现利税（元） Pre tax Profits per 100 Yuan Original Value of Fixed Assets (yuan)	每百元营业收入实现利税（元） Pre tax Profits per 100 yuan Revenues in Main Business (yuan)	新产品产值率（%） New Product ratio (%)
11.71	2.51	43.47
15.06	6.07	35.71
26.93	9.86	22.23
6.25	1.51	47.29
61.85	4.95	15.48
19.65	4.97	39.17
42.85	11.65	53.70
52.57	16.54	42.96
19.38	9.24	53.90
46.57	9.17	55.73
41.21	7.92	57.96
69.89	11.64	56.18
72.38	16.29	50.24
30.80	8.64	18.45
66.16	12.89	54.12
124.35	15.71	1.13
4.41	6.41	1.78
4.65	1.88	
1.82	7.63	0.14

4－12 市区规模以上工业

Main Economic Indicators of Industrial Enterprises

单位:万元

项 目	Item	企业单位数（个）Number of Enterprises (unit)	亏损企业(个) Loss Making Enterprises (unit)	工业总产值（当年价格）Gross Industrial Output Value (current price)	新产品产值 Output of New Products
总 计	**Total**	**5898**	**1335**	**169579282**	**69934304**
按隶属关系分	**Grouped by Subordination**				
中央	Central	31	2	9742658	202501
地方	Local	77	17	3988982	1788384
其他	Other	5790	1316	155847642	67943419
按所有制分	**Grouped by Ownership**				
国有企业	State－owned Enterprises	7		1277510	553834
集体企业	Collective－owned Enterprises	2		8184	5080
股份合作企业	Cooperative Enterprises	5	2	28352	3827
联营企业	Joint Ownership Enterprises	1			
有限责任公司	Limited Liability Corporations	590	151	41858368	13460303
股份有限公司	Share－holding Corporations Ltd.	248	51	27590064	17008170
私营企业	Private Enterprises	4369	960	52019548	20932064
外商及港澳台投资企业	Enterprises with Investment from Foreign、Hong Kong、Macao and Taiwan	676	171	46790357	17971026
其他企业	Other Enterprises	－	－	－	－
按企业规模分	**Grouped by Size of Enterprises**				
大型企业	Large	124	14	59616644	31407947
中型企业	Medium－sized	552	96	52128422	20337875
小微企业	Small	5222	1225	57834216	18188482
按轻重工业分	**Grouped by Light & Heavy Industry**				
轻工业	Light Industry	2614	662	53925969	19362078
重工业	Heavy Industry	3284	673	115653313	50572226

企业主要经济指标(2022 年)(一)

Above Designated Size in Urban District(2022)(Ⅰ)

(10,000 yuan)

实收资本 Total Capital Hold	国家资本 State Capital	个人资本 Personal Capital	港澳台资本 Hongkong, Macau and TaiWan Capital	外商资本 Foreign Capital	就业人员年平均人数(人) Annual Average Number of Staff and Workers (person)
38483776	**1714247**	**9950311**	**2011943**	**2890788**	**990187**
737898	75885	7388	–	–	10144
1795623	176999	125782	236888	13437	33190
35950256	1461363	9817140	1775054	2877351	946853
443179	436044				2804
46630					352
6068		6068			403
9266018	813442	257351	1855	158	142760
7486847	211752	2334462	524	4400	137532
12167056	37115	7059401	14220	591	473392
9057979	215895	292028	1995345	2885638	232859
–	–	–	–	–	–
10313004	653620	1363208	365855	569575	273977
9988465	379328	1841404	556031	979768	279694
18182307	681299	6745698	1090056	1341445	436516
14427655	216937	5185025	858016	1217420	418105
24056121	1497311	4765286	1153927	1673367	572082

4-12 续表1

单位:万元

项 目	Item	企业单位数(个) Number of Enterprises (unit)	亏损企业(个) Loss Making Enterprises (unit)	工业总产值(当年价格) Gross Industrial Output Value (current price)	新产品产值 Output of New Products
按国民经济行业分	**Grouped by Economic Sector**				
采矿业	Mining and Quarrying	12	4	115233	22197
煤炭开采和洗选业	Coal Mining and Dressing	-	-	-	-
黑色金属矿采选业	Ferrous Metals Mining and Dressing	-	-	-	-
有色金属矿采选业	Nonferrous Minerals Mining and Dressing	3	1	25943	
非金属矿采选业	Nonmetal Minerals Mining and Dressing	9	3	89289	22197
制造业	Manufacturing Industry	5793	1314	156244662	69758413
农副食品加工业	Agricultural Products Processing	104	18	1315342	142101
食品制造业	Food Manufacturing	111	34	2331214	373786
酒、饮料和精制茶制造业	Wine, Beverage and Tea Manufacturing	38	7	1021977	123904
烟草制品业	Tobacco Processing	1		3850997	472
纺织业	Textile Industry	591	157	6254417	2349218
纺织服装、服饰业	Textile Products and Costume Industry	186	63	2028669	1095214
皮革、毛皮、羽毛及其制品和制鞋业	Leather. Furs. Downand Related and Shoes Products	88	27	1127614	435381
木材加工和木、竹、藤、棕、草制品业	Timber Processing, Bamboo, Cane, Palm Fiber and Straw Products	39	8	216602	61948
家具制造业	Furniture Manufacturing	91	18	1228271	478926
造纸和纸制品业	Paper Making and Paper Products	181	52	2248404	885218
印刷和记录媒介复制业	Printing and Record Media	94	20	837742	215591
文教、工美、体育和娱乐用品制造业	Cultural, Educational. Industrial Arts. Sports and Entertainment Goods	75	22	1336025	475541
石油、煤炭及其他燃料加工业	Petroleum, Coal and Other Fuel Processing	12	1	192025	22199
化学原料和化学制品制造业	Raw Chemical Materials and Chemical Products	262	47	7365883	3198914

continued 1

(10,000 yuan)

实收资本 Total Capital Hold	国家资本 State Capital	个人资本 Personal Capital	港澳台资本 Hongkong, Macau and TaiWan Capital	外商资本 Foreign Capital	就业人员年平均人数(人) Annual Average Number of Staff and Workers (person)
44048		8268			764
–	–	–	–	–	–
–	–	–	–	–	–
3868		3868			259
40180		4400			505
35451623	1227440	9918900	1955959	2787107	971520
186866		81811	47166	6452	7093
613395	27937	100643	41616	156954	21682
431435		10901	109819	133946	8135
60512					2432
1596985	3698	722964	98054	190390	82664
582859	12606	105383	311643	68067	34565
235629	179	77855	20799	3493	12721
45695		26165			3252
370712	44	74767	12273	34929	20579
406029	2235	145417	18838	5171	19699
289456	30358	68472	44536	2965	10774
210676		48050	10891	54539	11599
632559		15367		4900	831
1634479	17801	396159	13824	129576	29599

4－12　续表 2

单位:万元

项　目	Item	企业单位数(个) Number of Enterprises (unit)	亏损企业(个) Loss Making Enterprises (unit)	工业总产值(当年价格) Gross Industrial Output Value (current price)	新产品产值 Output of New Products
医药制造业	Medical and Pharmaceutical Products	136	26	9807475	3985148
化学纤维制造业	Chemical Fiber	148	45	8348654	3608927
橡胶和塑料制品业	Rubber and Plastic Products	330	71	5771957	1942023
非金属矿物制品业	Nonmetal Mineral Products	276	63	5507789	1060730
黑色金属冶炼和压延加工业	Ferrous Metals Smelting and Processing	42	12	1010964	491006
有色金属冶炼和压延加工业	Nonferrous Metals Smelting and Processing	46	13	4964743	770518
金属制品业	Metal Products	425	78	6312672	2577518
通用设备制造业	Ordinary Machinery	639	110	14685221	7883382
专用设备制造业	For Special Purpose Equipment Manufacturing	367	99	4312899	1841586
汽车制造业	Automobile Manufacturing	222	54	8410640	4548624
铁路、船舶、航空航天和其他运输设备制造业	Railway. watercraft. Avigation spaceflight and other Equipment Manufacturing	50	10	1527966	854979
电气机械和器材制造业	Electric Equipment and Machinery	530	118	18098776	10976853
计算机、通信和其他电子设备制造业	Computers. Telecommunications and Other Electronic Equipment Manufacturing	436	108	29595272	16173169
仪器仪表制造业	Instruments and Meters Manufacturing	240	25	5746118	2893414
其他制造业	Other Manufacturing	17	5	288266	51919
废弃资源综合利用业	Multiple Utilization of Waste Resouces	13	3	464535	239802
金属制品、机械和设备修理业	Metal Products, Machinery and Equipment Repair	3		35534	403
电力、燃气及水的生产和供应业	Produotion and supply of electricity, gas & water	93	17	13219387	153694
电力、热力生产和供应业	Production and Supply of Electric Power and Hot Water	53	7	7960861	152807
燃气生产和供应业	Production and Supply of Gas	15	6	4652611	
水的生产和供应业	Production and Supply of Tap Water	25	4	605916	887

continued 2

(10,000 yuan)

实收资本 Total Capital Hold	国家资本 State Capital	个人资本 Personal Capital	港澳台资本 Hongkong, Macau and TaiWan Capital	外商资本 Foreign Capital	就业人员年平均人数(人) Annual Average Number of Staff and Workers (person)
1408486	41677	159762	17775	147360	45136
4789576		2693790	12931	81890	30157
1092729	34412	337947	21963	198582	40827
906229	116652	295054	28715	78557	27118
123944		62647		4715	2860
383190		27874	1000	30433	5121
1142778	26167	374627	91913	73961	45952
2710100	71902	830617	127671	240581	117455
1461120	52360	407973	110135	184178	46065
2787687	428271	312907	234467	158701	43238
187791	650	43109		22676	8917
4140976	238677	908703	182355	299304	90121
5826514	115252	1113970	366282	399433	144607
1099134	6565	450379	29780	71117	53022
47894		19449	814	4238	3342
42889		6020			1749
3300		120	700		208
2988104	486807	23142	55984	103681	17903
1443234	89514	14148	55984	46890	9331
495877	149415	1494		56791	2551
1048993	247879	7500			6021

4－13 市区规模以上工业

Main Economic Indicators of Industrial

单位:万元

项 目	Item	资产合计 Total Assets	流动资产合计 Total Circulating Funds	应收账款 Receivables	存 货 Stock
总 计	**Total**	**260893934**	**166700829**	**48059914**	**29467542**
按隶属关系分	**Grouped by Subordination**				
中央	Central	8876898	3371644	641664	2038307
地方	Local	11897466	5854175	1083563	879665
其他	Other	240119570	157475011	46334687	26549570
按所有制分	**Grouped by Ownership**				
国有企业	State－owned Enterprises	619475	369096	123144	131644
集体企业	Collective－owned Enterprises	5610996	424604	24720	4542
股份合作企业	Cooperative Enterprises	46199	39847	8742	2952
联营企业	Joint Ownership Enterprises	61378	24372	3554	122
有限责任公司	Limited Liability Corporations	71162098	42550729	9257871	7343291
股份有限公司	Share－holding Corporations Ltd.	63688419	37126169	8959889	6413054
私营企业	Private Enterprises	61486789	42474923	14163746	8257035
外商及港澳台投资企业	Enterprises with Investment from Foreign、Hong Kong、Macao and Taiwan	58218580	43691090	15518248	7314902
其他企业	Other Enterprises	－	－	－	－
按企业规模分	**Grouped by Size of Enterprises**				
大型企业	Large	90584036	54556688	17943421	10504981
中型企业	Medium－sized	89368186	61983248	13733516	9680264
小微企业	Small	80941712	50160893	16382977	9282297
按轻重工业分	**Grouped by Light & Heavy Industry**				
轻工业	Light Industry	72125339	42230647	9448506	10008270
重工业	Heavy Industry	188768595	124470183	38611408	19459272

企业主要经济指标(2022年)(二)

Enterprises Above Designated Size in Urban District(2022)(Ⅱ)

(10,000 yuan)

产成品 Finished Products	固定资产净额 Fixed Assets	累计折旧 Accumulated Depreciation	本年折旧 Depreciation of the year	负债合计 Total Liabilities	流动负债合计 Total Current Liabilities	应付账款 Accounts Payable	所有者权益合计 Creditors´Equity
11066797	**34108506**	**31654037**	**3943477**	**142941031**	**123897950**	**36584130**	**117952871**
81786	4267775	5470171	504587	5150632	4515195	552652	3726266
360985	2439401	1876992	200233	6709732	3858192	1064455	5187734
10624026	27401330	24306875	3238657	131080667	115524563	34967022	109038871
55020	166585	159390	8123	406651	345855	202748	212824
	103150	11292	1273	4256412	3205565	41278	1354584
1677	3374	6744	527	12413	12413	3814	33786
	34782	27579	3623	45055	5570	5169	16324
2215091	13079587	11806421	1353809	46678140	40654458	8621835	24483957
2443591	5545560	3694736	555466	28517928	23094648	6834295	35170491
3492726	8932568	8398533	1168672	34517643	31680265	9722813	26969120
2858693	6242901	7549343	851984	28506792	24899176	11152179	29711785
–	–	–	–	–	–	–	–
3136343	11800085	11472418	1346299	48651632	40935492	14148272	41932404
4096337	9999577	9332107	1198548	49275051	44087211	11240867	40093133
3834117	12308844	10849511	1398630	45014348	38875247	11194991	35927335
3939080	10736422	11374339	1391647	34662283	31436741	8135638	37463043
7127717	23372083	20279698	2551830	108278748	92461209	28448492	80489828

4－13　续表1

单位:万元

项　目	Item	资产合计 Total Assets	流动资产合计 Total Circulating Funds	应收账款 Receivables	存　货 Stock
按国民经济行业分	**Grouped by Economic Sector**				
采矿业	Mining and Quarrying	296759	240754	38798	12005
煤炭开采和洗选业	Coal Mining and Dressing	－	－	－	－
黑色金属矿采选业	Ferrous Metals Mining and Dressing	－	－	－	－
有色金属矿采选业	Nonferrous Minerals Mining and Dressing	16151	6850	－65	4026
非金属矿采选业	Nonmetal Minerals Mining and Dressing	280607	233903	38863	7979
制造业	Manufacturing Industry	224145242	146604919	46547122	29007173
农副食品加工业	Agricultural Products Processing	1258389	897950	169578	309371
食品制造业	Food Manufacturing	2844028	1948525	333958	263690
酒、饮料和精制茶制造业	Wine, Beverage and Tea Manufacturing	1270381	801635	194482	172300
烟草制品业	Tobacco Processing	3055123	2279986	109110	1917409
纺织业	Textile Industry	7350345	4445173	993782	1186925
纺织服装、服饰业	Textile Products and Costume Industry	2561888	1711905	307562	547713
皮革、毛皮、羽毛及其制品和制鞋业	Leather. Furs. Downand Related and Shoes Products	1274903	984865	310709	304534
木材加工和木、竹、藤、棕、草制品业	Timber Processing, Bamboo, Cane, Palm Fiber and Straw Products	384232	194763	70220	26504
家具制造业	Furniture Manufacturing	2238238	1179590	350234	160131
造纸和纸制品业	Paper Making and Paper Products	2889646	1844437	473869	287845
印刷和记录媒介复制业	Printing and Record Media	1083577	650631	201452	99941
文教、工美、体育和娱乐用品制造业	Cultural, Educational. Industrial Arts. Sports and Entertainment Goods	863522	614552	64961	264680
石油、煤炭及其他燃料加工业	Petroleum, Coal and Other Fuel Processing	899530	207188	61417	19785
化学原料和化学制品制造业	Raw Chemical Materials and Chemical Products	10579628	5644829	1102593	892724

continued 1

(10,000 yuan)

产成品 Finished Products	固定资产净额 Fixed Assets	累计折旧 Accumulated Depreciation	本年折旧 Depreciation of the year	负债合计 Total Liabilities	流动负债合计 Total Current Liabilities	应付账款 Accounts Payable	所有者权益合计 Creditors´Equity
6891	31616	55296	5505	150233	129031	25618	146526
–	–	–	–	–	–	–	–
–	–	–	–	–	–	–	–
2147	8746	5519	907	11046	11046	7873	5105
4744	22870	49777	4599	139187	117985	17745	141421
11045523	24873834	23922665	3156755	115974263	102171078	34497037	108170947
84338	215332	124668	18391	904881	846227	140648	353507
86541	587197	645141	73662	1131148	1082546	301785	1712879
84646	367819	542614	44277	562679	535859	196143	707702
67504	363592	621308	51530	373021	357236	90442	2682102
644068	1787050	2255421	243822	3969433	3830121	598630	3380908
324388	406115	325897	39671	1343597	1146877	329771	1218290
52464	142442	92936	17008	900382	877859	160102	374521
14388	35929	25341	4818	247690	221151	37516	136541
56377	343437	186114	30452	1078285	988750	254161	1159953
117508	532113	460510	67066	1285616	1092912	370521	1604030
46804	250598	384067	39918	566222	477075	157154	517354
69545	143631	193625	21124	410823	395332	82500	452699
2475	44291	22014	5442	140759	104842	27687	758771
413015	1622329	1519280	186398	4984515	3948549	747372	5595110

4-13 续表2

单位:万元

项 目	Item	资产合计 Total Assets	流动资产合计 Total Circulating Funds	应收账款 Receivables	存 货 Stock
医药制造业	Medical and Pharmaceutical Products	10922472	6670286	1573951	1448924
化学纤维制造业	Chemical Fiber	15941776	5935250	1448881	929750
橡胶和塑料制品业	Rubber and Plastic Products	6909902	4636488	1349984	1127101
非金属矿物制品业	Nonmetal Mineral Products	7510422	5763469	3266970	540121
黑色金属冶炼和压延加工业	Ferrous Metals Smelting and Processing	683208	541138	43017	95170
有色金属冶炼和压延加工业	Nonferrous Metals Smelting and Processing	2340034	1604907	160120	707098
金属制品业	Metal Products	5633068	4155067	1092037	1036300
通用设备制造业	Ordinary Machinery	22003257	14878865	4183097	2970817
专用设备制造业	For Special Purpose Equipment Manufacturing	7581478	5518413	1401031	1236911
汽车制造业	Automobile Manufacturing	18627462	8341396	2876594	1288618
铁路、船舶、航空航天和其他运输设备制造业	Railway. watercraft. Avigation spaceflight and other Equipment Manufacturing	1626106	1239462	291905	310238
电气机械和器材制造业	Electric Equipment and Machinery	29036042	20366759	6753517	4022412
计算机、通信和其他电子设备制造业	Computers. Telecommunications and Other Electronic Equipment Manufacturing	44797611	34183260	15086459	4824532
仪器仪表制造业	Instruments and Meters Manufacturing	10830365	8468131	2154521	1895642
其他制造业	Other Manufacturing	537148	417489	34708	50251
废弃资源综合利用业	Multiple Utilization of Waste Resouces	573935	447478	70327	68992
金属制品、机械和设备修理业	Metal Products, Machinery and Equipment Repair	37528	31035	16076	747
电力、燃气及水的生产和供应业	Produotion and supply of electricity, gas & water	36451933	19855157	1473994	448365
电力、热力生产和供应业	Production and Supply of Electric Power and Hot Water	28160791	17371988	1110758	305501
燃气生产和供应业	Production and Supply of Gas	2239206	596155	247380	31707
水的生产和供应业	Production and Supply of Tap Water	6051937	1887014	115856	111157

continued 2

(10,000 yuan)

产成品 Finished Products	固定资产净额 Fixed Assets	累计折旧 Accumulated Depreciation	本年折旧 Depreciation of the year	负债合计 Total Liabilities	流动负债合计 Total Current Liabilities	应付账款 Accounts Payable	所有者权益合计 Creditors´Equity
837720	1728827	1216413	214429	3741829	3280771	1035469	7180643
578650	1413066	2000090	184497	10317170	9218291	1852340	5624607
755329	1153763	1516955	156862	4081150	3616049	1099762	2828750
277466	957764	823426	119015	5306869	4866763	2183290	2203552
46513	77520	163991	10671	506451	505158	45434	176758
168695	239872	318592	35889	1595982	1515706	635872	744052
440241	839749	887585	103221	3197436	3044655	927306	2435626
976092	2299665	1934145	261227	11981541	10382979	3469961	10021713
330511	703935	649935	90311	3066318	2765585	1035219	4515160
614798	2158388	2245164	300083	10827995	9110672	2415318	7799466
102220	211269	107231	16532	931933	881378	369291	694172
1690353	2326517	1957920	294399	15024033	12677848	4649427	14012006
1610586	3016399	2036304	410584	21969815	19240841	9390106	22827795
497918	778653	585428	102370	5021764	4712896	1737336	5808599
19661	62114	43816	5819	216763	206041	91099	320385
34635	60354	35859	6999	261914	214158	54408	312021
75	4107	877	271	26252	25951	10968	11277
14383	9203055	7676077	781217	26816535	21597841	2061474	9635399
509	5876540	5627746	565149	21214773	19167124	1317330	6946017
11823	1389898	533672	70915	1656904	1061567	445195	582303
2051	1936618	1514659	145153	3944859	1369151	298949	2107078

4－14 市区规模以上工业

Main Economic Indicators of Industrial

单位:万元

项　目	Item	营业收入 Revenue	主营业务收入 Revenues in Main Business	销售费用 Sales Expenses
总　　计	**Total**	**198503738**	**188369192**	**8612956**
按隶属关系分	**Grouped by Subordination**			
中央	Central	12108740	9882493	60086
地方	Local	4802730	4676615	278635
其他	Other	181592268	173810084	8274234
按所有制分	**Grouped by Ownership**			
国有企业	State－owned Enterprises	1282115	1271031	4884
集体企业	Collective－owned Enterprises	14604	12130	619
股份合作企业	Cooperative Enterprises	25878	25745	610
联营企业	Joint Ownership Enterprises	16210	15941	－
有限责任公司	Limited Liability Corporations	56083724	52199419	823898
股份有限公司	Share－holding Corporations Ltd.	31948599	30128366	1625537
私营企业	Private Enterprises	57162132	54883465	2365300
外商及港澳台投资企业	Enterprises with Investment from Foreign、Hong Kong、Macao and Taiwan	51970475	49833096	3792107
其他企业	Other Enterprises	－	－	－
按企业规模分	**Grouped by Size of Enterprises**			
大型企业	Large	75337995	70197256	4218251
中型企业	Medium－sized	56911028	55242112	2651589
小微企业	Small	66254714	62929824	1743115
按轻重工业分	**Grouped by Light & Heavy Industry**			
轻工业	Light Industry	67621285	62629084	4133774
重工业	Heavy Industry	130882453	125740108	4479182

企业主要经济指标(2022 年)(三)

Enterprises Above Designated Size in Urban District(2022)(Ⅲ)

(10,000 yuan)

管理费用 Management Expenses	财务费用 Financial Expenses	利息支出 Interest Expenditure	营业利润 Business Profits	利润总额 Total Profits	利税总额 Total Pre－tax Profits	本年应交增值税 Value Added Tax Payable
6647081	**496498**	**1611157**	**13613589**	**14041705**	**21725080**	**4324760**
237412	－939	14695	574328	585831	3597686	514857
310051	48719	96616	440829	454283	629485	144525
6099617	448718	1499847	12598432	13001591	17497909	3665379
20569	－859	478	32609	32578	82058	18462
10291	67018	159353	53481	54326	52459	－2444
2411	119	227	245	505	1459	845
864	1368	1367	2442	2400	3052	576
1176683	234332	413520	2101966	2158494	6058466	1288794
1042796	18419	383253	3873260	3805684	4514548	581834
2505240	273598	467536	3145643	3459566	5030083	1346820
1888228	－97498	185425	4403942	4528153	5982956	1089873
－	－	－	－	－	－	－
1852366	28505	422278	6242750	6284634	11170088	1993929
1875436	－56102	421371	4414058	4465378	5706128	1019865
2919279	524095	767508	2956780	3291693	4848865	1310965
2768811	92768	495111	5105152	5220847	9771394	1810395
3878270	403730	1116046	8508437	8820858	11953686	2514365

4－14　续表 1

单位:万元

项　目	Item	营业收入 Revenue	主营业务收入 Revenues in Main Business	销售费用 Sales Expenses
按国民经济行业分	**Grouped by Economic Sector**			
采矿业	Mining and Quarrying	115714	114060	3873
煤炭开采和洗选业	Coal Mining and Dressing	－	－	－
黑色金属矿采选业	Ferrous Metals Mining and Dressing	－	－	－
有色金属矿采选业	Nonferrous Minerals Mining and Dressing	25840	25840	612
非金属矿采选业	Nonmetal Minerals Mining and Dressing	89874	88220	3262
制造业	Manufacturing Industry	184583459	174738112	8517938
农副食品加工业	Agricultural Products Processing	1565302	1511130	57483
食品制造业	Food Manufacturing	2655256	2559081	228850
酒、饮料和精制茶制造业	Wine, Beverage and Tea Manufacturing	1483612	1337558	202645
烟草制品业	Tobacco Processing	6041786	3831406	50882
纺织业	Textile Industry	6525275	6334996	141184
纺织服装、服饰业	Textile Products and Costume Industry	2293692	2234992	177920
皮革、毛皮、羽毛及其制品和制鞋业	Leather. Furs. Downand Related and Shoes Products	1143379	1130959	26688
木材加工和木、竹、藤、棕、草制品业	Timber Processing, Bamboo, Cane, Palm Fiber and Straw Products	291154	277958	11206
家具制造业	Furniture Manufacturing	1485033	1386908	143692
造纸和纸制品业	Paper Making and Paper Products	2383542	2255795	76004
印刷和记录媒介复制业	Printing and Record Media	887767	844660	18697
文教、工美、体育和娱乐用品制造业	Cultural, Educational. Industrial Arts. Sports and Entertainment Goods	1347732	1340643	33820
石油、煤炭及其他燃料加工业	Petroleum, Coal and Other Fuel Processing	258920	248382	4383
化学原料和化学制品制造业	Raw Chemical Materials and Chemical Products	8085086	7803418	368516

continued 1

(10,000 yuan)

管理费用 Management Expenses	财务费用 Financial Expenses	利息支出 Interest Expenditure	营业利润 Business Profits	利润总额 Total Profits	利税总额 Total Pre－tax Profits	本年应交增值税 Value Added Tax Payable
12814	4441	3697	16092	15728	25921	6799
–	–	–	–	–	–	–
–	–	–	–	–	–	–
2421	84	85	873	828	4135	2753
10393	4357	3612	15220	14900	21786	4046
6435253	335483	1415718	13141283	13542130	21032651	4168188
35411	12110	13008	24997	30486	59611	25597
133187	－14794	11655	228992	236738	334927	85085
49535	413	3714	93385	97980	171582	45912
178819	－13463	1104	478966	474456	3376699	423424
307712	23042	61085	206719	259135	435951	150748
231290	1274	11428	36779	81467	157254	63954
42968	－160	13723	42581	49812	77269	24299
21531	5694	6166	18413	20189	28163	6873
78054	－7625	11223	215700	230636	264953	26600
104913	3166	18487	117692	138317	208777	60826
55472	5261	6941	50125	53897	81032	23067
44574	4027	6861	47996	49811	72455	18246
15459	3540	5436	58472	59450	66664	6313
371487	15796	79410	440510	470983	673210	168431

4－14 续表2

单位：万元

项　目	Item	营业收入 Revenue	主营业务收入 Revenues in Main Business	销售费用 Sales Expenses
医药制造业	Medical and Pharmaceutical Products	9400622	9219592	1778742
化学纤维制造业	Chemical Fiber	15913543	14727504	27867
橡胶和塑料制品业	Rubber and Plastic Products	7436808	6653967	194455
非金属矿物制品业	Nonmetal Mineral Products	5717267	5574195	295173
黑色金属冶炼和压延加工业	Ferrous Metals Smelting and Processing	1015949	1005259	4662
有色金属冶炼和压延加工业	Nonferrous Metals Smelting and Processing	7109963	6967692	11183
金属制品业	Metal Products	6952141	6697497	83817
通用设备制造业	Ordinary Machinery	16632695	16163089	576026
专用设备制造业	For Special Purpose Equipment Manufacturing	4594403	4317363	294088
汽车制造业	Automobile Manufacturing	9385730	8993926	115311
铁路、船舶、航空航天和其他运输设备制造业	Railway. watercraft. Avigation spaceflight and other Equipment Manufacturing	1683892	1617591	31394
电气机械和器材制造业	Electric Equipment and Machinery	22694766	21238125	1149775
计算机、通信和其他电子设备制造业	Computers. Telecommunications and Other Electronic Equipment Manufacturing	32492516	31539636	1967633
仪器仪表制造业	Instruments and Meters Manufacturing	6180829	6008827	427882
其他制造业	Other Manufacturing	388955	380791	16038
废弃资源综合利用业	Multiple Utilization of Waste Resouces	496389	495795	1536
金属制品、机械和设备修理业	Metal Products, Machinery and Equipment Repair	39453	39375	390
电力、燃气及水的生产和供应业	Produotion and supply of electricity, gas & water	13804565	13517021	91144
电力、热力生产和供应业	Production and Supply of Electric Power and Hot Water	8160103	8133734	25792
燃气生产和供应业	Production and Supply of Gas	4831081	4623277	28029
水的生产和供应业	Production and Supply of Tap Water	813381	760010	37323

continued 2

(10,000 yuan)

管理费用 Management Expenses	财务费用 Financial Expenses	利息支出 Interest Expenditure	营业利润 Business Profits	利润总额 Total Profits	利税总额 Total Pre - tax Profits	本年应交增值税 Value Added Tax Payable
565156	-87756	33454	2248118	2177981	2629338	388835
106913	175808	198902	243486	255360	397502	120723
225591	50507	62105	307576	333829	446647	95744
217995	65332	70460	229752	243048	423800	152357
19382	5766	9693	5870	6770	13723	5412
38240	22981	22438	87857	105890	354501	240168
213322	19193	41246	175624	193108	350626	136888
747482	30112	117235	1420855	1498693	1933278	365754
354724	-25437	25642	530269	549006	703536	127392
363279	75397	199161	494052	500050	873156	177922
57711	-33126	4668	117607	120614	157489	17422
685570	120039	204002	1293792	1299533	1712949	347357
791236	-101471	137218	3044235	3093143	3902524	685248
349915	-16434	33394	786607	813536	1008435	162240
17100	-8370	1303	28064	29482	34953	3873
8573	4642	4326	61374	63726	75450	10414
2654	18	232	4818	5007	6197	1065
199014	156574	191742	456213	483848	666509	149774
105019	88771	97071	364894	382440	508770	104314
32466	27837	27970	64293	65441	97044	26261
61529	39967	66701	27026	35967	60695	19199

4-15 规模以上工业企业
Main Economic Indicators of Industrial Enterprises

单位:万元

项 目	Item	企业单位数(个) Number of Enterprises (unit)	亏损企业(个) Loss Making Enterprises (unit)	工业总产值(当年价格) Gross Industrial Output Value (current price)	新产品产值 Output of New Products
按登记注册类型分组	**Grouped by Status of Registration**	**6802**	**1548**	**183601248**	**75226845**
内资企业	Domestic - funded Enterprises	6080	1367	135599693	56851128
国有企业	State - owned Enterprises	10		1747955	553834
中央企业	Central Enterprises	2		189607	14026
地方企业	Local Enterprises	8		1558347	539809
集体企业	Collective - owned Enterprises	3		10223	5080
股份合作企业	Cooperative Enterprises	5	2	28352	3827
联营企业	Joint Ownership Enterprises	1			
集体联营企业	Collective Joint Ownership Enterprises	-	-	-	-
有限责任公司	Limited Liability Corporations	676	176	45419625	15357306
国有独资公司	State - funded Corporations	34	8	11354616	182250
其他有限责任公司	Other Limited Liability Corporations	642	168	34065009	15175056
股份有限公司	Share - holding Corporations Ltd.	268	52	29510102	17686987
私营企业	Private Enterprises	5117	1137	58876539	23244093
私营独资企业	Private - funded Enterprises	106	29	502471	57327
私营合伙企业	Private Partnership Enterprises	9	1	46427	6316
私营有限责任公司	Private Limited Liability Corporations	4866	1075	54358672	21190093
私营股份有限公司	Private Share - holding Corporations Ltd.	136	32	3968969	1990358
港、澳、台商投资公司	Enterprises with Investment from Hong Kong, Macao and Taiwan	258	68	13287907	4724843
合资经营企业(港或澳、台资)	Joint - venture Enterprises (With Funds from Hong Kong, Macao and Taiwan)	126	35	4675078	1937558
合作经营企业(港或澳、台资)	Coorperative Enterprises (With Funds from Hong Kong, Macao and Taiwan)	-	-	-	-
港澳台商独资经营企业	Enterprises with Sole Investment from Hong Kong, Macao and Taiwan	112	27	5841321	753550
港澳台商投资股份有限公司	Share - holding Corporations Ltd. with Investment from Hong Kong, Macao and Taiwan	18	4	2753331	2033735
其他港澳台商投资	Other Enterprises with Investment from Hong Kong, Macao and Taiwan	2	2	18177	
外商投资企业公司	Enterprises with Foreign Investment	464	113	34713648	13650874
中外合资经营企业	Joint - venture Enterprises	170	36	9015551	2611126
中外合作经营企业	Cooperation Enterprises	4	1	81510	12595
外商独资经营企业	Enterprises with Sole Foreign Investment	272	68	24093128	10074938
外商投资股份有限公司	Share - holding Corporations Ltd. with Foreign Investment	16	6	1306978	836853
其他外商投资企业	Other Enterprises With Foreign Investment	2	2	216482	115362

主要经济指标按登记注册类型分(2022 年)

Above Designated Size by Status of Registration(2022)

(10,000 yuan)

实收资本 Total Capital Hold	国家资本 State Capital	个人资本 Personal Capital	港澳台资本 Hongkong, Macau and TaiWan Capital	外商资本 Foreign Capital	就业人员年平均人数(人) Annual Average Number of Staff and Workers (person)
40979756	1827506	10728094	2120656	3069359	1094165
31529404	1609284	10421131	19297	5716	852232
459955	452821				3653
6256					384
453700	452821				3269
46660					373
6068		6068			403
–	–	–	–	–	–
9789908	904217	281889	3791	158	165346
1000074	73641				9986
8789835	830575	281889	3791	158	155360
7736372	215132	2419037	1287	4967	147056
13480441	37115	7713137	14220	591	535316
42209		19882			5865
8166		7586			592
12152309	18058	6916425	14220	65	497500
1277757	19057	769244		526	31359
4041612	100520	165592	2033998	27641	83255
1245073	38070	71971	604474	16030	31883
–	–	–	–	–	–
1348293			1331403		22191
1446537	62450	92787	97817	11611	28994
1710		834	303		187
5408739	117703	141371	67362	3036002	158678
1744211	117628	68373	37108	617940	51416
26356		63		8366	1025
3165242	–	5400	22611	2365739	98521
387931	75	67535	7643	43957	7177
85000					539

4－16 分地区规上

Added Value of Industrial Enterprises Above

单位:亿元

年 份 Year	全 市 Whole City	市 区							
		上城区 Shangcheng	上城区（原） Shangcheng (Original)	下城区（原） Xiacheng (Original)	拱墅区 Gongshu	江干区（原） Jianggan (Original)	拱墅区（原） Gongshu (Original)	西湖区 Xihu	高新（滨江）区 Hi－Tech (Binjiang)
2000	360.97								
2001	444.91								
2002	597.01								
2003	783.51								
2004	1019.47								
2005	1126.54								
2006	1363.17								
2007	1717.65								
2008	1743.20								
2009	1792.00								
2010	2153.83								
2011	2369.00		215.48	20.83		47.25	119.11	49.03	162.30
2012	2492.00		296.64	22.05		48.00	117.08	49.07	210.02
2013	2664.13		318.89	23.33		53.33	104.34	49.62	278.48
2014	2813.51		328.06	15.16		57.60	78.34	50.45	324.69
2015	2875.05		329.70	7.13		53.79	60.64	52.30	365.67
2016	2990.34		349.57	9.64		47.37	65.80	57.06	374.24
2017	3184.05		362.41	8.16		42.98	74.76	61.04	502.19
2018	3415.45		364.56	13.36		38.46	81.84	65.07	574.95
2019	3481.89		374.72	14.03		42.13	93.95	68.23	623.97
2020	3467.16		374.34	13.65		48.93	95.82	80.99	600.18
2021	4021.14	452.94	–	–	95.84	–	–	107.59	719.33
2022	4185.06	510.67	–	–	101.68	–	–	103.42	751.89

注:1.2019 年萧山区不含托管在钱塘新区的街道数据。

工业增加值(2000－2022年)
Designated Size by Region (2000－2022)

(100 million yuan)

Urban District									
萧山区 Xiaoshan	余杭区 Yuhang	余杭区(原) Yuhang (Original)	临平区 Linping	钱塘区 Qiantang	富阳区 Fuyang	临安区 Lin'an	桐庐县 Tonglu	淳安县 Chun'an	建德市 Jiande
77.95		31.54			22.05	11.83	9.29	2.24	10.13
106.28		38.50			31.69	14.71	11.98	2.99	8.86
145.26		40.29			38.87	18.55	14.08	3.40	13.05
199.34		69.17			52.52	25.09	18.98	5.46	16.82
245.57		86.96			63.65	32.25	29.73	6.59	27.62
311.61		129.16			80.22	37.84	31.60	9.29	28.54
385.34		150.85			103.73	47.54	42.10	12.70	37.88
401.88		195.17			136.42	62.53	57.06	17.35	50.54
482.29		212.97			160.31	74.51	68.41	20.56	61.38
538.91		225.60			167.30	80.02	62.17	23.48	60.03
606.90		297.10			182.30	98.91	76.63	29.18	76.13
721.27		243.41			162.41	98.20	71.74	32.66	68.09
727.65		250.64			165.25	106.67	80.02	38.69	76.19
704.46		275.99		380.51	198.03	115.18	81.63	43.44	81.74
712.21		301.62		405.16	200.53	123.24	94.92	47.53	85.18
706.49		334.30		457.66	200.89	127.85	102.26	52.06	83.67
742.23		349.74		541.62	201.89	136.80	99.78	49.96	85.75
745.62		386.71		417.58	234.29	138.50	83.38	40.35	86.33
790.64		428.65		439.27	248.45	145.71	83.09	30.36	110.96
531.95		462.74		632.06	231.69	168.86	86.57	34.24	116.60
479.12		493.96		630.21	215.10	184.97	92.78	27.79	128.90
547.60	236.81	-	353.78	738.51	250.69	215.86	114.53	31.96	155.26
565.42	270.72	-	369.71	712.80	247.37	238.00	130.86	31.19	150.61

a) Figures of Xiaoshan District dont include districts which under administered by Qiantang New Area in 2019.

4-17 分地区规上

Index of Added Value of Industrial

（上年=100）

年份 Year	全市 Whole City	市区 上城区 Shangcheng	上城区（原） Shangcheng (Original)	下城区（原） Xiacheng (Original)	拱墅区 Gongshu	江干区（原） Jianggan (Original)	拱墅区（原） Gongshu (Original)	西湖区 Xihu	高新（滨江）区 Hi-Tech (Binjiang)
2010	114.9		110.0	121.1		112.2	110.5	109.1	119.6
2011	112.7		112.1	104.0		109.4	112.3	111.8	118.2
2012	110.9		106.6	103.5		105.5	112.2	108.8	113.7
2013	108.0		106.3	107.7		109.4	104.5	109.6	115.1
2014	108.9		108.9	91.6		115.1	105.5	104.9	118.3
2015	105.4		106.0	90.1		100.5	95.2	101.0	117.8
2016	105.6		98.5	102.0		87.5	105.0	105.0	114.9
2017	107.0		108.7	105.5		95.2	111.3	105.1	118.1
2018	106.3		101.7	118.9		101.3	111.2	99.2	117.3
2019	105.1		103.0	91.5		91.9	117.7	114.4	110.7
2020	103.8		103.4	112.5		110.8	93.0	100.4	110.8
2021	110.6	106.5			105.1			120.5	116.6
2022	100.3	103.0			102.4			100.1	101.5

注：1. 2019年萧山区不含托管在钱塘新区的街道数据。

工业增加值发展指数(2010－2022年)
Enterprises Above Designated Size by Region(2010－2022)

(Preceding Year＝100)

Urban District							桐庐县 Tonglu	淳安县 Chun'an	建德市 Jiande
萧山区 Xiaoshan	余杭区 Yuhang	余杭区(原) Yuhang (Original)	临平区 Linping	钱塘区 Qiantang	富阳区 Fuyang	临安区 Lin'an			
114.3		115.0		118.5	113.1	122.7	114.0	114.9	115.5
112.9		109.2		111.2	113.3	113.1	109.1	115.1	113.0
113.5		107.2		102.4	112.1	112.4	109.0	119.6	110.8
108.1		108.0		107.3	109.3	105.5	105.6	112.7	106.1
108.1		107.0		109.3	106.2	107.2	109.0	103.2	108.1
106.2		102.6		106.9	104.1	105.1	106.9	103.4	108.2
106.3		105.0		110.2	103.0	109.0	108.6	110.6	107.0
101.3		107.6		106.5	106.0	106.7	106.3	104.1	106.7
102.6		107.0		107.0	104.5	104.5	104.6	88.2	107.6
102.8		105.3		99.7	101.1	108.8	111.1	103.5	108.6
100.4		108.3		104.2	95.9	109.5	103.1	82.9	108.5
108.5	116.7		113.0	106.5	109.1	113.2	111.6	106.4	111.7
98.1	99.6		98.5	98.1	100.3	105.6	106.4	105.5	103.3

a) Figures of Xiaoshan District don't include districts which under administered by Qiantang New Area in 2019.

4－18 规模以上工业三大新兴产业发展情况(2013－2022 年)
Statistics on the Three Emerging Industries Above Designated Size(2013－2022)

年 份 Year	高新技术产业 High－tech Industries		战略性新兴产业 Strategic Emerging Industries		装备制造业 Equipment Manufacturing Industries	
	增加值 (亿元) Value－added (100 million yuan)	为上年 (%) As Compared with the Preceding Year (%)	增加值 (亿元) Value－added (100 million yuan)	为上年 (%) As Compared with the Preceding Year (%)	增加值 (亿元) Value－added (100 million yuan)	为上年 (%) As Compared with the Preceding Year (%)
2013	785.4	108.9	636.6	107.1	900.5	108.6
2014	1096.6	110.5	813.1	113.0	921.4	109.3
2015	1212.6	109.8	877.3	109.4	1086.1	113.5
2016	1372.9	112.5	812.1	111.6	1249.6	114.6
2017	1605.5	113.6	979.5	115.0	1384.2	111.0
2018	1948.4	110.8	1135.3	113.1	1531.0	109.3
2019	2178.4	108.5	1328.6	113.1	1640.5	107.9
2020	2448.3	108.6	1415.1	108.1	1837.0	111.8
2021	2827.7	113.1	1850.6	117.6	2061.9	114.8
2022	2961.3	101.2	1874.1	104.2	2102.4	100.4

4-19 主要工业产品生产量(2022年)
Output of Major Industrial Products(2022)

产品名称	Item	全市 Whole City 2022年	全市 Whole City 为上年(%) As Compared with the Preceding Year(%)	市区 Urban District
方便面 (吨)	Instant Noodle (ton)	234194.1	94.0	234194.1
乳制品 (吨)	Dairy Products (ton)	169549.2	93.9	169549.2
罐头 (吨)	Canned Food (ton)	27218.0	94.0	26231.6
饮料酒 (千升)	Alcohol (kiloliter)	1027078.9	101.2	780706.9
饮料 (吨)	Drinks (ton)	9518228.7	105.9	3128222.9
精制茶 (吨)	Tea (ton)	20215.9	99.3	15378.8
卷烟 (万支)	Cigarettes (10000 units)	5226158.0	102.0	5226158.0
纱 (吨)	Yarn (ton)	306174.1	92.9	306174.1
布 (万米)	Cloth (10000 m)	183512.0	93.9	182451.0
印染布 (万米)	Printed Fabric (10000 m)	533604.1	92.2	533604.1
蚕丝 (吨)	Silk (ton)	187.9	84.8	139.4
蚕丝及交织机织物(含蚕丝≥50%) (万米)	Silk and Woven Fabrics (Containing Greater than or Equal 50% silk) (10000 m)	1063.2	92.3	1063.2
口罩 (万个(只))	Masks (10000 pieces)	93225.5	125.1	22444.4
服装 (万件)	Garment (10000 pieces)	20920.9	97.5	19747.6
皮革服装 (万件)	Leather Clothing (10000 pieces)	163.0	93.4	-
鞋 (万双)	Shoes (10000 pairs)	5017.0	92.8	4696.8
皮革鞋靴 (万双)	Leather Footwear (10000 pairs)	659.1	91.1	659.1
家具 (件)	Furniture (piece)	18696486.0	85.2	16515893.0
机制纸及纸板(外购原纸加工除外) (吨)	Machine Made Paper and Paperboard (ton)	453579.6	63.9	434125.9
纸制品 (吨)	Paper Products (ton)	1394207.6	92.1	1300533.9
硫酸(折100%) (吨)	Sulfuric Ccid(Converts into 100%) (ton)	1280613.0	90.0	1280613.0
盐酸(氯化氢,含量31%) (吨)	Hydrochloric Acid(Hydrogen Chloride, Content 31%) (ton)	134211.5	129.8	134211.5

4－19 续表1 continued 1

产品名称	Item	全市 Whole City 2022年	全市 Whole City 为上年(%) As Compared with the Preceding Year(%)	市区 Urban District
浓硝酸(折100%) (吨)	Concentrated Nitric Acid(Converts into 100%) (ton)	119784.0	87.8	119784.0
烧碱(折100%) (吨)	Caustic Soda(Converts to 100%) (ton)	261400.0	105.8	261400.0
纯碱(碳酸钠) (吨)	Sodium(Carbonate) (ton)	324730.2	117.8	324730.2
合成氨(无水氨) (吨)	Synthetic Ammonia (ton)	67121.4	31.7	67121.4
农用氮、磷、钾化学肥料(折纯) (吨)	Chemical Fertilizer (ton)	116014.9	19.1	116014.9
化学农药原药(折有效成分100%) (吨)	Chemical Pesticide (ton)	78309.4	85.9	25371.4
初级形态塑料 (吨)	Primary Form Plastic (ton)	285005.0	94.4	269914.1
合成纤维聚合物 (吨)	Synthetic Fiber Polymer (ton)	1704407.5	101.9	1684141.5
合成洗涤剂 (吨)	Synthetic Detergent (ton)	127564.8	139.7	88834.0
中成药 (吨)	Traditional Chinese Medicine (ton)	6721.7	115.2	4644.0
化学纤维 (吨)	Chemical Fiber (ton)	8046754.4	92.9	8014076.4
人造纤维(纤维素纤维) (吨)	Artificial Fiber(Cellulose Fiber) (ton)	3930.3	101.3	3930.3
橡胶轮胎外胎 (条)	Rubber Tires (tire)	63790393.0	90.8	57160517.0
塑料制品 (吨)	Plastic Products (ton)	1450882.4	91.5	1141929.2
水泥 (吨)	Cement (ton)	16847655.2	96.3	6797742.4
钢材 (吨)	Steel Products (ton)	2295136.8	110.0	2262839.8
精炼铜(电解铜) (吨)	Refined Copper (ton)	436156.0	108.8	436156.0
钢绞线 (吨)	Steel Strand (ton)	54500.6	104.9	54500.6
工业锅炉 (蒸发量吨)	Industry Boiler (ton)	8389.1	88.9	8389.1
金属切削机床 (台)	Metal－cutting Machine Tools (Set)	9449	63.4	9175
金属成形机床 (台)	Metal Forming Machine (Set)	6078	77.5	6033

4－19 续表2 continued 2

产品名称	Item	全市 Whole City 2022 年	为上年(％) As Compared with the Preceding Year(％)	市区 Urban District
电动车辆(电动叉车)(台)	Electric Vehicles(Electric Forklifts) (set)	123674	104.2	123674
内燃叉车 (台)	Internal Combustion Forklift (set)	135701	88.6	135701
泵 (台)	Pump (set)	3256197	95.2	3242430
滚动轴承 (万套)	Bearings (10000 units)	32370.5	86.3	32280.6
汽车 (辆)	Motor Vehicles (set)	233867	102.3	233867
两轮脚踏自行车 (辆)	Bicycles (set)	449111	39.8	449111
电动机 (千瓦)	AC Motor (kW)	4773484.9	77.2	4768703.9
通信及电子网络用电缆 (对千米)	Communication Cable (pair kilometers)	3237838.1	102.7	3230740.0
光缆 (芯千米)	Electric Power Cable (core kilometers)	38152383.5	107.1	38151848.1
家用电冰箱(家用冷冻冷藏箱) (台)	Household Refrigerators (set)	525191	71.9	525191
家用吸排油烟机 (台)	Household Range Hood (set)	3503228	91.9	3503228
家用洗衣机 (台)	Household Washing Machines (set)	2545242	96.6	2545242
电光源 (万只)	Electric Light Sources (10000 units)	38800.6	86.0	38800.6
电子计算机整机 (台)	Complete Electronic (set)	1354291	71.0	1343559
微型计算机设备 (台)	Micro－computer Equipment (set)	1168952	70.9	1168952
程控交换机 (线)	SPC Exchange (Line)	205665	179.8	205665
移动通信手持机(手机) (台)	Mobile Telephone Sets (set)	19895	21392.5	19895
工业自动调节仪表与控制系统 (台(套))	Industrial Automatic Regulating Instruments and Control Systems (set)	5291185	96.7	5291185
电工仪器仪表 (台)	Electrical Instruments and Meters (set)	28731232	110.4	28731232
工业仪表 (台(个))	Industrial Instrument (set)	5081156	108.4	5081156

4-20 分地区单位GDP能耗降低情况(2022年)

Energy Efficency and Energy Consumption Reduction by Region(2022)

地　区	Region	单位GDP能耗降低率(%) Decrease Rate of Energy Consumption Per Unit of GDP (±%)	单位GDP电耗降低率(%) Decrease Rate of Energy Consumption Per Unit of GDP (±%)	单位工业增加值能耗降低率(%) Decrease Rate of Energy Consumption Per Unit of Industriul Value-Added (±%)
杭州市	Hangzhou	-0.8	-2.8	3.6
#上城区	Shangcheng	-	-6.6	4.4
拱墅区	Gongshu	-	-6.3	13.6
西湖区	Xihu	-	-4.7	4.7
高新(滨江)区	Hi-Tech(Binjiang)	-	-6.9	6.5
萧山区	Xiaoshan	1.3	0.1	4.2
余杭区	Yuhang	-7.3	-12.0	2.9
临平区	Linping	-0.4	-2.0	4.6
钱塘区	Qiantang	0.7	-0.5	1.6
富阳区	Fuyang	1.9	-0.8	7.0
临安区	Lin'an	-1.3	-3.3	8.4
桐庐县	Tonglu	-0.8	-1.2	4.1
淳安县	Chun'an	-1.7	-3.8	-0.1
建德市	Jiande	-2.8	-2.1	-0.4

注:1.若降低率为负数,说明本期的指标值与去年同期相比没有降低,反而上升。

a)If the Decrease Rate was a negative number,it means the indicator was increased compared to last year.

4－21 规模以上工业企业主要能源品种购进与消费（2022 年）

Purchasing and Consuming of Major Energy in Industrial Enterprises Above Designated Size(2022)

能源名称		Item		购进量 Purchasing	工业生产消费 Industry Consumption
原煤	（吨）	Raw Coal	(Ton)	8537521	8503809
洗精煤	（吨）	Washing Coal	(Ton)	－	－
煤制品	（吨）	Coal Puoducts	(Ton)	310788	299425
焦炭	（吨）	Coke	(Ton)	23383	28250
天然气（气态）	（万立方米）	Natural Gas(Gas)	(10000 cu. m)	273443	271041
液化天然气（液态）	（吨）	Liquefied Natural Gas(Liquid)	(Ton)	123215	122363
汽油	（吨）	Gasoline	(Ton)	38937	17563
煤油	（吨）	Kerosene	(Ton)	438	431
柴油	（吨）	Diesel Oil	(Ton)	128457	125495
燃料油	（吨）	Fuel Oil	(Ton)	20953	21010
液化石油气	（吨）	Liquefied Petroleum Gas	(Ton)	9993	10163
润滑油	（吨）	Lubricating Oil	(Ton)	25787	21853
溶剂油	（吨）	Solvent Oil	(Ton)	454	450
石油沥青	（吨）	Petroleum Asphalt	(Ton)	181251	190235
其他石油制品	（吨）	Other Petroleum Products	(Ton)	16069	13167
热力	（百万千焦）	Heat	(Million kilo－joule)	59686759	75050722
电力	（万千瓦时）	Electricity	(10000 kW·h)	3677973	3617457
煤矸石用于燃料	（吨）	Coal Gangue For Fuel	(Ton)	87259	98846
城市垃圾用于燃料	（吨）	Waste For Fuel	(Ton)	2571442	3073714
生物质废料用于燃料	（吨标准煤）	Biomass Waste For Fuel	(Ton)	36588	111405
余热余压	（百万千焦）	Residual Heat and Pressure	(Million kilo－joule)	2979160	10498892
其他工业废料用于燃料	（吨）	Other Industrial Wastes Are Used For Fuel	(Ton)	30483	536735
其他燃料	（吨标准煤）	Other Fuel		42911	42620

4－22 规模以上工业企业主要能源

Energy Consumption of Industrial

行 业 Sector	原煤(吨) Raw Coal(Ton)	洗精煤(吨) Washing Coal(Ton)	焦炭(吨) Coke(Ton)	汽油(吨) Gasoline(Ton)	煤油(吨) Kerosene(Ton)
总 计 Total	**8503809**	**–**	**28250**	**17563**	**431**
煤炭开采和洗选业 Coal Mining and Dressing	–	–	–	–	–
有色金属矿采选业 Nonferrous Minerals Mining and Dressing	–	–	–	–	–
非金属矿采选业 Nonmetal Minerals Mining and Dressing	37772	–	–	–	–
农副食品加工业 Agricultural Products Processing	–	–	–	147	–
食品制造业 Food Manufacturing	–	–	–	358	–
酒、饮料和精制茶制造业 Wine, Beverage and Tea Manufacturing	–	–	–	4	–
烟草制品业 Tobacco Processing	–	–	–	–	–
纺织业 Textile Processing	101869	–	–	1335	14
纺织服装、服饰业 Textile Products and Costume Industry	–	–	–	373	–
皮革、毛皮、羽毛及其制品和制鞋业 Leather. Furs. Downand Related and Shoes Products	–	–	–	326	–
木材加工和木、竹、藤、棕、草制品业 Timber Processing, Bamboo, Cane, Plam Fiber and Straw Products	–	–	–	27	–
家具制造业 Furniture Manufacturing	–	–	–	317	–
造纸和纸制品业 Paper Making and Paper Products	–	–	–	246	–
印刷和记录媒介复制业 Printing	–	–	–	335	–
文教、工美、体育和娱乐用品制造业 Cultural, Educational. Industrial Arts. Sports and Entertainment Goods	–	–	–	275	–
石油、煤炭和其他燃料加工业 Petroleum, Coal and Other Fuel Processing	–	–	–	19	–

消费量按行业分(2022 年)

Enterprises above Designated Size by Sector(2022)

柴油(吨) Diesel oil(Ton)	燃料油(吨) Fuel Oil(Ton)	液化石油气(吨) Liquefied Petroleum Gas(Ton)	天然气(万立方米) Natural Gas (10000 cu. m)	其他石油制品(吨) Other Petroleum Products(Ton)	热力(百万千焦) Heat(Million kilo - joule)	电力(万千瓦时) Electricity (10000 kW·h)
125495	**21010**	**10163**	**271041**	**13167**	**75050722**	**3617457**
	–	–	–	–	–	183
38	–	–	–	–	–	1176
3202	–	–	–	–	–	8611
1664	–	127	1781	–	299214	14258
1496	549	179	2544	–	1664232	39050
665	–	–	3030	141	1186120	71109
	–	–	484	–	–	5079
3268	8	622	19974	25	28314813	392990
475	–	11	564	–	345358	17881
396	–	3	698	–	3385	10341
229	–	–	152	2	2485	3284
644	–	32	432	–	14431	15627
1660	–	1009	5745	251	2243126	70029
755	–	–	377	–	69482	20518
221	–	–	185	1	130772	17096
706	–	–	562	1018	31750	2560

4－22 续表

行 业 Sector	原煤(吨) Raw Coal(Ton)	洗精煤(吨) Washing Coal(Ton)	焦炭(吨) Coke(Ton)	汽油(吨) Gasoline(Ton)	煤油(吨) Kerosene(Ton)
化学原料和化学制品制造业 Raw Chemical Materials and Chemical Products	1609112	－	－	645	－
医药制造业 Medical and Pharmaceutical Products	43210	－	－	188	－
化学纤维制造业 Chemical Fiber	387613	－	－	186	－
橡胶和塑料制品业 Rubber and Plastic Products	137122	－	－	827	17
非金属矿物制品业 Nonmetal Minerals Products	2998128	－	－	483	－
黑色金属冶炼和压延加工业 Smelting and Processing of Ferrous Metals	－	－	－	222	－
有色金属冶炼和压延加工业 Smelting and Processing of Nonferrous Metals	4042	－	28250	27	－
金属制品业 Metal Products	－	－	－	816	3
通用设备制造业 Ordinary Machinery	－	－	－	1919	210
专用设备制造业 Special Purpose Equipment	－	－	－	791	－
汽车制造业 Automobile Manufacturing	－	－	－	844	169
铁路、船舶、航空航天和其他运输设备制造业 Railway. watercraft. Avigation spaceflight and other Equipment Manufacturing	－	－	－	625	－
电气机械和器材制造业 Electric Equipment and Machinery	－	－	－	969	7
计算机、通信和其他电子设备制造业 Computers. Telecommunications and Other Electronic Equipment Manufacturing	－	－	－	2287	－
仪器仪表制造业 Instruments and Meters Manufacturing	－	－	－	673	12
其他制造业 Other Manufacturing	－	－	－	37	－
废弃资源综合利用业 Multiple Utilization of Waste Resouces	－	－	－	7	－
电力、热力生产和供应业 Production and Supply of Electric Power and Hot Water	3117473	－	－	1670	－
燃气生产和供应业 Production and Supply of Gas	－	－	－	293	－
水的生产和供应业 Production and Supply of Tap Water	67468	－	－	214	－

continued

柴油(吨) Diesel oil(Ton)	燃料油(吨) Fuel Oil(Ton)	液化石油气(吨) Liquefied Petroleum Gas(Ton)	天然气(万立方米) Natural Gas (10000 cu. m)	其他石油制品(吨) Other Petroleum Products(Ton)	热力(百万千焦) Heat(Million kilo－joule)	电力(万千瓦时) Electricity (10000 kW·h)
3971	129	57	5838	3	28056226	363624
1356	–	18	1831	–	2373255	86029
2218	4086	1	2082	8968	4260773	535058
2381	16220	5580	1467	1139	2124496	253843
75125	–	1	9218	5	283592	262640
294	–	102	1923	8	178101	24202
873	–	177	3682	–	66962	80081
2762	1	1022	8827	182	183056	144387
5155	6	360	3567	1011	97844	136731
684	–	83	631	47	219477	39423
4562	11	55	2229	316	98386	107142
251	–	45	257	40	20537	10402
2364	–	63	1963	6	1300434	163141
1945	–	615	1687	–	327344	204390
569	–	–	131	3	9623	30897
407	–	–	320	–	15486	3003
1085	–	4	409	–	46236	29669
3650	–	–	188438	–	1048832	341090
105	–	–	12	–	–	998
305	–	–	–	–	34896	110881

4－23 全社会用电情况(2022 年)

Electricity Consumption In the Whole Society(2022)

单位:万千瓦时 (10000 kW·h)

项 目	Item	2022	增长(%) Increase(%)
总 计	**Total**	**9498514**	**4.3**
#线路损失电量	#Losses in Transmission	234088	-1.0
全行业用电合计	**Total Electricy Consumption for the whole industries**	**7557105**	**0.5**
第一产业	Primary Industry	45542	16.7
第二产业	Secondary Industry	4473094	-5.3
第三产业	Tertiary Industry	3038469	10.2
全行业用电按行业分	**Electricity Consumption by Sector**		
农林牧渔业	Farming,Forestry,Animal Husbandry and Fishery Conservancy	59719	13.9
工业	Industry	4220420	-4.7
#采矿业	#Mining and Quarrying	22687	-19.1
制造业	Manufacturing Industry	3751014	-5.0
电力、热力、燃气及水的生产和供应业	Produotion and supply of electricity,gas & water	446719	-1.2
建筑业	Construction	254321	-14.1
批发和零售业	Wholesale and Retail Trade	529939	7.5
交通运输、仓储及邮政业	Transportation,Storage,Post & Telecommunications	296940	11.6
住宿和餐饮业	Lodging and Catering Services	156937	2.9
信息传输、软件和信息技术服务业	Information Transmission,Computer Services and Software	366750	9.8
金融业	Finance	44569	2.2
房地产业	Real Estate	436539	18.3
租赁和商务服务业	Renting and Business Service	423780	10.7
科学研究、技术服务业	Scientific Researoh and Fechnicla Senice	46086	11.3
水利环境和公共设施管理业	Water Conservancy,Environment and Public Utility	144848	6.4
居民服务、修理和其他服务业	Service for the Residents,Repair and others	70086	4.4
教育	Education	202543	6.7
卫生和社会工作	Health Care,Sports Social Welfare	125655	10.8
文化、体育和娱乐业	Culture,Sports and Entertainment	43293	13.9
公共管理、社会保障和社会组织	Public Administration,Social Security and Social Organization	134681	16.3
城乡居民生活用电	**Residential Consumption**	**1941409**	**22.7**
#城市	#Cities	892002	0.6
乡村	Rural Areas	1049408	50.9

4-24 水资源量和总用水量(2020-2022年)

Total Water Resources and Water Consumption(2020-2022)

单位:亿立方米 (100 million Cubic Meters)

地区	Region	水资源量 Water Resources			用水量 Water Consumption		
		2020	2021	2022	2020	2021	2022
全市	Whole City	218.89	191.42	128.08	29.76	29.75	29.27
市区	Urban District	91.53	94.91	57.36	24.86	24.74	24.09
萧山区	Xiaoshan	11.94	8.82	5.14	7.28	5.06	5.14
余杭区	Yuhang	12.35	9.96	6.47	5.31	3.47	3.36
临平区	Linping	-	2.69	2.02	-	2.06	2.03
钱塘区	Qiantang	-	5.66	3.37	-	3.30	2.78
富阳区	Fuyang	20.67	22.63	11.93	3.19	3.04	3.01
临安区	Lin'an	39.67	38.32	23.86	2.13	2.09	2.11
桐庐县	Tonglu	23.05	20.32	12.49	1.65	1.65	1.64
淳安县	Chan'an	76.26	53.46	41.27	1.33	1.39	1.46
建德市	Jiangde	28.05	22.73	16.96	1.93	1.98	2.08

注:1.根据行政区划调整,2021年公报统计临平区、钱塘区水量,余杭区数据为行政区划调整后的口径。

a) According to the adjustment of administrative divisions, the water volume of Linping District and Qiantang District will be counted in the bulletin in 2021, and the data of Yuhang District will be the caliber after the adjustment of administrative divisions.

4－25 规模以下工业主要指标(2021－2022 年)
Main Indicators of Industrial Enterprises Below Designated Size(2021－2022)

指标名称		Item		2022	2021
企业数	(万家)	Number of Enterprises	(10,000 Units)	2.52	2.28
平均用工人数	(万人)	Average Number of Employees	(10000 people)	20.25	21.03
资产总计	(亿元)	Total Assets	(100 million yuan)	1239.06	1284.81
负债合计	(亿元)	Total Liabilitiess	(100 million yuan)	916.31	927.38
营业收入	(亿元)	Revenue	(100 million yuan)	980.33	887.14
营业成本	(亿元)	Operating Costs	(100 million yuan)	694.06	699.20
利润总额	(亿元)	Total Profits	(100 million yuan)	-6.60	2.12
应付职工薪酬	(亿元)	Employee benefits Payable	(100 million yuan)	108.99	103.17

主要统计指标解释

工业总产值 是以货币表现的工业企业在报告期内生产的已出售或可供出售工业产品总量,它反映一定时间内工业生产的总规模和总水平,它包括:在本企业内不再进行加工,经检验、包装入库(规定不需包装的产品除外)的成品价值,对外加工费收入,自制半成品,在产品期末初差额价值。工业总产值采用"工厂法"计算,即以工业企业作为一个整体,按企业工业生产活动的最终成果来计算,企业内部不允许重复计算,不能把企业内部各个车间(分厂)生产的成果相加。

工业增加值 是指工业行业在报告期内以货币表现的工业生产活动的最终成果。

固定资产原价 固定资产原值指企业在建造、购置、安装、改建、扩建、技术改造某项固定资产时所支出的全部货币总额。它一般包括买价、包装费、运杂费和安装费等。

固定资产净值 是指固定资产原价减去历年已提折旧额后的净额。

利税总额 指企业利润总额、产品销售税金及附加和应交增值税之和。

主营业务收入 指企业销售产品的销售收入和提供劳务等主要经营业务取得的收入总额。

主营业务利润 指企业销售产品和提供工业性劳务等主要经营业务收入和除其成本、费用、税金后的利润。

利润总额 指企业实现的利润。

应交增值税 指企业在报告期内应交纳的增值税额。

总资产 指企业拥有或控制的全部资产。包括流动资产、长期投资、固定资产、无形及递延资产、其他长期资产、递延税项等,即为企业资产负债表的资产总计项。

(1)流动资产指企业可以在一年内或者超过一年的一个生产周期内变现或耗用的资产合计。包括现金及各种存款、短期投资、应收及预付款项、存货等。

(2)固定资产指企业固定资产净值、固定资产清理、在建工程、待处理固定资产损失所占用的资金合计。

(3)无形资产指企业长期使用而没有实物形态的资产。包括专利权、非专利技术、商标权、著作权、土地使用权、商誉等。

总负债 指企业承担并需要偿还的全部债务。包括流动负债和长期负债、递延税项等,即为企业资产负债表的负债合计项。

(1)流动负债指企业在一年内或者超过一年的一个营业周期内需要偿还的债务合计,其中包括短期借款、应付及预收款项、应付工资、应交税金和应交利润等。

(2)长期负债指企业在一年以上或者超过一年的一个生产周期以上需要偿还的债务合计,其中包括长期借款、应付债务、长期应付款项等。

所有者权益 指企业投资人对企业净资产的所有权。企业净资产等于企业全部资产减去全部负债后的余额。其中包括投资者对企业的最初投入,以及资本公积金、盈余公积金和未分配利润,对股份制企业即为股东权益。

Explanatory Notes on Main Statistical Indicators

Gross Industrial Output Value is the total volume of industrial products sold or available for sale in value terms which reflects the total achievements and overall scale of industrial production during a given period. It includes the value of the finished products, which are not to be further processed in the enterprises and have been inspected, packed and put in storage, the income from external processing, and the difference of the value of semi – finished products between the beginning and end of the period. The gross industrial output value is calculated with "factory method", which is to consider an industrial enterprise as a whole and calculate by final results of its industrial production activities. It is not allowed to double count or to add up the production results of each workshop (or branch factory) within the enterprise.

Value Added of Industry refers to the final results of industrial production in money terms during the reference period.

Original Value of Fixed Assets refers to the total amount of the expenditure of industrial enterprises in building, purchasing, installing, reconstructing, expanding or technically transforming a fixed asset, which includes expenses on purchase, package, transportation, and installation, etc.

Net Value of Fixed Assets is obtained by deducting depreciation over years from the original value of fixed assets.

Total Pre – tax Profits refers to the sum of total profits, products sales tax and surcharges and the value added tax payable.

Main Business Revenue refers to the revenue of enterprises from selling products, providing labor services and etc.

Main Business Profit refers to the profit gained by the enterprises from the main business income of selling products and providing industrial services after deducting cost, charges and taxes.

Total Profits refer to the profits gained by the enterprises.

Value added Tax Payable refers to the amount of the value added tax which should be paid by the enterprises in the reporting period.

Total Assets refer to all assets which are owned or controlled by enterprises, including circulating assets, long term investment, fixed assets, intangible assets and deferred assets, other long term assets, and deferred taxes, etc. The summation of above items is equal to total assets shown in the balance sheets of the enterprises.

(1) Circulating assets refer to assets which can be cashed in or consumed in an operating cycle of one year or over one year, including cash, all kinds of deposits, short term investment, receivables, advance payment, stock, etc.

(2) Fixed assets refer to the sum of funds occupied by the net value of fixed assets, clearance of fixed assets, project under construction, losses of fixed assets to be processed..

(3) Intangible assets refer to assets without material form used by enterprises over a lone time, such as patents, non – patent technologies, trademarks, copyright, land use right, business reputation, etc.

Total Liabilities refer to the debts that enterprises are responsible for repayment, including liquid liabilities, long – term liabilities and deferred taxes, etc. Total liabilities correspond to the summation item of liabilities shown in the balance sheets of the enterprises.

(1) Liquid liabilities refer to enterprises′total debt payable within an operating cycle of one year or over one year, including short term loans, payables and advance payments, payable wages, taxes and profit, etc.

(2) Long term liabilities refers to total debt payable within an operating cycle of over one year, including long – term loans, payable liabilities, long – term payables, etc.

Creditors′Equity refers to investors′ownership of net assets of the enterprise. It is equal to the total assets of the enterprise minus its total liabilities, including the primary input from investors, capital accumulation fund, surplus accumulation fund and undistributed profit. It is the shareholder's equity in share – holding companies.

五 建筑业

CONSTRUCTION

5

建 筑 业
Construction

主 要 统 计 指 标
Major Statistical Indicators

建筑业总产值	Gross Output Value of Construction	5737	亿元	(100 million yuan)
为上年	As Compared with the Preceding Year	102.9	%	(%)
房屋建筑施工面积	Floor Space of Buildings Under Construction	33594	万平方米	(10, 000 sq.m)
为上年	As Compared with the Preceding Year	101.4	%	(%)
房屋建筑竣工面积	Floor Space of Buildings Completed	9214	万平方米	(10, 000 sq.m)
为上年	As Compared with the Preceding Year	126.8	%	(%)

5－01 分地区建筑业总产值（2022年）

Gross Output Value of Construction by Region (2022)

单位:万元 (10,000 yuan)

地　区	Region	建筑企业单位数（个）Number of Construction Enterprises (unit)	建筑业总产值 Gross Output Value of Construction	建筑工程产值 Output Value of Construction Projects	安装工程产值 Output value of Installation Projects	其他产值 Other Output Values
全　市	**Total**	**2118**	**57370128**	**49833877**	**6157386**	**1378865**
市　区	Urban District	1912	54905711	47591354	5980560	1333797
#上城区	Shangcheng	189	8698614	6635712	1897998	164904
拱墅区	Gongshu	239	6978217	5657264	1187852	133101
西湖区	Xihu	144	10070565	9259353	466148	345063
高新(滨江)区	Hi－Tech(Binjiang)	66	7269620	6885701	285950	97969
萧山区	Xiaoshan	370	9900652	8529936	1019390	351325
余杭区	Yuhang	218	3305149	3073928	154182	77039
临平区	Linping	297	2690346	2112435	535744	42168
钱塘区	Qiantang	110	1469470	1314747	100083	54641
富阳区	Fuyang	185	2935666	2691646	211205	32815
临安区	Lin'an	94	1587412	1430633	122009	34771
桐庐县	Tonglu	70	1400876	1303050	92476	5350
淳安县	Chun'an	84	411780	358244	21302	32234
建德市	Jiande	52	651761	581230	63047	7484

5－02 建筑总专包

Financial Indicators on Construction Enterprises of

单位:万元

指标名称	Item	年末资产 Asset and Liabilities		
		流动资产合计 Circulating Funds	固定资产原价 Fixed Assets	资产合计 Total Assets
总 计	**Total**	**53182833**	**4215028**	**64426203**
#特、一、二级企业	of Which: Special Grade, First Grade, Second Grade	48603150	3557421	59055690
#国有及国有控股企业	of Which: State－owned and State Holding Enterprises	17914279	912485	22511051
一、按登记注册类型分组	**Grouped by Registration Status**			
内资企业	Domestic Funded	53034654	4197964	64253161
国有企业	State－owned	1130715	29860	2169559
集体企业	Collective－owned	59769	7783	77780
股份合作企业	Share－holding Cooperative Enterprises	22873	16900	36424
联营企业	Joint Venture	–	–	–
有限责任公司	Limited Liability Corporations	22302589	1261277	25519088
股份有限公司	Share－holding Corporations Ltd.	6158343	470366	8667334
私营企业	Private Enterprises	23360366	2411779	27782977
其他企业	Other Enterprises	–	–	–
港、澳、台商投资企业	Funded from Hong Kong, Macao and Taiwan	109719	15669	133025
外商投资企业	Foreign Funded	38460	1395	40017
二、按国民经济行业分组	**Grouped by Sector**			
房屋建筑业	Housing Construction	23917560	1249469	29162194
土木工程建筑业	Civil Engineering Construction	20667243	2080244	25407252
建筑安装业	Installation of Lines, Pipelines and Equipment	3071713	328611	3443096
建筑装饰和其他建筑业	Fitting、Decoration of Building and Others Construction	5526318	556704	6413661

企业财务指标（2022 年）
General Contractors and Specialist Contractors (2022)

(10,000 yuan)

负债 at Year - end				
流动负债合计 Current Liabilities	负债合计 Total Liabilities	所有者权益合计 Owners´Equity	实收资本 Paid - in Capitals	个人资本 State Capital
46092082	**48513140**	**15913062**	**8894917**	**2587214**
42458596	44580042	14475648	7762636	2154778
17369327	18544332	3966718	1940844	3880
45936089	48357143	15896018	8869847	2583801
1507280	1603541	566017	152164	–
57767	58328	19451	14058	–
22287	22287	14137	10000	10000
–	–	–	–	–
20154828	21156951	4362137	2064628	104206
5473293	5877294	2790040	972501	84269
18720634	19638741	8144236	5656496	2385326
–	–	–	–	–
121443	121447	11578	21579	3413
34550	34550	5467	3490	–
20876730	21848113	7314081	3882286	1233444
17989006	18981295	6425956	3781161	872924
2537389	2608801	834295	425838	144432
4688957	5074931	1338731	805632	336414

5-02 续表

单位:万元

指标名称	Item	损益 Expenditure, Income	
		工程结算收入 Revenue of Project Settlement Accounts	工程结算成本 Costs of Project Settlement Accounts
总　计	**Total**	**57255129**	**52782436**
#特、一、二级企业	of Which: Special Grade, First Grade, Second Grade	52424878	48433834
#国有及国有控股企业	of Which: State - owned and State Holding Enterprises	17738639	16599350
一、按登记注册类型分组	**Grouped by Registration Status**		
内资企业	Domestic Funded	57153170	52688764
国有企业	State - owned	593962	555529
集体企业	Collective - owned	50247	44413
股份合作企业	Share - holding Cooperative Enterprises	9739	8439
联营企业	Joint Venture	-	-
有限责任公司	Limited Liability Corporations	21631898	19509238
股份有限公司	Share - holding Corporations Ltd.	4591032	4184485
私营企业	Private Enterprises	30276293	28386660
其他企业	Other Enterprises	-	-
港、澳、台商投资企业	Funded from Hong Kong, Macao and Taiwan	72980	66291
外商投资企业	Foreign Funded	28980	27381
二、按国民经济行业分组	**Grouped by Sector**		
房屋建筑业	Housing Construction	26659777	24675522
土木工程建筑业	Civil Engineering Construction	20196372	18678153
建筑安装业	Installation of Lines, Pipelines and Equipment	3658695	3358131
建筑装饰和其他建筑业	Fitting Decoration of Building and Others Construction	6740286	6070630

continued

(10,000 yuan)

及分配 and Distribution					
工程结算税金及附加 Taxes and Extra Charges Project Settlement Accounts	销售费用 Sales Expenses	管理费用 Management Expenditure	财务费用 Financial Expenditure	利润总额 Total Profits	应交所得税 Income Taxes Payable
164133	**246047**	**1940410**	**249375**	**965159**	**191688**
146777	230702	1615564	219711	896461	166932
40993	22122	361916	26963	518455	94359
163840	244528	1935714	249236	965849	191268
2735	955	32287		47822	3545
129	220	3498		2238	696
47	682	1921		230	58
–	–	–	–	–	–
54364	30580	543931	41181	491543	110226
10716	9953	119225	25883	194253	29333
95850	202138	1234853	182802	229764	47411
–	–	–	–	–	–
215	1518	3496	51	-923	362
78	–	1200	88	232	58
78211	19038	630855	120793	347022	55058
53444	48741	760186	80603	448070	97727
13287	14453	173171	19670	76009	13689
19191	163815	376199	28308	94059	25214

5－03　建筑业企业生产情况(2019－2022年)

Statistics on Production of Construction Enterprises(2019－2022)

指标名称	Item	2019	2020	2021	2022
一、建筑业合同情况	**Contract of Construction**				
签订的合同额　(万元)	Total Value of Contracts　(10,000 yuan)	100912299	113433283	120507299	123694802
上年结转合同额　(万元)	Value from Contracts Signed in Last year　(10,000 yuan)	43492461	53861878	63986580	65526592
本年新签合同额　(万元)	Value from New Contracts Signed in Current year　(10,000 yuan)	57419838	59571405	56520719	58168210
二、承包工程完成情况	**Completion of Contracted Projects**				
直接从建设单位承揽工程完成的产值　(万元)	Complete Output Value of Projects Contacted Directly from Investors　(10,000 yuan)	43690527	47053000	53730135	54931260
自行完成施工产值　(万元)	Own－completed Output Value　(10,000 yuan)	40837087	43764817	49958119	50841969
分包出去工程的产值　(万元)	Output Value of Out－sourced Projects　(10,000 yuan)	2853440	3288183	3772016	4089291
从建设单位以外承揽工程完成的产值　(万元)	Completed Output Value of Projects Contacted from Non－investors　(10,000 yuan)	4944966	5475028	5787624	6528159
建筑业总产值　(万元)	Gross Output Value　(10,000 yuan)	45782053	49239845	55745743	57370128
#装饰装修产值　(万元)	of Which: Output Value of Fitting and Decoration of Buildings　(10,000 yuan)	4394782	4395669	5350657	6183172
#在外省完成的产值　(万元)	of Which: Completed Output Value outside of Zhejiang Province　(10,000 yuan)	12442013	12008609	12399872	12024129
按构成分	by Structure				
建筑工程产值　(万元)	Output Value of Construction Projects　(10,000 yuan)	39495688	43023525	48457675	49833877
安装工程产值　(万元)	Output value of Installation Projects　(10,000 yuan)	4916534	5240694	5934925	6157386
其他产值　(万元)	Other Output Values　(10,000 yuan)	1369831	975626	1353143	1378865
竣工产值　(万元)	Output Value of Buildings Completed　(10,000 yuan)	20586072	21696056	25636864	30889689
房屋建筑施工面积　(万平方米)	Floor Space of Buildings Under Construction　(10000 sq. m)	29470	32204	33132	33594
#本年新开工面积　(万平方米)	of Which: Beginning Projects in this Year　(10000 sq. m)	10214	9444	9053	8186
房屋建筑竣工面积　(万平方米)	Floor space of Buildings Completed　(10000 sq. m)	6417	6419	7265	9214
三、年末自有施工机械设备	**Machinery and Equipment Owned (year－end)**				
年末自有施工机械设备净值　(万元)	Net Value of Machinery and Equipment Owned　(10,000 yuan)	669716	645089	569737	490824
年末自有施工机械设备总台数　(台)	Number of Machinery and Equipment Owned　(set)	147904	145649	99628	89029
年末自有施工机械设备总功率　(千瓦)	Total Power of Machinery and Equipment Owned　(1000 kW)	2706236	3345274	2782860	2554412
四、就业人员情况	**Number of Employed Persons**				
计算劳动生产率的平均人数　(人)	Average Employed Persons Overall Labor Productivity　(person)	1230569	1246941	1308883	1241184
年末就业人员数　(人)	Employed Persons (year－end)　(person)	1150807	1174958	1268792	1135655

5-04 具有资质等级建筑业企业主要生产经营指标(2016-2022年)
Major Economic Indicators of Qualified Construction Enterprises(2016-2022)

单位:万元 (10,000 yuan)

指标名称 Item	2016	2017	2018	2019	2020	2021	2022
企业个数(个) Number of Enterprises (unit)	1474	1410	1541	1606	1728	1914	2118
亏损企业个数(个) Loss Making Enterprises (unit)	256	253	329	351	482	574	786
建筑业总产值 Gross Output Value of Construction	41052972	43237256	44327525	45782053	49239845	55745743	57370128
竣工产值 Output Value of Buildings Completed	23746502	21888828	21893653	20586072	21696056	25636864	30889689
房屋建筑施工面积(万平方米) Floor Space of Buildings Under Construction (10,000 sq. m)	27221	25617	26842	29470	32204	33132	33594
房屋建筑竣工面积(万平方米) Floor Space of Buildings Completed (10,000 sq. m)	9754	8108	6764	6417	6419	7265	9214
固定资产原价 Orginal Value of Fixed Assets	3239557	3552611	3352353	3429694	3457257	3754510	4215028
实收资本合计 Total Capital Hold	5932301	6364527	6756936	6792046	7159307	8007347	8894917
流动资产合计 Circulating Funds	25412440	27695056	30371728	10116084	37520298	44920895	53182833
其中:存货 Stock	6751318	7530374	7823812	7414341	6720337	7648734	8034492
在建工程 Projects wnder Construction	175075	216619	262751	259028	279576	354437	422897
固定资产合计 Fixed Assets	2067226	2292476	1678207	-	-	-	-
年末负债合计 Total Liabilities at Year-end	20274680	22067498	25107296	29000375	33070346	40444779	48513140
流动负债合计 Circulating Funds	18752593	20579766	23735159	27570766	31351636	38327576	46092082
所有者权益合计 Crediors´Equity	10883382	12196061	12658441	12210275	12646788	14198573	15913062
营业收入 Revenue	36069232	36965857	40293678	44677368	48165053	55631840	58057566
营业成本 Operating Costs	33270805	34248463	37687072	41764885	45156343	52179314	54500072
营业税金及附加 Main Sales Tax and Extra Charges	541967	199457	157132	146939	157582	180276	170397
管理费用 Management Expenditure	1042943	1163505	1263222	1399064	1509282	1735227	1940410
财务费用 Financial Expenditure	258903	271466	243248	298729	260854	268080	249375
营业利润 Management Profits	917779	1043476	912880	944590	1025402	1060438	925355
利润总额 Total Profits	950047	1075458	983741	977498	1059324	1116679	965159

主要统计指标解释

建筑业总产值 建筑业总产值是以货币表现的建筑业企业在一定时期内生产的建筑业产品和服务的总和。建筑业总产值包括建筑工程产值、安装工程产值和其他产值三部分内容。

房屋建筑施工面积 指报告期内施过工的全部房屋建筑面积,它包括本期新开工的面积、上期跨入本期继续施工的房屋面积、上期停缓建在本期恢复施工的房屋面积、本期竣工的房屋面积以及本期施工后又停缓建的房屋面积。

房屋建筑竣工面积 指在报告期内房屋建筑按照设计要求已全部完工,达到了使用条件,经检查验收鉴定合格的房屋建筑面积。

工程结算收入(主营业务收入) 指本企业承包工程实现的工程价款结算收入以及向发包单位收取的除工程价款以外按规定列作营业收入的各种款项,如临时设施费、劳动保险费、施工机构调迁费等以及向发包单位收取的各种索赔款。

工程结算成本(主营业务成本) 指在报告期内与发包单位办理工程价款结算的已完工程实际成本。

Explanatory Notes on Main Statistical Indicators

Gross Output Value of Construction refers to the total of construction products and services, expressed in money terms, produced or rendered by construction enterprises in a given period. It includes the output value of construction projects, installation projects and others.

Floor Space of Buildings Under Construction refers to the floor space of all buildings under construction during the reference period, including the floor space of buildings those are newly started construction, those were started earlier and continues construction; those were suspended in the previous period but resumed construction in this period, those are completed in this period, and those are under construction but suspended in this period.

Floor Space of Buildings Completed refers to the floor space of buildings that are completed in the reference period in accordance with the design requirements, up to the service standard, and qualified after inspection and acceptance.

Project Settlement Income refers to the income received by the construction enterprise from the contracted project through settlement procedures, and other charges to the contractee listed as operational costs, such as temporary facility fee, labor insurance premium, moving cost of construction equipment, as well as various types of claims to the contractee.

Project Settlement Cost refers to the actual cost of completed projects that have been settled prices with the contractee during the reporting period.

六

交通运输 邮电

TRANSPORTATION POST AND TELECOMMUNICATIONS

6 交通运输、邮电
Transportation, Post and Telecommunications

主要统计指标
Major Statistical Indicators

客运量	Passenger Traffic	9826	万人次	(10, 000 person-times)
为上年	As Compared with the Preceding Year	71.1	%	(%)
货运量	Freight Traffic	43161	万吨	(10, 000 tons)
为上年	As Compared with the Preceding Year	91.8	%	(%)
邮电业务收入	Business Income of Post & Telecommunication Service	687.31	亿元	(100 million yuan)
为上年	As Compared with the Preceding Year	92.2	%	(%)
年末固定电话用户数	Number of Local Telephone Subscribers(year-end)	186.1	万户	(10, 000 subscribers)
年末移动电话用户数	Number of Mobile Telephone Subscribers(year-end)	1886.1	万户	(10, 000 subscribers)
年末宽带业务户数	Broadband Subscribers of Internet(year-end)	671.0	万户	(10, 000 subscribers)

6－01　客货运输量(2016－2022年)
Total Passenger and Freight Traffic(2016－2022)

项　目 Item	2016	2017	2018	2019	2020	2021	2022
一、客运量合计(万人次) Passenger Traffic(10000 person－times)	**20541**	**22289**	**20121**	**20888**	**12183**	**13823**	**9826**
铁路客运量 Passenger Railways	6053	6807	7535	8874	5895	6914	4465
民航客运量 Passenger Civil Aviation	1622	1825	1956	2044	1414	1432	1018
公路客运量 Passenger Highways	12282	13019	10027	9360	4535	5042	4100
水路客运量 Passenger Waterways	584	638	603	610	339	436	243
二、旅客周转量合计(万人公里) Total Passenger－kilometers(10000 passenger－km)	**943874**	**905008**	**829027**	**700446**	**387013**	**457260**	**458385**
公路旅客周转量 Passenger－kilometers Highways	936574	897116	821267	689970	381790	450070	454726
水路旅客周转量 Passenger－kilometers Waterways	7300	7892	7760	10476	5223	7190	3659
三、货运量合计(万吨) Total Freight Traffic(10000 tons)	**30170**	**34785**	**35180**	**36384**	**41944**	**46997**	**43161**
铁路货运量 Freight Railways	274	328	306	537	578	498	486
民航货运量 Freight Civil Aviation	29	35	38	41	46	50	45
公路货运量 Freight Highways	25194	29378	30593	31732	34837	38804	35091
水路货运量 Freight Waterways	4673	5044	4244	4073	6483	7645	7539
四、货运周转量合计(万吨公里) Total Freight Ton－kilometers(10000 ton－km)	**4796677**	**5304007**	**5440793**	**5534460**	**10070617**	**10472959**	**10501710**
公路货物周转量 Freight Ton－kilometers Highways	3217983	3615581	3875561	3928822	4599433	5521947	5527103
水路货物周转量 Freight Ton－kilometers Waterways	1578694	1688426	1565232	1605638	5471184	4951012	4974607

6-02 货运量(1978-2022年)

Total Freight Traffic (1978-2022)

单位:万吨 (10000 tons)

年份 Year	合计 Total	铁路 Railways	公路 Highways	水路 Waterways	民航 Civil Aviation
1978	1706	418	633	655	
1979	1983	440	771	772	
1980	2070	444	762	864	
1981	1972	449	886	637	
1982	2261	485	795	981	
1983	2299	488	838	973	
1984	2385	510	888	987	
1985	2488	524	890	1074	
1986	2558	551	874	1133	
1987	2515	574	899	1041	1
1988	2416	555	823	1037	1
1989	7377	539	5095	1743	
1990	6522	449	4479	1594	
1991	7017	451	4891	1675	
1992	8434	534	6063	1836	1
1993	9082	580	6353	2148	1
1994	8962	491	6563	1907	1
1995	10347	482	7021	2842	2
1996	10962	445	7735	2780	2
1997	11015	406	7932	2676	1
1998	11329	418	8196	2713	2
1999	11684	403	8037	3241	3
2000	11459	417	7865	3173	4
2001	12443	452	8588	3398	5
2002	14347	446	10391	3504	6
2003	16815	438	12118	4253	6
2004	18895	480	13117	5289	9
2005	19909	525	13539	5833	12
2006	20924	569	14588	5754	13
2007	22569	573	16484	5500	12
2008	22550	483	16822	5232	13
2009	22372	427	16536	5396	13
2010	25915	379	19148	6371	17
2011	28831	331	21755	6727	18
2012	30089	322	23243	6503	20
2013	30734	284	23884	6545	22
2014	29335	312	23202	5797	24
2015	29384	307	23800	5251	25
2016	30170	274	25194	4673	29
2017	34785	328	29378	5044	35
2018	35180	306	30593	4244	38
2019	36384	537	31732	4073	41
2020	41944	578	34837	6483	46
2021	46997	498	38804	7645	50
2022	43161	486	35091	7539	45

6-03 客运量(1978-2022年)

Total Passenger Traffic (1978-2022)

单位:万人次 (10,000 person-times)

年份 Year	合计 Total	铁路 Railways	公路 Highways	水路 Waterways	民航 Civil Aviation
1978	2878	485	-	-	3
1979	3122	560	1829	729	4
1980	3905	672	2358	870	5
1981	4484	769	2857	850	8
1982	5263	813	3377	1064	9
1983	5451	878	3530	1035	8
1984	6056	983	3912	1151	10
1985	6724	1004	4595	1111	14
1986	6765	1034	4768	941	22
1987	6905	1127	4852	896	30
1988	6593	1237	4445	877	34
1989	7493	1182	5488	801	22
1990	8119	1056	6350	691	22
1991	10701	1062	8876	710	53
1992	13358	1083	11538	670	67
1993	13070	1139	11403	454	74
1994	13373	1230	11669	390	84
1995	16620	1242	14921	339	118
1996	16714	1112	15184	273	145
1997	17034	1040	15623	260	111
1998	17395	1120	15925	235	115
1999	17882	1168	16369	235	110
2000	18607	1202	17102	179	124
2001	20342	1342	18707	148	145
2002	21089	1574	19213	108	194
2003	21348	1534	19510	89	215
2004	22833	1908	20372	237	316
2005	24124	2011	21431	304	378
2006	25810	2124	22961	267	458
2007	28026	2255	24836	306	629
2008	29084	2498	25630	277	679
2009	30116	2494	26454	372	796
2010	33772	2741	29671	456	904
2011	34778	2962	30305	595	916
2012	35819	3112	31126	592	989
2013	36409	3717	30994	547	1151
2014	24070	4689	17431	616	1334
2015	23942	5282	16591	597	1472
2016	20541	6053	12282	584	1622
2017	22289	6807	13019	638	1825
2018	20121	7535	10027	603	1956
2019	20888	8874	9360	610	2044
2020	12183	5895	4535	339	1414
2021	13823	6914	5042	436	1432
2022	9826	4465	4100	243	1018

注:1.1990年以前为交通系统数,1990年起为全社会数(后同)。2014年起运输量统计方法调整。

a) The data in the table only included transportation department before 1990, while extended to the whole society after 1990 (the same below). The statistical method has been adjusted since 2014.

6－04 分地区交通

Statistics on Traffic and

项 目	Item	全 市 Whole City	市 区 Urban District
铁路旅客运量 （万人次）	Passenger Railways (10000 person－times)	4465	4278
铁路货物运量 （万吨）	Freight Railways (10,000 tons)	486	174
公路客运量 （万人次）	Passenger Highways (10000 person－times)	4100	2973
公路货运量 （万吨）	Freight Highways (10,000 tons)	35091	21797
民用航空客运量（万人次）	Passenger Civil Aviation (10000 person－timess)	1018	1018
民用航空货邮运量（万吨）	Freight Civil Aviation (10000 tons)	45	45
水路客运量 （万人次）	Passenger Waterways (10000 person－times)	243	120
水路货运量 （万吨）	Freight Waterways (10,000 tons)	7539	－
非营运汽车拥有量 （辆）	Possession of Non－Business Vehicles(year－end) (Unit)	3855138	3484355
#私人汽车拥有量 （辆）	in which:Possession of Private Vehicles (Unit)	3083117	2831974

运输情况(2022 年)
Transport by Region(2022)

萧山区 Xiaoshan	余杭区 Yuhang	临平区 Linping	钱塘区 Qiantang	富阳区 Fuyang	临安区 Lin'an	桐庐县 Tonglu	淳安县 Chun'an	建德市 Jiande
–	–	–	–	–	–	80	61	46
–	–	–	–	–	–	–	85	227
110	45	26	–	21	81	666	334	127
4934	646	604	2950	2040	960	12042	279	973
1018	–	–	–	–	–	–	–	–
45	–	–	–	–	–	–	–	–
8	–	–	–	–	8	18	86	19
–	–	–	–	–	–	–	–	–
667991	363896	347765	121759	251381	193483	132003	103982	134798
504550	299904	274226	100966	186371	129917	94969	66440	89734

6－05 运输线路长度(2016－2022年)

Length of Transportation Routes(2016－2022)

项目 Item		2016	2017	2018	2019	2020	2021	2022
公路通车里程 Length of Highways	(公里) (km)	16306	16424	16520	16667	16919	16988	16632
#高速公路 Expressway	(公里) (km)	632	632	632	632	801	801	801
一级公路 First Class Highways	(公里) (km)	832	835	840	877	912	944	967
二级公路 Second Class Highways	(公里) (km)	1615	1631	1634	1759	1700	1758	1619
内河航道里程 Mileage of Inland Waterways	(公里) (km)	2006	2006	2006	2006	2006	2006	2006
民用航空航线 Number of Civil Aviation Routes	(条) (line)	240	286	292	301	336	268	243
国内航线 Domestic Routes	(条) (line)	195	229	234	232	261	236	207
国际航线 International Routes	(条) (line)	38	49	51	63	69	30	34
地区航线 Regional Routes	(条) (line)	7	8	7	6	6	2	2
民用航空通航城市 Number of Cities Can Arrive by Civil Aviation	(个)	138	160	172	183	187	162	157
国内城市 Domestic Cities	(个)	99	117	123	126	132	133	130
港澳台城市 Hongkong, Macau and Taiwan	(个)	5	5	5	5	5	2	2
国际城市 International Cities	(个)	35	43	44	52	50	27	25

6－06 民用机动车辆年末拥有量(2016－2022年末)

Total Number of Motor Vehicles End of the Year(End of 2016－2022)

单位:辆 (unit)

项 目	Item	2016	2017	2018	2019	2020	2021	2022
全市合计	**Total**	**2633541**	**2793595**	**2880804**	**2975762**	**3118978**	**3765971**	**4141650**
一、汽车	Vehicles	2341536	2451226	2571230	2671807	2813576	3453726	3812059
1.载客汽车	Passenger Vehicles	2127393	2210376	2310070	2399022	2497100	3109706	3459502
其中:大型	Large	20017	20880	21546	20907	20470	18785	18321
中型	Medium	10035	9365	8499	7628	7394	7233	6955
小型	Small	2076098	2157089	2258635	2351862	2451908	3068721	3420786
微型	Mini	21243	23042	21390	18625	17328	14967	13440
其中:轿车	Car	1483128	1530805	1548328	1610070	1641979	2011299	2183168
2.载货汽车	Trucks	202775	229038	248614	259746	302251	328509	336000
其中:重型	Heavy	49480	57794	64289	71102	92122	97945	93460
中型	Medium	9422	9213	8147	6611	7065	6892	6491
轻型	Light	143441	161703	175945	181872	202969	223641	236035
微型	Mini	432	328	233	161	95	31	14
3.其他汽车	Vehicles	11368	11812	12546	13039	14225	15511	16557
其中:三轮汽车	Vehicles	139	102	69	44	26	18	18
低速货车	Low Speed Trucks	806	792	779	724	680	649	585
二、摩托车	Motorcycles	282477	329905	292662	281403	273133	276411	293309
1.普通	Genera	277238	324469	288562	276568	267062	269753	286236
2.轻便	Light	5239	5436	4100	4835	6071	6658	7073
三、挂车	Trailer	9457	12396	16846	22493	32220	35787	36236
四、其他类型	Other	71	68	66	59	49	47	46

6-07 邮政、电信主要指标(2016-2022年)
Main Indicators of Post and Telecommunications(2016-2022)

项目 Item	2016	2017	2018	2019	2020	2021	2022
邮政业务总收入(万元) Total Business Income of Postal Service (10,000 yuan)	2151732	2750911	3646724	4023039	4500008	5071180	4302534
#快递业务收入(万元) Business Income of Express Mail Service (10,000 yuan)	1956944	2510479	2966169	3267926	3669946	4162523	3355474
电信业务收入(亿元) Total Business Income of Telecommunications Services (100 million yuan)	190.83	192.68	199.70	205.48	212.09	238.11	257.06
函件(万件) Number of Letters (10,000 pcs)	9634	11656	8768	5508	4910	6060	5341
订销报纸累计份额(万份) Number of Newspapers (10,000 pcs)	24067	24273	23497	22342	21382	23083	26347
订销杂志累计份额(万份) Number of Publications (10,000 pcs)	1061	1010	1047	895	786	858	920
包裹(万件) Number of Parcels (10,000 pcs)	49	51	50	63	44	43	46
快递(万份) Pieces of Express Mail Service (10,000 copies)	180473	232630	258910	265666	300081	367134	348459
#国际及港澳台快递(万份) Pieces of Express to overseas and HongKong,macao,Taiwan (10,000 copies)	2495	4065	11005	13741	30034	45316	39785
纪特邮票(万枚) Stamps for Collettion (10,000 pcs)	1295	969	210	-	281	321	399
年末固定电话用户数(万户) Number of Local Telephone Subscribers(year-end) (10,000 subscribers)	265.70	259.37	241.84	233.08	204.55	194.9	186.1
年末移动电话用户数(万户) Number of Subscribers of Mobile Telephone(year-end) (10,000 subscribers)	1734.41	1724.17	1913.91	1817.85	1868.9	1833.0	1886.1
年末宽带业务户数(万户) Number of Wide Band Subscribers (10,000 subscribers)	443.57	508.69	537.73	554.51	547.58	579.4	671.0

注:1. 邮政业务总收入含规模以上快递企业。

a) The total business income of postal services included the express enterprises above designated sice.

主要统计指标解释

货(客)运量 指在一定时期内,各种运输工具实际运送的货物(旅客)数量。是反映运输业为国民经济和人民生活服务的数量指标,也是制定和检查运输生产计划、研究运输发展规模和速度的重要指标。货运按吨计算,客运按人计算。货物不论运输距离长短、货物类别,均按实际重量统计。旅客不论行程远近或票价多少,均按一人一次作为客运量统计;半价票、小孩票也按一人统计。

货物(旅客)周转量 指在一定时期内,由各种运输工具运送的货物(旅客)数量与其相应运输距离的乘积之总和。是反映运输业生产总成果的重要指标,也是编制和检查运输生产计划,计算运输效率、劳动生产率以及核算运输单位成本的主要基础资料。通常以吨公里和人公里为计算单位。计算货物周转量通常按发出站与到达站之间的最短距离,也就是计费距离计算。

邮政、电信业务总量 指以货币形式表示的邮政、电信通信企业为社会提供各类邮政、电信通信服务的总数量。计算方法为各类业务的实物量分别乘以相应的不变单价,求出各类业务的货币量加总求得。没有不变单价的业务按其业务收入直接相加。

移动电话用户 指在电信运营企业营业网点办理开户登记手续,通过移动电话交换机进入移动电话网,占用移动电话号码的各类电话用户。包括各类签约用户、智能网预付费用户、无线上网卡用户。

Explanatory Notes on Main Statistical Indicators

Freight(passenger) Transport refers to the volume of freight (passenger) transported with various means in a certain period. It provides a quantitative measure to show how the transport industry serves the national economy and people, and is also an important indicator for working out and checking the transportation plan and studying its development scale and speed. Freight transport is calculated in tons and passenger transport is d in the number of persons. Despite the type of freight and traveling distance, the freight transport is calculated in the actual weight of the goods. Despite the traveling distance and ticket price, the passenger transport is calculated by the principle that one person is counted only once in one travel. The passenger with a half - price ticket or a child ticket is also calculated as one person.

Freight Ton - kilometers(Passenger - kilometers) refers to the sum of the products of the volume of transported cargo (passengers) multiplying by the transport distance. It is an important indicator to show the total results of the transport industry, to prepare and examine the transport plan and to measure the efficiency, the labour productivity and the unit cost of transport. Normally, it is calculated using ton - kilometer and passenger - kilometer as calculation units, and by the shortest distance between the departure station and the terminal station (i. e. , the payable distance).

Business Volume of Post and Telecommunication refers to the total amount of postal and telecommunication services, expressed in value terms, provided by the post and telecommunications departments for society. Business volume of post and telecommunication is the sum of each service in kind multiplying with its correspondent unit price(constant price). Businesses without constant unit price are added directly according to their business income.

Mobile Telephone Subscribers refers to persons who have gone through registration procedures in the operation points of enterprises engaged in telecommunications and are hence connected with the mobile telephone communication network through the mobile telephone switchboards and occupy mobile phone numbers. Included are various types of subscriber, prepaid users for intelligent network and wireless network card users.

七 固定资产投资

INVESTMENT IN FIXED ASSETS

7

固定资产投资
Investment in Fixed Assets

主要统计指标
Major Statistical Indicators

固定资产投资额为上年	Investment in Fixed Assets As Compared with the Preceding Year	106.0	%	(%)
第一产业为上年	Primary Industry As Compared with the Preceding Year	46.7	%	(%)
第二产业为上年	Secondary Industry As Compared with the Preceding Year	121.2	%	(%)
第三产业为上年	Tertiary Industry As Compared with the Preceding Year	104.4	%	(%)
房地产开发企业营业收入	Operating Revenue of Real Estate Enterprise	4795	亿元	(100 million yuan)
为上年	As Compared with the Preceding Year	103.9	%	(%)
房地产开发企业单位数	Number of Enterprises for Real Estate Developement	1538	个	(unit)
为上年	As Compared with the Preceding Year	113.2	%	(%)

7-01 固定资产投资总额(1978-2022年)

Investment in Fixed Assets (1978-2022)

单位:万元 (10,000 yuan)

年份 Year	固定资产投资 Investment in Fixed Assets	房地产开发投资 Investment in Real Estate Development	项目投资 Projects Investment	基础设施投资 Investment in Infrastructure	工业投资 Industrial Investment	民间投资 Nongovernment Investment
1978	23941					
1979	34407					
1980	45752					
1981	51538					
1982	66123					
1983	68306					
1984	93244					
1985	141889					
1986	182398					
1987	200516					
1988	205967					
1989	202131					
1990	229214	20409				
1991	255696	25247				
1992	384136	41886				
1993	825382	218006				
1994	1059437	320532				
1995	1566280	527985				
1996	1819333	572749				
1997	2139012	572686				
1998	2681740	666244				
1999	3233609	848441				
2000	3766473	1015347				
2001	4634929	1409132				
2002	5623366	1982517				
2003	8952090	2588452	6363638	2907234	3194960	4192567
2004	11081993	3285409	7796584	3254648	4357950	5761350
2005	12777972	4105706	8672266	3715525	4438723	6723758
2006	13734482	4426534	9307948	3871462	4640261	7551249
2007	15837775	5187904	10649871	4056241	5271141	8215570
2008	18822936	6154060	12668876	5410313	5693385	9450542
2009	21951706	7046752	14904954	6018416	6091653	11127373
2010	26518839	9561970	16956869	6452236	6855587	13680327
2011	31000218	13027234	17972984	6437025	7474806	17507040
2012	37227544	15973611	21253933	7785196	8518653	20595909
2013	42638732	18532841	24105891	8524663	9104614	22536325
2014	49527010	23010823	26516187	10055306	9133973	28438054
2015	55563183	24720743	30842440	13551793	9300133	29768831
2016	58424194	26064090	32360104	16305335	8839451	30067802
2017	58566453	27340047	31226406	15970399	8614761	33005389
2018 比上年增长 Increased over the Previous year in 2018	10.8	12.2	9.3	26.9	-11.3	10.1
2019	11.6	10.7	12.6	5.2	5.6	4.8
2020	6.8	5.3	8.5	7.7	6.9	3.4
2021	9.0	1.5	16.8	8.2	15.2	7.0
2022	6.0	7.2	4.9	-10.9	21.1	8.6

注:1. 2011年起固定资产投资口径由计划总投资500万元以上项目投资及房地产开发投资构成。

2. 项目投资统计口径调整,计划投资500万元-5000万元以上项目,由原先形象进度法改为财务支出法统计。2018年比上年增长按可比口径计算。

3. 2018年起基础设施投资口径调整,教育、卫生等剔除并单独设为公共服务投资。

a) Since 2011, the date of investment in fixed Assets was composed by investment projects and investment in Real Estate development of which each is over 5 million yuan.

b) The statistical caliber of project investment was adjusted, the projects which planned to invest 5 million - 50 million, it was changed fron progress method to financial expenditure method. The gronth was calculated at comparable caliber since 2018.

c) The statistical caliber of infrastructure investment was adjusted, education and health were excluded, and set them as public service investment since 2018.

7－02 市区固定资产投资总额(1990－2022年)

Investment in Fixed Assets of Urban District (1990－2022)

单位:万元 (10,000 yuan)

年 份 Year	固定资产投资 Investment in Fixed Assets	房地产开发投资 Investment in Real Estate Development	项目投资 Projects Investment	基础设施投资 Investment in Infrastructure	工业投资 Industrial Investment	民间投资 Nongovernment Investment
1990		12750				
1991		16509				
1992		29784				
1993		115116				
1994		189357				
1995		375816				
1996		439245				
1997		445316				
1998		538499				
1999		636705				
2000		737950				
2001		1255605				
2002		1724128				
2003	7409538	2176433	5233105	2535843	2424383	3316886
2004	8963515	3088508	6153009	2624214	3299235	5238005
2005	10358519	3485810	6872709	3071506	3247399	5802542
2006	10944075	3653393	7290682	3150192	3289532	5559199
2007	12630099	4298687	8331412	3396807	3617512	6218211
2008	15184281	5269947	9914334	4726734	3676567	7076219
2009	17797778	6261562	11536216	5070500	3821313	8632900
2010	21437496	8486495	12951001	5438685	4293707	10332997
2011	25202394	11409566	13792828	5451654	4801419	13302115
2012	30160782	13749412	16411370	6495070	5554286	15669790
2013	34029665	15978470	18051195	6728552	5787728	16735292
2014	42572154	21128840	21443314	8010162	7100359	24220917
2015	47507571	22981761	24525810	10960519	6835700	25114041
2016	49572744	24325359	25247385	13229143	6173050	24924679
2017	52395657	26449190	25946467	13447972	6718135	29402238
2018 比上年增长 Increased over the Previous year in 2018	11.5	11.7	11.4	31.1	－12.6	10.2
2019	11.8	11.0	12.7	5.6	5.5	5.1
2020	7.3	5.7	9.0	9.2	4.3	3.5
2021	9.4	0.6	19.2	11.3	18.0	6.6
2022	6.1	7.6	4.6	－11.1	23.0	9.0

7－03 固定资产投资总额发展指数(2011－2022年)

Indices of Investment in Fixed Assets(2011－2022)

(上年=100) (Preceding Year=100)

年份 Year	固定资产投资 Investment in Fixed Assets	第一产业 Primary Industry	第二产业 Secondary Industry	第三产业 Primary Industry	民间投资 Nongovernment Investment	房地产开发投资 Investment in Real Estate Development	基础设施投资 Investment in Infrastructure	工业投资 Industrial Investment	高新技术产业投资 High tech industry investment
2011	116.9	183.3	108.9	119.6	128.0	136.2	99.8	109.0	–
2012	120.1	55.5	114.0	122.3	117.6	122.6	120.9	114.0	–
2013	114.5	196.9	107.0	116.7	109.4	116.0	109.5	106.9	–
2014	116.2	227.0	100.3	120.2	126.2	124.2	118.0	100.3	–
2015	112.2	165.0	101.8	114.3	104.7	107.4	134.8	101.8	–
2016	105.1	125.1	95.2	107.0	101.0	105.4	120.3	95.0	–
2017	101.4	111.2	100.9	101.5	110.4	104.9	100.1	100.5	–
2018	110.8	28.7	88.1	114.2	110.1	112.2	126.9	88.7	–
2019	111.6	61.3	106.2	112.2	104.8	110.7	105.2	105.6	108.4
2020	106.8	260.9	106.2	106.8	103.4	105.3	107.7	106.9	110.0
2021	109.0	149.1	115.3	108.3	107.0	101.5	108.2	115.2	119.7
2022	106.0	46.7	121.2	104.4	108.6	107.2	89.1	121.1	130.7

7-04 分地区固定资产投资发展指数(2011-2022年)

Indices of Investment in Fixed Assets by Region(2011-2022)

(上年=100) (Preceding Year=100)

年 份 Year	全 市 Whole City	市 区 Urban District								
		上城区 Shangcheng	上城区(原) Shangcheng(Original)	下城区(原) Xiacheng(Original)	拱墅区 Gongshu	江干区(原) Jianggan(Original)	拱墅区(原) Gongshu(Original)	西湖区 Xihu	高新(滨江)区 Hi-Tech(Binjiang)	萧山区 Xiaoshan
2011	116.9		67.8	101.3		119.1	135.3	120.6	115.9	115.0
2012	120.1		109.4	116.6		129.8	120.7	121.5	118.9	118.9
2013	114.5		107.2	125.6		92.2	125.1	124.5	111.7	118.4
2014	116.2		121.6	66.5		118.7	124.6	118.4	118.9	116.4
2015	112.2		114.1	112.5		118.5	118.9	107.2	76.5	113.2
2016	105.1		123.1	129.3		101.3	97.8	80.1	126.5	112.0
2017	101.4		111.3	102.0		87.4	75.2	120.5	79.8	104.3
2018	110.8		114.3	76.9		102.1	121.2	100.0	116.8	111.7
2019	111.6		101.1	130.2		120.5	125.8	94.9	112.1	113.8
2020	106.8		93.2	133.2		108.1	87.4	102.5	90.4	108.0
2021	109.0	91.7	-	-	103.2	-	-	100.7	102.7	113.0
2022	106.0	105.5	-	-	112.1	-	-	102.5	116.4	110.1

7-04 续表 continued

(上年=100) (Preceding Year=100)

年 份 Year	市 区 Urban District							桐庐县 Tonglu	淳安县 Chun'an	建德市 Jiande
	余杭区 Yuhang	余杭区(原) Yuhang(Original)	临平区 Linping	钱塘区 Qiantang	富阳区 Fuyang	临安区 Lin'an	西湖风景名胜区 The West Lake Scenic Zone			
2011		118.8		116.5	106.5	118.6	46.7	115.7	118.9	120.9
2012		123.9		120.7	122.5	121.6	74.2	121.9	122.0	120.8
2013		123.3		118.7	122.4	119.2	712.7	122.2	123.1	122.3
2014		124.5		106.3	122.0	120.1	125.3	121.5	121.5	121.8
2015		117.0		68.2	115.3	117.1	136.9	117.9	104.3	122.7
2016		113.1		101.2	100.2	115.0	176.4	102.5	106.0	116.7
2017		108.0		111.2	87.4	109.2	28.8	89.5	108.8	115.1
2018		110.0		110.6	100.5	111.2	36.2	89.3	85.4	118.6
2019		107.4		100.1	122.0	130.2	39.1	118.7	92.2	112.7
2020		107.6		115.0	130.7	124.5	39.9	123.4	92.6	90.1
2021	104.9	-	118.9	112.1	136.2	114.6	244.3	129.5	85.2	87.7
2022	109.7	-	111.4	117.5	117.0	107.0	62.1	118.1	115.2	82.3

7－05　三次产业固定资产投资(1978－2022年)

Investment in Fixed Assets Grouped by Three Industries (1978－2022)

年份 Year	绝对数(万元) Absolute Figure(10,000 yuan)				比重(以投资总额为100) Proportion(%)		
	合计 Total	第一产业 Primary Industry	第二产业 Secondary Industry	第三产业 Tertiary Industry	第一产业 Primary Industry	第二产业 Secondary Industry	第三产业 Tertiary Industry
1978	23941	2174	14455	7312	9.1	60.4	30.5
1979	34407	2454	19927	12026	7.1	57.9	35.0
1980	45752	1608	26211	17933	3.5	57.3	39.2
1981	51538	850	29176	21512	1.6	56.6	41.8
1982	66123	1352	37648	27123	2.0	57.0	41.0
1983	68306	1297	37823	29186	1.9	55.4	42.7
1984	93244	2831	46619	43794	3.0	50.0	47.0
1985	141889	3207	71608	67074	2.3	50.5	47.2
1986	182398	2265	94394	85739	1.2	51.8	47.0
1987	200516	2994	106600	90922	1.5	53.2	45.3
1988	205967	4746	118736	82485	2.3	57.6	40.1
1989	202131	3038	117651	81442	1.5	58.2	40.3
1990	229214	2181	126263	100770	1.0	55.1	43.9
1991	255696	3204	132303	120189	1.3	51.7	47.0
1992	384136	4424	206659	173053	1.2	53.8	45.0
1993	825382	5650	346416	473316	0.7	42.0	57.3
1994	1059437	3905	354672	700860	0.4	33.5	66.1
1995	1566280	5821	534687	1025772	0.4	34.1	65.5
1996	1819333	3100	640273	1175960	0.2	35.2	64.6
1997	2139012	1712	595966	1541334	–	27.9	72.1
1998	2681740	4053	706948	1970739	0.2	26.4	73.4
1999	3233609	23546	764309	2445754	0.7	23.6	75.7
2000	3766473	774	844334	2921365	–	22.4	77.6
2001	4634929	595	953494	3680840	–	20.6	79.4
2002	5623366	6514	1104212	4512640	0.1	19.6	80.3
2003	8952090	10489	3208885	5732716	0.1	35.9	64.0
2004	11081993	15992	4369015	6696986	0.1	39.4	60.5
2005	12777972	13982	4451936	8312054	0.1	34.8	65.1
2006	13734482	17892	4651420	9065170	0.1	33.9	66.0
2007	15837775	23278	5286340	10528157	0.1	33.4	66.5
2008	18822936	30810	5705736	13086390	0.2	30.3	69.5
2009	21951706	31335	6115482	15804889	0.1	27.9	72.0
2010	26518839	41959	6875840	19601040	0.2	25.9	73.9
2011	31000218	76931	7486832	23436455	0.2	24.2	75.6
2012	37227544	42668	8531598	28653278	0.1	22.9	77.0
2013	42638732	84018	9125316	33429398	0.2	21.4	78.4
2014	49527010	190748	9152477	40183785	0.4	18.5	81.1
2015	55563183	314688	9317825	45930670	0.6	16.8	82.6
2016	58424194	393625	8869013	49161556	0.7	15.2	84.1
2017	58566453	336686	8665510	49564257	0.6	14.8	84.6
2018 比上年增长 Increased over the Previous year in 2018	10.8	－71.3	－11.9	14.2	0.1	9.6	90.3
2019	11.6	－38.7	6.2	12.2	0.0	9.2	90.8
2020	6.8	160.9	6.2	6.8	0.1	9.1	90.8
2021	9.0	49.1	15.3	8.3	0.1	9.6	90.3
2022	6.0	－53.3	21.2	4.4	0.0	11.0	89.0

7－06 分地区

Investment in Fixed Assets

单位:万元

年 份 Year	全 市 Whole City	市 区							
		上城区 Shangcheng	上城区（原）Shangcheng (Original)	下城区（原）Xiacheng (Original)	拱墅区 Gongshu	江干区（原）Jianggan (Original)	拱墅区（原）Gongshu (Original)	西湖区 Xihu	高新（滨江）区 Hi－Tech (Binjiang)
2003	8952090								
2004	11081993								
2005	12777972								
2006	13734482								
2007	15837775								
2008	18822936								
2009	21951706								
2010	26518839		802793	1030077		2901447	1508325	2188293	1609857
2011	31000218		544686	1043891		3456831	2041130	2638752	1866605
2012	37227544		595996	1217244		4486541	2463963	3205079	2220183
2013	42638732		638625	1528423		4138372	3081999	3991415	2480827
2014	49527010		776441	1017029		4914073	3838785	4723858	2948885
2015	55563183		885811	1144348		5823773	4565672	5064510	2254688
2016	58424194		1090808	1479399		5899757	4467059	4058658	2851746
2017	58566453		1214556	1509493		5158741	3327270	4889773	2274389
2018 比上年增长 Increased over the Previous year in 2018	10.8		14.3	－23.1		2.1	21.2	0.0	16.8
2019	11.6		1.1	30.2		20.5	25.8	－5.1	12.1
2020	6.8		－6.8	33.2		8.1	－12.6	2.5	－9.6
2021	9.0	－8.3	–	–	3.2	–	–	0.7	2.7
2022	6.0	5.5	–	–	12.1	–	–	2.5	16.4

固定资产投资(2003 – 2022 年)
by Region(2003 – 2022)

(10,000 yuan)

Urban District										
萧山区 Xiaoshan	余杭区 Yuhang	余杭区(原) Yuhang (Original)	临平区 Linping	钱塘区 Qiantang	富阳区 Fuyang	临安区 Lin'an	西湖风景名胜区 The West Lake Scenic Zone	桐庐县 Tonglu	淳安县 Chun'an	建德市 Jiande
1835889		1162453			563603	346980		250100	135275	246594
2246807		1478151			767880	479669		352987	218730	299212
2161067		1718028			896329	525840		424962	275543	316779
2424763		1758656			1017368	600270		470450	324444	377875
2745133		1929019			1155871	673495		542615	403119	432576
3184947		2317510			1334619	665978		653234	475340	509484
3769557		2823192			1534401	763725		738391	542037	575374
4515095		3480147		1732557	1796500	956408	18393	1001737	668168	658530
5190805		4134743		2018316	1913712	1134746	8594	1158682	794383	796301
6169275		5121242		2436859	2343812	1379851	6378	1412038	969471	961590
7307304		6312261		2891767	2868320	1644498	45458	1725986	1193796	1176467
8508518		7861506		3074966	3500717	1975132	56971	2096371	1450503	1432850
9631238		9200016		2098220	4037889	2312053	77986	2472662	1512184	1758713
10783163		10403247		2123585	4043949	2659669	137576	2534994	1603624	2053163
11042552		11232991		2162102	3406491	2904328	39564	2133136	1744157	2293503
11.7		10.0		10.6	0.5	11.2	-63.8	-10.7	-14.6	18.6
13.8		7.4		0.1	22.0	30.2	-60.9	18.7	-7.8	12.7
8.0		7.6		15.0	30.7	24.5	-60.1	23.4	-7.4	-9.9
13.0	4.9	–	18.9	12.1	36.2	14.6	144.3	29.5	-14.8	-12.3
10.1	9.7	–	11.4	17.5	17.0	7.0	-37.9	18.1	15.2	-17.7

7-07 分地区分类型固定

Growth Rates of Investment in Fixed Assets

单位:%

指　标	Item	全　市 Total	市　区 Urban District
固定资产投资额	**Investment in Fixed Assets**	**6.0**	**6.1**
#民间投资	#Private Investment	8.6	9.0
#工业投资	#Industrial Investment	21.1	23.0
#基础设施投资	#Investment in Infrastructure	-10.9	-11.1
一、按投资类型分	**Grouped by Sector**		
投资项目完成额	Investment Projects	4.9	4.6
房地产开发投资完成额	Real Estate	7.2	7.6
二、按登记注册类型分	**Grouped by Status of Registration**		
内资	Domestic - funded	7.4	7.6
国有	State - owned	8.4	7.0
集体	Collective - owned	21.3	24.4
股份合作	Cooperative	1.5	0.9
联营企业	State Joint Ownership	-68.6	-41.4
国有独资公司	State - owned Corporations	20.4	19.1
其他有限责任公司	Other Limited Liability Corporations	6.3	6.9
股份有限公司	Share - holding Corporations Ltd.	21.8	17.8
私营	Private	4.2	4.7
其他	Other	11.6	12.1
港、澳、台商投资	Investment from Hong Kong, Macao and Taiwan	-20.0	-19.6
外商投资	Foreign Investment	18.1	17.0
个体经营	Individual	2095.3	-

资产投资增长速度(2022 年)

by Region and type(2022)

(%)

萧山区 Xiaoshan	余杭区 Yuhang	临平区 Linping	富阳区 Fuyang	临安区 Lin'an	桐庐县 Tonglu	淳安县 Chun'an	建德市 Jiande
10.1	**9.7**	**11.4**	**17.0**	**7.0**	**18.1**	**15.2**	**-17.7**
9.2	14.3	15.5	6.4	7.5	9.6	9.5	-10.4
29.8	9.9	20.2	26.6	18.0	31.1	159.7	-19.1
-14.6	-2.7	18.8	12.9	14.1	2.9	38.6	-40.4
10.7	4.3	11.1	25.1	20.7	24.8	51.5	-20.4
9.6	19.2	11.8	5.9	1.6	5.1	-12.0	-9.6
13.6	17.3	11.3	19.5	8.3	21.7	13.6	-19.2
45.3	16.6	55.2	26.7	-4.0	19.2	116.3	48.0
134.2	-72.4	109.1	-31.7	-19.3	-21.1	-9.7	-10.1
-	209.5	-	-	-	-	-	-85.8
-29.3	-51.0	-	-	-	-	-76.8	-
-1.2	43.1	-10.4	22.3	-3.1	54.3	55.6	-
9.1	29.9	14.1	32.0	12.2	22.9	4.5	-32.3
80.2	0.7	10.1	-5.8	15.7	38.8	151.6	100.3
16.9	-19.1	-0.2	-6.9	4.4	8.5	-1.1	-10.9
-	-79.4	-39.0	-52.2	0.5	-89.2	368.6	-
-53.1	-31.9	58.5	-29.7	-41.0	-76.0	174.9	51.2
34.0	-67.2	-39.6	87.0	23.1	81.9	27.2	78.7
-	-	-	-	-	-	-	167.7

7-07 续表

单位:%

指　标	Item	全　市 Total	市　区 Urban District
三、按行业分	**Grouped by Sector**		
农林牧渔业	Agricultare, Forestry, Animal Husbandry and Fishery	-37.8	-38.5
采矿业	Mining	-72.5	-49.3
制造业	Manufacturing	26.4	28.1
电力、热力、燃气及水的生产和供应业	Production and Supply of Electric Power, Heat Power, Gas and Tap Water	3.3	1.3
建筑业	Construction	-39.1	-16.5
批发和零售业	Wholesale & Retail Trades	27.5	23.9
交通运输、仓储和邮政业	Transportation, Storage and Post	-26.7	-26.3
住宿和餐饮业	Hotels and Catering Services	-1.3	-2.8
信息传输、软件和信息技术服务业	Information Transmission, Software and Information Technology	6.2	5.5
金融业	Financial Intertnediation	23.4	23.9
房地产业	Real Estate	7.8	7.9
租赁和商务服务业	Leasing and Business Services	0.0	-12.1
科学研究和技术服务业	Scientific Research and Technical Service	45.8	46.9
水利、环境和公共设施管理业	Management of Water Conservancy, Environment and Public Facilities	19.8	20.8
居民服务、修理和其他服务业	Residentid Service, Repairs and Other Service	357.0	349.5
教育	Education	15.1	15.8
卫生和社会工作	Health Care and Social Welfare	52.8	54.7
文化、体育和娱乐业	Culture, Sports and Entertainment	16.5	22.2
公共管理、社会保障和社会组织	Public Management, Social Security and Social Organizations	-23.8	-30.0

注:1.2018 年起采用 2017 版行业代码。

continued

(%)

萧山区 Xiaoshan	余杭区 Yuhang	临平区 Linping	富阳区 Fuyang	临安区 Lin'an	桐庐县 Tonglu	淳安县 Chun'an	建德市 Jiande
-	-89.7	-	-	-9.3	19.4	28.4	-43.8
-	-	-	-52.8	-44.9	80.0	21.1	-96.5
33.4	12.0	17.0	36.7	24.7	26.7	182.1	-5.9
-3.7	-2.9	63.3	-44.8	-25.3	50.7	108.6	-35.6
-	-	1353.6	1.9	-	-58.3	-	-
7.8	343.3	86.5	-	-	-9.5	55.7	122.0
-43.4	2.1	-11.0	-7.4	23.3	-42.1	-8.0	-60.4
-2.5	-6.9	-	127.0	26.6	185.2	-0.4	-39.6
550.9	-22.8	7.7	-0.1	214.6	27.0	-	34.2
4.7	-	-	14.0	2.5	-	-33.7	-85.8
9.8	12.0	8.7	14.0	3.1	20.0	-11.9	-6.0
46.8	-27.9	-69.2	-10.5	1522.0	487.6	76.3	71.4
41.6	16.1	138.7	30.6	37.2	-21.0	33.0	325.8
2.3	21.2	50.9	28.7	22.6	29.8	56.6	-38.1
-	47.8	-48.1	-48.2	15.5	-	669.6	-
-11.1	40.9	16.1	35.2	32.8	0.5	66.3	-36.5
250.3	40.5	76.9	79.6	-27.0	-6.1	114.6	403.8
-51.9	219.8	56.8	-89.6	172.0	-47.7	-0.2	-15.6
-43.6	-49.3	14.6	-20.0	-19.3	-43.0	212.5	30.4

a) The" classification of National Economic Industries 2017" was applied since 2018.

7－08 分地区分类型

Growth Rates of Investment in Industrial

单位:%

指　标	Item	全　市 Total	市　区 合　计 Total
总计	**Total**	**21.1**	**23.0**
#技术改造投资	Investment in Technique Innovation	10.3	15.5
一、按登记注册类型分	**Grouped by Status of Registration**		
内资	Domestic－funded	20.3	23.1
国有	State－owned	197.3	240.6
集体	Collective－owned	150.5	153.3
股份合作	Cooperative	－	－
联营企业	State Joint Ownership	－	－
国有独资公司	State－funded Corporations	3.5	2.1
其他有限责任公司	Other Limited Liability Corporations	26.5	35.9
股份有限公司	Share－holding Corporations Ltd.	23.0	19.7
私营	Private	17.7	20.0
其他	Other	－47.0	－45.9
港、澳、台商投资	Investment from Hong Kong, Macao and Taiwan	15.7	11.7
外商投资	Foreign Investment	36.7	33.4
个体经营	Individual	－	－
二、按行业分	**Grouped by Sector**		
采矿业	Mining	－72.5	－49.3
制造业	Manufacturing	26.4	28.1
#农副食品加工业	Processing of Food from Agricultural Products Processing	39.8	47.7
食品制造业	Food Manufacturing	－5.7	－30.0
酒、饮料和精制茶制造业	Wine, Beverage and Tea Manufacturing	53.1	23.1
烟草制品业	Tobacco Processing	－41.2	－41.2
纺织业	Textile Processing	－11.4	－12.6
纺织服装和服饰业	Textile Products and Costume Industry	9.0	8.4

工业投资增长速度(2022 年)

Sector by Region and type(2022)

(%)

Urban District					桐庐县 Tonglu	淳安县 Chun'an	建德市 Jiande
萧山区 Xiaoshan	余杭区 Yuhang	临平区 Linping	富阳区 Fuyang	临安区 Lin'an			
29.8	**9.9**	**20.2**	**26.6**	**18.0**	**31.1**	**159.7**	**-19.1**
18.7	-9.3	6.9	39.3	7.0	-21.5	40.4	-22.5
23.2	16.0	15.2	33.7	16.0	28.7	151.4	-23.0
-53.0	-62.5	-	-14.2	-27.1	-4.5	128.8	-
173.5	43.4	261.4	-	-	-	126.5	-
-	-	-	-	-	-	-	-
-	-	-	-	-	-	-	-
-91.8	-23.1	-10.9	38452.7	-19.4	21.3	31.1	-
15.0	105.1	-3.0	54.6	56.3	56.1	1041.5	-52.4
94.7	-15.4	2.1	-11.8	19.7	-33.0	-	97.1
14.6	6.5	22.3	27.5	-1.8	8.6	100.5	-7.9
-	-79.4	-	-22.4	-28.0	-	-	-
37.6	-43.7	208.6	-80.1	-26.4	77.7	8978.0	47.3
103.8	-21.0	-54.4	17.3	151.9	81.9	50.0	151.1
-	-	-	-	-	-	-	-
-	-	-	-52.8	-44.9	80.0	21.1	-96.5
33.4	12.0	17.0	36.7	24.7	26.7	182.1	-5.9
359.8	-80.2	-51.9	1600.9	106.7	18.1	-41.0	-41.6
24.7	95.5	-40.5	-36.5	12.0	-12.2	218.4	95.1
3217.0	8.3	98.7	-68.3	-59.2	-62.4	324.0	50.4
-	-	-	-	-	-	-	-
4.7	-35.5	-36.1	89.3	-17.7	97.8	137.2	-10.8
189.4	190.8	-40.4	-57.4	529.9	7.7	-	48.6

7-08 续表

单位:%

指　　标	Item	全　市 Total	市　区 合　计 Total
皮革、毛皮、羽毛及其制品和制造业	Leather, Furs, Down and Related Products	-4.9	-1.3
木材加工和木、竹、藤、棕、草制品业	Timber Processing, Bamboo, Cane, Palm Fiber and Straw Products	47.4	44.2
家具制造业	Furniture Manufacturing	-18.1	-19.2
造纸和纸制品业	Paper Making and Paper Products	-17.2	-5.9
印刷业和记录媒介复制业	Printing and Reproduction of Recording media	-9.6	-10.4
文教、工美、体育和娱乐用品制造业	Cultural, Educational and Sports Goods	-10.5	-20.2
石油加工、炼焦和核燃料加工业	Petroleum and Nuclear Fuel Processing	-99.9	-99.6
化学原料和化学制品制造业	Raw Chemical Material and Chemical Products	36.8	35.3
医药制造业	Medical and Pharmaceutical Products	58.2	63.5
化学纤维制造业	Chemical Fiber	14.0	28.9
橡胶和塑料制品业	Rubber and Plastic Products	-6.3	-2.8
非金属矿物制品业	Nonmetal Mineral Products	-4.7	13.6
黑色金属冶炼和压延加工业	Ferrous Metals Smelting and Pressing	-38.0	-68.6
有色金属冶炼和压延加工业	Nonferrous Metal Smelting and Pressing	62.5	103.6
金属制品业	Metal Products	-2.6	-2.9
通用设备制造业	General Purpose Machinery	38.0	36.2
专业设备制造业	Special Purpose Machinery	68.5	70.2
汽车制造业	Automobile Manufacturing	72.4	77.5
铁路、船舶、航空航天和其他运输设备制造业	Railway, Watercraft, Avigation Spaceflight and other Equipment Manufacturing	-13.3	-4.1
电气机械和器材制造业	Electric Equipment and Machinery	53.4	48.7
计算机、通信和其他电子设备制造业	Computers, Telecommunications and other Electronic Equipment Manufacturing	22.3	20.7
仪器仪表制造业	Instruments and Meters Manufacturing	17.1	18.4
其他制造业	Other Manufacturing	-42.4	-36.9
废弃资源综合利用业	Multiple Utilization of Waste Resouces	-19.0	-33.0
金属制品、机械和设备修理业	Metal Products, Machinery and Equipment Repair	-34.7	-34.7
电力、燃气及水的生产和供应业	Production and Supply of Electric Power, Heat Power, Gas and Tap Water	3.3	1.3

continued

(%)

Urban District					桐庐县 Tonglu	淳安县 Chun'an	建德市 Jiande
萧山区 Xiaoshan	余杭区 Yuhang	临平区 Linping	富阳区 Fuyang	临安区 Lin'an			
0.7	2562.5	–	-66.3	–	-65.5	–	–
-7.3	–	–	-40.2	148.9	–	67.8	–
-35.4	140.7	-68.8	190.4	-62.3	-33.6	-0.8	-1.9
-21.6	-80.3	98.0	-59.1	-17.4	-96.1	–	-59.8
-20.0	-37.0	24.9	-13.6	13.7	21.8	–	–
-37.1	-71.2	-84.5	4.5	355.4	3.1	–	109.1
-99.6	–	–	–	–	–	–	–
-22.0	-42.7	6332.5	-75.8	47.7	-51.8	-42.1	50.8
118.2	51.2	77.6	191.0	203.2	88.0	205.2	-26.3
84.8	–	198.2	–	-14.6	–	–	-80.7
-15.6	88.1	-19.4	-28.2	23.3	-10.2	186.7	-12.8
120.0	-36.1	-15.2	69.8	-36.3	-12.3	235.2	-31.7
-31.8	3.4	-82.7	-76.4	–	–	–	40.2
112.4	-4.2	–	769.2	106.2	-51.9	–	-4.7
-31.0	23.2	41.4	-24.0	-50.4	-52.7	731.3	-13.7
15.2	-20.8	43.4	46.7	42.3	73.5	481.8	-13.7
-9.9	6.6	140.7	73.2	155.2	32.0	-12.5	273.3
36.2	119.5	55.9	47.1	-65.2	9.2	-63.7	-47.3
68.4	151.9	-15.7	14.7	-28.4	–	–	-48.9
88.4	42.9	34.1	29.2	47.0	417.7	-30.7	-29.8
14.5	68.9	-66.8	26.7	-43.6	38.7	17.7	-58.3
20.7	70.6	121.5	63.7	21.2	-34.4	–	–
-27.1	–	-42.6	–	–	–	–	–
31.1	-82.3	–	3.1	23.7	-71.2	-36.2	73.9
-34.7	–	–	–	–	–	–	–
-3.7	-2.9	63.3	-44.8	-25.3	50.7	108.6	-35.6

7－09 分地区房地产

Investment in Real Estate

指　　标	Item	全　市 Total	市　区 合　计 Total
房地产开发投资额　（万元）	**Investment in Real Estate Development　(10,000 yuan)**	**38890957**	**37539840**
住宅　（万元）	Residential Buildings　(10,000 yuan)	24418784	23401757
办公楼　（万元）	Office Buildings　(10,000 yuan)	2995768	2986683
商业营业用房　（万元）	Buildings for Business Use　(10,000 yuan)	2948679	2826746
其他　（万元）	Others　(10,000 yuan)	8527726	8324654
房屋建筑面积	**Floor space of Buildings**		
施工面积　（万平方米）	Under Construction　(10000 sq. m)	13281	12527
#住宅　（万平方米）	#Residential Buildings　(10000 sq. m)	6887	6406
新开工面积　（万平方米）	Started This Year　(10000 sq. m)	2048	1972
#住宅　（万平方米）	#Residential Buildings　(10000 sq. m)	1217	1168
竣工面积　（万平方米）	Construction Completed　(10000 sq. m)	1028	899
#住宅　（万平方米）	#Residential Buildings　(10000 sq. m)	597	517
商品房销售情况	**Selling of Commercialized Buildings**		
销售金额　（万元）	Total Sales of Buildings　(10,000 yuan)	45324070	44272002
#住宅　（万元）	#Residential Buildings　(10,000 yuan)	39332154	38359556
现房销售额　（万元）	Sales of Completed Buildings　(10,000 yuan)	3258943	3113387
#住宅　（万元）	#Residential Buildings　(10,000 yuan)	1362927	1247255
期房销售金额　（万元）	Sales of Future Buildings　(10,000 yuan)	42065127	41158615
#住宅　（万元）	#Residential Buildings　(10,000 yuan)	37969227	37112301
销售面积　（万平方米）	Floor Space of Buildings Sold　(10000 sq. m)	1394	1318
#住宅　（万平方米）	#Residential Buildings　(10000 sq. m)	1168	1099
现房销售面积　（万平方米）	Floor Space of Completed Buildings Sold　(10000 sq. m)	134	122
#住宅　（万平方米）	#Residential Buildings　(10000 sq. m)	48	39
期房销售面积　（万平方米）	Floor Space of Futures Buildings Sold　(10000 sq. m)	1260	1196
#住宅　（万平方米）	#Residential Buildings　(10000 sq. m)	1121	1060

开发投资(2022年)
Development by Region(2022)

Urban District						桐庐县 Tonglu	淳安县 Chun'an	建德市 Jiande
萧山区 Xiaoshan	余杭区 Yuhang	临平区 Linping	钱塘区 Qiantang	富阳区 Fuyang	临安区 Lin'an			
8625329	**3710247**	**3486345**	**2168259**	**2520809**	**3184102**	**622032**	**382948**	**346137**
5761572	2141066	2184061	1441249	2033887	2316754	517657	251389	247981
604664	406279	251480	47227	39278	56211	1709	1930	5446
418248	293092	189045	158490	90582	110492	47955	46800	27178
1840845	869810	861759	521293	357062	700645	54711	82829	65532
2515	1585	1168	585	984	1361	265	257	233
1307	823	632	371	616	858	195	153	132
269	428	181	93	156	113	26	44	6
171	261	101	54	70	68	18	28	4
272	21	20	4	75	149	83	30	17
178	21	0	0	42	110	58	19	2
8864435	6756054	2639375	2047390	1411941	1555405	511324	327051	213693
7574351	6365270	2517385	1871291	1337399	1453633	502442	282820	187336
847240	328305	63858	123340	49636	79061	83609	55271	6676
479286	223176	32163	16286	28174	50316	75126	38776	1770
8017195	6427749	2575517	1924050	1362305	1476344	427715	271780	207017
7095065	6142094	2485222	1855005	1309225	1403317	427316	244044	185566
276	218	105	83	61	80	31	26	19
224	200	99	74	57	70	30	22	17
36	15	3	8	2	6	6	5	0
15	10	1	1	1	3	5	3	0
241	203	102	76	59	74	25	21	19
209	190	98	73	56	67	25	19	17

7－10 分注册类型和资质等级

Financial Statistics on Enterprises for Real Estate Development

单位:万元

项　目	Item	法人企业数（个）Number of Enterprises（unit）	年末 Asset and	
			流动资产合计 Circulating Funds	应收账款 Account Receivable
总计	**Total**	**1538**	**269963467**	**4447175**
一、按登记注册类型分组	**Grouped by Registration Status**			
内资企业	Domestic Funded	1446	236522119	4305871
国有企业	State－owned	4	295353	165
集体企业	Collective－owned	－	－	－
股份合作企业	Share－holding Cooperative Enterprises	－	－	－
联营企业	Joint Venture	－	－	－
国有独资公司	Wholly State－owned Company	30	15748136	46569
其他有限责任公司	Limited Liability Corporations	677	131836393	2231361
股份有限公司	Share－holding Corporations Ltd.	8	5258577	127332
私营独资企业	Private－owned Sole Proprietorship	－	－	－
私营合伙企业	Private Enterprises	－	－	－
私营有限责任公司	Private Limited Liability Corporations	724	82194424	1774004
其他企业	Other Enterprises	－	－	－
港澳台商投资企业	Funded from Hong Kong，Macao and Taiwan	59	12780312	136761
外商投资企业	Foreign Funded	33	20661035	4543
二、按企业资质等级分	**Grouped by Qualification Grade**			
一级	Grade Ⅰ	35	26702670	53009
二级	Grade Ⅱ	168	30686103	1103606
三级	Grade Ⅲ	63	8080297	224321
四级	Grade Ⅳ	19	541125	20678
暂定	Tentative	717	104108203	1299574
其他	Others	536	99845068	1745987

房地产开发企业财务状况(2022 年)

Grouped by Registration Status and Qualification Grade(2022)

(10,000 yuan)

资产负债 Liabilities at Year - end						所有者权益合计 Creditors´ Equity	
固定资产原价 Orginal Value of Fixed Assets	累计折旧 Accumulated Depreciation	#本年折旧 Depreciation This Year	在建工程 Projects wnder Construction	资产合计 Total Assets	负债合计 Total Liabilities		实收资本 Capital Hold
5602495	**1089573**	**188495**	**8201371**	**335204542**	**250677532**	**84527010**	**57824566**
4302352	767625	150747	8130004	283131114	214686163	68444950	46497987
1724	354	76	–	320337	123100	197237	134715
–	–	–	–	–	–	–	–
–	–	–	–	–	–	–	–
–	–	–	–	–	–	–	–
303251	21532	4299	324139	20128239	13714136	6414103	1552656
2232932	336445	61609	7514189	158643676	120622203	38021473	27857250
39860	22247	2264	–	10837697	8013990	2823707	506163
–	–	–	–	–	–	–	–
–	–	–	–	–	–	–	–
1724287	386921	82479	291676	91858659	71067941	20790718	16290203
–	–	–	–	–	–	–	–
841372	218348	34824	59458	17492388	8203767	9288621	8284743
458771	103599	2925	11910	34581040	27787601	6793439	3041836
180671	81053	10158	2712	50088631	39106267	10982364	3461952
1156102	201665	25505	1475556	40730277	26263479	14466799	7452382
388960	106028	15557	4030745	14400366	11143862	3256505	1394012
16988	7490	694	2579	635726	474974	160752	66320
2210736	384468	69948	727454	116410644	90209701	26200943	21692840
1649039	308867	66634	1962326	112938898	83479250	29459648	23757060

7-10 续表

单位:万元

项　　目	Item	营业收入 Revenue	#主营业务收入 Main Revenue of Business	营业成本 Operating Costs	#主营业务成本 Main Cost of Business
总计	**Total**	**47948160**	**46241931**	**39524748**	**38357676**
一、按登记注册类型分组	**Grouped by Registration Status**				
内资企业	Domestic Funded	44320701	427981429	37011380	35858255
国有企业	State-owned	405698	405652	360416	360374
集体企业	Collective-owned	-	-	-	-
股份合作企业	Share-holding Cooperative Enterprises	-	-	-	-
联营企业	Joint Venture	-	-	-	-
国有独资公司	Wholly State-owned Company	1454257	1426847	1314994	1303307
其他有限责任公司	Limited Liability Corporations	22132802	21773485	18978864	18776510
股份有限公司	Share-holding Corporations Ltd.	731035	677384	637952	637952
私营独资企业	Private-owned Sole Proprietorship	-	-	-	-
私营合伙企业	Private Enterprises	-	-	-	-
私营有限责任公司	Private Limited Liability Corporations	19596846	18514712	15719145	14780103
其他企业	Other Enterprises	-	-	-	-
港澳台商投资企业	Funded from Hong Kong, Macao and Taiwan	2194211	2187170	1672577	1667397
外商投资企业	Foreign Funded	1433249	1256619	840791	832024
二、按企业资质等级分	**Grouped by Qualification Grade**				
一级	Grade Ⅰ	1535386	1195181	982784	949777
二级	Grade Ⅱ	3783509	3597454	2790907	2667788
三级	Grade Ⅲ	849541	775039	615574	578829
四级	Grade Ⅳ	34709	34709	10322	10322
暂定	Tentative	27793710	27474149	23729641	23408496
其他	Others	13951307	13165400	11395521	10742465

continued

(10,000 yuan)

营业税金及附加 Main Sales Tax and Extra Charges	销售费用 Cost of Sales	管理费用 Administration Cost	财务费用 Financial Cost	#利息支出 Interest Expenditure	营业利润 Management Profits	利润总额 Total Profits	应交所得税 Income Tax
1588800	**1446719**	**1337057**	**803706**	**1341186**	**4894561**	**4894739**	**994989**
1322135	1354772	1160603	616845	818888	3863362	3824865	866846
2459	4421	1740	612	1284	36656	36721	9419
–	–	–	–	–	–	–	–
–	–	–	–	–	–	–	–
–	–	–	–	–	–	–	–
18975	13658	34256	28519	40806	47821	52096	23780
569804	817333	603528	265312	455120	1570902	1550223	378832
2136	4332	18204	63885	79852	271928	277332	2697
–	–	–	–	–	–	–	–
–	–	–	–	–	–	–	–
728523	510447	501161	258291	234205	1942615	1915122	453571
–	–	–	–	–	–	–	–
166509	50381	74062	23061	48764	231044	240236	84282
100156	41566	102393	163800	473534	800154	829638	43860
142913	34063	170924	305548	690926	1052576	1045249	6683
174862	192832	181973	55562	185428	721213	684582	29403
74269	17045	60273	10368	18134	162167	167570	47696
67561	3550	3691	58	187	–49456	–49513	–11500
810403	683610	457463	226053	255123	1918777	1933419	574373
318793	515619	462733	206117	191388	1089283	1113432	348333

7-11 分行业基础设施投资(2010-2022年)

Investment in Infrastructure by Sector(2010-2022)

单位:亿元 (100 million yuan)

年 份 Year	基础设施投资 Investment in Infrastructure	水利、环境和公共设施 Water, Environment and Public Facilities	电力、热力、燃气及水的生产供应业 Produotion and supply of Electricity, heat Gas and Water	交通运输、邮政业 Transportation and Post	电信和其他信息传输服务业 Telecommunications and Other Information Transmission Services	教育设施 Education Facilities	卫生设施 Sanitary Facilities
2010	6452236	2593603	682482	2415265	162166	339381	165668
2011	6437025	2529677	809813	2193350	142099	382672	167024
2012	7785196	2725934	1275603	2572604	162947	572350	201913
2013	8524663	3486809	1167072	2375342	199444	643681	261722
2014	10055306	3940406	1131323	3129697	180788	959814	241614
2015	13551793	5899889	1616380	3892605	201924	1234331	231015
2016	16305335	8101751	1696715	3887608	231813	1587853	358314
2017	15970399	6596611	1502546	5058477	229410	1627072	396390
2018 比上年增长 Increased over the Previous year in 2018	26.9	4.0	-12.9	63.3	19.9	11.5	-24.4
2019	5.2	-8.7	9.5	16.9	-11.6	5.3	16.5
2020	7.7	4.0	30.0	6.3	8.5	-8.5	13.3
2021	8.2	16.7	-19.3	13.0	-18.9	39.1	29.4
2022	-10.9	19.8	3.3	-26.9	-18.7	15.1	73.9

注:1. 2018年起基础设施投资口径调整,教育、卫生等剔除并单独设为公共服务投资。

a) Since 2018, The statistical caliber of infrastructure investment was adjusted, education and health were excluded, and set them as public service investment.

7-12 分地区房地产开发企业商品房屋销售面积和销售额(2019-2022年)

Sales Area and Sales Volume of Commercial Housing of Real Estate Development Enterprises by Region(2019-2022)

城 市	City	销售面积(万平方米) Sales Area(10,000 sq. m)				销售额(亿元) Sales Volume(100 million yuan)			
		2019	2020	2021	2022	2019	2020	2021	2022
全 市	**Total**	**1513.62**	**1699.34**	**2236.25**	**1393.66**	**3924**	**4595**	**6589**	**4532**
#上城区	Shangcheng			208.28	186.37			860	904
上城区(原)	Shangcheng(Original)	20.70	10.41			125	73		
下城区(原)	Xiacheng(Original)	4.54	11.51			22	50		
拱墅区	Gongshu			206.36	180.01			852	705
江干区(原)	Jianggan(Original)	128.40	141.75			483	547		
拱墅区(原)	Gongshu(Original)	97.59	71.91			361	296		
西湖区	Xihu	54.66	58.41	91.80	67.57	183	205	314	217
高新(滨江)区	Hi-Tech(Binjiang)	35.55	38.79	74.31	60.29	153	159	289	273
萧山区	Xiaoshan	270.90	382.19	488.04	276.50	801	1109	1521	886
余杭区	Yuhang			201.96	217.57			638	676
余杭区(原)	Yuhang(Original)	373.52	406.91			882	1059		
临平区	Linping			270.34	105.40			676	264
钱塘区	Qiantang	78.23	64.86	165.81	83.36	160	145	386	205
富阳区	Fuyang	131.03	163.41	173.47	61.40	245	340	392	141
临安区	Lin'an	218.00	268.87	230.50	79.70	372	520	485	156
西湖风景名胜区	The West Lake Scenic Zone	-	-	-	-	-	-	-	-
桐庐县	Tonglu	36.30	39.88	46.97	30.66	58	67	74	51
淳安县	Chun'an	25.33	31.79	32.11	25.57	37	43	44	33
建德市	Jiande	38.86	54.09	46.30	19.27	43	67	60	21

7-13 分地区房地产开发企业住宅销售面积和销售额(2019-2022年)

Sales Area and Sales Volume of Residence of Real Estate Development Enterprises by Region(2019-2022)

城 市	City	销售面积(万平方米) Sales Area(10,000 sq. m)				销售额(亿元) Sales Volume(100 million yuan)			
		2019	2020	2021	2022	2019	2020	2021	2022
全 市	**Total**	**1284.27**	**1471.62**	**1954.30**	**1168.22**	**3406**	**4039**	**5820**	**3933**
#上城区	Shangcheng			176.60	144.93			756	745
上城区(原)	Shangcheng(Original)	15.21	10.08			107	71		
下城区(原)	Xiacheng(Original)	2.02	7.94			15	40		
拱墅区	Gongshu			180.63	140.99			774	597
江干区(原)	Jianggan(Original)	93.97	108.97			376	456		
拱墅区(原)	Gongshu(Original)	68.71	58.67			290	261		
西湖区	Xihu	29.68	20.41	50.00	39.74	109	88	191	147
高新(滨江)区	Hi-Tech(Binjiang)	29.48	25.70	39.09	49.96	130	120	185	236
萧山区	Xiaoshan	238.79	339.15	419.23	223.96	728	988	1308	757
余杭区	Yuhang			176.08	200.18			574	637
余杭区(原)	Yuhang(Original)	336.73	370.44			820	985		
临平区	Linping			256.82	98.89			647	252
钱塘区	Qiantang	63.25	57.36	157.81	73.99	134	131	371	187
富阳区	Fuyang	113.65	146.13	164.65	56.74	216	312	376	134
临安区	Lin'an	206.31	253.92	219.75	70.10	356	501	473	145
西湖风景名胜区	The West Lake Scenic Zone	–	–	–	–	–	–	–	–
桐庐县	Tonglu	27.68	35.27	42.06	29.67	51	63	72	50
淳安县	Chun'an	24.48	29.37	29.11	21.81	35	41	40	28
建德市	Jiande	34.30	49.89	42.49	17.27	40	61	54	19

主要统计指标解释

固定资产投资额 固定资产投资完成额是以货币表现的建造和购置固定资产的工作量以及与此有关的费用的总称。它是反映固定资产投资规模、速度、比例关系和使用方向的综合性指标。

房地产开发投资 包括各种经济类型的房地产开发公司、商品房建设公司及其他房地产开发单位统一开发的包括统代建、拆迁还建的住宅、厂房、仓库、饭店、宾馆、度假村、写字楼、办公楼等房屋建筑物和配套的服务设施、土地开发工程,如道路、给水、排水、供电、供热、通讯、平整场地等基础设施工程的投资。不包括单纯的土地交易活动。

施工和竣工房屋建筑面积 房屋建筑面积是从房屋外墙线算起的各层平面面积的总和,包括房屋结构(如柱、墙)占用的面积和地下室面积。多层建筑按各自然层面积总和计算,包括房屋内的楼隔层,突出墙面的眺望间、门斗、有柱雨罩的面积。不包括突出墙面结构的构件、艺术装饰等所占的面积,如台阶等。凹阳台、挑阳台按其水平投影面积一半计算建筑面积。

房屋新开工面积 指在报告期内新开工建设的房屋面积。不包括上期跨入报告期继续施工的房屋面积和上期停缓建而在本期恢复施工的房屋面积。房屋的开工应以房屋正式开始破土刨槽(地基处理或打永久桩)的日期为准。

商品房销售面积 指报告期内出售商品房屋的合同总面积(即双方签署的正式买卖合同中所确定的建筑面积)。由现房销售建筑面积和期房销售建筑面积两部分组成。

(1)现房销售面积:是指在报告期内正式签订买卖合同、已经竣工达到入住条件的商品房屋建筑面积。包括以一次性付款方式和分期付款方式销售的现房建筑面积。

(2)期房销售面积:是指在报告期内正式签订买卖合同、正在建设尚未竣工交付使用的商品房屋建筑面积。包括以一次性付款方式和分期付款方式销售的商品房屋建筑面积。期房销售建筑面积竣工后不再转为现房销售建筑面积。

新增固定资产 指通过投资活动所形成的新的固定资产价值。包括已经建成投入生产或交付使用的工程价值和达到固定资产标准的设备、工具、器具的价值及有关应摊入的费用。它是以价值形式表示的固定资产投资成果的综合性指标,可以综合反映不同时期、不同部门、不同地区的固定资产投资成果。

Explanatory Notes on Main Statistical Indicators

Investment in Fixed Assets refer to the volume of activities in construction and purchases of fixed assets in monetary terms and other relative expenses. It is a comprehensive indicator which shows the size, pace, proportional relations and use orientation of investment in fixed assets.

Investment in Real Estate Development include the investment by the real estate development companies, commercial buildings construction companies and other real estate development units of various types of ownership on the construction of house buildings, such as residential buildings, factory buildings, warehouses, hotels, guesthouses, Resorts and office buildings, and supporting service facilities and land development projects, and infrastructure projects like roads, water supply, water drainage, power supply, heating, telecommunications and land leveling. The simple activities of land transaction are excluded.

Floor space of Building Under Construction and Completed refer to total floor space of each story of buildings calculated from the exterior wall line of buildings, including the area occupied by construction like pillars or walls and basement area. The floor space of multi – story building includes the total floor space of each story, including area occupied by separating walls inside the house, watching rooms protruding from walls, anterooms, and rain covers with pillars, but excluding protruding wall structures, artistic decoration, etc. (for example, steps) . The floor space of recessed veranda and cantilevered balcony is counted by half of the projection area.

New Construction Floor Space of Building refer to the area space which constructed in report period, not including the floor whose construction lasted to report period and which stopped in the last period to continue construction in the report period. The new construction should be subjected to the date of breaking the earth(foundation treatment or permanent pile driving).

Sales Area of the Commercial Building refer to the total area in contracts for sale of commercial housing(i. e. the floor space confirmed in contracts signed by two parties), which is composed by the floor area of existing house sales and that of future house sales.

(1) Floor Space of Existing House: refer to the floor area of commercial houses that have been completed and reached the condition of living, and whose formal sale contracts have been signed in report period, including houses sold in one – off payment and installment payment.

(2) Floor Space of Future House: refer to the floor area of commercial houses still under constructing but whose formal sale contracts have been signed in report period, including houses sold in one – off payment and installment payment. It cannot be turned into the floor space of existing house when these houses are completed.

Newly Increased Fixed Assets refer to the value of new fixed assets through investment, including the value of projects completed and put into production, the value of equipment, tools, and vessels considered as fixed assets, as well as the relevant expenses. It is a comprehensive indicator of investment in fixed assets, reflecting the achievements of investment in fixed assets in different periods, sectors and regions.

八 批发、零售贸易和住宿餐饮业

WHOLESALE AND RETAIL TRADE AND HOTEL AND CATERING TRADE

8 批发、零售贸易和住宿餐饮业
Wholesale and Retail Trade and Hotel and Catering Trade

主要统计指标
Major Statistical Indicators

社会消费品零售总额	Total Retail Sales of Consumer Goods	7294	亿元	(100 million yuan)
为上年	As Compared with the Preceding Year	105.8	%	(%)
商品零售	Commodity Retail	6122	亿元	(100 million yuan)
为上年	As Compared with the Preceding Year	107.5	%	(%)
餐饮收入	Catering Revenue	1171	亿元	(100 million yuan)
为上年	As Compared with the Preceding Year	97.5	%	(%)

8-01 社会消费品零售总额(2001-2022年)

Total Retail Sale of Consumer Goods(2001-2022)

单位:万元　　　　(10,000 yuan)

年份 Year	全市 Total	为上年(%) As Compared with the Preceding Year(%)
2001	5743625	113.6
2002	6553477	114.1
2003	7366108	112.4
2004	8485756	115.2
2005	9673762	114.0
2006	11028088	114.0
2007	12847723	116.5
2008	15442963	120.2
2009	17666750	114.4
2010	21553743	122.0
2011	26225593	121.7
2012	30384753	115.9
2013	36397616	119.9
2014	39252082	107.8
2015	43573055	111.0
2016	48109537	110.4
2017	53005190	110.2
2018	57685712	108.8
2019	62732150	108.8
2020	60554683	96.5
2021	67435217	111.4
2022	72935631	105.8

注:1. 根据国家统计规定,2018年经济普查后对各年度数据做了相应调整。

a) According to the national statistical regulations, the annual data of previous years has been adjusted accordingly after the Economic Census in 2018.

8-02 分地区社会消费品零售总额(2022年)
Total Retail Sale of Consumer Goods by Region(2022)

单位:万元　　(10,000 yuan)

地　区	Region	2022年	为上年(%) As Compared with the Preceding Year (%)
全　市	**Total**	**72935631**	**105.8**
市　区	Urban District	69035283	105.9
#上城区	Shangcheng	10730852	108.8
拱墅区	Gongshu	13129318	102.0
西湖区	Xihu	8457349	105.8
高新(滨江)区	Hi-Tech(Binjiang)	5469561	106.2
萧山区	Xiaoshan	9056751	109.7
余杭区	Yuhang	8010989	110.2
临平区	Linping	3735990	105.7
钱塘区	Qiantang	3379484	96.7
富阳区	Fuyang	4381743	105.0
临安区	Lin'an	2242788	105.5
西湖风景名胜区	The West Lake Scenic Zone	440458	95.9
桐庐县	Tonglu	1669897	105.3
淳安县	Chun'an	940437	104.5
建德市	Jiande	1290016	102.3

8-03 按登记注册类型分限额以上批发零售贸易企业商品销售总额(2022年)

Sales of Wholesale and Retail Trades Above Designated Size by Status of Registration(2022)

单位:万元 (10,000 yuan)

项　目	Item	法人企业(个) Number of Enterprises (unit)	商品销售额 Total Sales of Commodities	批发额 Wholesale	零售额 Retail
总　计	**Total**	**7203**	**445115112**	**400433121**	**44681991**
1.内资企业	**Domestic-funded Enterprises**	**6890**	**379740961**	**349534400**	**30206561**
国有企业	State-owned Enterprises	18	9072370	9030572	41799
集体企业	Collective-owned Enterprises	3	19209	3585	15625
股份合作企业	Cooperative Enterprises	1	2880	217	2663
联营企业	Joint Ownership Enterprises	5	94018	48373	45645
国有联营企业	State Joint Ownership Enterprises	1	18480	1724	16755
集体联营	Joint Collective Enterprises	1	41571	41571	-
国有与集体联营企业	Joint State-collective Enterprises	3	33967	5077	28890
有限责任公司	Limited Liability Corporations	1124	172963584	159555458	13408126
国有独资公司	State-funded Corporations	48	11956915	11570851	386064
其他有限责任公司	Other Limited Liability Corporations	1076	161006669	147984608	13022062
股份有限公司	Share-holding Corporations Ltd.	73	34805858	33980517	825341
私营企业	Private Enterprises	5660	162771575	146906875	15864701
私营独资企业	Private-funded Enterprises	27	308588	275397	33191
私营合伙企业	Private Partnership Enterprises	1	9215	5700	3515
私营有限责任公司	Private Limited Liability Corporations	5606	160355914	144718122	15637792
私营股份有限公司	Private Share-holding Corporations Ltd.	26	2097859	1907655	190203
其他企业	Other Enterprises	6	11466	8804	2662
2.港、澳、台商投资企业	**Enterprises With Investment from Hong Kong,Macao and Taiwan**	**104**	**13409995**	**8128480**	**5281514**
合资经营企业(港或澳、台资)	Joint-venture Enterprises(With Funds from Hong Kong,Macao and Taiwan)	23	1602735	239766	1362969
合作经营企业(港或澳、台资)	Coorperative Enterprises (With Funds from Hong Kong,Macao and Taiwan)	2	80565	61392	19173
港、澳、台商独资经营企业	Enterprises With Sole Investment from Hong Kong,Macao and Taiwan	74	7365507	3919993	3445514
港、澳、台商投资股份有限公司	Share-holding Corporations Ltd. With Investment from Hong Kong,Macao and Taiwan	3	3213608	3083066	130543
其他港澳台投资企业	Other Enterprises With Investment from Hong Kong,Macao and Taiwan	2	1147580	824263	323316
3.外商投资企业	**Enterprises With Foreign Investment**	**209**	**51964156**	**42770241**	**9193916**
中外合资经营企业	Joint-venture Enterprises	56	14724584	12753435	1971149
中外合作经营企业	Cooperation Enterprises	2	162486	4362	158125
外资企业	Enterprises With Sole Foreign Investment	145	37014406	29974915	7039491
外商投资股份有限公司	Share-holding Corporations Ltd. With Foreign Investment	3	28593	24100	4494
其他外商投资企业	Other Enterprises With Foreign Investment	3	34087	13430	20658

8-04 按国民经济行业分限额以上批发零售
Total Sales of Wholesale and Retail Trades

单位:万元

项　　目	Item
总　　计	**Total**
一、批发业	**Wholesale**
农、林、牧产品批发	Wholesale of Farm, Forestry and Animal Husbandry Products
食品、饮料及烟草制品批发	Wholesale of Food, Beverages and Tobaccos
纺织、服装及家庭用品批发	Wholesale of Textile Products, Garments and Household Articles
文化、体育用品及器材批发	Wholesale of Cultural and Sports Goods
医药及医疗器材批发	Wholesale of Medicines and Medical Appliances
矿产品、建材及化工产品批发	Wholesale of Mineral Products, Building and Chemical Materials
机械设备、五金产品及电子产品批发	Wholesale of Machinery, Hardware and Electronic Products
#汽车、摩托车及零配件批发	Wholesale of Automobiles, Motorcycle and Parts
贸易经纪与代理	Trade Broker and agent
其他批发业	Other
二、零售业	**Retail Trade**
综合零售	Comprehensive Retail Trade
食品、饮料及烟草制品专门零售	Specialism Retail of Food, Beverages and Tobaccos
纺织、服装及日用品专门零售	Specialism Retail of Textile Products, Garments, Shoes and Caps
文化、体育用品及器材专门零售	Specialism Retail of Cultural and Sports Goods
医药及医疗器材专门零售	Specialism Retail of Medicines and Medical Appliances
汽车、摩托车、燃料及零配件专门零售	Specialism Retail of Automobiles, Motorcycle, Fuels and Parts
#汽车零售	Specialism Retail of Automobiles
家用电器及电子产品专门零售	Specialism Retail of Household Electric Applianes, and Electronic Products
五金、家具及室内装饰材料专门零售	Specialism Retail of Hardware and Upholstery Materials
货摊、无店铺及其他零售业	Stall, Non-shop and Other Retails

贸易企业商品销售总额(2022 年)
Above Designated Size by Sector(2022)

(10,000 yuan)

法人企业(个) Number of Enterprises(unit)	商品销售额 Total Sales of Commodities	批发额 Wholesale	零售额 Retail
7203	**445115112**	**400433121**	**44681991**
5403	**395612593**	**391962857**	**3649736**
56	1684869	1683390	1479
451	24475167	24040784	434383
1064	36254674	35474240	780434
248	6724323	6549317	175006
382	15939848	15874631	65217
2064	244230903	243466562	764341
968	59460273	58406693	1053580
224	35280253	34824583	455670
3	989	–	989
167	6841548	6467241	374306
1800	**49502519**	**8470263**	**41032255**
124	6430237	722424	5707813
134	920350	117681	802669
76	825669	241473	584196
52	309414	18849	290565
89	1118564	159220	959344
674	22100640	3633720	18466920
462	15616868	1886675	13730193
117	1023177	171660	851517
22	259687	46520	213167
512	16514780	3358716	13156064

8－05 按登记注册类型分限额以上

Main Financial Indicators of Enterprises Above Designated Size of

单位:万元

项 目	Item	法人企业数(个) Number of Enterprises (unit)	年末资产负债 流动资产合计 Circulating Funds	存 货 Inventory	固定资产原价 Orginal Value of Fixed Assets
批发零售贸易业企业合计	**Total**	**7203**	**137831993**	**17112004**	**8304252**
1. 内资企业	**Domestic－funded Enterprises**	**6890**	**114417575**	**14499705**	**6088895**
国有企业	State－owned Enterprises	18	1840840	272782	128427
集体企业	Collective－owned Enterprises	3	5168	994	1035
股份合作企业	Cooperative Enterprises	1	–	–	–
联营企业	Joint Ownership Enterprises	5	22606	392	1688
国有联营企业	State Joint Ownership Enterprises	1	–	–	–
国有与集体联营企业	Joint State－collective Enterprises	3	4141	204	1470
有限责任公司	Limited Liability Corporations	1124	46186233	6433670	2043114
国有独资公司	State－funded Corporations	48	3005336	929928	240519
其他有限责任公司	Other Limited Liability Corporations	1076	43180898	5503742	1802596
股份有限公司	Share－holding Corporations Ltd.	73	12540089	1803241	650678
私营企业	Private Enterprises	5660	53815263	5987551	3262390
私营独资企业	Private－funded Enterprises	27	103887	20604	4455
私营合伙企业	Private Partnership Enterprises	1	–	–	–
私营有限责任公司	Private Limited Liability Corporations	5606	52915732	5825646	3176341
私营股份有限公司	Private Share－holding Corporations Ltd.	26	782578	141108	81562
其他企业	Other Enterprises	6	5893	728	1339
2. 港、澳、台商投资企业	**Enterprises With Investment from Hong Kong, Macao and Taiwan**	**104**	**8858988**	**552002**	**646717**
合资经营企业(港或澳、台资)	Joint－venture Enterprises (With Funds from Hong Kong, Macao and Taiwan)	23	817979	61297	168565
合作经营企业(港或澳、台资)	Coorperative Enterprises (With Funds from Hong Kong, Macao and Taiwan)	2	78031	–	13649
港、澳、台商独资经营企业	Enterprises With Sole Investment from Hong Kong, Macao and Taiwan	74	4764812	409907	258070
港、澳、台商投资股份有限公司	Share－holding Corporations Ltd. With Investment from Hong Kong, Macao and Taiwan	3	2950441	2156	203523
其他港澳台投资企业	Other Enterprises With Investment from Hong Kong, Macao and Taiwan	2	247726	78643	2910
3. 外商投资企业	**Enterprises With Foreign Investment**	**209**	**14555430**	**2060297**	**1568639**
中外合资经营企业	Joint－venture Enterprises	56	5217838	809328	1105009
中外合作经营企业	Cooperation Enterprises	2	22253	16484	12359
外资企业	Enterprises With Sole Foreign Investment	145	9264519	1220917	450639
外商投资股份有限公司	Share－holding Corporations Ltd. With Foreign Investment	3	19721	5422	323
其他外商投资	Other Enterprises With Foreign Investment	3	31098	8147	311

批发零售贸易企业财务状况(2022 年)
Wholesale and Retail Trades by Status of Registration(2022)

(10,000 yuan)

Assets and Liabilities				所有者权益合计 Creditors´Equity
累计折旧 Accumulated Depreciation	本年折旧 Depreciation	资产总计 Total Assets	负债合计 Total Liabilities	
3496571	**499892**	**190486422**	**138103450**	**52342028**
2433222	**349695**	**160611739**	**116144797**	**44425265**
86657	4790	2358644	1117297	1241347
731	57	5557	1026	4531
884	62	23609	12814	10795
686	46	5113	1897	3216
766255	101678	63809157	45361650	18445471
68208	10033	4380475	3403441	977034
698047	91645	59428681	41958208	17468437
269486	30670	21497913	11241900	10256013
1308726	212350	72906724	58406333	14460749
1889	360	111851	83483	28367
1272873	208662	71425687	57372756	14013290
33964	3328	1356088	936992	419096
384	61	8528	3700	4828
256542	**60441**	**11182862**	**6993180**	**4190415**
84669	6381	1307909	694595	613315
9535	497	431403	165797	265606
72829	22032	5863216	4841299	1022650
87920	30619	3299187	1159849	2139338
1590	912	281147	131642	149506
806807	**89756**	**18691821**	**14965473**	**3726348**
580456	61454	8097471	5983186	2114285
4028	669	45496	22545	22951
222123	27534	10492167	8928624	1563544
65	39	22873	10470	12403
136	61	33814	20649	13165

8－05 续表

单位:万元

项　　目	Item	营业收入 Revenue	主营业务收入 Revenues in Main Business	营业成本 Cost of Business	税金及附加 Sales Tax and Extra Charges
批发零售贸易业企业合计	**Total**	**409302409**	**405718999**	**389309056**	**694113**
1. 内资企业	**Domestic－funded Enterprises**	**339212868**	**336462390**	**324739132**	**563515**
国有企业	State－owned Enterprises	8048925	8043378	7350535	276824
集体企业	Collective－owned Enterprises	17001	16999	15840	19
股份合作企业	Cooperative Enterprises	－	－	－	－
联营企业	Joint Ownership Enterprises	88020	87984	80460	129
国有联营企业	State Joint Ownership Enterprises	－	－	－	－
国有与集体联营企业	Joint State－collective Enterprises	30060	30060	26032	68
有限责任公司	Limited Liability Corporations	153521493	152364870	149035934	118124
国有独资公司	State－funded Corporations	10697319	10678153	10549322	5944
其他有限责任公司	Other Limited Liability Corporations	142824174	141686717	138486612	112180
股份有限公司	Share－holding Corporations Ltd.	30212046	29979204	29019653	31242
私营企业	Private Enterprises	147311447	145956054	139224469	137172
私营独资企业	Private－funded Enterprises	272661	262950	248787	313
私营合伙企业	Private Partnership Enterprises	－	－	－	－
私营有限责任公司	Private Limited Liability Corporations	145113276	143779022	137181304	134784
私营股份有限公司	Private Share－holding Corporations Ltd.	1916982	1905554	1786021	2074
其他企业	Other Enterprises	11386	11352	10278	－
2. 港、澳、台商投资企业	**Enterprises With Investment from Hong Kong,Macao and Taiwan**	**12227876**	**12010211**	**10088224**	**47947**
合资经营企业(港或澳、台资)	Joint－venture Enterprises(With Funds from Hong Kong,Macao and Taiwan)	1487063	1442966	1206845	14898
合作经营企业(港或澳、台资)	Coorperative Enterprises (With Funds from Hong Kong,Macao and Taiwan)	73099	73099	65351	369
港、澳、台商独资经营企业	Enterprises With Sole Investment from Hong Kong,Macao and Taiwan	6826168	6723364	5937853	20314
港、澳、台商投资股份有限公司	Share－holding Corporations Ltd. With Investment from Hong Kong,Macao and Taiwan	2809331	2740722	2128208	8787
其他港澳台投资企业	Other Enterprises With Investment from Hong Kong,Macao and Taiwan	1032216	1030061	749966	3580
3. 外商投资企业	**Enterprises With Foreign Investment**	**57861665**	**57246398**	**54481701**	**82651**
中外合资经营企业	Joint－venture Enterprises	25528407	25042694	24253035	23737
中外合作经营企业	Cooperation Enterprises	148994	146418	125644	4780
外资企业	Enterprises With Sole Foreign Investment	32125436	31998628	30069562	54054
外商投资股份有限公司	Share－holding Corporations Ltd. With Foreign Investment	27127	26969	16910	27
其他外商投资	Other Enterprises With Foreign Investment	31701	31688	16551	53

continued

(10,000 yuan)

销售费用 Cost of Sales	管理费用 Administration Cost	财务费用 Financil Cost	营业利润 Management Profits	利润总额 Total Profits	所得税费用 Income Tax Expense	从事批发和零售业活动的从业人员平均人数(人) Average Number of Employees (person) engaged in wholesale and retail activities
11322038	**4671179**	**1052167**	**6098898**	**6298814**	**1239369**	**331276**
7596087	**3743697**	**1102932**	**4413767**	**4535638**	**922645**	**272643**
32702	68337	-27299	370120	368956	94150	1870
435	320	-86	474	721	118	21
1855	275	-34	5984	5644	1354	82
881	35	-28	3072	3079	718	50
2282208	984490	401967	2169189	2262905	380520	77053
117298	75180	61869	-23115	6795	10601	3156
2164910	909310	340098	2192304	2256110	369918	73897
474002	298070	178011	1025266	1019371	138724	13529
4804853	2391543	550328	841783	876865	307768	180021
4924	6089	317	12236	12440	3560	380
4725063	2350957	524405	812121	844554	301725	176263
74867	34318	25606	17434	19879	2484	3367
32	369	42	668	891	1	51
1450461	**378522**	**-75580**	**915304**	**911459**	**127623**	**26450**
132153	70302	2043	85771	77805	28528	2879
4839	53	3165	2845	2824	–	212
618073	176668	20469	63875	67715	46663	12005
496653	105239	-100400	737321	737568	45102	9628
198744	26260	-856	25493	25547	7330	1726
2275489	**548960**	**24815**	**769827**	**851717**	**189100**	**32183**
882704	171478	34028	426615	445630	78547	16346
5372	2384	333	10043	10156	2550	120
1359507	372103	-9576	341964	402613	107999	15354
11191	741	8	-4276	-4329	4	132
16716	2253	22	-4519	-2353	0	231

8－06 按国民经济行业分限额以上

Main Financial Indicators of Enterprises Above Designated

单位:万元

项　　目	Item	法人企业数(个) Number of Enterprises (unit)	年末资产负债 流动资产合计 Circulating Funds	存　货 Inventory	固定资产原价 Orginal Value of Fixed Assets
总　　计	**Total**	**7203**	**137831993**	**17112004**	**8304252**
一、批发业	**Wholesale**	**5403**	**122190094**	**14061062**	**6139391**
农、林、牧产品批发	Wholesale of Farm, Forestry and Animal Husbandry Products	56	741986	109011	55793
食品、饮料及烟草制品批发	Wholesale of Food, Beverages and Tobaccos	451	13260606	1875872	915952
纺织、服装及家庭用品批发	Wholesale of Textile Products, Garments and Household Articles	1064	14617678	1609018	692219
文化、体育用品及器材批发	Wholesale of Cultural and Sports Goods	248	3012355	711223	101422
医药及医疗器材批发	Wholesale of Medicines and Medical Appliances	382	7916634	1180649	401869
矿产品、建材及化工产品批发	Wholesale of Mineral Products, Building and Chemical Materials	2064	63197903	6466246	3015278
机械设备、五金产品及电子产品批发	Wholesale of Machinery, Hardware and Electronic Products	968	17678323	1809772	859364
#汽车、摩托车及零配件批发	Wholesale of Automobiles, Motorcycle and Parts	224	7961666	868133	264941
其他批发业	Other	170	1764610	299271	97494
二、零售业	**Retail Trade**	**1800**	**15641899**	**3050942**	**2164861**
综合零售	Comprehensive Retail Trade	124	3959917	371916	951140
食品、饮料及烟草制品专门零售	Specialism Retail of Food, Beverages and Tobaccos	134	367480	57350	58254
纺织、服装及日用品专门零售	Specialism Retail of Textile Products, Garments, Shoes and Caps	76	501713	76726	64389
文化、体育用品及器材专门零售	Specialism Retail of Cultural and Sports Goods	52	276608	80284	82903
医药及医疗器材专门零售	Specialism Retail of Medicines and Medical Appliances	89	374898	106911	30760
汽车、摩托车、燃料及零配件专门零售	Specialism Retail of Automobiles, Motorcycle, Fuels and Parts	674	3930746	1108459	696073
#汽车零售	Specialism Retail of Automobiles	462	3366000	1035298	480218
家用电器及电子产品专门零售	Specialism Retail of Household Electric Applianes, and Electronic Products	117	422079	107683	29151
五金、家具及室内装饰材料专门零售	Specialism Retail of Hardware and Upholstery Materials	22	130943	47707	68690
货摊、无店铺及其他零售业	Stall, Non－shop and Other Retails	512	5677515	1093907	183502

批发零售贸易企业财务状况(2022 年)
Size in Wholesale and Retail Trades by Sector(2022)

(10,000 yuan)

Assets and Liabilities				所有者权益合计 Creditors´ Equity
累计折旧 Accumulated Depreciation	本年折旧 Depreciation	资产总计 Total Assets	负债合计 Total Liabilities	
3496571	**499892**	**190486422**	**138103450**	**52342028**
2520815	**352022**	**169095453**	**121557587**	**47473300**
19639	1938	1336118	908022	428095
396643	69966	15757761	10444715	5312247
302360	41269	17537132	13899076	3636922
47956	6734	3602501	2783886	818596
186329	32851	10190576	6577263	3614394
1199331	145835	93887013	66095874	27733558
337491	45488	24715521	19363416	5347567
79172	13316	11610338	10575808	1033521
31065	7941	2068832	1485334	581921
975756	**147870**	**21390969**	**16545863**	**4868728**
456311	54120	6792122	5059995	1732126
27734	5384	511171	389043	121036
31238	4315	733469	428177	305292
41097	3289	342057	218890	122588
17616	1879	457290	363875	93729
300137	55385	5670426	4007773	1663114
198563	41822	4279343	3460097	819707
14721	1428	514702	436936	96767
30027	3256	206030	153066	53860
56874	18814	6163701	5488108	680216

8－06 续表

单位:万元

项　　目	Item	营业收入 Revenue	主营业务收入 Revenues in Main Business	营业成本 Cost of Business	税金及附加 Sales Tax and Extra Charges
总　计	**Total**	**409302409**	**405718999**	**389309056**	**694113**
一、批发业	**Wholesale**	**365172734**	**362530827**	**351782712**	**555855**
农、林、牧产品批发业	Wholesale of Farm , Forestry and Animal Husbandry Products	1560263	1548899	1504720	1173
食品、饮料、烟草制品批发	Wholesale of Food, Beverages and Tobaccos	22581482	22233731	19811578	305821
纺织、服装及家庭用品批发	Wholesale of Textile Products, Garments and Household Articles	33252779	32888840	31005278	26512
文化、体育用品及器材批发	Wholesale of Cultural and Sports Goods	6078537	6044460	5715609	6681
医药及医疗器材批发	Wholesale of Medicines and Medical Appliances	14329855	14264995	12981279	26297
矿产品、建材及化工产品批发	Wholesale of Mineral Products, Building and Chemical Materials	227436769	225964214	224046239	127818
机械设备、五金产品及电子产品批发	Wholesale of Machinery, Hardware and Electronic Products	53688876	53373486	50963734	54991
#汽车、摩托车及零配件批发	Wholesale of Automobiles, Motorcycle and Parts	31360259	31288890	30108998	29221
其他批发业	Other	6244175	6212203	5754274	6563
二、零售业	**Retail Trade**	**44129675**	**43188172**	**37526345**	**138258**
综合零售	Comprehensive Retail Trade	6065620	5757720	5030527	31698
食品、饮料及烟草制品专门零售	Specialism Retail of Food, Beverages and Tobaccos	879619	863870	755404	1073
纺织、服装及日用品专门零售	Specialism Retail of Textile Products, Garments, Shoes and Caps	780319	742961	444825	4068
文化、体育用品及器材专门零售	Specialism Retail of Cultural and Sports Goods	300720	294137	229382	2243
医药及医疗器材专门零售	Specialism Retail of Medicines and Medical Appliances	1052263	1041299	855937	2140
汽车、摩托车、燃料及零配件专门零售	Specialism Retail of Automobiles, Motorcycle, Fuels and Parts	17855411	17571050	16538226	61720
#汽车零售	Specialism Retail of Automobiles	14232298	13966796	13366176	55298
家用电器及电子产品专门零售	Specialism Retail of Household Electric Applianes, and Electronic Products	951631	934138	853955	1168
五金、家具及室内装饰材料专门零售	Specialism Retail of Hardware and Upholstery Materials	238138	234233	152009	1109
货摊、无店铺及其他零售业	Stall, Non－shop and Other Retails	16005954	15748764	12666081	33039

continued

(10,000 yuan)

销售费用 Cost of Sales	管理费用 Administration Cost	财务费用 Financil Cost	营业利润 Management Profits	利润总额 Total Profits	所得税费用 Income Tax Expense	从事批发和零售业活动的从业人员平均人数(人) Average Number of Employees (person) engaged in wholesale and retail activities
11322038	**4671179**	**1052167**	**6098898**	**6298814**	**1239369**	**331276**
6668451	**3282040**	**969538**	**5639362**	**5739460**	**1017744**	**204961**
15084	27944	17549	-633	4225	2407	1273
1348679	440455	-96945	1484030	1523288	241338	39841
1270743	679888	49836	297667	292578	85959	47605
156799	127217	-298	102288	103686	14326	7964
627728	338655	65964	613699	611257	133709	20765
1333787	1029367	882866	2516455	2568916	349035	43243
1537429	531405	43337	626779	637354	184422	36730
965030	123861	3503	149806	149255	96460	9780
378204	107108	7229	-922	-1845	6548	7540
4653587	**1389139**	**82629**	**459536**	**559354**	**221625**	**126315**
689548	252416	28119	95772	111994	56152	35058
76675	58790	1425	-12278	-10647	1189	5847
176564	56603	1017	114998	118886	20267	5549
45733	25516	-1089	-144	2540	187	3063
136205	47590	1830	12474	13764	3073	9117
638450	284444	51385	311529	334997	94722	28584
416991	238638	37043	145545	160184	48260	24328
72012	39164	6232	-19657	-19272	569	5300
52930	26525	1593	7769	8053	2791	1552
2765470	598091	-7882	-50927	-960	42674	32245

8－07 分地区限额以上

Main Indicators of Wholesale

单位:万元

地　区	Region	企业法人数(个) Number of Enterprises (unit)	商品销售总额 Total Sales of Commodities	营业收入 Revenue	主营业务收入 Revenues in Main Businesss	营业成本 Cost of Business
全　市	**Total**	**7203**	**445115112**	**409302409**	**405718999**	**389309056**
市　区	Urban District	6759	439665912	404348775	400820443	384914661
#上城区	Shangcheng	1112	120126661	118650829	117836690	113403319
拱墅区	Gongshu	1110	106855663	94956959	94387997	91799807
西湖区	Xihu	510	23136589	18798913	18501237	16621900
高新(滨江)区	Hi－Tech(Binjiang)	582	40073568	35990522	35700048	33709981
萧山区	Xiaoshan	933	72087809	64272706	63966774	62395280
余杭区	Yuhang	524	31579756	30128772	29369770	28263220
临平区	Linping	554	11013682	9857828	9788092	9006572
钱塘区	Qiantang	638	14950186	13834666	13565337	12485701
富阳区	Fuyang	566	16533222	14842927	14705242	14382446
临安区	Lin'an	213	3116009	2842327	2827303	2694767
西湖风景名胜区	The West Lake Scenic Zone	17	192767	172327	171952	151669
桐庐县	Tonglu	204	1887768	1744942	1737423	1599293
淳安县	Chun'an	118	2433186	2166313	2122771	1855504
建德市	Jiande	122	1128246	1042380	1038362	939598

批发零售业主要指标(2022 年)
and Retail Trades by Region(2022)

(10,000 yuan)

税金及附加 Sales Tax and Extra Charges	销售费用 Cost of Sales	管理费用 Administration Cost	财务费用 Financil Cost	利润总额 Total Profits	本年应交增值税 Value Adder Tax Payables	从事批发和零售业活动的从业人员平均人数(人) Average Number of Employees (person) engaged in wholesale and retail activities
694113	**11322038**	**4671179**	**1052167**	**6298814**	**2106393**	**331276**
686899	11005936	4584179	1041654	6139943	2048544	317651
388123	2575249	936318	166789	2096168	582540	64459
96617	1479824	888723	257658	1374099	339924	58152
33525	1378902	495813	92336	1074586	178783	38820
41991	1787358	484851	55790	105661	210337	38381
49160	887105	472774	247332	661749	204443	33873
31291	1200561	543085	57426	424286	200211	25994
13853	471430	236539	31700	12722	86049	19583
19869	907270	342136	74041	300301	186149	23434
9374	250069	129471	51610	61238	42188	9886
2707	59167	45362	6638	25701	16037	4570
388	9002	9110	335	3432	1884	499
1966	89067	32026	5700	20097	17250	4119
3879	160641	37494	1665	122875	31961	6304
1369	66393	17480	3148	15900	8638	3202

8-08 按注册类型、行业分限额以上

Main Financial Indicators of Accommodation and Catering Services

单位:万元

项　目	Item	法人企业数(个) Number of Enterprises (unit)	年末资产负债 流动资产合计 Circulating Funds	存 货 Inventory	固定资产原价 Orginal Value of Fixed Assets
总　计	**Total**	**1325**	**3185622**	**115569**	**3613550**
(一)按登记注册类型分组	**Grouped By Registered Type**				
1. 内资企业	**Domestic - funded Enterprises**	**1281**	**2599929**	**92332**	**2669569**
国有企业	State - owned Enterprises	26	114232	3549	293430
集体企业	Collective - owned Enterprises	6	8687	324	36311
股份合作企业	Cooperative Enterprises	1	-	-	-
联营企业	Joint Ownership Enterprises	1	-	-	-
有限责任公司	Limited Liability Corporations	200	1010936	49640	1237891
股份有限公司	Share - holding Corporations Ltd.	7	31843	739	62302
私营企业	Private Enterprises	1040	1433108	38006	1032776
2. 港、澳、台商投资企业	**Enterprises With Investment from Hong Kong, Macao and Taiwan**	**19**	**460448**	**15818**	**514470**
3. 外商投资企业	**Enterprises With Foreign Investment**	**25**	**125246**	**7419**	**429510**
(二)按国民经济行业分组	**Grouped By Sector**				
1. 住宿业	**Lodging**	**576**	**2321552**	**71938**	**2899679**
旅游饭店	Restaurants for Junketing	304	2099879	67767	2732333
一般旅馆	General Hotel	253	207755	4067	162544
民宿服务	Homestay Service	19	13918	104	4802
2. 餐饮业	**Catering Services**	**749**	**864071**	**43631**	**713871**
正餐服务	Dinner Services	647	669396	27744	338639
快餐服务	Short Order Services	47	109341	11865	353009
饮料及冷饮服务	Beverages and Services	37	38788	2918	13773
餐饮配送及外卖送餐服务	Catering Distribution and Delivery Service	12	17888	423	4117
其他餐饮业	Others Catering Services	6	28658	681	4333

住宿业和餐饮业财务状况(2022 年)

Enterprises Above Designated Size by Status of Registration and Sector(2022)

(10,000 yuan)

Assets and Liabilities				所有者权益合计 Creditors´Equity
累计折旧 Accumulated Depreciation	本年折旧 Depreciation	资产总计 Total Assets	负债合计 Total Liabilities	
1753467	**168466**	**7363106**	**5891079**	**1462917**
1319652	**110180**	**5823187**	**4691323**	**1122755**
143625	12789	432792	193527	239266
25584	531	25085	20642	4443
	–	–	–	–
	–	–	–	–
597202	39395	2295637	1637105	638880
44998	2531	114128	35159	78968
503387	54645	2949374	2800957	158959
240655	**26163**	**981175**	**764526**	**216649**
193161	**32124**	**558744**	**435230**	**123513**
1410712	**106283**	**5441821**	**4190077**	**1241213**
1311708	97565	4930733	3698112	1208957
96917	8421	481872	471558	23447
2086	296	29216	20407	8809
342755	**62184**	**1921285**	**1701002**	**221704**
200530	24250	1194551	1069741	126317
128572	35055	586744	497647	89010
7826	2196	74782	80410	-5628
2742	381	21033	15019	6014
3086	301	44176	38185	5991

8－08　续表

单位:万元

项　目	Item	营业收入 Revenue	主营业务收入 Revenues in Main Business	税金及附加 Sales Tax and Extra Charges
总　计	**Total**	**3956193**	**3851295**	**18729**
(一)按登记注册类型分组	**Grouped By Registered Type**			
1. 内资企业	**Domestic－funded Enterprises**	**2880598**	**2786326**	**16652**
国有企业	State－owned Enterprises	135268	130516	2638
集体企业	Collective－owned Enterprises	9983	9937	64
股份合作企业	Cooperative Enterprises	－	－	－
联营企业	Joint Ownership Enterprises	－	－	－
有限责任公司	Limited Liability Corporations	678193	622179	7604
股份有限公司	Share－holding Corporations Ltd.	47447	45349	428
私营企业	Private Enterprises	2003514	1972153	5876
2. 港、澳、台商投资企业	**Enterprises With Investment from Hong Kong, Macao and Taiwan**	**335195**	**327441**	**526**
3. 外商投资企业	**Enterprises With Foreign Investment**	**740400**	**737528**	**1551**
(二)按国民经济行业分组	**Grouped By Sector**			
1. 住宿业	**Lodging**	**1208833**	**1144105**	**16561**
旅游饭店	Restaurants for Junketing	922957	869384	15716
一般旅馆	General Hotel	279223	268115	828
民宿服务	Homestay Service	6654	6605	18
2. 餐饮	**Catering Services**	**2747359**	**2707190**	**2168**
正餐服务	Dinner Services	1519833	1485239	1592
快餐服务	Short Order Services	952822	949471	408
饮料及冷饮服务	Beverages and Services	157249	156042	111
餐饮配送及外卖送餐服务	Catering Distribution and Delivery Service	58681	57665	42
其他餐饮业	Others Catering Services	58775	58775	15

continued

(10,000 yuan)

销售费用 Cost of Sales	管理费用 Administration Cost	财务费用 Financil Cost	营业利润 Management Profits	利润总额 Total Profits	所得税费用 Income Tax Expense	从事住宿和餐饮业活动的从业人员平均人数(人) Average Number of Employees Engaged in Accommodation and Catering Activities(person)
1360145	**740878**	**102209**	**-47008**	**-17640**	**42031**	**122317**
984395	**607698**	**77119**	**-107511**	**-79031**	**16802**	**83150**
63034	40061	1306	19730	21028	232	4486
3725	3565	-84	-908	-662	30	405
	–	–	–	–	–	–
	–	–	–	–	–	–
228320	170875	35238	-67590	-56474	2953	21667
24896	11809	378	-5129	-4850	-286	1752
663106	379358	40141	-52400	-36946	13870	54750
186419	**51472**	**16959**	**-25462**	**-23926**	**736**	**16087**
189331	**81708**	**8131**	**85965**	**85317**	**24493**	**23080**
450731	**440383**	**73527**	**-160530**	**-141125**	**5048**	**39115**
367393	347095	66700	-134205	-114719	3917	31481
82249	90694	6564	-25108	-25469	1128	7376
1089	2594	263	-1218	-938	3	258
909414	**300495**	**28682**	**113523**	**123485**	**36983**	**83202**
513299	186186	16570	21346	30540	12967	40836
302420	83750	11096	90401	90146	23958	35939
47685	19971	675	1460	2028	-374	3607
22090	7399	126	641	886	254	1479
23920	3190	216	-326	-115	178	1341

8-09 按登记注册类型和国民经济行业分限额以上住宿业和餐饮业经营情况(2022年)

Management Conditions of Accommodation and Catering Services Enterprises Above Designated Size by Status of Registration and Sector(2022)

单位:万元 (10,000 yuan)

项目	Item	法人企业(个) Number of Enterprises (unit)	营业额 Turnover of Business	客房收入 Revenue of GuestRooms	餐费收入 Revenue of Catering Services	商品销售额 Revenue of Goods Sales
一、按登记注册类型分	**Grouped By Registered Type**					
总计	**Total**	**1325**	**4117345**	**721058**	**3038425**	**109892**
1. 内资企业	**Domestic - funded Enterprises**	**1281**	**2982114**	**657660**	**2033717**	**102090**
国有企业	State - owned Enterprises	26	144284	37564	79617	12284
集体企业	Collective - owned Enterprises	6	10606	4910	3938	53
股份合作企业	Cooperative Enterprises	1	4126	-	4118	8
联营企业	Joint Ownership Enterprises	1	2394	1611	704	10
有限责任公司	Limited Liability Corporations	200	684291	203062	348344	48074
国有独资公司	State - funded Corporations	19	118980	35206	58684	2274
其他有限责任公司	Other Limited Liability Corporations	181	565311	167857	289660	45800
股份有限公司	Share - holding Corporations Ltd.	7	49075	10279	36344	575
私营企业	Private Enterprises	1040	2087338	400234	1560651	41086
私营独资企业	Private - funded Enterprises	12	8211	2724	4365	90
私营合伙企业	Private Partnership Enterprises	4	3925	-	3738	23
私营有限责任公司	Private Limited Liability Corporations	1022	2070451	396934	1548537	40973
私营股份有限公司	Private Share - holding Corporations Ltd.	2	4751	576	4011	-
其他企业	Other Enterprises	-	-	-	-	-

8－09 续表 continued

单位:万元 (10,000 yuan)

项 目	Item	法人企业(个) Number of Enterprises (unit)	营业额 Turnover of Business	客房收入 Revenue of GuestRooms	餐费收入 Revenue of Catering Services	商品销售额 Revenue of Goods Sales
2.港、澳、台商投资企业	**Enterprises With Investment from Hong Kong, Macao and Taiwan**	**19**	**355941**	**38454**	**268255**	**5545**
合资经营企业(港或澳、台资)	Joint－venture Enterprises (With Funds from Hong Kong, Macao and Taiwan)	9	78050	22784	43461	486
合作经营企业(港或澳、台资)	Coorperative Enterprises (With Funds from Hong Kong, Macao and Taiwan)	－	－	－	－	－
港、澳、台商独资经营企业	Enterprises With Sole Investment from Hong Kong, Macao and Taiwan	8	238672	5449	219761	4817
港、澳、台商投资股份有限公司	Share－holding Corporations Ltd. With Investment from Hong Kong, Macao and Taiwan	2	39219	10221	5033	242
3.外商投资企业	**Enterprises With Foreign Investment**	**25**	**779290**	**24944**	**736454**	**2256**
中外合资经营企业	Joint－venture Enterprises	7	704824	11966	683846	244
中外合作经营企业	Cooperation Enterprises	－	－	－	－	－
外资企业	Enterprises With Sole Foreign Investment	18	74466	12978	52607	2012
外商投资股份有限公司	Share－holding Corporations Ltd. With Foreign Investment	－	－	－	－	－
二、按国民经济行业分	**Grouped By Sector**					
总 计	**Total**	**1325**	**4117345**	**721058**	**3038425**	**109892**
1.住宿业	**Lodging**	**576**	**1244117**	**693043**	**365549**	**10013**
旅游饭店	Restaurants for Junketing	304	945361	464160	329145	8290
一般旅馆	General Hotel	253	291917	224040	35065	1695
民宿服务	Homestay Service	19	6839	4843	1339	27
露营地服务	Campground Service	－	－	－	－	－
其他住宿业	Others Lodging	－	－	－	－	－
2.餐饮业	**Catering Services**	**749**	**2873228**	**28015**	**2672876**	**99879**
正餐服务	Dinner Services	647	1581132	28015	1415158	85741
快餐服务	Short Order Services	47	1004208	－	985404	7799
饮料及冷饮服务	Beverages and Services	37	166656	－	155389	6338
餐饮配送及外卖送餐服务	Catering Distribution and Delivery Service	12	59261	－	54954	1
其他餐饮业	Others Catering Services	6	61971	－	61971	－

8－10 分地区限额以上
Main Indicators of Accommodation

单位：万元

地 区	Region	企业法人数（个）Number of Enterprises (unit)	营业额 Turnover of Business	客房收入 Revenue of GuestRooms	餐费收入 Revenue of Catering Services	营业收入 Revenue
全 市	**Total**	**1325**	**4117345**	**721058**	**3038425**	**3956193**
市 区	Urban District	1157	3921457	615952	2959023	3762410
#上城区	Shangcheng	299	1010683	148331	799937	968267
拱墅区	Gongshu	184	757945	91876	550396	747210
西湖区	Xihu	139	1009911	65068	889090	960561
高新（滨江）区	Hi－Tech（Binjiang）	70	170980	47160	119620	165332
萧山区	Xiaoshan	91	317609	92932	172612	301066
余杭区	Yuhang	71	130965	42975	79159	122660
临平区	Linping	38	54309	17215	33715	51347
钱塘区	Qiantang	104	165941	29521	125896	162908
富阳区	Fuyang	53	58488	16671	36747	56289
临安区	Lin'an	45	45064	17680	24954	39894
西湖风景名胜区	The West Lake Scenic Zone	63	199562	46523	126897	186877
桐庐县	Tonglu	60	61234	29017	29408	57179
淳安县	Chun'an	73	98114	57428	33305	101764
建德市	Jiande	35	36539	18662	16690	34840

住宿餐饮业主要指标(2022 年)

and Catering by Region(2022)

(10,000 yuan)

主营业务收入 Revenues in Main Business	税金及附加 Sales Tax and Extra Charges	销售费用 Cost of Sales	管理费用 Administration Cost	财务费用 Financil Cost	利润总额 Total Profits	从事住宿和餐饮业活动的从业人员平均人数(人) Average Number of Employees Engaged in Accommodation and Catering Activities(person)
3851295	**18729**	**1360145**	**740878**	**102209**	**-17640**	**122317**
3661571	14413	1293092	665805	84889	27869	114133
936313	2924	405715	160168	32167	17560	27198
727977	1754	280125	108926	15434	-24439	24194
936585	1459	220807	120171	12919	94768	29343
163780	98	44303	39578	2025	-3251	4156
293888	1132	130068	67136	7716	-11542	9094
121218	286	27000	34029	2250	-1727	3989
49690	146	18915	12694	632	-1346	2153
156835	1264	55972	31351	4486	-8952	4555
54790	704	17066	14803	4578	-6994	2099
39743	434	11459	11559	2500	-3892	1660
180754	4213	81662	65394	183	-22317	5692
55081	2518	11727	26642	9455	-20310	2262
99859	1522	41588	38920	6894	-23192	4365
34784	276	13738	9511	972	-2009	1557

8－11 分行业、类型规模以上
Main Indicators of Service Enterprises

单位：亿元

项 目	Item	单位数（个）Number of Enterprise（Unit）	资产总计 Total Assets	固定资产原价 Orginal Value of Fixed Assets
总 计	**Total**	**5175**	**42655**	**7253**
按登记注册类型分	**Grouped By Registered Type**			
国有企业	State－owned Enterprises	41	283	87
集体企业	Collective－owned Enterprises	26	317	74
股份合作企业	Cooperative Enterprises	3	26	16
联营企业	Joint Ownership Enterprises	－	－	－
有限责任公司	Limited Liability Corporations	1130	14681	3324
股份有限公司	Share－holding Corporations Ltd.	190	4570	525
私营企业	Private Enterprises	3257	5028	655
其他企业	Other Enterprises	22	10	5
港澳台商投资企业	Enterprises With Investment from Hong Kong, Macao and Taiwan	164	12175	1475
外商投资企业	Enterprises With Foreign Investment	182	2561	570
按国民经济行业分	**Grouped by Sector**			
交通运输、仓储和邮政业	Transportation, Storage and Post	645	9679	3269
信息传输、软件和信息技术服务业	Information Transmission, Softuare and Information Technology	1348	17660	2037
房地产业	Real Estate	620	4241	554
租赁和商务服务业	Leasing and Business Services	1085	6446	729
科学研究和技术服务业	Scientific Research and Technical Service	723	2881	258
水利、环境和公共设施管理业	Water Conservancy, Environment and Public Utility	93	690	226
居民服务、修理和其他服务业	Service for the Residents and Other Service Sector	163	128	18
教育	Education	80	68	18
卫生和社会工作	Health Care and Social Welfare	179	207	36
文化、体育和娱乐业	Culture, Sports and Entertainment	239	655	110

服务业企业主要经济指标（2022 年）

Above Designated Size by Sector and Type（2022）

（100 million yuan）

本年折旧 Depreciation	负债合计 Total Liabilities	所有者权益合计 Total Owners´ Equities	营业收入 Revenue	营业成本 Operating Costs	营业税金及附加 Sales Taxes and Extra Charges in Main Business
485	**23567**	**19088**	**17150**	**11484**	**70**
4	81	202	101	87	1
2	117	200	17	11	1
–	9	17	2	1	–
–	–	–	–	–	–
152	8114	6568	4058	2816	16
32	2368	2202	572	393	3
59	3486	1542	4664	3731	17
1	9	2	16	11	–
166	6732	5444	4028	1070	18
44	1358	1203	3181	2924	9
129	5471	4207	2145	1982	5
237	9369	8291	10443	5839	35
20	2410	1832	547	397	13
54	3722	2724	2093	1855	9
24	1635	1246	1280	946	5
9	417	274	116	86	1
2	103	25	86	62	–
2	57	11	54	31	–
5	141	66	190	129	–
5	243	413	194	157	1

8-11 续表

单位:亿元

项　　目	Item	销售费用 Cost of Sales	管理费用 Administration Cost	财务费用 Financil Cost
总　计	**Total**	**978**	**2231**	**-7**
按登记注册类型分	**Grouped By Registered Type**			
国有企业	State - owned Enterprises	1	12	-3
集体企业	Collective - owned Enterprises	-	7	1
股份合作企业	Cooperative Enterprises	-	-	-
联营企业	Joint Ownership Enterprises	-	-	-
有限责任公司	Limited Liability Corporations	174	495	69
股份有限公司	Share - holding Corporations Ltd.	48	61	6
私营企业	Private Enterprises	225	361	26
其他企业	Other Enterprises	2	4	-
港澳台商投资企业	Enterprises With Investment from Hong Kong, Macao and Taiwan	425	1131	-93
外商投资企业	Enterprises With Foreign Investment	89	118	-13
按国民经济行业分	**Grouped by Sector**			
交通运输、仓储和邮政业	Transportation, Storage and Post	36	95	75
信息传输、软件和信息技术服务业	Information Transmission, Softuare and Information Technology	768	1703	-138
房地产业	Real Estate	19	68	35
租赁和商务服务业	Leasing and Business Services	72	133	19
科学研究和技术服务业	Scientific Research and Technical Service	26	142	-3
水利、环境和公共设施管理业	Water Conservancy, Environment and Public Utility	3	14	6
居民服务、修理和其他服务业	Service for the Residents and Other Service Sector	9	14	-
教育	Education	10	9	-
卫生和社会工作	Health Care and Social Welfare	24	25	2
文化、体育和娱乐业	Culture, Sports and Entertainment	11	27	-3

continued

(100 million yuan)

营业利润 Management Profits	利润总额 Total Profits	所得税费用 Income Tax Expense	应付职工薪酬 Payroll Payable	应交增值税 Value Added Tax Payables	期末用工人数（万人） Number of Employed Persons at the Year End (10000 Persons)
2737	**2810**	**343**	**2648**	**333**	**109.64**
10	11	1	29	2	0.96
-2	-1	-	2	1	0.13
1	1	-	-	-	0.00
-	-	-	-	-	-
569	579	52	679	87	33.73
575	577	8	152	12	7.12
199	204	31	754	76	43.00
-1	-2	-	9	-	0.38
1298	1329	192	691	124	9.56
41	58	55	216	22	8.56
125	131	19	213	42	11.40
1804	1852	276	1538	192	34.36
67	80	12	145	19	15.21
575	584	15	282	35	23.02
127	129	15	299	35	13.79
11	6	1	22	3	1.98
-	-2	1	30	2	4.06
2	1	1	26	1	1.21
11	11	2	50	-	3.02
16	19	-	42	4	1.58

8－12 规模以上服务业企业主要经济指标(2016－2022年)

Main Indicators of Service Enterprises Above Designated Size(2016－2022)

单位:亿元 (100 million yuan)

项　目	Item	2016	2017	2018	2019	2020	2021	2022
单位数(个)	Number of Enterprises(Unit)	3486	3744	4145	4303	4660	4652	5175
资产总计	Total Assets	18951	20198	27522	29337	31764	38948	42655
固定资产原价	Original Value of Fixed Assets	3129	3657	4319	4915	5564	6530	7253
本年折旧	Depreciation	207	234	303	396	446	493	485
负债合计	Total Liabilities	9134	10063	14317	15205	17059	22274	23567
所有者权益合计	Total Owners′Equities	9816	10135	13235	14132	14704	16674	19088
营业收入	Revenue	6639	8557	11158	12866	15116	18163	17150
营业成本	Main Cost of Business	4111	5410	7280	8102	9614	12074	11484
营业税金及附加	Sales Taxes and Extra Charges in Main Business	47	47	54	61	55	72	70
销售费用	Cost of Sales	341	457	651	724	972	1264	978
管理费用	Administration Cost	932	1223	1747	2064	2042	2485	2231
财务费用	Financil Cost	43	53	37	58	50	38	－7
营业利润	Management Profits	1352	1636	1812	1994	2371	2030	2737
利润总额	Total Profits	1443	1689	1853	2073	2451	2081	2810
所得税费用	Income Tax Costs	174	196	192	240	274	361	343
应付职工薪酬	Employee benefits Payable	904	1123	1344	1599	1936	2490	2648
应交增值税	Value Added Tax Payables	153	194	216	253	305	354	333
期末用工人数(万人)	Number of Employed Persons at the Year End(10000 Persons)	69	76	81	85	96	110	110

8-13 私营企业、个体工商户登记注册情况(主要年份)

Statistics on Private Enterprises and Individual Business Registration (main years)

年 份 Year	在册私营企业(户) Registered Private Enterprise (unit)	注册资金(万元) Registered Capital (10,000 yuan)	在册个体工商户(户) Registered Individual Business (unit)	注册资金(万元) Registered Capital (10,000 yuan)
2013	225219	70699701	327961	2392950
2014	276005	101081913	345327	2693164
2015	334732	150653768	386127	3330334
2016	400586	266020927	426028	3743654
2017	480986	417947655	471374	4498107
2018	554683	494453994	510198	5410789
2019	632298	548095350	610074	7517273
2020	678469	561289945	659054	8502960
2021	742679	677743440	712131	9663357
2022	799738	713717478	795565	10981257

主要统计指标解释

社会消费品零售总额 指各种经济类型的批发零售贸易业、住宿餐饮业对城乡居民和社会集团的消费品零售额总和。这个指标反映通过各种商品流通渠道向居民和社会集团供应的生活消费品来满足他们生活需要，是研究人民生活、社会消费品购买力、货币流通等问题的重要指标。社会消费品零售额包括：(1)售给城乡居民作为生活用的商品和修建房屋用的建筑材料；(2)售给机关、团体、学校、部队、企业、事业单位的职工食堂各种食品、燃料；(3)售给部队干部、战士生活用的粮食、副食品、衣着品、日用品、燃料；(4)售给来华的外国人、华侨、港澳台同胞的消费品；(5)售给社会集团的办公用品、纸张、账册、文印用品、计算工具、书刊和奖品；公共用品和纺织品、针织品；学校用的教学用具；文体用品；非专用的劳动保护用品，如工作服、套袖、围裙、手套、毛巾、肥皂等；日用百货和杂品，包括职工食堂用的餐具、炊具、设备和清洁卫生工具等；家具、设备、日用电器、电讯设备、电影器材和照相器材等；取暖用的设备和燃料、防暑、降温的饮料；非生产经营用的交通工具，如小轿车、面包车、工具车、卡车和油料；零星修理的各种零配件、材料、工具、建筑材料等；举办各种招待会、茶话会、宴会用的烟酒茶和各种食品及馈赠的礼品；从公费医疗经费中开支的中、西药品、中药材和医疗器材以及其他非生产性设备和用品。

限额以上批发零售业 指批发业年主营业务收入在2000万元及以上，零售业年主营业务收入在500万元及以上的各种经济类型商贸企业。

商品销售总额 指对本企业(单位)以外的单位和个人出售(包括对国(境)外直接出口)的商品金额。这个指标反映批发零售贸易业在国内市场上销售商品以及出口商品的总量。商品销售总额包括：(1)售给城乡居民和社会集团消费用的商品；(2)售给工业、农业、建筑业、运输邮电业、批发零售贸易业、餐饮业、服务业等作为生产、经营使用的商品；(3)售给批发零售贸易业作为转卖或加工后转卖的商品；(4)对国(境)外直接出口的商品，不包括：出售本企业(单位)自用的废旧包装用品，未通过买卖行为付出的商品，经本单位介绍，由买卖双方直接结算，本单位只收取手续费的业务，购货退出的商品以及商品损耗和损失等。

规模以上服务业企业 辖区内年营业收入2000万元及以上服务业法人单位。包括：交通运输、仓储和邮政业，信息传输、软件和信息技术服务业，水利、环境和公共设施管理业三个门类和卫生行业大类。辖区内年营业收入1000万元及以上服务业法人单位。包括：租赁和商务服务业，科学研究和技术服务业，教育三个门类，以及物业管理、房地产中介服务、房地产租赁经营和其他房地产业四个行业小类。辖区内年营业收入500万元及以上服务业法人单位。包括：居民服务、修理和其他服务业，文化、体育和娱乐业两个门类，以及社会工作行业大类。

Explanatory Notes on Main Statistical Indicators

Total Retail Sales of Consumer Goods refer to the sum of retail sales of consumer goods sold by wholesale and retail trade, catering and lodging industry of various economic types to urban and rural residents and social groups. This indicator is used to show the supply of consumer goods through various channels to residents and social groups to meet their needs in life, and is very important for the study on people's livelihood, on the purchasing power of consumer goods and on the circulation of money. The total retail sales of consumer goods include: (1) commodities sold to urban and rural residents for their daily use and building materials sold to them for the construction or repair of houses; (2) food and fuels sold to canteens of government organs, organizations, schools, troops, enterprises and institutions; (3) grains, non – staple food, clothing, daily articles and fuels sold to military, personnel for their daily use; (4) consumer goods sold to foreigners, overseas Chinese, and Chinese compatriots form Taiwan, Hong Kong and Macao during their stay in the mainland of China; (5) commodities sold to social groups, including office appliances, paper, account books, printing articles, calculators, newspapers, magazines and prizes; public articles, textiles and knit goods; school teaching equipment; cultural and sports articles; non special labor protection articles like working clothes, sleeves, aprons, gloves, towel sand soaps; commodities and miscellaneous goods for daily use including tableware, cooking utensils, equipment and cleaning articles for canteens; furnishings, appliances, household electrical appliances, communications facilities, film and photograph equipment; heating facilities, fuels and cooling beverages preventing heatstroke; vehicles (not for business use) such as cars, vans, tool cars, trucks and oils; parts, fittings, materials, instruments and building materials in ordinary repair, tobaccos, alcohols, teas, foods and presents for all kinds of reception meetings and banquets; Chinese and Western medicines, herbs and medical facilities and other non – production goods and equipment paid by public medical fund.

Wholesale and Retail Trade Above Designated Size refer to business enterprises of various economic types engaged in wholesale trade with year main business revenue over 20 million Yuan, and in retail sale trade with year main business revenue over 5 million Yuan.

Total Sales of Commodities refer to the amount of commodities sold by enterprises to other units and individuals (including direct export). This indictor is used to show the total value of commodities sold at domestic markets and exported. It includes: (1) commodities sold to urban and rural residents and social groups for consumption; (2) commodities sold for production and management of industry, agriculture, construction, transportation, post and telecommunications, wholesale and retail trades, catering trade and service industry; (3) commodities sold to wholesale and retail establishment for re – selling, with or without further processing; (4) commodities for direct export, excluding waste packaging materials used by the establishments(units) themselves, commodities transferred without buying or selling procedures, businesses directly settled by both parties through introduction of units who only charge commission, rejected commodities in the purchase, loss in commodities, etc.

Service industry enterprises above designated size service industry legal entities with an annual operating income of 20 million yuan and above in the jurisdiction. Including health industry category and other three categories: transportation, warehousing and postal industry; information transmission, software and information technology service industry; water conservancy, environment and public facilities management industry. Service industry legal entities with annual business income of 10 million yuan and above in the jurisdiction. Including three categories and four sub – categories: leasing and business service industry, scientific research and technical service industry, education; and property management, real estate intermediary services, real estate leasing operation and other real estate industry. Service industry legal entities with an annual business income of 5 million yuan and above in the jurisdiction. Including social work industry category and other 2 categories: Resident service, repair and other service industries; culture, sports and entertainment industries.

九 对外经济旅游

FOREIGN ECONOMIC COOPERATION AND TOURISM

9 对外经济、旅游
Foreign Economic Cooperation and Tourism

主要统计指标
Major Statistical Indicators

实际利用外资金额	Foreign Investments Actually Utilized	78.12	亿美元	(USD 100 million)
为上年	As Compared with the Preceding Year	95.6	%	(%)
进出口总额	Total Imports and Exports	1138.32	亿美元	(USD 100 million)
为上年	As Compared with the Preceding Year	99.9	%	(%)
# 出口总额	Total Exports	773.92	亿美元	(USD 100 million)
为上年	As Compared with the Preceding Year	107.6	%	(%)
进出口总额	Total Imports and Exports	7564.81	亿元	(100 million yuan)
为上年	As Compared with the Preceding Year	102.7	%	(%)
# 出口总额	Total Exports	5140.65	亿元	(100 million yuan)
为上年	As Compared with the Preceding Year	110.6	%	(%)
入境过夜游客	Number of Oversea Visitor Arrivals	9.64	万人次	(10, 000 person-times)
为上年	As Compared with the Preceding Year	53.1	%	(%)
旅游外汇收入	Total Foreign Exchange Earnings from International Tourism	0.49	亿美元	(USD 100 million)
为上年	As Compared with the Preceding Year	56.8	%	(%)

9-01 外商直接投资情况(1978-2022年)
Foreign Direct Investment(1978-2022)

单位:万美元　　　　(USD 10000)

年份 Year	项目个数(个) Number of Projects (unit)	协议总投资额 Total Investments of Agreements	协议利用外资金额 Contracted Foreign Investment	实际利用外资金额 Foreign Investments Actually Utilized
1978				
1979				
1980	3	153	128	
1981				
1982				
1983	2	356	100	
1984	9	6932	2697	
1985	21	6638	1731	907
1986	9	5722	2017	683
1987	10	2685	1256	1470
1988	23	6781	2734	696
1989	34	3897	1569	1860
1990	68	7817	3951	751
1991	121	11107	5551	2129
1992	583	125224	60915	9678
1993	1078	222325	121947	35713
1994	624	174406	110541	41098
1995	427	136662	90207	42659
1996	221	108150	70982	53651
1997	174	51682	27888	41187
1998	216	98219	51400	38425
1999	212	83416	56742	42025
2000	315	89781	64548	43093
2001	483	154447	103023	50324
2002	587	247888	96720	52186
2003	869	432660	200104	100850
2004	802	629727	307746	140982
2005	756	770941	400503	171274
2006	747	1080602	537986	225536
2007	574	854907	558059	280181
2008	483	862523	622788	331154
2009	554	948323	696486	401370
2010	545	1188055	770911	435627
2011	500	1291015	817108	472230
2012	510	1342616	826516	496061
2013	415	1419926	913144	527633
2014	408	1329217	723838	633460
2015	475	1649709	1038042	711253
2016	462	1503411	847841	720915
2017	575	1877119	1069651	661001
2018	744	2545689	1565483	682658
2019	735	3066139	1321928	612818
2020	804	3622167	1059312	720184
2021	989	1898573	993225	817116
2022	840	1836447	1348919	781238

9-02 分行业外商直接投资情况(2022 年)
Foreign Direct Investment by Sector(2022)

单位:万美元 (USD 10,000)

行 业 Sector	项目数(个) Projects (unit)	占总数 % Proportion (%)	实际利用外资金额 Foreign Investments Actually Utilized	占总数(%) Proportion (%)
合 计 Total	**840**	**100.00**	**781238**	**100.00**
第一产业 Primary Industry	**1**	**0.12**	**51**	**0.01**
农 业 Agriculture	1	0.12	51	0.01
第二产业 Secondary Industry	**62**	**7.38**	**138739**	**17.76**
采矿业 Mining	–	–	–	–
制造业 Manufacturing	54	6.43	129391	16.56
电力、燃气及水生产和供应业 Production & Supply of Electricity, Gas & Water	5	0.60	3703	0.47
建筑业 Construction	3	0.36	5645	0.72
第三产业 Tertiary Industry	**777**	**92.50**	**642448**	**82.23**
批发和零售业 Whole sale and Retail Tvade	**141**	**16.79**	**53967**	**6.91**
交通运输、仓储和邮政业 Transportation, Storage and Post	8	0.95	33950	4.35
住宿和餐饮业 Hotels and catering services	16	1.90	82	0.01
信息传输、软件和信息技术服务业 Information Transmission, Software and Information Technology	201	23.93	253941	32.50
金融业 Banking and Insurance	6	0.71	26112	3.34
房地产业 Real Estate	9	1.07	84663	10.84
租赁和商务服务业 Leasing and Business Services	178	21.19	74300	9.51
科学研究和技术服务业 Scientific Research and Technical Service	162	19.29	110338	14.12
其他行业 Others	56	6.67	5095	0.65

9-03 分国别(地区)外商直接投资情况(2022年)

Foreign Direct Investment by Region or Territory(2022)

单位:万美元 (USD 10000)

国别(地区)	Country (territory)	项目(个) Projects (unit)	总投资额 Total Investments	协议外资金额 Total Contracted Foreign Investments	实际利用外资 Foreign Investments Actually Utilized
合 计	**Total**	**840**	**1836447**	**1348919**	**781238**
#中国香港	#Hong Kong China	331	1555176	1002401	677127
中国澳门	Macao China	8	576	161	-
中国台湾	Taiwan China	137	64381	57334	2486
日本	Japan	15	336765	160273	3127
泰国	Thailand	2	257	89	3600
马来西亚	Malaysia	5	3687	935	-
新加坡	Singapore	32	173377	67207	28581
印度	India	3	35	33	-
韩国	Republic of Korea	50	23532	22878	260
德国	Germany	16	4981	402	125
法国	France	10	1106	866	1585
意大利	Italy	5	94	99	72
荷兰	Netherlands	5	760	10063	-
英国	Britain	16	7700	1979	6031
西班牙	Spain	3	-1299	-1147	-
奥地利	Austria	-	-	-	4655
俄罗斯联邦	The Russion Federation	6	263	83	-
英属维尔京群岛	The British Virgin Islands	6	36830	2256	20518
加拿大	Canada	30	2825	1081	55
美国	U. S. A	62	-1822	15012	24001
澳大利亚	Australia	11	1701	501	-
新西兰	New Zealand	1	113	6	-

9－04 分地区外商直接投资情况(2022 年)
Foreign Direct Investment by Region(2022)

单位:万美元 (USD 10000)

区 域	Region	批准项目个数(个) Number of Projects(unit)		实际利用外资金额 Foreign Investments Actually Utilized	
		2022 年 In Year 2022	同比增速 Year－on－year Growth Rate	2022 年 In Year 2022	同比增速 Year－on－year Growth Rate
全 市	**Total**	**840**	**－15.07**	**781238**	**－4.39**
#上城区	Shangcheng	77	－2.53	109072	73.99
拱墅区	Gongshu	101	26.25	27074	－68.64
西湖区	Xihu	95	10.46	70053	－15.70
高新(滨江)区	Hi－Tech(Binjiang)	117	－33.90	82001	－3.59
萧山区	Xiaoshan	127	－25.29	106032	19.69
余杭区	Yuhang	152	－17.84	95469	－1.18
临平区	Linping	11	83.33	21013	24.89
钱塘区	Qiantang	69	－33.01	106023	7.06
富阳区	Fuyang	34	－5.56	35169	3.75
临安区	Lin'an	14	－12.50	20197	－23.32
西湖风景名胜区	The West Lake Scenic Zone	3	－	－	－
桐庐县	Tonglu	8	－27.27	19262	－25.78
淳安县	Chun'an	9	－	6063	130.88
建德市	Jiande	11	－56.00	14016	7.55

9－05 特色小镇发展情况(2022 年)
Statistics on Characteristic Towns(2022)

项目 Item	企业数 (家) Number of Enterprises (unit)	本年新入驻企业数 (家) Number of new Enterprises to enter this year (unit)	固定资产投资 (不包括商业住宅和商业综合体项目) (亿元) Investment in Fixed Assets (Excluding commercial housing and commercial complex projects) (100 million yuan)
合　计 Total	**44014**	**7297**	**373**
省级特色小镇创建对象 Provincial Characteristic Towns to Create Objects	42499	7254	350
省级特色小镇培育对象 Provincial Characteristic Towns to Cultivate Objects	1515	43	23

9－05 续表　continued

项目 Item	特色产业投资 (亿元) Characteristic Industry Investment (100 million yuan)	工业企业营业收入 (亿元) Industrial Enterprise Tax excluded (100 million yuan)	服务业营业收入 (亿元) Service Revenues Tax excluded (100 million yuan)	税收收入 (亿元) Tax Revenues (100 million yuan)
合　计 Total	**305**	**3575**	**5728**	**803**
省级特色小镇创建对象 Provincial Characteristic Towns to Create Objects	291	3536	5693	799
省级特色小镇培育对象 Provincial Characteristic Towns to Cultivate Objects	13	39	35	4

9－06 进出口情况(1990－2022年)
Imports and Exports (1990－2022)

年份 Year	亿美元 USD 100 million						亿元 100 million yuan					
	进出口 Exports And Imports		出口 Exports		进口 Imports		进出口 Exports And Imports		出口 Exports		进口 Imports	
	总值 Total Value	为上年% As Compared with the Preceding Year(%)	总值 Total Value	为上年% As Compared with the Preceding Year(%)	总值 Total Value	为上年% As Compared with the Preceding Year(%)	总值 Total Value	为上年% As Compared with the Preceding Year(%)	总值 Total Value	为上年% As Compared with the Preceding Year(%)	总值 Total Value	为上年% As Compared with the Preceding Year(%)
1990	1.45	172.6	0.99	198.0	0.46	135.3						
1991	2.18	150.3	1.48	149.5	0.70	152.2						
1992	3.42	156.9	2.16	146.0	1.26	180.0						
1993	8.73	255.3	4.92	227.8	3.81	302.4						
1994	34.96	400.5	26.11	530.7	8.85	232.3						
1995	45.18	129.2	33.18	127.1	12.00	135.6						
1996	43.52	96.3	31.11	93.8	12.41	103.4						
1997	48.83	112.2	37.43	120.3	11.40	91.8						
1998	59.73	122.3	44.16	118.0	15.57	136.6						
1999	73.40	122.9	50.79	115.0	22.61	145.3						
2000	104.76	142.7	69.65	137.1	35.11	155.3						
2001	112.98	107.9	72.84	104.6	40.14	114.3						
2002	131.07	116.0	84.81	116.4	46.26	115.3						
2003	182.38	139.2	109.55	129.2	72.83	157.4						
2004	244.96	134.3	151.75	138.6	93.21	128.0						
2005	298.70	121.9	198.04	130.5	100.66	108.0						
2006	389.09	130.3	262.28	132.4	126.81	126.0						
2007	434.26	111.7	299.66	114.3	134.60	106.2						
2008	480.65	110.7	336.14	112.2	144.51	107.4						
2009	404.20	84.1	271.80	80.9	132.40	91.6						
2010	523.55	129.5	353.37	130.0	170.18	128.6	3551.87		2397.67		1154.20	
2011	639.72	122.2	415.21	117.5	224.50	131.9	4152.76	116.9	2696.47	112.5	1456.28	126.2
2012	616.83	96.4	412.62	99.4	204.22	91.0	3893.23	93.8	2604.88	96.6	1288.35	88.5
2013	650.71	105.5	447.66	108.5	203.05	99.5	4037.01	103.7	2777.31	106.6	1259.70	97.8
2014	679.98	104.5	491.66	109.8	188.32	92.8	4177.24	103.5	3020.29	108.7	1156.95	91.8
2015	665.66	97.9	500.67	101.8	165.00	87.7	4132.43	99.0	3108.03	102.9	1024.40	88.7
2016	679.92	102.2	502.59	100.5	177.34	107.6	4485.97	108.7	3313.80	106.7	1172.17	114.6
2017	750.65	110.4	509.95	101.5	240.70	135.7	5085.08	113.3	3455.61	104.3	1629.46	138.8
2018	795.56	106.0	518.23	101.8	277.33	114.8	5245.28	103.1	3417.11	99.0	1828.17	111.8
2019	811.54	102.0	523.83	101.1	287.71	103.7	5596.81	106.7	3612.66	105.7	1984.14	108.5
2020	856.10	105.4	532.85	101.6	323.25	112.3	5934.16	105.9	3693.23	102.1	2240.93	112.9
2021	1140.26	132.7	719.28	135.1	420.98	128.6	7368.97	123.7	4647.02	125.9	2721.95	120.0
2022	1138.32	99.9	773.92	107.6	364.40	86.7	7564.81	102.7	5140.65	110.6	2424.16	89.2

9－07 分经济类型进出口情况(2022年)

Statistics on Imports and Exports by Econimic Type(2022)

单位:亿元 (100 million yuan)

项 目	Item	2022年 In Year 2022	为上年(%) As Compared with the Preceding Year(%)
全市进出口总值(海关口径)	Total Exports And Imports	7564.81	102.7
一、出口总额	Exports	5140.65	110.6
1.国有企业	State－owned Enterprises	551.81	112.3
2.三资企业	Foreign Investment Enterprises	887.62	100.0
(1)中外合作企业	Cooperation Enterprises	1.75	90.8
(2)中外合资企业	Joint－Venture Enterprises	351.00	100.4
(3)外商独资企业	Enterprises With Sole Foreign Investment	534.86	106.2
3.集体企业	Collective－owned Enterprises	156.72	94.6
4.私营企业	Private Enterprises	3530.76	113.4
二、进口总额	Imports	2424.16	89.2

9-08 分地区外贸进出口情况(2022年)
Imports and Exports by Region(2022)

单位:万元 (10,000 yuan)

区域	Region	进出口总值 Total Imports and Exports	为上年(%) As Compared with the Preceding Year(%)	出口总值 Exports of This Year	为上年(%) As Compared with the Preceding Year(%)	进口总值 Imports of This Year	为上年(%) As Compared with the Preceding Year(%)
全市合计	**Total**	**75648053**	**102.7**	**51406490**	**110.6**	**24241563**	**89.2**
#不含省属	#Non-provincial	70659696	103.6	48756743	110.9	21902954	90.5
#上城区	Shangcheng	6394876	104.2	4072402	117.8	2322475	86.8
拱墅区	Gongshu	8741879	100.3	4738591	120.5	4003287	83.6
西湖区	Xihu	3164079	105.1	2608635	105.4	555444	103.6
高新(滨江)区	Hi-Tech(Binjiang)	10474201	96.4	7494119	101.9	2980081	85.0
萧山区	Xiaoshan	10928779	106.3	8720363	110.7	2208416	91.6
余杭区	Yuhang	3767511	107.5	3518752	107.9	248759	102.5
临平区	Linping	3926466	110.9	3650911	111.1	275554	108.8
钱塘区	Qiantang	10301930	99.3	6183804	104.9	4118126	92.0
富阳区	Fuyang	4558501	112.5	2058851	119.3	2499650	107.5
临安区	Lin'an	3217517	131.6	2275147	138.0	942370	118.3
桐庐县	Tonglu	1423002	148.6	1324493	152.2	98509	112.9
淳安县	Chun'an	145651	112.0	132822	112.8	12829	103.7
建德市	Jiande	959051	96.6	896632	103.6	62418	49.1

9-09 分地区外贸进出口总值(2004-2022年)
Total Value of Imports and Exports by Region(2004-2022)

单位:万美元 (USD 10000)

年份 Year	全市 Whole City	市区 Urban District						桐庐县 Tonglu	淳安县 Chun'an	建德市 Jiande
		合计 Total	#萧山区 Xiaoshan	余杭区 Yuhang	临平区 Linping	富阳区 Fuyang	临安区 Lin'an			
2004	2449671	2364434	414374	88538	-	52399	28918	32333	4461	19525
2005	2986993	2892191	510950	128999	-	72357	33262	30489	5211	25841
2006	3890853	3769910	610201	183930	-	81616	41492	38522	6797	34132
2007	4342666	4181699	795487	255534	-	105765	55542	48811	8319	48295
2008	4806503	4545719	953377	324421	-	126829	74862	71753	12478	101692
2009	4041991	3821965	829827	285496	-	116158	70454	60064	12039	77470
2010	5235549	4946409	1135326	385736	-	166652	101387	73919	17183	96651
2011	6397180	6044765	1432742	484903	-	216575	132729	93464	20459	105763
2012	6168325	5814547	1367290	512531	-	224446	142340	103153	21604	86681
2013	6507102	6115754	1408929	555640	-	265788	165094	119539	19692	87023
2014	6799775	6355378	1384823	601220	-	284980	193001	133392	23802	94202
2015	6656636	6178381	1189039	537405	-	285540	209150	147326	20814	100965
2016	6799241	6313076	1120689	520195	-	273306	223014	139150	18377	105623
2017	7506524	7295048	1079155	577771	-	372442	274535	110464	16843	84169
2018	7352678	7108994	1199436	701156	-	426099	238136	118296	18005	107382
2019	8115399	7889427	1214129	694110	-	429135	246122	108729	19382	97860
2020	8560995	8313802	1139767	766374	-	423847	259590	108617	18525	120050
2021	11402625	11078145	1589037	539608	542834	621247	378223	148413	22325	153743
2022	11383236	11004162	1642234	567992	590105	686244	485138	212597	21819	144658

9-10 外贸出口分国别(地区)情况(2022 年)
Export by Country or Region(2022)

单位:万元 (10,000 yuan)

国别(地区)	Country (region)	2022 年 In Year 2022	为上年(%) As Compared with the Preceding Year(%)
合 计	**Total**	**51406490**	**110.6**
#中国香港	Hong Kong China	838971	102.4
中国台湾	Taiwan China	526325	102.3
美国	U.S.A	8481916	106.2
日本	Japan	2438015	105.2
德国	Germany	2174578	94.9
英国	Britain	1595205	87.6
印度	India	2263527	116.0
越南	Vietnam	1698341	110.3
韩国	Republic of Korea	1458528	104.1
荷兰	Netherlands	1628608	113.7
意大利	Italy	1024385	118.7
法国	France	1232235	103.2
俄罗斯	Russia	1422856	119.5
澳大利亚	Australia	1562803	147.9
印度尼西亚	Indonesia	1065914	110.2
西班牙	Spain	918745	104.8
加拿大	Canada	1589959	170.6
巴西	Brazil	1436118	122.4
墨西哥	Mexico	1192344	114.1
泰国	Thailand	1297967	135.1
"一带一路"国家(地区)	Countries along the Belt and Road	16883825	112.9

9-11 进出口货物分贸易方式总值表(2022年)

Total Value Table of Import and Export Goods by Trade Mode(2022)

单位:万元　　　　(10,000 yuan)

贸易方式 Trade Mode	出口 Export		进口 Import	
	2022年 In Year 2022	为上年(%) As Compared with the Preceding Year(%)	2022年 In Year 2022	为上年(%) As Compared with the Preceding Year(%
总值 Total Value	**51406490.40**	**110.6**	**24241562.82**	**89.2**
一般贸易 General Trade	45461340.70	112.2	19593812.09	87.8
来料加工装配贸易 Processing and Assembling Trade with Supplied Materials	220734.10	94.6	193447.80	93.0
进料加工贸易 Imported Materials Processing	5196268.08	108.0	2699963.58	102.1
外商投资企业作为投资进口的设备物品 Equipments and Goods Imported by Foreign - invested Enterprises as Investment	-	-	39816.99	621.9
保税监管场所进出境货物 Import and Export Cargos at Bonded Supervision Place	33395.59	463.2	314825.46	36.0
海关特殊监管区域物流货物 Logistics Goods in Areas under Customs Special Supervision	203431.23	114.2	1265860.80	127.8
海关特殊监管区域进口设备 Import Equipments in Areas under Customs Special Supervision	-	-	9107.15	82.4
华侨、港澳台同胞、外籍华人捐赠物资 Materials Donated by Overseas Chinese, Compatriots from Hong Kong, Macao and Taiwan, and Foreign Nationality Overseas	249.90	121.9	713.61	289.8
对外承包工程出口货物 Export Goods of Foreign Contracted Projects	143664.40	30.3	-	-
其他贸易 Other Trade	146119.74	62.5	123088.23	101.9

9－12 主要商品出口情况(2022 年)

Major Commodity Exports(2022)

单位:万元　　　　(10,000 yuan)

项目名	Item	2022 年 In Year 2022	为上年(%) As Compared with the Preceding Year(%)
机电产品	Mechanical and Electrical Products	21877041	106.3
高新技术产品	High－tech Products	10405480	114.7
文化产品	Cultural Products	2661431	97.8
农产品	Agricultural Products	894392	112.8
服装及衣着附件	Clothing and Clothing Accessories	3806398	118.8
纺织纱线、织物及其制品	Textile Yarns, Fabrics and Their Products	4962783	105.2
鞋靴	Footwear	395060	115.2
家具及其零件	Furniture and Its Parts	1606002	98.9
塑料制品	lastic Products	1421838	119.4
灯具、照明装置及其零件	Lamps, Lighting Devices and Their Parts	489799	99.2
箱包及类似容器	Bags and Similar Containers	322378	107.7
汽车零配件	Automobile Parts	1507518	112.4
钢材	Steel	2121141	106.5
船舶	Boats and Ships	24462	128.9
医药材及药品	Medicinal Materials and Drugs	575078	23.4
电线及电缆	Wire and Cable	548065	98.7
水产品	Aquatic Products	44567	109.7

9－13 旅游发展情况(1995－2022年)
Statistics on Tourism(1995－2022)

年份 Year	旅游总收入 (亿元) Total Tourism Revenue (100 million yuan)	国内旅游收入 (亿元) Domestic Earnings (100 million yuan)	旅游外汇收入 (亿美元) Foreign Exchange Earnings from International Tourism (USD 100 million)	旅游总人数 (万人次) Total Tourists (10000 person－times)	国内游客人数 (万人次) Domestic Tourists (10000 person－times)
1995	106.0	94.3	1.45	2148	2104
1996	136.5	122.6	1.67	2055	2009
1997	158.8	142.1	2.01	2150	2100
1998	163.4	146.0	2.10	2172	2121
1999	186.0	166.7	2.37	2266	2207
2000	214.3	190.0	2.92	2376	2305
2001	249.7	218.9	3.37	2592	2510
2002	294.4	254.8	4.77	2758	2652
2003	325.9	290.9	4.22	2862	2776
2004	410.1	361.2	5.97	3139	3016
2005	465.1	403.6	7.58	3417	3266
2006	543.7	471.2	9.09	3864	3682
2007	630.1	548.6	11.19	4320	4112
2008	707.2	617.2	12.96	4773	4552
2009	803.1	708.9	13.80	5324	5094
2010	1025.7	910.9	16.90	6581	6305
2011	1191.0	1063.8	19.60	7487	7181
2012	1392.3	1253.2	22.02	8568	8237
2013	1603.7	1469.9	21.60	9725	9409
2014	1886.3	1743.9	23.18	10933	10606
2015	2200.7	2019.7	29.31	12382	12040
2016	2571.8	2362.6	31.49	14059	13696
2017	3041.3	2802.1	35.43	16287	15884
2018	3589.1	3335.6	38.31	18403	17983
2019	4004.5	3953.7	7.37	20814	20700
2020	3335.4	3331.3	0.59	17573	17559
2021	1524.2	1518.3	0.85	8952	8934
2022	1389.2	1385.9	0.49	8106	8096

注:1.自2019年开始,入境旅游口径调整为"入境过夜游客",2018年以前为"境外旅游者人数",2021年起,旅游接待主要指标按国家制度口径进行调整。

a) Since 2019, the caliber of inbound tourism has been adjusted to "inbound overnight tourists", which was "the number of overseas tourists" before 2018, Since 2021, the main indicators of tourism reception have been adjusted according to the national system.

9-14 境外旅游者人数(1978-2022年)
Number of International Tourists (1978-2022)

单位:人次 (person-times)

年份 Year	合计 Total	#外国人 Foreigners	港澳台同胞 Compatriots from Hong Kong, Macao and Taiwan	平均逗留天数 Average days of Staying
1978	53475	728	26648	
1979	84914	44714	39131	2.59
1980	124960	61710	61382	2.70
1981	154745	87727	65014	2.71
1982	152897	89100	61314	2.49
1983	160564	97803	59625	2.18
1984	179200	105771	70915	2.12
1985	238385	156311	75063	2.18
1986	266370	170960	87092	2.38
1987	300603	183477	100078	2.38
1988	349246	149512	159745	2.08
1989	248502	66094	163589	2.08
1990	388345	86621	268131	2.09
1991	390197	136809	229690	2.00
1992	489578	183781	267256	2.03
1993	459620	199796	234640	2.06
1994	337362	201692	124346	2.10
1995	441262	249418	177236	2.06
1996	462313	273477	178845	2.07
1997	504276	288949	205267	2.20
1998	507243	261353	231609	2.20
1999	591853	324625	257978	2.09
2000	707148	400906	306242	2.15
2001	819438	447689	371749	2.41
2002	1056266	631576	424690	2.50
2003	861163	482073	379090	2.72
2004	1234063	791616	442447	2.59
2005	1513585	1020840	492745	2.63
2006	1820171	1236792	583379	2.57
2007	2085997	1453650	632347	2.67
2008	2213329	1543665	669654	2.73
2009	2304045	1572838	731207	2.87
2010	2757147	1878528	878619	2.94
2011	3063140	2108263	954877	2.96
2012	3311225	2298763	1012462	2.95
2013	3160058	2198187	961871	2.93
2014	3261337	2254866	1006471	2.93
2015	3415619	2378461	1037158	2.99
2016	3632252	2556247	1076005	3.14
2017	4022309	2849993	1172316	3.25
2018	4205063	2990183	1214056	2.80
2019	1133143	839504	293639	3.20
2020	143084	113640	29444	2.35
2021	181648	145537	36111	2.69
2022	96418	69975	26443	2.92

注:1. 从1995年起为全市数。自2019年开始,全省入境旅游统计口径调整为"入境过夜游客",根据省文旅厅数据,我市2018年接待入境旅游者人次为107.23万人次。2018年以前为"境外旅游者人数"。

a) Data in this table has included the tourists of whole municipality since 1995. Since 2019, the statistical caliber of inbound tourism in the whole province has been adjusted to "inbound overnight tourists". According to the data from the Zhejiang Provincial Department of Culture and Tourism, Hangzhou received 1.0723 million person/times inbound tourists in 2018. which was "the number of overseas tourists" before 2018.

9－15 接待境外游客及居民出境旅游情况(2017－2022年)

Number of International Tourists and Outbound Tourists(2017－2022)

项　目	Item	2017	2018	2019	2020	2021	2022
一、接待境外游客	**International Tourists**						
全年接待人数(人次)	**Number of Foreign Tourists(person－times)**	**4022309**	**4205063**	**1133143**	**143084**	**181648**	**96418**
#外国人	#Foreigners	2849993	2990183	839504	113640	145537	69975
港澳台同胞	Compatriots From Hong Kong, Macao and Taiwan	1172316	1214056	293639	29444	36111	26443
全年接待人天数(人天)	**Total Person－days (person－days)**	**13092273**	**14694611**	**2991120**	**336562**	**488448**	**281583**
#外国人	#Foreigners	9545816	10727681	2312566	264402	382107	201108
港澳台同胞	Compatriots From Hong Kong, Macao and Taiwan	3545457	3966930	678553	72159	106341	80475
平均逗留天数(天)	**Average Days of Staying (days)**	**3.25**	**2.8**	**3.2**	**2.4**	**2.69**	**2.92**
#外国人	#Foreigners	3.35	2.8	3.2	2.3	2.63	2.87
港澳台同胞	Compatriots From Hong Kong, Macao and Taiwan	3.02	2.6	2.8	2.5	2.94	3.04
旅游外汇总收入(万美元)	**Total Foreign Exchange Earnings From International Tourism (USD 10000)**	**354286**	**383063**	**73660**	**5903**	**8544**	**4854**
二、居民出境旅游	**Outbound Tourism**						
居民出境旅游人数(人次)	**Outbound Tourists(Person－time)**	**1730474**	**2125332**	**2186500**	**87742**	**－**	**－**

注:1. 从1995年起为全市数。自2019年开始,全省入境旅游统计口径调整为"入境过夜游客",根据省文旅厅数据,我市2018年接待入境旅游者人次为107.23万人次。2018年以前为"境外旅游者人数"。

a) Data in this table has included the tourists of whole municipality since 1995. Since 2019, the statistical caliber of inbound tourism in the whole province has been adjusted to "inbound overnight tourists". According to the data from the Zhejiang Provincial Department of Culture and Tourism, Hangzhou received 1.0723 million person/times inbound tourists in 2018. which was "the number of overseas tourists" before 2018.

9-16 接待境外游客分国别(地区)情况(2021-2022年)

Number of International Tourists by Country or Region(2021-2022)

单位:人次 (person-times)

国别(地区)	Country (territory)	2022	2021	为上年(%) As Compared with the Preceding Year(%)
合 计	**Total**	**96418**	**181648**	**53.08**
#中国香港	#Hong Kong China	13009	15766	82.51
中国澳门	Macao China	3191	4703	67.85
中国台湾	Taiwan China	10243	15641	65.49
日本	Japan	5697	4330	131.57
美国	U.S.A	7670	7603	100.88
新加坡	Singapore	1431	1706	83.88
澳大利亚	Australia	1709	4182	40.87
泰国	Thailand	763	1241	61.48
意大利	Italy	844	707	119.38
荷兰	Netherlands	331	583	56.78
西班牙	Spain	670	1936	34.61
马来西亚	Malaysia	537	853	62.95
韩国	Republic of Korea	4894	2802	174.66
法国	France	1662	1114	149.19
德国	Germany	2081	5812	35.81
加拿大	Canada	1992	2013	98.96
英国	Britain	2889	1445	199.93
印度尼西亚	Indonesia	127	3154	4.03
印度	India	914	373	245.04
菲律宾	Filipine	280	177	158.19

注:1. 自2019年开始,全省入境旅游统计口径调整为"入境过夜游客"。

a) Since 2019, the statistical caliber of inbound tourism in the whole province has been adjusted to "inbound overnight tourists".

主要统计指标解释

利用外资　指我市政府部门,企业和其他经济组织通过对外借款,吸收外商直接投资以及用其他方式筹措的境外现汇、设备、技术等。

外商直接投资　是指外国企业和经济组织或个人(包括华侨、港澳台胞以及我国在境外注册的企业)按我国有关政策、法规,用现汇、实物、技术等在我市境内开办外商独资企业、与我市境内的企业或经济组织共同举办中外合资经营企业、合作经营企业或者合作开发资源的投资(包括外商投资收益的再投资)以及经政府有关部门批准的项目投资总额内,企业从境外借入的资金。

进出口总额　海关进出口总额指实际进出我国国境的货物总金额。包括对外贸易实际进出口货物,来料加工装配进出口货物,国家间、联合国及国际组织无偿援助物资和赠送品,华侨、港澳台同胞和外籍华人捐赠品,租赁期满归承租人所有的租赁货物,进料加工进出口货物,边境地方贸易及边境地区小额贸易进出口货物(边民互市贸易除外),中外合资经营企业、中外合作经营企业、外商独资经营企业进出口货物和公用物品,到、离岸价格在规定限额以上的进出口货样和广告品(无商业价值、无使用价值和免费提供出口的除外),从保税仓库提取在中国境内销售的进口货物,以及其他进出口货物。进出口总额以观察一个国家在对外贸易方面的总规模。我国规定出口货物按离岸价格统计,进口货物按到岸价格统计。

境外旅游者人数　指来我市参观、访问、旅行、探亲、访友、休养、考察、参加会议和从事经济、科技、文化、教育、体育、宗教等活动的外国人、华侨、港澳和台湾同胞的人数。不包括外国在我市的常驻机构,如使领馆、通讯社、企业办事处的工作人员;来我市常住的外国专家、留学生以及在岸逗留不过夜人员。

境外旅游(外汇)收入　指入境旅游的外国人、华侨、港澳台同胞在杭州旅游过程中发生的一切旅游支出,对我市来说就是境外旅游(外汇)收入。

Explanatory Notes on Main Statistical Indicators

Utilization of Foreign Capital refers to foreign spot exchange, equipment and technology financed by foreign loans, foreign direct investment and other forms undertaken by Hangzhou government, enterprises and other economic units.

Foreign Direct Investment refers to the investments inside China by foreign enterprises and economic organizations or individuals (including overseas Chinese, compatriots from Hong Kong, Macao and Taiwan, and Chinese enterprises registered abroad) , following the relevant policies and laws of China, to establish wholly foreign owned enterprises, Sino foreign joint ventures and cooperative enterprises, or to explore resources jointly with enterprises or economic organizations in Hangzhou with spot exchange, material objects and technology. It also includes the re – investment of the foreign entrepreneurs with the profits gained from the investment and funds that enterprises borrow from abroad in the total investment of projects approved by the relevant department of the government.

Total Imports and Exports refer to the value of commodities imported into and exported from the boundary of China. It includes the actual imports and exports through foreign trades, imported and exported goods processed and assembled with supplied materials, supplies and gifts as aid given gratis between countries and by the United Nations and other international organizations, and contributions donated by overseas Chinese, compatriots in Hong Kong, Macao and Chinese foreign citizenship, leasing commodities belong to tenants at the end of leasing period, the imported and exported commodities processed with imported materials, commodities trading in border areas (excluding mutual exchange goods), the imported and exported commodities and articles for public use of the Sino – foreign joint ventures, cooperative enterprises and wholly foreign owned enterprises. It also includes imported or exported samples and advertising goods whose CIF or FOB value are beyond the permitted ceiling (excluding goods without trading or use value and exported free), imported goods sold in China from bonded warehouses and other imported or exported goods. This indicator is used to observe the total size of external trade in a country. In accordance with the stipulation of Chinese government, imports are calculated at CIF, while exports are calculated at FOB.

Number of International Tourists refers to foreigners, overseas Chinese and compatriots from Hong Kong, Macao and Taiwan, who come to Hangzhou for sightseeing, visits, tours, family reunions, vacations, study tours, conferences and other activities of business, scientific and technological, cultural, educational and religious natures. It does not include employees of permanent offices of foreign countries in our city such as embassies, consulates, news agencies and offices of foreign companies, or long – term foreign experts or students residing in Hangzhou, or persons in transition without spending a night in Hangzhou.

Foreign Exchange Earnings from Overseas Tourism refer to the total expenditures of foreigners, overseas Chinese, Chinese compatriots from Hong Kong, Macao and Taiwan during their stay in Hangzhou, which are, for Hangzhou, foreign exchange earnings from overseas tourism.

十 财政、金融保险

FINANCE, BANKING AND INSURANCE

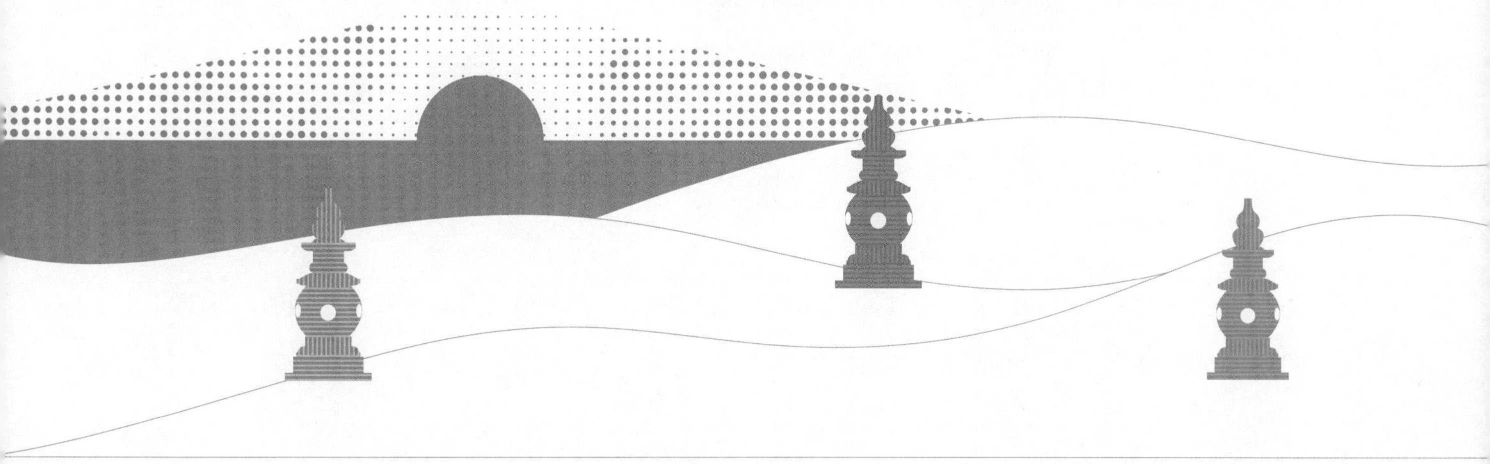

10 财政、金融、保险
Finance, Banking and Insurance

主要统计指标
Major Statistical Indicators

财政总收入	Total Financial Revenue	4590.08	亿元	(100 million yuan)
为上年	As Compared with the Preceding Year	100.6	%	(%)
一般公共预算收入	General Public Budget Revenue	2450.61	亿元	(100 million yuan)
为上年	As Compared with the Preceding Year	102.7	%	(%)
一般公共预算支出	General Public Financial Budgetary Expenditure	2542.09	亿元	(100 million yuan)
为上年	As Compared with the Preceding Year	106.2	%	(%)
年末金融机构各项存款余额	Balance of Deposits of Financial Institutions at Year-end	69592.03	亿元	(100 million yuan)
为上年	As Compared with the Preceding Year	114.0	%	(%)
# 住户存款余额	The Increased Amount of Household Deposits	19814.42	亿元	(100 million yuan)
为上年	As Compared with the Preceding Year	125.3	%	(%)
年末金融机构各项贷款余额	Balance of Loans of Financial Institutions at Year-end	62306.30	亿元	(100 million yuan)
为上年	As Compared with the Preceding Year	110.7	%	(%)

10 - 01 财政收入及支出(1978 - 2022 年)

Financial Revenue and Expenditure (1978 - 2022)

单位:万元 (10,000 yuan)

年 份 Year	财政总收入 Financial Revenue		一般公共预算收入 General Public Budget Revenue		一般公共预算支出 General Public Budget Expenditure	
	全 市 Total	市 区 Urban District	全 市 Total	市 区 Urban District	全 市 Total	市 区 Urban District
1978	94102	73396	–	–	16170	7779
1979	103259	81885	–	–	20334	11289
1980	118529	94015	–	–	21726	11867
1981	128564	100645	–	–	23964	13891
1982	140510	107298	–	–	24945	13687
1983	153941	116559	–	–	32765	17822
1984	172996	130757	–	–	46937	28710
1985	186472	131923	–	–	57710	35435
1986	205952	141943	–	–	73213	43959
1987	226262	152268	–	–	70717	41011
1988	246961	161208	–	–	95655	53031
1989	255003	156649	–	–	113571	61534
1990	252503	149904	–	–	118167	62587
1991	267597	158130	–	–	123134	62403
1992	286394	168341	–	–	132814	65984
1993	394946	233670	–	–	185168	90545
1994	484597	300014	197292	116733	215415	102430
1995	551262	339828	230431	135041	249050	120084
1996	635334	414557	268438	169987	302390	151016
1997	740725	485650	312797	196885	363834	197054
1998	869824	585615	368484	236269	424478	237221
1999	1026577	689394	449593	288002	563524	335243
2000	1428519	970937	691891	599910	734328	445698
2001	1884608	1612225	1042789	884738	1049330	849479
2002	2571408	2235021	1183153	1022964	1410199	1166298
2003	3297091	2861459	1503888	1290778	1635948	1340463
2004	3957516	3488744	1974523	1712813	1956282	1602303
2005	5207930	4584112	2504565	2172575	2383344	1957619
2006	6244906	5484645	3013888	2616084	2754809	2254347
2007	7884237	6929667	3916195	3421403	3357153	2747060
2008	9105489	7991043	4553531	3972842	4196674	3454599
2009	10194264	8965758	5207899	4535191	4903983	4000324
2010	12454323	10988265	6713413	5894414	6165836	4988197
2011	14889206	13009046	7851524	6822765	7475004	5971740
2012	16278879	14244888	8599875	7475989	7862800	6222930
2013	17349750	15157584	9452020	8207264	8557370	6662314
2014	19201076	17750305	10273169	9426504	9611771	8077961
2015	22387456	20738698	12338820	11360166	12054777	10235061
2016	25584128	23844189	14023826	12988095	14043065	12019355
2017	29212996	28010839	15674169	14979182	15409156	13968866
2018	34574596	33198717	18250616	17466268	17170834	15573258
2019	36500413	35006136	19659731	18800198	19528530	17796386
2020	38541929	37001224	20933893	20021700	20696554	18772405
2021	45617231	43797735	23865936	22837555	23920396	21897539
2022	45900795	43946799	24506119	23331928	25420894	23076582

10-02 分地区财政

Local Financial

单位:万元

指 标	Item	全 市 Total	市 区 Urban District
财政总收入合计	**Total**	**45900795**	**43946799**
一、一般公共预算收入	General Public Budget Revenue	24506119	23331928
(一)税收收入	Tax Revenue	21698557	20814376
1.增值税	Domestic Value-added Tax	7292040	6970858
2.企业所得税	Corporate Income Tax	5334604	5105271
3.个人所得税	Individual Income Tax	2278680	2207806
4.资源税	Resource tax	24668	14416
5.城市维护建设税	City Construction and Maintenance Tax	1494955	1453424
6.房产税	Real Estate Tax	882311	846050
7.印花税	Stamp tax	439685	426565
8.城镇土地使用税	Urban Land Use Tax	144040	124780
9.土地增值税	Land Appreciation Tax	1554055	1499522
10.车船税	Vehicle and vessel tax	145335	122128
11.耕地占用税	Tax on the Use of Arable Land	130397	119064
12.契税	Contract Tax	1973916	1921122
13.烟叶税	Tobacco Tax	-	-
14.环境保护税	Environmental protection tax	1545	976
15.其他税收收入	Other Tax	2326	2394
(二)非税收入	Non-tax Revenue	2807562	2517552
1.专项收入	Special Revenue	1483593	1435115
2.行政事业性收费收入	Income from Administrative Fees	226365	212478
3.罚没收入	Penalty and Confiscatory Income	364705	313855
4.国有资本经营收入	Revenue of state-owned capital	-220580	-215880
其中:国有企业计划亏损补贴	Subsides to Loss-making of state-owned Enterprises	-220580	-215880
5.国有资源(资产)有偿使用收入	Income from Paid Use of State-owned Resources (Assets)	828020	658683
6.政府住房基金收入	Government Housing Fund Income	118636	106479
7.其他收入	Other Revenue	6823	6822
二、上划中央"四税"小计	Subtotal Revenue of Central Government	21394676	20614871
1.消费税	Consumption Tax	2682702	2674390
2.增值税	Value Added Tax	7292042	6970860
3.企业所得税	Corporate Income Tax	8001909	7657909
4.个人所得税	Individual Income Tax	3418023	3311712

总收入(2022 年)

Revenue by Region(2022)

(10,000 yuan)

上城区 Shangcheng	拱墅区 Gongshu	西湖区 Xihu	高新(滨江)区 Hi - Tech (Binjiang)	萧山区 Xiaoshan	余杭区 Yuhang
4056301	**3401390**	**4633996**	**4336205**	**5151205**	**6715005**
2105573	1842865	2334888	2146539	3183090	3529291
1992108	1719614	2218075	2016054	2633780	3361505
642729	563202	749235	651015	863022	920206
597342	471853	672461	586499	560915	1011242
258070	176148	357992	436715	161676	493719
–	–	–	–	1765	33
123137	118628	136957	162533	150150	160428
152360	124704	98850	85098	98366	74286
53968	52650	55544	40361	54976	52104
8228	10201	8769	4939	27552	10619
144607	149491	133027	46004	339025	317323
9975	52335	5163	2938	21371	1598
–	–	–	–	16830	18023
–	–	–	–	337909	301857
–	–	–	–	–	–
9	7	8	2	201	39
1683	395	69	-50	22	28
113465	123251	116813	130485	549310	167786
94895	93035	97644	123081	121046	119267
287	7655	8792	376	67037	6202
17547	21485	7928	6048	46009	36703
–	–	–	–	-6880	-3600
–	–	–	–	-6880	-3600
736	1076	2430	980	303866	8975
–	–	–	–	13793	239
–	–	19	–	4439	–
1950728	1558525	2299108	2189666	1968115	3185714
24881	23321	4193	3829	21206	8066
642729	563202	749235	651015	863022	920206
896013	707780	1008692	879749	841373	1516863
387105	264222	536988	655073	242514	740579

10－02 续表

单位:万元

指 标	Item	市 区	
		临平区 Linping	钱塘区 Qiantang
财政总收入合计	**Total**	**2299259**	**2304520**
一、一般公共预算收入	General Public Budget Revenue	1355731	1166280
(一)税收收入	Tax Revenue	1224990	1064404
1.增值税	Domestic Value－added Tax	454116	430985
2.企业所得税	Corporate Income Tax	245968	270924
3.个人所得税	Individual Income Tax	69937	87737
4.资源税	Resource tax	－	－
5.城市维护建设税	City Construction and Maintenance Tax	68378	97110
6.房产税	Real Estate Tax	53730	67763
7.印花税	Stamp tax	18261	23871
8.城镇土地使用税	Urban Land Use Tax	12535	11819
9.土地增值税	Land Appreciation Tax	115268	65142
10.车船税	Vehicle and vessel tax	8784	8787
11.耕地占用税	Tax on the Use of Arable Land	45157	－
12.契税	Contract Tax	132721	－
13.烟叶税	Tobacco Tax	－	－
14.环境保护税	Environmental protection tax	42	160
15.其他税收收入	Other Tax	93	106
(二)非税收入	Non－tax Revenue	130741	101876
1.专项收入	Special Revenue	77458	72855
2.行政事业性收费收入	Income from Administrative Fees	1569	2801
3.罚没收入	Penalty and Confiscatory Income	28672	10913
4.国有资本经营收入	Revenue of state－owned capital	－	－
其中:国有企业计划亏损补贴	Subsides to Loss－making of state－owned Enterprises	－	－
5.国有资源(资产)有偿使用收入	Income from Paid Use of State－owned Resources (Assets)	22780	15307
6.政府住房基金收入	Government Housing Fund Income	－	－
7.其他收入	Other Revenue	262	－
二、上划中央"四税"小计	Subtotal Revenue of Central Government	943528	1138240
1.消费税	Consumption Tax	15554	169263
2.增值税	Value Added Tax	454116	430985
3.企业所得税	Corporate Income Tax	368952	406386
4.个人所得税	Individual Income Tax	104906	131606

continued

(10,000 yuan)

Urban District			桐庐县 Tonglu	淳安县 Chun'an	建德市 Jiande
富阳区 Fuyang	临安区 Lin'an	西湖风景名胜区 The West Lake Scenic Zone			
1531904	**1319909**	**175820**	**712153**	**436570**	**805273**
917363	839885	88340	414851	239175	520165
755985	659184	84333	354910	195903	333368
287857	187180	30338	155837	58797	106548
172297	162388	27598	75080	56921	97332
44866	32454	10459	19206	32208	19460
10314	2304	–	2835	397	7020
43643	37815	4480	17887	8001	15643
25977	21150	8836	17404	7750	11107
18987	11767	1165	6376	2597	4147
14022	13535	1455	8195	2252	8813
34680	114493	–	24411	10658	19464
6513	4662	2	2815	4449	15943
18060	4653	–	3870	849	6614
78532	66690	–	20838	11002	20954
–	–	–	–	–	–
209	73	–	247	3	319
28	20	–	-91	19	4
161378	180701	4007	59941	43272	186797
40889	37748	3266	20305	9383	18790
41720	10406	22	3051	5697	5139
38197	29345	82	19588	13569	17693
21600	-6200	–	–	–	-4700
21600	-6200	–	–	–	-4700
18972	108650	637	13337	13948	142052
–	139	–	3659	675	7823
–	613	–	1	–	–
614541	480024	87480	297302	197395	285108
939	581	54	36	4904	3372
287857	187180	30340	155837	58797	106548
258446	243582	41397	112620	85382	145998
67299	48681	15689	28809	48312	29190

10 - 03 分地区一般公共

General Public

单位:万元

指　标	Item	全　市 Total	市　区 Urban District
一般公共预算支出	**General Public Budget Expenditure**	**25420894**	**23076582**
一、一般公共服务支出	Expenditure for General Public Services	2100067	1861190
二、外交支出	Diplomatic Expenditure	-	-
三、国防支出	Expenditure for National Defense	21039	19323
四、公共安全支出	Expenditure for Public Security	1493817	1375457
五、教育支出	Expenditure for Education	5000916	4546218
六、科学技术支出	Expenditure for Science and Technology	2077342	1982479
七、文化旅游体育与传媒支出	Expenditure for Culture, Sports and Media	572354	529004
八、社会保障和就业支出	Expenditure for Social Safety Net and Employment Effort	2890618	2564358
九、卫生健康支出	Expenditure for Medical and Health Care	2632981	2370780
十、节能环保支出	Expenditure for Energy Conservation and Environmental Protection	392344	332761
十一、城乡社区支出	Expenditure for Urban and Rural Community	3142869	3017790
十二、农林水支出	Expenditure for Agriculture, Forestry and Water Conservancy	969527	696577
十三、交通运输支出	Expenditure for Transportation	957864	840201
十四、资源勘探工业信息等支出	Resources Exploration Information, etc	1052232	1018483
十五、商业服务业等支出	Expenditure for Commercial Service Industry	686731	660932
十六、金融支出	Expenditure for Financial Supervision	28928	28200
十七、援助其他地区支出	Expenditure for Aiding Other Territories	81095	78834
十八、自然资源海洋气象等支出	Expenditure for Land, Ocean and Meteorological Services	193586	163013
十九、住房保障支出	Expenditure on Housing Support	486674	428078
二十、粮油物资储备支出	Expenditure for Grain and Oil Reservation and other Materials Services	41582	36383
二十一、灾害防治及应急管理支出	Expenditure for Disaster Prevention and Emergency Management	129323	117311
二十二、预备费	Reserve Funds	-	-
二十三、其他支出	Other Expenditure	36357	36170
二十四、债务付息支出	Expenditure for Interest Payments on Debts	431033	371585
二十五、债务发行费用支出	Expenditure for Issuing Debts	1615	1455

预算支出(2022 年)

Expenditure by Region(2022)

(10,000 yuan)

上城区 Shangcheng	拱墅区 Gongshu	西湖区 Xihu	高新(滨江)区 Hi – Tech (Binjiang)	萧山区 Xiaoshan	余杭区 Yuhang
1522072	**1341962**	**1498383**	**1677522**	**3431276**	**3344867**
151787	142405	116264	56651	266667	204228
–	–	–	–	–	–
612	118	4019	2245	4473	2231
116315	143289	96964	49979	175246	95973
379381	331688	402487	309816	701751	504878
118499	81035	233873	401254	202871	291299
33399	14173	15395	36450	55932	50694
193366	130027	175985	193736	273737	309809
151447	200015	121073	99495	333735	303792
10230	17766	5636	14442	57998	106902
228221	218614	205458	298933	601029	472966
7299	2591	21310	10923	100382	195282
–	–	10	–	32377	84151
6046	4381	42400	88270	240042	278996
46566	27740	6425	20404	159252	297282
5911	1776	956	1630	5948	885
9632	4005	4424	10216	12818	7176
4227	6871	7329	4987	40125	17340
35229	5090	12189	52586	63082	54644
146	100	–	–	89	5041
4657	3178	11703	3970	19557	10644
–	–	–	–	–	–
4212	–	4000	–	18204	1858
14801	7057	10415	21475	65597	48620
89	43	68	60	364	176

10－03 续表

单位:万元

指 标	Item	市 区	
		临平区 Linping	钱塘区 Qiantang
一般公共预算支出	**General Public Budget Expenditure**	**1968827**	**1280009**
一、一般公共服务支出	Expenditure for General Public Services	165957	128659
二、外交支出	Diplomatic Expenditure	–	–
三、国防支出	Expenditure for National Defense	1805	1504
四、公共安全支出	Expenditure for Public Security	87673	72972
五、教育支出	Expenditure for Education	436725	265232
六、科学技术支出	Expenditure for Science and Technology	81293	180681
七、文化旅游体育与传媒支出	Expenditure for Culture, Sports and Media	38922	4463
八、社会保障和就业支出	Expenditure for Social Safety Net and Employment Effort	180481	85719
九、卫生健康支出	Expenditure for Medical and Health Care	244195	87274
十、节能环保支出	Expenditure for Energy Conservation and Environmental Protection	22396	9968
十一、城乡社区支出	Expenditure for Urban and Rural Community	412936	130476
十二、农林水支出	Expenditure for Agriculture, Forestry and Water Conservancy	36557	46400
十三、交通运输支出	Expenditure for Transportation	26674	7655
十四、资源勘探工业信息等支出	Resources Exploration Information, etc	121101	149270
十五、商业服务业等支出	Expenditure for Commercial Service Industry	31220	21500
十六、金融支出	Expenditure for Financial Supervision	667	1070
十七、援助其他地区支出	Expenditure for Aiding Other Territories	6389	3031
十八、自然资源海洋气象等支出	Expenditure for Land, Ocean and Meteorological Services	12596	6050
十九、住房保障支出	Expenditure on Housing Support	17038	17786
二十、粮油物资储备支出	Expenditure for Grain and Oil Reservation and other Materials Services	2158	–
二十一、灾害防治及应急管理支出	Expenditure for Disaster Prevention and Emergency Management	6752	8962
二十二、预备费	Reserve Funds	–	–
二十三、其他支出	Other Expenditure	846	–
二十四、债务付息支出	Expenditure for Interest Payments on Debts	34248	51266
二十五、债务发行费用支出	Expenditure for Issuing Debts	198	71

continued

(10,000 yuan)

Urban District			桐庐县 Tonglu	淳安县 Chun'an	建德市 Jiande
富阳区 Fuyang	临安区 Lin'an	西湖风景名胜区 The West Lake Scenic Zone			
1356922	**1061760**	**165177**	**751670**	**807095**	**785547**
149929	109760	12722	64629	94114	80134
–	–	–	–	–	–
100	482	2	455	735	526
73525	54497	18867	40492	36245	41623
249926	191189	4926	212147	118427	124124
74800	49441	131	44703	14798	35362
22103	20626	9728	17644	13470	12236
199803	174367	21943	81908	123102	121250
161527	125204	9019	95156	75929	91116
28686	21175	266	11374	35922	12287
67642	46276	78897	29973	33156	61950
91740	102596	5064	60833	120798	91319
57256	55010	–	42252	40792	34619
53711	26209	13	7032	19828	6889
9220	5529	269	3815	14337	7647
6492	167	2	530	23	175
2807	2235	228	1055	–	1206
12535	7234	276	6978	6910	16685
53213	40552	1876	15086	24927	18583
937	14	–	1584	2315	1300
9600	10218	948	2891	4959	4162
–	–	–	–	–	–
2047	–	–	–	–	187
29268	18902	–	11070	26300	22078
55	77	–	63	8	89

10－04 分税种、支出科目财政收支情况(2016－2022年)

Local Public Financial Budgetary Revenue and Expenditure by Tax and Expenditure Account(2016－2022)

单位:万元 (10,000 yuan)

指 标 Item	2016	2017	2018	2019	2020	2021	2022
财政总收入合计 Total	**25584128**	**29212996**	**34574596**	**36500413**	**38541929**	**45617231**	**45900795**
一、一般公共预算收入 General Public Budget Revenue	14023826	15674169	18250616	19659731	20933893	23865936	24506119
(一)税收收入 Tax Revenue	12892210	14171594	16512101	17911758	19785952	22336029	21698557
1.国内增值税 Domestic Value－added Tax	2097640	2969672	3222118	6464435	6283057	7830680	7292040
改征增值税 Newly Changed Value－added Tax	1705813	2693559	3354083	3293607	3815351	－	－
2.营业税 Business Tax	1988053	5288	16053	－	－	－	－
3.企业所得税 Corporate Income Tax	2215439	2702212	3230360	3762660	3997302	4919598	5334604
4.个人所得税 Individual Income Tax	1155176	1461998	1863436	1813506	1999483	2278722	2278680
5.城市维护建设税 City Construction and Maintenance Tax	890160	984315	1133495	1117782	1138295	1414537	1494955
6.房产税 Real Estate Tax	443407	557952	663805	589684	672537	703768	882311
7.城镇土地使用税 Urban Land Use Tax	147437	205548	172024	116652	143926	113638	144040
8.土地增值税 Land Appreciation Tax	851760	975587	931792	1639773	1609298	2266371	1554055
9.耕地占用税 Tax on the Use of Arable Land	40610	37784	31261	119847	417613	98443	130397
10.契税 Contract Tax	1056441	1205784	1474897	1839509	3031748	2132040	1973916
11.其他税收 Other Tax	300274	371895	418777	447910	492693	578232	613559
(二)非税收入 Non－tax Revenue	1131616	1502575	1738515	1747973	1147941	1529907	2807562
1.专项收入 Special Revenue	1102959	1180199	1293351	1173121	934996	1060727	1483593
2.行政事业性收费收入 Income from Administrative Fees	10968	48079	111730	101292	167184	204207	226365

10－04 续表 continued

单位:万元 (10,000 yuan)

指 标 Item	2016	2017	2018	2019	2020	2021	2022
3. 罚没收入 Penalty and Confiscatory Income	160147	218482	328202	279899	214645	335565	364705
4. 国有资本经营收入 Revenue of state－owned capital	－	－	－	－198006	－469821	－477302	－220580
#国有企业计划亏损补贴 Subsides to Loss－making of state－owned Enterprises	－250873	－174529	－230413	－198299	－474590	－477462	－220580
5. 国有资源(资产)有偿使用收入 Income from Paid Use of State－owned Resources (Assets)	58175	101288	146357	292317	242891	312040	828020
6. 政府住房基金收入 Government Housing Fund Income	47.46	128247	79003	92493	51801	78343	118636
7. 其他收入 Other Revenue	47146	809	10285	6857	6245	16327	6823
二、一般公共预算支出 General Public Budget Expenditure	14043065	15409156	17170834	19528530	20696554	23920396	25420894
1. 一般公共服务 Expenditure for General Public Services	1125425	1311829	1503663	1708207	1903776	1989700	2100067
2. 教育 Expenditure for Education	2530114	2792968	3154350	3635648	4042682	4662642	5000916
3. 科学技术 Expenditure for Science and Technology	749190	923236	1182090	1481879	1443254	1796737	2077342
4. 文化旅游体育与传媒 Expenditure for Culture, Sports and Media	283936	309282	332192	389757	400728	450250	572354
5. 社会保障和就业 Expenditure for Social Safety Net and Employment Effort	1492895	1731704	2043585	2292860	2531543	2868994	2890618
6. 卫生健康 Expenditure for Medical and Health Care	970504	1123291	1107731	1300003	1490008	1715324	2632981
7. 节能环保 Expenditure for Energy Conservation and Environmental Protection	408576	377904	360033	471506	533234	405613	392344
8. 城乡社区 Expenditure for Urban and Rural Community	2338331	2736428	2930114	3308192	2705431	3676150	3142869
9. 农林水 Expenditure for Agriculture, Forestry and Water Conservancy	914373	896205	942335	1053876	1029656	987866	969527
10. 交通运输 Expenditure for Transportation	518178	515070	754753	743181	583462	559640	957864
11. 住房保障 Expenditure on Housing Support	219590	286287	227453	229186	401739	475180	486674

10－05 金融机构存、贷款余额(1949－2022年)

Balance of Deposits and Loans of Financial Institutions (1949－2022)

单位:万元 (10,000 yuan)

年份 Year	各项存款合计 Deposits Total	住户存款 Household Deposits	城镇住户存款 Urban Household Deposits	各项贷款合计 Loans Total
1949	241			131
1950	2044			63
1951	5475			2214
1952	7727			4533
1953	7806			7693
1954	7358			14900
1955	8996			10697
1956	8751			9674
1957	14878			11494
1958	10898			26220
1959	17912			46141
1960	17303			61064
1961	18943			45856
1962	22739			33740
1963	21725			24558
1964	23522			24721
1965	25415			29611
1966	28844			41399
1967	31748			44880
1968	36039			53683
1969	30962			56059
1970	35967			68278
1971	41903			72507
1972	44029			77571
1973	59975			106073
1974	63586			118245
1975	70118			123201
1976	74508			128047
1977	87634			128238
1978	86824	20714	17056	136759
1979	108998	28937	22640	135713
1980	180707	40447	30896	174153
1981	226949	51440	38889	236678
1982	262156	67192	50113	216040
1983	303130	86635	64736	236203
1984	388305	115766	85439	329195
1985	484999	159596	115592	580180
1986	635514	222110	153572	769841
1987	776105	302762	207505	967477
1988	839680	351943	241839	1145989
1989	1017087	501592	346318	1338984

10－05 续表 continued

单位:万元 (10,000 yuan)

年 份 Year	各项存款合计 Deposits Total	住户存款 Household Deposits	城镇住户存款 Urban Household Deposits	各项贷款合计 Loans Total
1990	1646165	697515	479031	1803266
1991	2036334	904490	616308	2136903
1992	2652966	1144737	763309	2651983
1993	3469954	1563328	1048413	3415527
1994	5061345	2394370	1642498	4450932
1995	7079650	3423379	2448787	5672105
1996	9619291	4638458	3459439	7434243
1997	12251840	5583306	4229591	9388500
1998	14948225	6701158	5155548	11620537
1999	17886717	7425967	5760527	14937506
2000	20884723	7885579	6151084	16866431
2001	26215100	9418400	7396800	20877000
2002	33731500	11834000	9492300	27523800
2003	46527300	15899600	13079600	38187000
2004	57072000	18351700	15016100	48000400
2005	67487200	21916600	17960100	55453000
2006	78555500	25552400	20789600	66038600
2007	93109600	26348300	21154300	84306800
2008	113333500	34765900	27584600	100690500
2009	142842104	42869189	34027871	131133023
2010	170843548	49909744	39352353	150787269
2011	183965719	55474824	43464332	165737441
2012	201487672	60899841	46965391	180908011
2013	221747107	64085856	47733077	193504605
2014	244505093	67672009	49107745	213168315
2015	298638294	76177515	55659016	233279520
2016	333860429	84932733	62521938	261689982
2017	364832373	86705977	63076960	292709406
2018	398104954	101985223	75755331	365982478
2019	452869942	119012969	–	422451656
2020	542464720	143981152	–	497992776
2021	610442955	158184001	–	562747700
2022	695920329	198144215	–	623062995

注:1. 1989 年以前数据均为银行机构存贷款,1990 年及以后年份数据为调整后金融机构存贷款。2003 年起金融机构存贷款为本外币合并数据。
2. 2015 年起,各项存款和各项贷款分类调整。
3. 2019 年起,不再区分城镇住户和农村住户。
a) Data before 1989 belonged to banking system, data after 1990 adjusted for deposits and loans of financial institutions, data of 2003 included both RMB and foreign currency.
b) Since 2015, the classification in deposits and Loans has been adjusted.
c) Since 2019, no distinction are made between urban and rural households.

10－06　市区金融机构存、贷款余额（1978－2022年）

Balance of Deposits and Loans of Financial Institutions of Urban District（1978－2022）

单位：万元　　　　（10,000 yuan）

年　份 Year	各项存款 Deposits	住户存款 Household Deposits	城镇住户存款 Urban Household Deposits	各项贷款 Loans
1978	58372	13774	13246	101144
1979	73720	18055	17241	98792
1980	134275	24702	23282	121231
1981	172721	31358	29345	170539
1982	198350	39756	37047	142091
1983	226160	50439	46833	155297
1984	293145	66108	61934	194977
1985	359825	89114	82868	418214
1986	458142	115818	106703	557763
1987	565429	156704	142642	714313
1988	610601	180341	163466	846998
1989	737388	256238	229518	1000731
1990	1062574	354316	297390	1271779
1991	1309462	451756	397322	1469671
1992	1695011	572660	479248	1774158
1993	2263969	762234	662234	2298124
1994	3383877	1242379	1085363	3033010
1995	4851774	1853512	1639875	3907199
1996	6828786	2734904	2371657	5350499
1997	8831147	3287475	2873638	6772221
1998	10785066	3905602	3440607	8615412
1999	13051806	4336058	3835542	11462505
2000	15436286	4620235	4101716	13105849
2001	23765400	7976400	6460200	19237800
2002	30638400	10139800	8370100	25476700
2003	42522000	13834200	11693000	30297500
2004	52542100	16014700	13479900	44517600
2005	62249500	19231800	16208400	51455900
2006	72269600	22391800	18737800	61190700
2007	86197300	23124600	19132300	78456200
2008	104930100	30665200	24996500	93838100
2009	131800234	37837816	30801878	121473548
2010	156776515	43676938	35370599	138671334
2011	168052916	48263525	38996516	151756838
2012	183719227	52347969	41789531	156426086
2013	201596137	54488059	42142666	175670366
2014	222558892	57202595	43243610	191888081
2015	284321331	68516344	51360093	222078475
2016	317723682	76306727	57718389	249684325
2017	345461303	77416526	57941703	278049912
2018	385383821	94991531	71808820	354926592
2019	437946336	110826488	–	409258262
2020	524892599	134701696	–	481800206
2021	591681266	147787064	–	543499571
2022	674787284	185705482	–	600102870

注：1. 2018年起，市区数据包含临安区。

2. 2019年起，不再区分城镇住户和农村住户。

a) Since 2018, data of urban District Includes Lin' an district.

b) Since 2019, no distinction are made between urban and rural households.

10－07　住户(本外币)存款余额(2022 年末)

Balance of Savings Deposits(RMB and Foreign Currency) of Residents(End of 2022)

单位:万元　　　　(10,000 yuan)

地　区	Region	总　计 Total	
		2022 年末 At the End of Year 2022	为上年(%) As Compared with the Preceding Year(%)
全　市	**Total**	**198144215**	**125.26**
市　区	Urban District	185705482	125.66
#萧山区	Xiaoshan	29363583	112.19
余杭区	Yuhang	12113102	
临平区	Linping	12472716	
富阳区	Fuyang	8891925	124.02
临安区	Lin'an	6429187	122.45
桐庐县	Tonglu	4999668	121.69
淳安县	Chun'an	2844396	117.29
建德市	Jiande	4594669	118.93

10－08 全市金融机构本外币

Balance of Deposits and Loans(RMB and Foreign Currency)

单位:万元

指 标	Item	全 市 Total 绝对值 Absolute Value	为上年(%) As Compared with the Preceding Year(%)	市 区 小计 Subtotal
一、各项存款	**Deposits**	**695920329**	**114.00**	**674787284**
(一)境内存款	Domestic Deposits	683369467	115.05	662407620
1.住户存款	Household Deposits	198144215	125.26	185705482
(1)活期存款	Current Deposits	75102617	116.46	71130120
(2)定期及其他存款	Term and Other Deposits	123041598	131.32	114575362
2.非金融企业存款	Non－financial Enterprise Deposits	319179063	117.25	313064096
(1)活期存款	Current Deposits	104853241	106.95	101634469
(2)定期及其他存款	Term and Other Deposits	214325822	123.05	211429627
3.广义政府存款	General Government Deposits	117528890	112.23	115414771
(1)财政性存款	Treasury Deposits	92319046	441.07	92158322
(2)机关团体存款	Organization Deposits	25209844	30.09	23256449
4.非银行业金融机构存款	Non－banking Financial Institutions Deposits	48517298	82.41	48223272
(二)境外存款	Overseas Deposits	12550863	76.33	12379664
二、各项贷款	**Loans**	**623062995**	**110.72**	**600102870**
(一)境内贷款	Domestic Loans	620001201	110.84	597041256
1.住户贷款	Household Loans	245312876	108.31	235023599
(1)短期贷款	Short－term Loans	77779701	104.91	75183464
(2)中长期贷款	Medium and Long term Loans	167533175	109.97	159840135
2.企(事)业单位贷款	Loans to Non－financial Enterprises and Public Institutions	374557281	112.69	361886613
(1)短期贷款	Short－term Loans	105506544	112.24	102272951
(2)中长期贷款	Medium and Long term Loans	230742447	112.57	221656552
(3)票据融资	Note Financing	30604463	120.71	30253283
(4)融资租赁	Finance lease	7624547	95.99	7624547
(5)各项垫款	Advance Money	79280	74.73	79280
3.非银行业金融机构贷款	Non－banking Financial Institutions Loans	131044	27.02	131044
(二)境外贷款	Overseas Loans	3061794	89.89	3061614

存、贷款余额(2022 年末)

of Financial Institutions(End of 2022)

(10,000 yuan)

Urban District					桐庐县 Tonglu	淳安县 Chun'an	建德市 Jiande
萧山区 Xiaoshan	余杭区 Yuhang	临平区 Linping	富阳区 Fuyang	临安区 Lin'an			
65250245	**29797364**	**35081625**	**21432226**	**14275841**	**8712242**	**4626878**	**7793925**
65023503	29724310	34730794	21407897	14270628	8702507	4471107	7788233
29363583	12113102	12472716	8891925	6429187	4999668	2844396	4594669
8153960	3643694	4090057	3003153	2383710	1577467	994542	1400488
21209623	8469409	8382659	5888772	4045477	3422201	1849854	3194181
23424062	11897187	15367986	9752512	5748941	2692055	987776	2435137
7326091	5762236	5162153	3551829	2603082	1461110	493479	1264184
16097970	6134951	10205833	6200683	3145858	1230945	494297	1170953
10005178	5569503	5467612	1966020	1792443	977613	612791	523715
1243233	1180337	67416518	573130	267799	52566	34675	73483
8761945	4389166	-61948906	1392890	1524644	925047	578116	450232
2230680	144518	1422481	797440	300057	33171	26144	234711
226742	73054	350830	24329	5213	9735	155771	5692
64070727	**21329484**	**32994724**	**27293803**	**14655323**	**9949757**	**4840840**	**8169528**
63896614	21327939	32686726	27249052	14654715	9949757	4840661	8169528
21642782	8612314	12349469	9129313	6912068	4184132	2585233	3519911
4018849	1819791	1854660	1457915	1126561	1112720	507877	975641
17623933	6792523	10494810	7671398	5785507	3071412	2077357	2544271
42253833	12662624	20284257	18119739	7742647	5765624	2255428	4649617
15435886	3855524	5959450	4650590	1928753	1437621	475260	1320712
25009225	8598305	12646876	12535106	5491330	4266440	1666715	3152740
1807674	205670	1677881	933943	322241	61563	113453	176164
-	-	-	-	-	-	-	-
1047	3126	49	100	323	-	-	-
-	53000	53000	-	-	-	-	-
174112	1546	307998	44751	608	-	179	-

10－09 金融机构人民币

Balance of RMB Deposits and Loans

单位:万元

指 标	Item	全 市 Total 绝对值 Absolute Value	为上年(%) As Compared with the Preceding Year(%)	市 区 小计 Subtotal
一、各项存款	**Deposits**	**673452346**	**115.30**	**652794006**
(一)境内存款	Domestic Deposits	672200987	115.28	651550581
1.住户存款	Household Deposits	195987629	125.45	183612248
(1)活期存款	Current Deposits	74094909	116.78	70137672
(2)定期及其他存款	Term and Other Deposits	121892721	131.38	113474576
2.非金融企业存款	Non－financial Enterprise Deposits	310222361	117.77	304353723
(1)活期存款	Current Deposits	98692315	107.74	95659780
(2)定期及其他存款	Term and Other Deposits	211530046	123.11	208693943
3.广义政府存款	General Government Deposits	117505636	112.22	115393229
(1)财政性存款	Treasury Deposits	25209844	120.44	25049120
(2)机关团体存款	Organization Deposits	92295792	110.17	90344110
4.非银行业金融机构存款	Non－banking Financial Institutions Deposits	48485361	82.54	48191381
(二)境外存款	Overseas Deposits	1251358	126.15	1243425
二、各项贷款	**Loans**	**618029597**	**111.03**	**595101556**
(一)境内贷款	Domestic Loans	617246079	111.04	594318217
1.住户贷款	Household Loans	245302299	108.31	235013153
(1)短期贷款	Short－term Loans	77769215	104.91	75173109
(2)中长期贷款	Medium and Long term Loans	167533084	109.97	159840044
2.企(事)业单位贷款	Loans to Non－financial Enterprises and Public Institutions	371812736	113.04	359174019
(1)短期贷款	Short－term Loans	104061600	113.09	100834329
(2)中长期贷款	Medium and Long term Loans	229442846	112.75	220382580
(3)票据融资	Note Financing	30604463	120.71	30253283
(4)融资租赁	Finance lease	7624547	95.99	7624547
(5)各项垫款	Advance Money	79280	86.68	79280
3.非银行业金融机构贷款	Non－banking Financial Institutions Loans	131044	27.02	131044
(二)境外贷款	Overseas Loans	783518	104.77	783339

存、贷款余额(2022 年末)
of Financial Institutions(End of 2022)

(10,000 yuan)

Urban District							
萧山区 Xiaoshan	余杭区 Yuhang	临平区 Linping	富阳区 Fuyang	临安区 Lin'an	桐庐县 Tonglu	淳安县 Chun'an	建德市 Jiande
63695867	**29027633**	**33887110**	**21178045**	**14044218**	**8477876**	**4450736**	**7729728**
63605667	28977846	33802292	21171917	14039746	8473293	4448891	7728222
29242684	12084345	12272934	8864710	6413794	4950237	2839999	4585145
8093072	3625770	3986186	2986615	2375216	1570227	991717	1395293
21149612	8458575	8286748	5878095	4038578	3380010	1848282	3189852
22127695	11179529	14640694	9543844	5533793	2512273	970895	2385470
6618061	5106876	4599720	3429583	2432346	1329874	480776	1221885
15509635	6072653	10040974	6114261	3101447	1182399	490119	1163586
10004862	5569454	5466194	1965923	1792101	977613	611853	522940
1243233	1180337	307316	573130	267799	52566	34675	73483
8761629	4389118	5158878	1392793	1524302	925047	577178	449457
2230425	144518	1422470	797440	300057	33170	26144	234666
90200	49787	84818	6128	4472	4583	1845	1506
63800315	**21318370**	**32575927**	**27237392**	**14615813**	**9945193**	**4839880**	**8142967**
63793283	21316824	32554775	27222004	14615205	9945193	4839701	8142967
21642344	8612190	12349324	9129175	6911983	4184058	2585211	3519877
4018414	1819667	1854515	1457799	1126475	1112645	507854	975606
17623930	6792523	10494810	7671376	5785507	3071412	2077357	2544271
42150940	12651634	20152451	18092829	7703222	5761136	2254490	4623090
15351693	3844534	5832624	4630422	1889329	1433133	474323	1319816
24990525	8598305	12641897	12528364	5491330	4266440	1666715	3127110
1807674	205670	1677881	933943	322241	61563	113453	176164
–	–	–	–	–	–	–	–
1047	3126	49	100	323	–	–	–
–	53000	53000	–	–	–	–	–
7032	1546	21153	15388	608	–	179	–

10－10　金融机构人民币信贷收支表(资金来源,2016－2022年)
Credit Funds Balance Sheet of Financial Institutions (RMB, Sources of Funds, 2016－2022)

单位:亿元　(100 million yuan)

项　目	Item	2016	2017	2018	2019	2020	2021	2022
资金来源合计	**All Sources**	**36882**	**38680**	**42616**	**48922**	**58318**	**66983**	**74644**
一、各项存款	Deposits	32515	35322	38810	43932	51893	58409	67345
(一)境内存款	Domestic Deposits	32441	35271	38718	43854	51793	58310	67220
1. 住户存款	Household Deposits	8313	8503	9981	11702	14194	15623	19599
2. 非金融企业存款	Non－financial Enterprise Deposits	13854	15557	16819	19729	24254	26342	31022
3. 广义政府存款	General Government Deposits	5789	7162	8442	9339	9023	10471	11751
4. 非银行业金融机构存款	Non－banking Financial Institutions Deposits	4485	4049	3477	3085	4323	5874	4849
(二)境外存款	Overseas Deposits	74	51	92	78	100	99	125
二、金融债券	Bonds	343	439	378	542	570	849	1146
三、卖出回购资产	Sell Repurchase Assets	－	5	1	－	－	－	68
四、借款及非银行业金融机构拆入	Borrowing and Non Banking Financial Institutions Borrowing	15	3	22	44	51	47	37
五、联行往来(净)	Interbank Transactions (net)	－	－	906	1383	2441	3789	1901
六、应付及暂收款	Accounts Payable and Temporary Collection of Money	1008	1102	1138	1282	1465	1544	1699
七、各项准备	All Reserves	733	850	1021	1166	1403	1642	1855
八、所有者权益	Creditor's Equity	1104	1491	1831	2103	2461	2829	3083
其中:实收资本	Paid－in Capital	315	475	525	573	714	799	874
九、其他	Others	1163	－532	－1491	－1529	－1965	－2127	－2490

10－11 金融机构人民币信贷收支表(资金运用,2016－2022 年)

Credit Funds Balance Sheet of Financial Institutions (RMB,Use of Funds,2016－2022)

单位:亿元 (100 million yuan)

项 目	Item	2016	2017	2018	2019	2020	2021	2022
资金运用合计	**Total Application of Funds**	**36882**	**38680**	**42616**	**48922**	**58318**	**66983**	**74644**
一、各项存款	**Deposits**	**25465**	**28574**	**35878**	**41546**	**49185**	**55661**	**61803**
(一)境内贷款	**Domestic Loans**	**25431**	**28552**	**35812**	**41464**	**49102**	**55587**	**61725**
1. 住户贷款	**Household Loans**	**7800**	**9653**	**13945**	**16516**	**20428**	**22647**	**24530**
(1)短期贷款	Short－term Loans	1998	2351	5338	5925	7573	7413	7777
(2)中长期贷款	Medium and Long term Loans	5801	7302	8607	10591	12855	15234	16753
2. 企(事)业单位贷款	**Loans to Non－financial Enterprises and Public Institutions**	**17613**	**18868**	**21862**	**24931**	**28657**	**32891**	**37181**
(1)短期贷款	Short－term Loans	7083	7183	7440	7873	8813	9201	10406
(2)中长期贷款	Medium and Long term Loans	8023	9970	12388	14482	17038	20351	22944
(3)票据融资	Note Financing	1679	819	1126	1627	1850	2535	3060
(4)融资租赁	Finance lease	783	865	875	931	944	794	762
(5)各项垫款	Advance Money	45	31	32	18	12	9	8
3. 非银行业金融机构贷款	**Non－banking Financial Institutions Deposits**	**18**	**32**	**5**	**17**	**17**	**49**	**13**
(二)境外贷款	**Overseas Loans**	**34**	**21**	**66**	**81**	**83**	**75**	**78**
二、债券投资	**Bond Investment**	**2033**	**2694**	**3240**	**4020**	**5619**	**7240**	**8748**
三、股权及其他投资	**Equity and other Investment**	**2642**	**2805**	**2495**	**2321**	**2402**	**2860**	**2891**
四、买入返售资产	**Bug Assets Repurchased**	**48**	**87**	**348**	**254**	**288**	**316**	**276**
五、存放非银行业金融机构款项	**Deposit of non Banking Financial Institutions**	**1**	**1**	**1**	**1**	**1**	**89**	**88**
六、联行往来(净)	**Interbank Transactions (net)**	**5961**	**3831**	**－**	**－**	**－**	**－**	**－**
七、金银占款	**Funds Outstanding for Gold and Silver**	**－**	**－**	**－**	**－**	**－**	**－**	**－**
八、外汇买卖	**Foreign Exchange Trading**	**－**	**－**	**－**	**－**	**－**	**－**	**－**
九、应收及预付款	**Collectable Account and Advance Payment**	**489**	**431**	**405**	**501**	**546**	**525**	**559**
十、投资性房地产	**Investment Property**	**6**	**6**	**8**	**7**	**7**	**5**	**9**
十一、固定资产	**Fitness Assets**	**237**	**250**	**243**	**271**	**270**	**286**	**270**

10－12 保险业务情况(2020－2022 年)

Statistics on Insurance Business(2020－2022)

单位:万元 (10,000 yuan)

指 标	Item	保险费收入 Insurance premium income			赔付金额 Indemnity Expenditure		
		2020	2021	2022	2020	2021	2022
全市总计	**Total**	**9644446**	**9690425**	**10762209**	**2646389**	**3160463**	**3388286**
为上年%	As Compared with the Preceding Year(%)	114.0	103.7	111.1	108.9	120.9	107.2
一、财产保险	Property Insurance	2608215	2591031	2852230	1551639	1629228	1802072
企业财产险	Enterprise Property Insurance	124850	135037	151275	81685	66378	55301
家庭财产险	Family Property Insurance	25767	39215	47176	5786	14749	13346
机动车辆险	Transportation Equipment Insurance	1466591	1412974	1578805	877885	959408	996848
工程险	Project Insurance	51647	35519	24561	27588	19320	24214
责任险	Responsibilihty Insurance	261909	293550	360119	124049	139763	184597
信用险	Export Credit Insurance	216330	191589	200852	146377	68264	115503
保证险	Guarantee Insurance	189773	146486	122361	91995	91314	105725
船舶险	Shipping Insurance	6595	6377	6921	4042	3663	5628
货运险	Cargo Insurance	97187	127415	117971	66975	91436	97915
特殊风险保险	Special Pisks Insurance	10705	7820	5692	2269	2513	1409
农业保险	Agriculture Insurance	29705	35549	38629	22823	33582	36307
其他险	Other	127156	159501	197866	100165	138835	165278
二、人身险	Personal Insurance	7036231	7099394	7909979	1094751	1531235	1586214
寿险	Life Insurance	5458429	5448637	5987127	581472	570612	744926
意外伤害险	Accidental Insurance	239642	240505	232068	82269	93559	97760
健康险	Health Insurance	1338160	1410252	1690785	431011	867064	743528

注:1. 根据国家金融监管总局要求,2021 年起对外披露行业汇总数据已剔除风险处置机构情况。

a) According to the requirements of National Financial Regulatory Administration, the industry summary data disclosed to the public has excluded the risk disposal institutions since 2021 .

主要统计指标解释

财政收入　包括:(1)各项税收。主要有增值税、营业税、土地增值税、城市维护建设税、资源税、城市土地使用税、印花税、个人所得税、企业所得税、关税和耕地占用税等。

(2)专项收入包括征收排污费、征收城市水资源费收入,教育费附加收入等。

存款　企业、机关、团体或居民根据可以收回的原则,把货币资金存入银行或其他信用机构保管并取得一定利息的一种信用活动形式。根据存款对象的不同可划分为企业存款、财政存款、机关团体存款、基本建设存款、城镇储蓄存款、农村存款等科目。它是银行信贷资金的主要来源。

贷款　银行或其他信用机构根据必须归还的原则,按一定利率,为企业、个人等提供资金的一种信用活动形式。我国银行贷款分为流动资金贷款、固定资产贷款、城乡个体工商户贷款、城乡个体工商户贷款以及农业贷款等科目。

Explanatory Notes on Main Statistical Indicators

Financial Revenue includes: (1) various tax revenues, mainly including value added tax, business tax, land value added tax, tax on city maintenance and construction, resources tax, tax on use of urban land, stamp tax, personal income tax, enterprise income tax, tariff and tax on occupancy of cultivated land, etc. (2) Special revenues, including revenue collected from imposing fee on sewage treatment and on urban water resources, and extra charges for education, etc.

Deposit is a form of credit activity that enterprises, institutions, organizations or residents deposit money into banks or other credit institutions for safekeeping and interest earning under the recoverable principle. According to different depositors, deposits are divided into enterprise deposits, treasury deposits, deposits of institutions and groups, capital construction deposits, urban savings deposits, rural deposits and other deposits. It is the major source of bank credit funds.

Loan is a form of credit activity that banks or other credit institutions provide funds at certain interest rate to enterprises and individuals in the light of the principle of unconditional repayment. Loans from Chinese banks include circulating capital loans, fixed assets loans, loans to urban and rural individuals engaged in industrial and commercial business and agricultural loans.

十一 城市建设 环境保护

URBAN CONSTRUCTION AND ENVIRONMENTAL PRODUCTION

11

城市建设、环境保护
Urban Construction and Environmental Protection

主要统计指标
Major Statistical Indicators

市区建成区面积	Developed Area in Urban District	829.41	平方千米	(sq.km)
市区实有道路面积	Area of Roads in Urban District at Year-end	13843	万平方米	(10, 000 sq.m)
市区用电量	Electricity Consumption of Urban District	858.77	亿千瓦时	(100 million kW·h)
# 工业用电	Industrial Electricity Consumption	366.93	亿千瓦时	(100 million kW·h)
生活用电	Electricity Consumption for Residential Use	177.77	亿千瓦时	(100 million kW·h)
市区供水能力	Water-supply Capacity of Urban District	516	万吨/日	(10, 000 tons/day)
市区供水总量	Annual Volume of Tap Water Supplied in Urban District	134255	万吨	(10, 000 tons)
市区气化率	Percentage of Population with Access to Gas in Urban District	100	%	(%)
市区公园绿地面积	Park Green Area in Urban District	12723	公顷	(hectare)
市区空气质量达标(AQI < 100)天数	The Number of Days of Air Quality Reaching(AQI<100) the Standards	304	天	(day)

11-01 市区公共交通情况(2015-2022年)

Public Transportation in Urban Districts(2015-2022)

指 标	Item	2015	2016	2017	2018	2019	2020	2021	2022
一、轨道交通	**Rail Transit**								
年末运营线路总长度(千米)	Length of Operating Routes (year-end) (km)	81.50	81.50	117.60	117.60	135.40	306.30	342.00	516.00
客运总量 (万人次)	Passenger Traffic (10,000 person-times)	22348	26877	33986	52985	63202	58241	89837	96365
二、公共汽车	**Bus**								
年末运营线路条数(条)	Number of Operating Routes (year-end) (unit)	756	758	937	1152	1140	1307	1361	1495
年末运营线路总长度(千米)	Length of Operating Routes (year-end) (km)	12791	13866	16819	21460	18547	25947	25799	30540
#BRT线路长度(千米)	BRT line length (km)	128	151	151	132	289	132	152	30
年末运营公共汽车(辆)	Number of Public Transportation Vehicles(year-end) (unit)	8555	8770	9672	11272	10708	10866	10850	10911
#无轨电车 (辆)	Number of Operating Trolleys (unit)	150	150	150	150	85	85	52	52
客运总量 (万人次)	Passenger Traffic (10,000 person-times)	142312	141441	151263	158753	155496	70392	71214	53056
三、出租汽车	**Tax**								
年末实有出租汽车数(辆)	Number of Taxis(year-end) (unit)	11963	12209	13233	14125	14133	14093	14313	14472

11－02 市区城市供电、供水情况(1949－2022年)

Electricity and Water Supply in Urban Districts(1949－2022)

年 份 Year	供电总量 Power Supply			供水总量 Water Supply		
	合计(亿千瓦时) Total(100 million kW·h)	#工业用电 Industrial	#生活用电 Residents´living	合计(万吨) Total (10000 tons)	#生产用水 Production	#生活用水 Residents´living
1949	0.24	0.15	0.08	191	25	166
1950	–	–	–	–	–	–
1951	–	–	–	–	–	–
1952	0.43	0.35	0.06	229	65	164
1953	0.53	0.43	0.07	353	109	244
1954	0.67	0.57	0.08	452	148	304
1955	0.66	0.55	0.08	540	162	378
1956	0.82	0.68	0.10	714	249	464
1957	0.90	0.72	0.12	845	310	535
1958	1.47	1.27	0.13	1264	622	642
1959	2.18	1.91	0.16	2097	1259	838
1960	2.94	2.61	0.17	2909	1834	1075
1961	2.73	2.37	0.18	2647	1600	1047
1962	2.50	2.06	0.21	2556	1465	1091
1963	2.56	2.09	0.23	2561	1440	1121
1964	3.00	2.50	0.25	2924	1679	1244
1965	3.49	2.97	0.26	3164	1937	1227
1966	4.02	3.46	0.27	3669	2392	1277
1967	3.74	3.11	0.51	3892	2388	1504
1968	–	–	–	3891	2369	1522
1969	4.15	3.48	0.58	4766	3100	1666
1970	4.68	4.00	0.59	4972	3360	1578
1971	5.34	4.49	0.70	5978	4072	1868
1972	5.80	4.95	0.72	6548	4440	2018
1973	5.94	5.05	0.77	6755	4562	2193
1974	5.15	4.20	0.81	6725	4482	2243
1975	4.93	3.94	0.85	7007	4707	2300
1976	5.40	4.33	0.92	7379	4992	2387
1977	7.57	5.72	1.02	8140	5498	2642
1978	8.01	6.52	1.26	9072	6116	2956
1979	9.04	7.23	1.54	10548	6813	3388
1980	10.25	8.73	1.17	11199	7359	3840
1981	10.87	8.98	1.45	12662	7943	4718
1982	11.62	9.41	1.70	13761	8272	5380
1983	12.60	10.13	1.88	14226	8211	6015
1984	13.70	10.72	2.24	15586	8713	6800
1985	14.94	11.18	2.34	17484	8599	8144
1986	15.85	12.96	0.78	17894	8527	9367
1987	16.97	13.56	1.04	18911	9424	9487
1988	17.95	13.96	1.30	19806	10028	9764
1989	18.51	14.20	1.51	20733	8780	11941

11－02 续表 continued

年 份 Year	供电总量 Power Supply			供水总量 Water Supply		
	合计(亿千瓦时) Total(100 million kW·h)	#工业用电 Industrial	#生活用电 Residents´living	合计(万吨) Total (10000 tons)	#生产用水 Production	#生活用水 Residents´living
1990	19.95	14.89	1.86	22290	8945	13301
1991	21.16	15.69	1.99	22772	9223	13522
1992	23.34	17.04	2.31	24412	10052	14338
1993	25.70	18.21	2.69	25333	10022	15289
1994	29.49	19.68	3.57	25902	9707	16195
1995	31.41	20.89	4.07	27740	9380	18336
1996	35.41	21.67	5.26	27216	8845	18125
1997	42.39	25.82	6.32	26513	7593	18920
1998	48.46	28.58	7.67	26593	8075	17838
1999	51.19	29.55	7.90	25504	7395	18109
2000	60.19	33.52	9.86	33725	8100	19410
2001	133.12	92.99	16.79	52000	18324	25710
2002	156.61	110.31	18.76	53372	18180	31408
2003	190.12	131.87	23.67	59180	21796	30743
2004	207.75	146.56	23.89	62265	23544	29187
2005	244.78	172.56	27.98	73331	27327	35220
2006	279.94	197.61	32.53	64764	20258	33979
2007	313.47	219.92	36.86	66753	19519	33682
2008	325.75	221.28	41.15	68178	19354	35902
2009	346.93	230.20	45.31	69499	16671	37274
2010	392.64	258.35	50.74	53565	11479	30978
2011	432.57	282.95	55.49	52660	11884	22384
2012	444.95	278.93	63.62	58183	12478	22861
2013	484.05	296.08	71.52	60747	13005	23733
2014	552.71	355.06	72.56	66172	14792	26894
2015	559.54	345.23	78.27	66760	14902	26162
2016	583.96	337.04	93.03	65087	14161	25078
2017	673.73	389.00	105.29	83192	16157	33960
2018	724.31	397.72	117.67	88568	15866	35778
2019	738.88	381.96	125.83	99156	21534	40117
2020	728.74	357.19	131.46	120992	29601	49606
2021	823.03	386.93	145.09	125396	31884	52157
2022	858.77	366.93	177.77	134255	33405	55257

11－03　市区市政建设情况(2015－2022年)

Public Utilities in Urban Districts(2015－2022)

指　标	Item	2015	2016	2017	2018	2019	2020	2021	2022
一、市政建设	**Urban Infrastructure**								
建成区面积(平方公里)	Constructed Area (sq. m)	506.09	541.38	591.08	615.22	648.46	666.18	801.63	829.41
年末实有道路面积(万平方米)	Area of Roads (year－end) (10,000 sq. m)	6540	6932	8291	8840	9341	10073	12467	13843
年末实有道路长度(公里)	Length of Roads(year－end) (km)	2991	3075	3550	3783	3990	4323	6573	6873
年末实有桥梁数(座)	Number of Bridges(year－end) (unit)	1337	1353	1443	1473	1545	1705	2829	2835
排水管道长度(公里)	Length of Drainage Pipelines (km)	5370	5944	8614	8924	9125	9434	11362	12033
城市污水排放量(万立方米)	Volume of Sewage Drained (10,000 cu. m)	56974	57916	69834	74438	80447	82795	100593	98731
城市污水处理总量(万立方米)	the Total Volume of Urban Sewage Treatment (10,000 cu. m)	54137	55061	66516	71364	77245	80406	97708	96444
二、城市液化气	**Urban Liquefied Petroleum Gas**								
供气总量 (万吨)	Total Volume of Liquefied Petroleum Gas Supply (10,000 tons)	12.38	13.14	12.86	13.28	12.24	11.17	13.07	11.95
#家庭用气(万吨)	Supply for Residential Use (10,000 tons)	6.08	5.90	6.48	5.81	5.15	6.98	7.23	6.04
三、人工煤气及天然气	**Coal Gas and Natural Gas**								
家庭用气总量(万立方米)	Total Volume of Coal Gas Consumed (10,000 cu. m)	20659	21878	23614	26506	32907	50843	49511	55976
家庭用气户数(万户)	Residential Households with Access to Gas (10,000 households)	130.69	139.03	153.17	172.81	187.85	200.30	270.11	298.29
四、全社会气化率(%)	**Percentage of Population with Access to Gas (%)**	**100**	**100**	**100**	**100**	**100**	**100**	**100**	**100**

11－04 市区园林绿化情况(2015－2022年)
Urban Forestation(2015－2022)

指　标	Item	2015	2016	2017	2018	2019	2020	2021	2022
建城区绿化覆盖面积(公顷)	The Green Areas Coveraged in Constructed Areas (hectare)	20464	22035	23620	24999	26312	28885	31856	33975
建城区园林绿地面积(公顷)	Total Area of Parks, Gardens and Green Areas in Constructed Areas (hectare)	18949	20118	21726	22886	23986	26249	28979	31193
#公园绿地(公顷)	Public Green Area (hectare)	7640	8118	8770	8976	9246	9951	11124	12723
建城区绿化覆盖率(%)	Rate of the Green Areas Coveraged in Constructed Areas (%)	40.43	40.70	39.96	40.63	40.58	43.36	39.74	40.96
公园景点个数(个)	Number of Parks and Scenic Resorts (unit)	217	222	245	251	260	305	355	395
公园景点面积(公顷)	Area of Parks and Scenic Resorts (hectare)	2488	2754	3074	3150	3208	3539	3668	3906

11－05 环境保护情况(2021－2022 年)
Statistics on Environmental Protection(2021－2022)

指标名称		Item		全 市 Whole City	
				2021 年	2022 年
工业废水排放量	(万吨)	Industrial Wastewater Emissions	(10,000 tons)	13954.42	13407.43
工业废水中 COD 排放量	(吨)	COD Emissions in Industrial Wastewater	(tons)	4715.38	4010.91
工业废水中氨氮排放量	(吨)	Ammonia emissions in Industrial wastewater	(tons)	81.00	57.35
工业二氧化硫产生量	(吨)	Industrial Sulfur Dioxide Produced	(tons)	47774.19	44127.95
工业二氧化硫排放量	(吨)	Industrial Emissions of Sulfur Dioxide	(tons)	3194.72	3223.24
工业氮氧化物排放量	(吨)	Industrial Nitrogen Oxide Emissions	(tons)	13955.77	12338.54
工业颗粒物产生量	(吨)	Industrial Particulate matter Produced	(tons)	3510607.92	3516811.18
工业颗粒物排放量	(吨)	Industrial Particulate matter Emissions	(tons)	10768.45	11529.25
一般工业固体废物综合利用率	(%)	Comprehensive Utilization Rate of General Industrial Solid Waste	(%)	99.16	98.82
城市污水集中处理率	(%)	Centralized Treatment Rate of Urban Sewage	(%)	97.09	97.54
城市生活垃圾无害化处理率	(%)	Harmless Treatment Rate of City's Living Garbage	(%)	100	100
空气质量优良天数	(天)	Air Quality Days	(days)	321	304
集中式饮用水源地水质达标率	(%)	Compliance Rate of Centralized Sources of Drinking Water	(%)	100	100

主要统计指标解释

自来水生产能力 指年底城建部门管理的自来水厂实际生产能力。

生活用水量 指居民日常生活与公共福利设施的用水量。包括居民、饮食店、旅馆、医院、理发店、浴池、洗衣店、游泳池、商店、学校、机关、部队等单位的用水量。

供气总量 指全年售给各类用户的全部煤气量。包括工业用量、家庭用量和其他用量。

年末实有道路长度 指除土路外,路面经过铺装宽度在3.5米以上的道路,包括高级、次高级道路和普通道路。

城市桥梁 指城市范围内,修建在河道上的桥梁和道路与道路立交、道路跨越铁路的立交桥,以及人行天桥。包括永久性桥和半永久性桥,不包括临时性桥、铁路桥、涵洞。

营运线路长度 指设置的固定营运线路的长度,包括郊区营运线路长度。不包括临时行驶的线路长度。

用水普及率 指城市用水的非农业人口数(不包括临时人口和流动人口)与城市非农业人口总数之比。计算公式为:

$$\text{用水普及率} = \frac{\text{城市用水非农业人口数}}{\text{城市非农业人口数}} \times 100\%$$

城市园林绿地面积 指城市公共绿地、专用绿地、生产绿地、防护绿地、郊区风景名胜区的全部面积。

公园绿地面积 指供游览休息的各种公园、动物园、植物园、陵园以及花园、游园和供游览休息用的林荫道绿地、广场绿地。不包括一般栽植的行道树及林荫道的面积。

Explanatory Notes on Main Statistical Indicators

Production Capacity of Tap Water refers to the actual production capacity of the waterworks administered by the urban construction department at the year end.

Domestic water consumption refers to the water consumption of residents daily life and public welfare facilities, including the consumption of residents, restaurants, hotels, hospitals, barber shops, public bathhouses, laundries, swimming pools, shops, schools, institutions, army and other units.

Total Gas Supply refers to the total volume of gas sold to users in a year, including the gas for industrial use, family use and others.

Length of Roads at the Year End refers to the length of roads with pavement width more than 3. 5 meters except unsurfaced roads, including high quality, medium quality and ordinary roads.

Urban Bridges refer to bridges over river courses, overpasses crossing roads or railways and passenger footbridge sin urban areas. Permanent and semi – permanent bridges are included. Temporary bridges, railway bridges and culverts are excluded.

Length of Operation Line refers to the length of the roads in fixed operation, including the suburb one, but excluding the temporary one.

Urban Water Popularity rate refers to the ratio of the urban non – agricultural population (excluding temporary and floating population) using tap water to the total urban non – agricultural population. The formula is as follows:

$$\text{Urban Water Popularity rate} = \frac{\text{Urban Non – agricultural Population Using Tap Water}}{\text{Urban Non – agricultural Population}} \times 100\%$$

Area of Urban Gardens and Green Lands refers to the total area of urban public green land, special green land, production green land, protection green land and suburban scenic spots.

Park Green Area refers to the area of various parks, zoos, botanical gardens, cemeteries, gardens, and boulevard and square green land for sightseeing and rest. Areas of street trees and boulevards are excluded.

十二 科技、教育、文化、卫生、体育

SCIENCE AND TECHNOLOGY, EDUCATION, CULTURE, PUBLIC HEALTH AND SPORTS

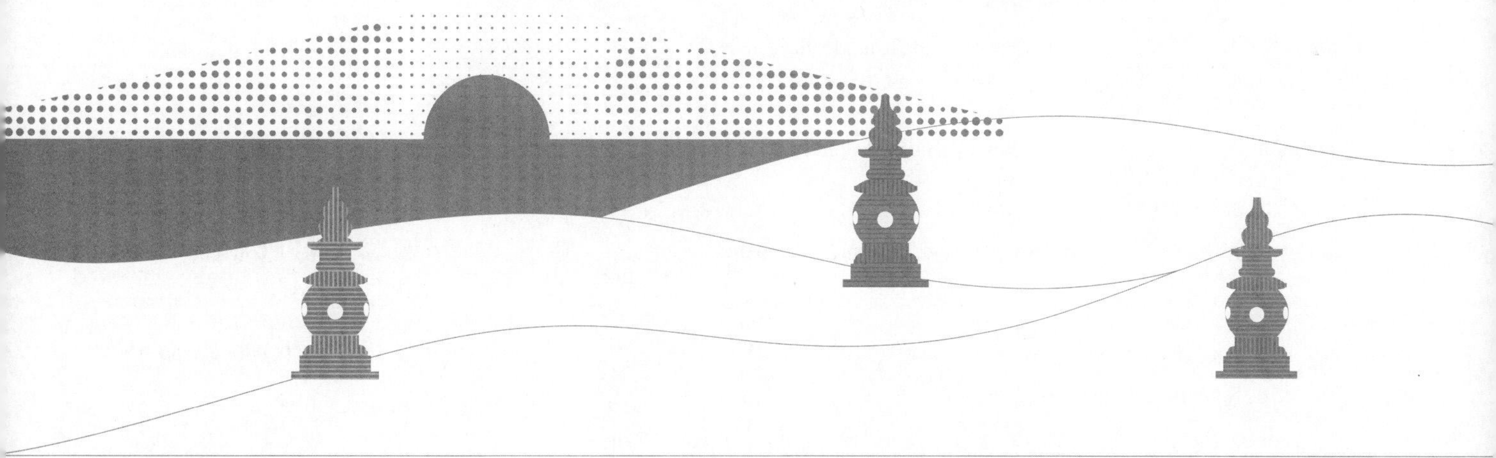

12 科技、教育、文化、卫生、体育

Science and Technology, Education, Culture, Public Health and Sports

主 要 统 计 指 标

Major Statistical Indicators

高等学校数	Number of Regular Institution of Higher Education	40	个	(unit)
高等学校在校学生数	Number of Students in Regular Institution of Higher Education	61.31	万人	(10, 000 person)
高中在校学生数	Number of Students in Senior High Schools	13.86	万人	(10, 000 person)
初中在校学生数	Number of Students in Junior High Schools	27.72	万人	(10, 000 person)
小学在校学生数	Number of Students in Primary Schools	71.07	万人	(10, 000 person)
医疗病床数	Number of Beds in Health Institutions	9.29	万张	(10, 000 bed)
#医院	Number of Beds in Hospitals	8.80	万张	(10, 000 bed)
卫生技术人员数	Number of Medical Technical Personnel	18.11	万人	(10, 000 person)
#执业(助理)医师	Number of Licensed (Assistant) Doctors	5.75	万人	(10, 000 person)
公共图书馆	Public Library	15	个	(unit)

12－01　科技活动情况(2016－2022年)
Statistics on Scientific and Technological Activities(2016－2022)

指　标 Item	2016	2017	2018	2019	2020	2021	2022
一、全社会科技活动 The Scientific and Technological Activities in Whole Society							
研究与试验发展活动折合全时人员 (人年) Full－time Equivalent of R&D Personnel (Person－year)	94696	103245	109507	126275	149424	138110	165841
研究与试验发展经费支出 (亿元) R&D Expenditure (0.1 billion Yuan)	346.36	396.82	464.25	530.42	578.79	666.99	723.03
研究与试验发展经费支出与GDP之比 (%) The Proportion of R&D Expenditure in GDP (%)	3.06	3.15	3.25	3.44	3.57	3.68	3.86
二、规模以上工业科技活动 The Scientific and Technological Activities of Industrial Enterprises Above Designated Size							
有研究与试验发展活动企业数 (个) The Number of Enterprises with R&D Activities (Unit)	1753	1819	1784	2075	2553	2902	2942
研究与试验发展项目数 (个) The Number of R&D Projects (Unit)	8943	10000	10102	12430	15507	16698	14838
企业有科技机构 (个) Scientific and Technological Institutions of Enterprises (Unit)	1410	1611	1567	1904	2242	2833	3147
科技机构仪器和设备原价 (亿元) Original Value of Equipment in Scientific and Technological Institutions (0.1 billion Yuan)	126.23	142.78	156	172.41	201.90	265.60	277.70
研究与试验发展人员 (万人) R&D Personnel (10,000)	7.92	8.39	9.29	9.68	10.78	10.80	12.19
每万名从业人员中研究与试验发展活动人员数 (人) The Number of R&D Personnel per 10,000 Employees (Person)	743	794	906	961	1061	1015	1128
研究与试验发展经费支出 (亿元) R&D Expenditure (0.1 billion Yuan)	215.03	241.93	268.28	296.90	307.23	342.39	369.68
研究与试验发展经费支出占营业收入的比例 (%) The Proportion of R&D Expenditure in Business Income (%)	1.70	1.78	1.77	1.86	1.96	1.68	1.82

12-02 全社会R&D经费投入情况(2012-2022年)
R&D Investment of the Whole Society(2012-2022)

单位:亿元 (100 million yuan)

年 份 Year	总计 Total	按执行部门分 By Sector			
		研究机构 Research and Development Institutions	高等院校 Colleges and Universties	规模以上工业企业 Industrial Enterprises above Designated Size	其他 Others
2012	228.00	14.96	38.12	143.47	31.44
2013	248.73	15.91	39.78	160.21	32.83
2014	274.00	17.34	42.06	177.39	37.21
2015	302.19	20.88	46.04	198.06	37.21
2016	346.36	16.55	40.79	215.03	73.99
2017	396.82	18.04	44.56	241.93	92.29
2018	464.25	26.35	49.93	268.28	119.69
2019	530.42	29.17	62.60	296.90	141.75
2020	578.79	32.80	71.00	307.23	167.76
2021	666.99	64.00	76.18	342.39	184.42
2022	723.03	72.98	85.00	369.68	195.37

12 - 03 规模以上工业企业 R&D 经费投入情况(2012 - 2022 年)

Basic Statistics on R&D Investment of Industrial Enterprises above Designated Size(2012 - 2022)

单位:亿元 (100 million yuan)

年份 Year	总计 Total	按经费来源分 By Source			
		政府资金 Government Funds	企业资金 Self - raised Funds by Enterprise	境外资金 Overseas Funds	其他资金 Other
2012	143.47	4.63	137.73	0.41	0.70
2013	160.21	4.35	154.42	0.26	1.19
2014	177.39	5.24	171.18	0.10	0.89
2015	198.06	5.35	191.03	0.24	1.43
2016	215.03	3.88	209.98	0.08	1.09
2017	241.93	7.73	233.04	0.22	0.94
2018	268.28	6.31	261.25	0.41	0.21
2019	296.90	5.65	291.25	-	-
2020	307.23	3.70	303.01	0.41	0.11
2021	342.39	5.25	336.68	0.45	0.01
2022	369.68	5.16	364.28	0.21	0.03

12－04 规模以上工业企业 R&D 经费投入情况(2022 年)

Basic Statistics on R&D Investment of Industrial Enterprises above Designated Size(2022)

项　目 Item	有 R&D 活动的企业数(个) Number of Enterprises with R&D Activities	企业办研发机构(个) R&D institutions Run by Enterprises	企业办机构仪器和设备原价(亿元) Original Price of Instruments and Equipment for Institutions Run by Enterprises(100 Million Yuan)	R&D 人员(万人) R&D Personnel(10000 Persons)	R&D 经费支出(亿元) R&D Expenditure(100 Million Yuan)
总　计 Total	**2942**	**3147**	**277.70**	**12.19**	**369.68**
按企业规模分 Grouped by Size of Enterprises					
大型企业 Large	109	154	82.7	4.39	171.2
中型企业 Medium－sized	458	474	85.8	3.32	97.3
小微企业 Small	2375	2519	109.2	4.47	101.1
按登记注册类型分 Grouped by Status of Registration					
国有企业 State－owned Enterprises	3	3	1.1	0.01	0.3
集体企业 Collective－owned Enterprises		2	－		－
股份合作企业 Cooperative Enterprises	1	2	－	0.01	0.1
有限责任公司 Limited Liability Corporations	350	321	48.5	1.90	52.6
股份有限公司 Share－holding Corporations Ltd.	212	295	55.6	2.69	87.5
私营企业 Private Enterprises	2061	2214	109.0	4.96	117.5
外商及港澳台投资企业 Enterprises with Investment from Foreign、Hong Kong、Macao and Taiwan	315	310	63.3	2.61	111.7

12－05　分地区、行业规模以上单位年末人才资源(2022 年)

Trained Personnel Resource of Units above Designated Size by Region and Sector(2022)

单位:人　　(person)

项　目	Item	合计 Total	非私营单位 Non－Private	#专业技术人员 Technical Personnel	非私营单位 Non－Private	#技术工人 Technical Workers	非私营单位 Non－Private
全　市	**Total**	**2357148**	**1425468**	**798010**	**546635**	**1097886**	**624018**
市　区	Urban District	2216554	1366579	772058	536941	1008399	584818
#上城区	Shangcheng	194979	126289	74235	50200	67240	47134
拱墅区	Gongshu	237066	149530	69873	47377	114365	71780
西湖区	Xihu	248600	180400	110821	83865	88696	62173
高新(滨江)区	Hi－Tech(Binjiang)	306712	242557	206792	171688	41802	31514
萧山区	Xiaoshan	369920	209914	85822	53176	224024	127637
余杭区	Yuhang	232290	113268	89389	53109	100869	42614
临平区	Linping	180056	82104	38426	17526	109297	50253
钱塘区	Qiantang	245857	158021	51920	36512	147135	90936
富阳区	Fuyang	104241	57185	22556	11454	60137	35794
临安区	Lin'an	91636	43220	21595	11661	51717	22404
西湖风景名胜区	The West Lake Scenic Zone	5197	4091	629	373	3117	2579
桐庐县	Tonglu	59706	27032	10420	4238	38721	19208
淳安县	Chun'an	21523	9195	5179	1883	11577	4857
建德市	Jiande	59365	22662	10353	3573	39189	15135

注:1. 2020 年起数据口径范围调整为规模以上单位年末人才资源。

a) Numbers since 2020 are human resources of units above designated size in the year－end.

12－05 续表 continued

单位:人 (person)

项 目	Item	合计 Total	非私营单位 Non－Private	#专业技术人员 Technical Personnel	非私营单位 Non－Private	#技术工人 Technical Workers	非私营单位 Non－Private
按国民经济行业分组	**Total**						
农、林、牧、渔业	Farming, Forestry, Animal Husbandry and Fishery	－	－	－	－	－	－
采矿业	Mining	680	328	98	30	389	213
制造业	Manufacturing	905489	550614	224014	164209	541560	303825
电力、热力、燃气及水生产和供应业	Production & Supply of Electricity, Heat, Gas & Water	13538	12585	3788	3565	7016	6462
建筑业	Construction	474069	197948	141426	73324	267488	102924
批发和零售业	Wholesale & Retail Trades	169530	96685	41881	26177	40484	27629
交通运输、仓储和邮政业	Transportation, Storage and Posts	70529	58400	12623	10322	43369	38650
住宿和餐饮业	Hotels and Catering Services	42707	28570	4074	2143	25404	20435
信息传输、软件和信息技术服务业	Information Transmission, Software and Information Technology	255195	185482	193775	144913	20798	13692
金融业	Financial Intermediation	－	－	－	－	－	－
房地产业	Real Estate	79350	64039	18216	14647	28509	25619
租赁和商务服务业	Leasing and Business Services	145483	92316	30681	16812	89265	60825
科学研究、技术服务业	Scientific Research, Technical Services	128832	90653	96924	70704	9266	5836
水利、环境和公共设施管理业	Management of Water Conservancy, Environment and Public Facilities	10507	8048	2239	1555	5773	4724
居民服务、修理和其他服务业	Service to Households, Repair and Other Services	19174	13071	1673	602	14063	10685
教育	Education	8207	4662	4476	2746	1043	540
卫生和社会工作	Health Care and Social Work	23460	13674	15948	9574	2543	1181
文化、体育和娱乐业	Culture, Sports and Entertainment	10398	8393	6174	5312	916	778
公共管理、社会保障和社会组织	Public Management, Social Security and Social Organizations	－	－	－	－	－	－

12-06 专利申请与授权情况(2007-2022年)
Patent Application and Authorization(2007-2022)

单位:件 (item)

年份 Year	专利申请合计 Patent Applications	发明 Inventions	实用新型 Utility Models	外观设计 Designs	专利授权合计 Patent Applications Granted	发明 Inventions	实用新型 Utility Models	外观设计 Designs
2007	13295	4592	4332	4371	7563	1320	3638	2605
2008	18549	5130	5796	7623	9831	1923	4637	3271
2009	26077	6703	9806	9568	15507	2535	5806	7166
2010	29732	7766	13108	8858	26483	3238	11888	11357
2011	40890	9717	18783	12390	29249	4511	14556	10182
2012	53785	11960	25313	16512	40651	5526	20400	14725
2013	58280	14031	25523	18726	41518	4903	23159	13456
2014	48569	14779	21711	12079	33548	5552	18147	9849
2015	60839	17777	29048	14014	46245	8296	24764	13185
2016	73546	24951	32187	16408	41052	8647	21763	10642
2017	75709	25578	35096	15035	42227	9872	21282	11073
2018	98396	36539	44963	16894	55379	10267	30891	14221
2019	113562	43357	53957	16248	61568	11748	36326	13494
2020	143912	55297	70983	17632	92399	17327	58540	16532
2021	-	-	-	-	122520	22948	80512	19060
2022	-	-	-	-	121196	30100	72795	18301

12－07 分地区专利授权情况(2022 年)
Patent Application and Authorization by Region(2022)

单位:件 (item)

地　区	Region	专利授权合计 Patent Applications Granted	发明 Inventions	实用新型 Utility Models	外观设计 Designs
全　市	**Total**	**121196**	**30100**	**72795**	**18301**
市　区	Urban District	116110	29658	69158	17294
#上城区	Shangcheng	8209	1235	5053	1921
拱墅区	Gongshu	9636	2946	5614	1076
西湖区	Xihu	16137	7230	6961	1946
高新(滨江)区	Hi－Tech(Binjiang)	19008	6809	8342	3857
萧山区	Xiaoshan	15168	2026	11394	1748
余杭区	Yuhang	15081	3505	9012	2564
临平区	Linping	10103	807	8021	1275
钱塘区	Qiantang	12383	3780	6707	1896
富阳区	Fuyang	5589	705	4388	496
临安区	Lin'an	4796	615	3666	515
桐庐县	Tonglu	2821	253	2073	495
淳安县	Chun'an	563	53	433	77
建德市	Jiande	1702	136	1131	435

12－08 文化事业单位数(2000－2022年)

Number of Culture Institutions(2000－2022)

单位:个 (unit)

年 份 Year	电影院 Cinemas	剧场 Theaters	剧团 Opera Troupes	文化馆 Cultural Centers	文化站 Cultural Stations	图书馆 Libraries	博物馆 Museums	展览馆 Exhibition Buildings
2000	16	9	18	13	268	10	9	1
2001	16	15	18	13	226	10	11	1
2002	18	13	18	13	221	10	11	1
2003	20	11	18	13	220	10	11	1
2004	18	16	18	13	165	10	12	1
2005	22	12	19	13	204	12	12	1
2006	22	12	19	13	197	13	12	1
2007	22	12	19	13	195	14	12	1
2008	23	12	19	13	195	14	13	1
2009	22	12	20	13	198	16	35	1
2010	31	12	21	13	199	16	65	1
2011	30	11	21	15	190	15	65	1
2012	40	11	21	15	192	15	65	1
2013	48	11	21	15	189	15	65	1
2014	66	12	21	15	189	15	65	1
2015	90	11	20	15	189	15	67	1
2016	90	11	20	15	189	15	68	1
2017	158	11	20	15	189	15	68	1
2018	158	11	20	15	189	16	76	1
2019	193	9	20	15	189	16	79	1
2020	195	6	20	15	175	15	80	1
2021	200	8	20	14	179	14	86	1
2022	200	11	20	15	191	15	87	1

12-09 分地区文化部门机构数(2022 年末)

Number of Culture Institutions by Region(End of 2022)

单位:个 (unit)

指 标	Item	剧场 Theaters	剧团 Opera Troupes	文化馆 Cultural Centers	文化站 Cultural Stations	图书馆 Libraries	博物馆 Museums	展览馆 Exhibition Buildings
全市	**Total**	**11**	**20**	**15**	**191**	**15**	**87**	**1**
市区	Urban District	11	18	12	138	12	80	1
#萧山区	Xiaoshan	-	1	1	23	1	9	-
余杭区	Yuhang	-	1	1	12	1	4	-
临平区	Linping	1	-	1	8	1	2	-
富阳区	Fuyang	-	1	1	24	1	3	-
临安区	Lin'an	-	-	1	18	1	3	-
桐庐县	Tonglu	-	1	1	14	1	3	-
淳安县	Chun'an	-	-	1	23	1	3	-
建德市	Jiande	-	1	1	16	1	1	-

12－10 市区文化事业单位数(1978－2022年)
Culture Institutions of Urban District (1978－2022)

单位:个　　(unit)

年 份 Year	电影院 Cinemas	剧 团 Opera Troupes	剧 场 Theaters	文化馆 Cultural Centers	文化站 Cultural Stations	图书馆 Libraries	博物馆 Museums
1978	7	13	6	5	－	2	1
1979	8	14	7	5	27	2	1
1980	8	15	7	5	37	2	1
1981	8	17	7	6	40	2	1
1982	9	17	7	6	45	3	1
1983	9	15	3	6	46	3	1
1984	9	15	4	6	49	3	1
1985	8	16	9	6	47	3	2
1986	8	15	8	6	48	3	2
1987	8	15	9	6	38	3	2
1988	7	14	9	6	50	3	2
1989	7	14	9	6	48	2	2
1990	9	14	9	5	48	3	2
1991	10	14	8	5	48	3	2
1992	11	14	8	5	48	3	6
1993	10	14	9	5	42	3	6
1994	11	13	9	5	48	3	6
1995	11	13	9	5	67	3	6
1996	10	13	8	5	55	3	6
1997	10	13	8	5	52	3	6
1998	9	13	8	6	55	3	7
1999	9	13	6	6	52	3	8
2000	8	12	6	6	52	3	9
2001	49	14	11	8	89	5	11
2002	－	14	10	8	90	4	11
2003	19	14	11	13	92	4	11
2004	18	14	14	8	93	5	12
2005	16	15	10	8	94	7	12
2006	16	15	10	8	94	8	12
2007	16	15	10	8	92	9	12
2008	18	15	11	8	92	9	13
2009	15	16	11	8	95	11	34
2010	25	17	11	8	96	11	54
2011	23	17	10	10	94	10	54
2012	31	17	10	10	96	10	54
2013	31	17	11	10	94	10	54
2014	55	18	11	11	118	11	57
2015	78	18	11	11	118	11	59
2016	78	18	11	11	118	11	60
2017	146	18	11	12	136	12	61
2018	146	18	11	12	136	13	72
2019	178	18	9	12	136	13	74
2020	179	18	6	12	122	12	74
2021	182	18	8	11	126	11	79
2022	180	18	11	12	138	12	80

12－11 分地区艺术表演团体演出情况(2022 年)

Basic Statistics on Performance of Art Troupes by Region(2022)

指 标	Item	艺术表演场所演出场次(场) Number of Performances in Artistic Performance Place (scene)	艺术表演场所演出收入(万元) Income of Performances in Artistic Performance Place (10,000 yuan)	剧团演出场次(场) Number of Performances of Opera Troupes (scene)	农 村(场) Rural Areas (scene)	剧团演出观众人数(万人次) Number of Spectators of Opera Troupes (10000 person-times)	剧团演出收入(万元) Income of Performances of Opera Troupes (10,000 yuan)
全市	**Total**	**1939**	**6544.8**	**6127**	**1528**	**200.8**	**11029.7**
为上年(%)	As Compared with the Preceding Year (%)	39.1	118.4	128.9	115.8	92.5	84.0
市区	Urban District	1939	6544.8	4039	1264	165.1	10744.9
#萧山区	Xiaoshan	–	–	48	43	4.5	80.5
余杭区	Yuhang	–	–	160	145	9.0	150.4
临平区	Linping	101	456.5	–	–	–	–
富阳区	Fuyang	–	–	50	15	5	54.1
临安区	Lin'an	–	–	–	–	–	–
桐庐县	Tonglu	–	–	1908	93	26.7	84.8
淳安县	Chun'an	–	–	–	–	–	–
建德市	Jiande	–	–	180	171	9.0	200.0

12-12 图书出版数量(2021-2022年)

Number of Books Published(2021-2022)

项 目 Item	本版图书种数(种) Number of Publications(kind)		租型图书种数(种) Number of Publications for Lease(kind)		总印数(万册、万份) Total Printed Copies(10000 copies)		总印张(千印张) Total Printed Sheets(1000 sheets)	
	2021	2022	2021	2022	2021	2022	2021	2022
图书总计 Total	**15299**	**15587**	**397**	**385**	**47927.62**	**50198.00**	**3705323.29**	**4123295.03**
使用《中国标准书号》部分合计 Publication with "China Standard Book Number"	15214	15543	397	385	47866.56	50163.29	3700962.93	4120053.23
#哲学 Philosophy	143	164	-	-	140.80	135.77	19063.59	18203.97
社会科学总论 General Social Science	269	293	-	-	139.41	150.66	20078.99	17751.37
文化、科学、教育、体育 Culture, Science, Education and Sports	7858	7680	382	379	40333.50	40775.61	2952228.62	3207994.44
文学 Literature	2251	2372	-	-	3070.03	3595.86	313803.73	350361.34
艺术 Arts	1836	1825	-	1	1037.18	1224.19	89012.43	94240.14
自然科学总论 General Natural Science	37	49	-	-	17.94	22.45	2863.76	3897.67
不使用《中国标准书号》部分合计 Publications without "China Standard Book Number"	85	44	-	-	61.06	34.71	4360.36	3241.80

12-13 幼儿园基本情况(1978-2022年)
Basic Statistics on Kindergartens(1978-2022)

单位:人 (person)

年 份 Year	园 数(个) Kindergartens(unit)	在园幼儿数 Number of Children	教职员工数 Teachers and Staff	教 师 Number of Full-time Teachers
1978	266	37597	2570	1439
1979	216	59245	3731	2201
1980	518	82182	4763	3398
1981	676	82808	5275	3691
1982	853	95733	6357	4269
1983	1034	95676	6271	4135
1984	1749	112095	7238	4900
1985	1743	115766	7360	5278
1986	1607	118792	7898	5659
1987	1678	133773	8622	6335
1988	1541	139883	9221	6608
1989	1397	132947	9595	6849
1990	1526	136277	9808	7167
1991	1422	150982	10472	7388
1992	1431	133773	9240	6487
1993	1328	171005	10779	7886
1994	1470	165860	10718	7891
1995	1493	149497	10102	7943
1996	1437	150587	10203	7625
1997	1504	146530	10480	7743
1998	1695	153035	10691	7956
1999	1787	156372	10719	8107
2000	2037	168414	11740	8770
2001	1249	174204	11447	7880
2002	1268	175891	11988	8086
2003	1285	176862	13702	9076
2004	1098	186472	14991	9544
2005	1188	188991	16161	10288
2006	1188	195552	17550	11053
2007	1071	212754	19330	12168
2008	1037	235867	21193	12917
2009	972	246336	22970	14211
2010	969	267352	25525	15203
2011	970	271128	27458	16023
2012	914	283421	29843	17811
2013	860	285406	32037	18945
2014	881	295036	35212	20088
2015	910	313385	38238	21404
2016	930	325495	40833	22955
2017	960	336343	43692	24628
2018	991	343646	47635	26326
2019	1020	350261	50352	27685
2020	1049	374861	54246	29646
2021	1073	384680	58090	31614
2022	1073	392703	61242	33138

12－14 小学基本情况(1978－2022年)

Basic Statistics on Primary Schools(1978－2022)

单位:人 (person)

年 份 Year	学校数(个) Number of Schools (unit)	在校学生数 Enrollment	毕业生数 Graduates	教职员工数 Number of Teachers and Staff	专职教师数 Number of Full－time Teachers
1978	4959	605137	－	24103	22291
1979	4850	577811	－	25089	23220
1980	4781	560244	－	25388	22902
1981	4668	525503	－	22468	20832
1982	4528	479264	－	22213	20289
1983	4417	444301	－	20842	18945
1984	4345	427763	－	20496	18500
1985	4286	414839	－	20945	18415
1986	4250	413507	－	20796	18464
1987	4205	405856	－	21067	18751
1988	4137	426842	－	21658	19236
1989	4106	459162	－	22660	20177
1990	4077	460514	－	20542	18099
1991	3972	453055	－	20781	18369
1992	3654	450496	－	21452	19067
1993	3473	477026	－	22141	19775
1994	3352	504867	－	22751	20462
1995	3172	513988	－	23743	21380
1996	3006	525674	－	24553	22197
1997	2762	538390	－	25269	23022
1998	2395	532845	－	25718	23499
1999	1996	512874	－	26350	24120
2000	1659	485679	100405	25938	23876
2001	1354	467982	93365	25535	23179
2002	1197	456535	89752	25425	23138
2003	1044	448969	84051	25304	22955
2004	897	447971	74872	25396	23066
2005	791	458942	75337	25793	23541
2006	605	459529	79070	26040	23848
2007	437	456152	81767	26455	24251
2008	418	452143	82620	26894	24743
2009	417	445132	80441	27445	25424
2010	408	453897	76126	27881	25709
2011	409	465289	73465	27862	26395
2012	415	472613	74547	25620	27777
2013	419	483489	73682	30373	28949
2014	421	502688	73244	31490	30139
2015	443	524513	71398	32815	31280
2016	447	543038	77726	33873	32549
2017	458	560411	84615	35510	34150
2018	478	590491	78951	37316	35793
2019	489	616929	85564	39297	37708
2020	496	645302	89093	40756	39330
2021	493	680976	92341	42798	41278
2022	507	710667	97991	43675	42051

12－15 初中基本情况(1978－2022年)

Basic Statistics on Junior Middle Schools(1978－2022)

单位:人 (person)

年 份 Year	学校数(个) Number of Schools (unit)	在校学生数 Enrollment	毕业生数 Graduates	专职教师数 Number of Full－time Teachers
1978	254	247209	–	11978
1979	363	208484	–	11020
1980	369	204073	–	10695
1981	359	194024	–	10015
1982	367	193135	–	10107
1983	370	190221	–	9948
1984	368	192971	–	9679
1985	361	196889	–	9799
1986	376	199638	–	9821
1987	385	195426	–	10264
1988	380	170079	–	10055
1989	376	151223	–	9825
1990	382	160111	–	9564
1991	387	185590	–	10020
1992	367	212022	–	10603
1993	365	203896	–	10876
1994	371	205388	–	11495
1995	373	216300	–	12058
1996	374	229466	–	12810
1997	368	227809	–	13370
1998	359	222191	–	13493
1999	339	239174	–	13723
2000	330	269484	68347	14529
2001	314	285203	75722	15685
2002	315	282951	91056	15758
2003	316	268824	98412	15836
2004	303	252291	93042	16042
2005	289	241374	90094	16205
2006	263	235527	85436	16374
2007	262	238252	76194	16591
2008	260	244464	74827	16965
2009	252	241899	77268	17317
2010	245	236014	78379	17795
2011	246	223545	78431	17652
2012	244	215701	75489	17992
2013	241	213452	71006	18260
2014	241	213936	67988	18671
2015	243	211323	69200	18909
2016	249	215756	69674	19469
2017	251	224797	69084	20144
2018	264	235003	66949	20800
2019	269	244070	73657	21691
2020	280	249434	80451	22525
2021	296	263915	77509	23529
2022	305	277234	83118	23751

12 – 16 高中基本情况(1978 – 2022 年)
Basic Statistics on Senior High Schools(1978 – 2022)

单位:人 (person)

年份 Year	学校数(个) Number of Schools (unit)	在校学生数 Enrollment	毕业生数 Graduates	专职教师数 Number of Full – time Teachers
1978	352	102815	–	5235
1979	182	58866	–	3471
1980	151	43661	–	3173
1981	118	34606	–	2825
1982	113	35136	–	2740
1983	111	38580	–	2740
1984	105	43167	–	2781
1985	104	47510	–	3016
1986	95	46379	–	2972
1987	92	44697	–	3006
1988	89	42196	–	2947
1989	88	39994	–	2898
1990	86	39829	–	2922
1991	82	37809	–	2896
1992	74	34620	–	2791
1993	72	32483	–	2641
1994	75	35720	–	2673
1995	72	40771	–	2880
1996	70	43692	–	3135
1997	69	47975	–	3388
1998	75	55688	–	3693
1999	82	64459	–	4172
2000	85	73049	17484	4745
2001	88	79632	22012	5262
2002	81	91635	22630	6126
2003	77	108116	25429	6879
2004	81	115303	30630	7510
2005	80	120883	34486	8041
2006	82	124177	39484	8421
2007	80	122939	39805	8542
2008	76	120294	40551	8646
2009	75	118057	41408	8751
2010	72	116983	39319	8871
2011	71	117089	38579	9061
2012	70	115652	38623	9069
2013	70	113894	37810	9125
2014	72	110478	38489	9378
2015	75	109983	37303	9630
2016	77	110431	36022	10016
2017	80	113054	34860	10430
2018	87	114324	36460	10825
2019	87	118039	36865	11161
2020	91	124563	37697	11684
2021	95	130873	38380	12444
2022	98	138603	40685	12815

12 - 17 中等专业学校基本情况(1978 - 2022 年)

Basic Statistics on Specialized Secondary Schools(1978 - 2022)

单位:人 (person)

年 份 Year	学校数(个) Number of Schools (unit)	在校学生数 Enrollment	毕业生数 Graduates	教职员工数 Teachers and Staff	专职教师数 Number of Full - time Teachers
1978	26	8711	-	3044	1080
1979	27	11093	-	2601	1124
1980	26	9453	-	2450	1101
1981	35	7309	-	3122	1276
1982	37	8284	-	3694	1529
1983	37	10516	-	3716	1604
1984	42	13419	-	4194	1758
1985	46	16527	-	5095	1959
1986	50	19114	-	5641	2336
1987	52	20929	-	6081	2623
1988	51	22117	-	6144	2741
1989	54	23302	-	6602	2888
1990	55	23564	-	6679	2948
1991	55	23331	-	6584	2770
1992	55	26373	-	6786	2825
1993	56	30336	-	6732	2780
1994	57	36079	-	6881	2840
1995	57	42784	-	6851	2888
1996	58	49593	-	6789	2904
1997	57	51752	-	6731	2896
1998	56	55796	-	6554	2746
1999	50	52272	-	5023	2272
2000	28	45238	15674	2950	1421
2001	26	32763	15202	2053	1051
2002	14	26255	13355	1251	566
2003	13	21735	11866	1058	457
2004	11	21262	6399	869	416
2005	10	20344	6661	893	443
2006	8	12540	5830	410	184
2007	8	8927	4849	414	194
2008	8	5514	4130	345	152
2009	8	4016	2025	233	65
2010	6	3999	1092	348	151
2011	5	4071	934	369	154
2012	5	3909	1252	376	150
2013	5	3656	1215	390	158
2014	7	3974	1077	469	226
2015	7	3968	1134	494	244
2016	7	4402	982	504	262
2017	7	4566	1348	386	177
2018	6	4448	1457	381	172
2019	7	4535	1385	372	173
2020	7	4540	1470	375	181
2021	7	4493	1319	397	203
2022	8	4601	1348	458	268

12－18　高等学校基本情况(1978－2022 年)

Basic Statistics on Regular Institutions of Higher Education(1978－2022)

单位:人　　　　(person)

年　份 Year	学校数(个) Number of Schools (unit)	招生数 Entrants	在校学生数 Enrollment	毕业生数 Graduates	教职员工数 Teachers and Staff	专职教师数 Number of Full－time Teachers
1978	9	－	13319	－	8966	3946
1979	12	－	17518	－	10182	4458
1980	13	－	23545	－	12400	5278
1981	13	－	28936	－	13090	5359
1982	13	－	25821	－	14363	6067
1983	14	－	27443	－	15267	6172
1984	16	－	31384	－	15889	6387
1985	20	－	36996	－	17507	7247
1986	22	－	40051	－	18968	7845
1987	21	－	39922	－	18965	7876
1988	21	－	40787	－	19582	8133
1989	21	－	40330	－	19680	8107
1990	21	－	39866	－	19495	8075
1991	21	－	42192	－	19489	7737
1992	19	－	43787	－	19841	7561
1993	19	－	51063	－	19787	7561
1994	19	－	59109	－	19903	7703
1995	20	－	63124	－	19883	7799
1996	20	－	66023	－	19693	7824
1997	20	－	69391	－	19540	7793
1998	17	－	76546	－	19320	7723
1999	18	－	89109	－	20136	8135
2000	32	46070	122386	17004	23791	10477
2001	33	63001	174894	22756	25805	11866
2002	34	74656	224048	27213	27307	13605
2003	35	85865	269798	41192	34508	18141
2004	36	96810	313599	53288	33325	18445
2005	36	101374	351918	63989	34816	19583
2006	36	103885	373563	80069	36929	21375
2007	36	110371	392770	90944	38843	23197
2008	36	114714	409559	97778	39762	24017
2009	36	114568	429774	96101	40420	24765
2010	37	113529	434811	101681	41582	25003
2011	38	117892	446721	104486	42222	25735
2012	38	121331	459181	107484	43216	26689
2013	38	123046	471820	108688	43992	27544
2014	38	122099	474652	110512	44710	28265
2015	39	139002	475558	125013	44825	28868
2016	39	138819	480953	128434	45512	29222
2017	39	143784	484070	128880	46337	29843
2018	40	149848	496383	131823	47124	30247
2019	40	160426	518325	132048	49020	31448
2020	40	173873	550608	134221	50983	32801
2021	40	181175	584533	139201	53563	34701
2022	40	193032	613126	156329	55864	36728

12－19　小学、幼儿园及特殊

Basic Statistics on Primary Schools,

单位：人

指　标	Item	全　市 Total	市　区 Urban District	萧山区 Xiaoshan
小　　学	**Primary Schools**			
学校数（所）	Number of Schools（unit）	507	418	83
班数（班）	Number of Classes（unit）	18115	16241	2888
在校学生数	Number of Students	710667	643619	114374
本年招生数	Number of New Students Enrollment	126159	114827	20230
本年毕业生数	Number of Graduates	97991	88227	15819
专职教师数	Full－time Teachers	42051	37479	5995
2023 年预计毕业生数	Number of Students Will Graduate in 2023	104916	94836	16656
幼儿园	**Kindergartens**			
园数（个）	Number of Kindergartens（unit）	1073	945	190
班数（班）	Number of Classes（unit）	14464	13083	2341
在园幼儿数	Number of Children	392703	355115	63483
教师数	Full－time Teachers	33138	30112	5524
盲聋哑学校	**Schools for the Blind，Deaf and Deaf－mute**			
学校数（个）	Number of Schools（unit）	2	2	－
在校学生数	Number of Students	345	345	－
本年招生数	Number of New Students Enrollment	85	85	－
本年毕业生数	Number of Graduates	80	80	－
专职教师数	Number of Full－time Teachers	181	181	－
智障者学校	**Schools for Weaken in Intelligence**			
学校数（个）	Number of Schools（unit）	12	9	1
在校学生数	Number of Students	1447	1253	255
本年招生数	Number of New Students Enrollment	285	238	37
本年毕业生数	Number of Graduates	259	222	43
专职教师数	Number of Full－time Teachers	475	429	76
工读学校	**Reformatory Schools**			
学校数（个）	Number of Schools（unit）	1	1	－
在校学生数	Number of Students	406	406	－
本年招生数	Number of New Students Enrollment	230	230	－
本年毕业生数	Number of Graduates	273	273	－
专任教师数	Number of Full－time Teachers	62	62	－

教育基本情况(2022 年)

Kindergartens and Special Education(2022)

(person)

余杭区 Yuhang	临平区 Linping	富阳区 Fuyang	临安区 Lin'an	桐庐县 Tonglu	淳安县 Chun'an	建德市 Jiande
37	28	46	41	27	31	31
1802	1746	1247	921	698	548	628
70501	73140	47401	35171	27071	16212	23765
13103	13540	8069	5888	4591	2755	3986
8504	9457	7094	4985	3981	2418	3365
4037	3699	2902	2061	1577	1563	1432
9376	10350	7577	5494	4125	2404	3551
104	62	73	75	47	41	40
1634	1317	936	702	502	367	512
43970	37262	27189	19063	14906	9143	13539
3719	2947	2129	1588	1117	748	1161
–	–	–	–	–	–	–
–	–	–	–	–	–	–
–	–	–	–	–	–	–
–	–	–	–	–	–	–
–	–	–	–	–	–	–
	1	1	1	1	1	1
	196	68	72	59	51	84
	44	11	8	9	20	18
	28	16	23	6	15	16
	53	28	33	17	12	17
–	–	–	–	–	–	–
–	–	–	–	–	–	–
–	–	–	–	–	–	–
–	–	–	–	–	–	–
–	–	–	–	–	–	–

12－20 普通中学、职业中学

Basic Statistics on Senior, Junior High

单位：人

指　标	Item	全　市 Total	市　区 Urban District	萧山区 Xiaoshan
高　　中	**Senior High Schools**			
学校数(所)	Number of Schools(unit)	98	83	13
在校学生数	Number of Students	138603	120242	21096
本年招生数	Number of New Students Enrollment	48677	42652	7264
本年毕业生数	Number of Graduates	40685	34593	6802
专职教师数	Full－time Teachers	12815	10919	1997
2023 年预计毕业生数	Number of Students Will Graduate in 2023	44124	37881	6786
初　　中	**Junior High Schools**			
学校数(所)	Number of Schools(unit)	305	260	56
在校学生数	Number of Students	277234	247702	42197
本年招生数	Number of New Students Enrollment	97149	87373	15023
本年毕业生数	Number of Graduates	83118	73053	13088
专职教师数	Full－time Teachers	23751	20901	3487
2023 年预计毕业生数	Number of Students Will Graduate in 2023	87579	77703	13056
职业中学	**Vocational Schools**			
学校数(所)	Number of Schools(unit)	31	26	4
在校学生数	Number of Students	63407	56224	10810
本年招生数	Number of New Students Enrollment	22457	20019	3690
本年毕业生数	Number of Graduates	19619	17474	3495
专职教师数	Full－time Teachers	5057	4506	889
2023 年预计毕业生数	Number of Students Will Graduate in 2023	21105	18860	3887
技工学校	**Technical Schools**			
学校数(所)	Number of schools(unit)	22	20	1
在校学生数	Number of Students	34603	32947	3169
专职教师数	Full－time Teachers	2298	2200	255

和技工学校基本情况(2022 年)

Schools and Vacational, Technical Schools(2022)

(person)

余杭区 Yuhang	临平区 Linping	富阳区 Fuyang	临安区 Lin'an	桐庐县 Tonglu	淳安县 Chun'an	建德市 Jiande
13	7	8	5	4	5	6
9421	9940	13397	7774	6147	5005	7209
3605	3420	4451	2754	2063	1655	2307
2260	2917	4152	2442	1856	1918	2318
973	915	1238	658	581	564	751
2554	3146	4504	2472	2011	1810	2422
22	19	18	19	15	13	17
23295	26372	22422	15015	11252	7951	10329
8259	9595	7311	5009	3906	2478	3392
6736	7135	7310	4746	3703	2911	3451
1989	2010	1794	1128	956	891	1003
7378	8071	7426	4856	3705	2698	3473
2	4	2	2	2	2	1
3464	8492	7534	4210	2360	3220	1603
1162	2995	2570	1581	736	1080	622
1037	2657	2451	1159	666	1009	470
241	622	615	337	181	254	116
1158	2807	2594	1249	770	1050	425
1	–	1	1	–	1	1
–	–	466	716	–	–	1656
–	–	42	58	–	–	98

12－21 各高等学校

Basic Statistics on Regular

单位:人

单位名称	Item	在校学生数 Number of students		
		2022	为上年(%) As Compared with the Preceding Year(%)	其中研究生 Graduate Student
全　　市	**Total**	**613126**	**104.89**	**111976**
#市　区	**Urban District**	**603006**	**104.93**	**111976**
浙江大学	Zhejiang University	70409	105.01	43860
杭州电子科技大学	Hangzhou Dianzi University	26428	108.23	7679
浙江工业大学	Zhejiang Univesity of Technology	35097	107.85	14561
浙江理工大学	Zhejiang Sci－Tech University	26607	106.18	7984
浙江农林大学	Zhejiang A&F University	22040	110.5	4775
浙江中医药大学	Zhejiang Chinese Medical University	17621	117.69	4640
杭州师范大学	Hangzhou Normal University	29903	117.63	6094
浙江工商大学	Zhejiang Gongshang University	25288	108.17	7410
中国美术学院	China Academy of Art	10162	102.65	2952
中国计量大学	China JiLiang University	21728	108.81	4633
浙江科技学院	Zhejiang University of Science & Technology	18973	104.63	1946
浙江开放大学	Zhejiang Open University	11576	115.74	－
浙江水利水电专科学校	Zhejiang University of Water Resources and Electric Power	13813	112.64	－
浙江财经大学	Zhejiang University of Finance and Economics	20391	109.75	3846
浙江警察学院	Zhejiang Police College	3782	104.27	－
浙江传媒学院	Communication University of Zhejiang	14232	99.25	739
浙江树人大学	Zhejiang Shuren University	17789	96.8	－
浙大城市学院	Hangzhou City University	11552	104.52	－

基本情况(2022 年)
Institutions of Higher Education(2022)

(person)

本年招生数 Entrants	其中研究生 Graduate Student	本年毕业生数 Graduates	其中研究生 Graduate Student	教职员工数 Number of Teachers and Staff 合　计 Total	教职员工数 Number of Teachers and Staff 专职教师 Full－time Teachers
193032	**37267**	**156329**	**20363**	**55864**	**36728**
189726	**37267**	**153371**	**20363**	**55331**	**36269**
19264	12863	13901	7722	9641	4310
8288	2714	5786	1481	2367	1685
10433	5000	7358	2876	3565	2428
7621	2843	5882	1485	2606	1884
6726	1695	4496	841	1924	1439
5921	1732	3208	842	1739	1155
9708	2267	5151	996	2669	1831
7646	2645	5564	1537	2221	1812
2743	1014	2380	685	1254	737
6623	1736	4790	717	1922	1398
5275	682	4187	353	1690	1308
5501	–	4004	–	335	75
5037	–	3439	–	846	95
6348	1346	4353	666	1746	1282
1018	–	857	–	474	2554
3596	288	3478	51	1451	970
4952	–	5417	–	1381	1093
3215	–	2587	–	1308	760

12－22 各级成人教育

Basic Statistics on

单位:人

指 标	Item	成人高等学历教育 Higher Education for Adults	成人高校 Adult Institutions of Higher Education	普通高校成人高等学历教育 Adult Higher Education in Ordinary Universities
全　市	**Total**			
学校数(所)	Number of Schools(unit)	3	3	-
在校学生数	Number of Students	181241	11576	169665
本年招生数	Number of New Students Enrollment	94537	5501	89036
本年毕业生数	Number of Graduates	74460	4004	70456
教职员工数	Number of Teachers and Staff	414	414	-
#专职教师	#Full－time Teachers	119	119	-
市　区	**Urban District**			
学校数(所)	Number of Schools(unit)	3	3	-
在校学生数	Number of Students	181241	11576	169665
本年招生数	Number of New Students Enrollment	94537	5501	89036
本年毕业生数	Number of Graduates	74460	4004	70456
教职员工数	Number of Teachers and Staff	414	414	-
#专职教师	#Full－time Teachers	119	119	-

基本情况(2022 年)

Various Adult Education(2022)

(person)

成人中等学历教育 Adult Secondary Education	成人中等专业 Adult Secondary Specialized	成人中学 Secondary Schools for Adults
4	4	
15276	15276	
6293	6293	
6533	6533	
594	594	
271	271	
4	4	
15276	15276	
6293	6293	
6533	6533	
594	594	
271	271	

12-23 医疗卫生机构数(1978-2022年)
Number of Health Institutions(1978-2022)

单位:个 (unit)

年 份 Year	全市合计 Total	医 院 Hospitals	市区合计 Urban District	医 院 Hospitals
1978	1361	421	689	45
1979	1390	426	696	50
1980	1381	425	675	51
1981	1476	424	749	51
1982	1540	432	798	56
1983	1540	435	800	58
1984	1574	437	807	54
1985	1582	404	787	47
1986	1636	407	826	53
1987	1693	420	865	55
1988	1710	438	878	55
1989	1721	443	882	57
1990	1738	440	890	58
1991	1789	441	889	58
1992	1767	436	885	58
1993	1730	403	882	68
1994	1717	416	882	72
1995	1712	414	883	72
1996	1712	416	893	83
1997	1711	411	891	81
1998	1491	419	757	89
1999	1530	400	789	85
2000	1599	396	853	85
2001	1496	391	1072	191
2002	1817	116	1277	88
2003	1901	99	1323	73
2004	1985	114	1396	87
2005	2196	127	1604	97
2006	2570	134	1886	107
2007	2607	138	1872	104
2008	2544	141	1813	108
2009	2687	144	1887	111
2010	2819	151	1906	113
2011	2958	167	1992	122
2012	3017	198	2004	146
2013	4139	208	2233	156
2014	4198	218	2763	173
2015	4428	244	2982	198
2016	4691	277	3214	226
2017	4933	302	3906	273
2018	5377	316	4338	282
2019	5925	343	4857	304
2020	5675	353	4609	312
2021	5633	370	4558	329
2022	5823	387	4732	344

12-24 医疗病床数(1978-2022年)

Number of Beds in Health Institutions(1978-2022)

单位:张 (bed)

年份 Year	全市 Total	医院 Hospitals	市区 Urban District	医院 Hospitals
1978	14042	11704	6588	5789
1979	15124	12682	7335	6282
1980	16317	13478	8244	6940
1981	17408	13576	9646	7185
1982	17179	14350	9194	7580
1983	17338	14584	9411	7833
1984	17694	14691	9536	7867
1985	19637	15010	11095	7933
1986	20555	16035	11657	8448
1987	21465	16770	12203	8863
1988	23394	17954	13204	9651
1989	24111	18363	13581	9773
1990	24121	18879	13219	10041
1991	24966	19444	13968	10437
1992	25606	20243	14206	10821
1993	25653	20884	14058	10982
1994	25984	20870	14231	11045
1995	26684	21360	14731	11336
1996	28141	22217	15427	12132
1997	26616	22341	15076	12190
1998	27327	23110	15530	12766
1999	26713	22952	14988	12691
2000	27166	23303	15496	13068
2001	27063	23520	20523	17770
2002	27609	22797	21200	18667
2003	29144	22036	22641	18205
2004	31738	24444	25008	20338
2005	33251	25907	26732	21931
2006	33972	27186	27172	23184
2007	36928	29987	29884	25664
2008	38114	31416	30663	26882
2009	40226	33094	32412	28031
2010	42828	36148	34693	30639
2011	45291	39363	36633	33291
2012	49471	44019	40534	37383
2013	52056	46636	42506	39489
2014	55779	50805	48406	44639
2015	63632	58400	55540	51672
2016	69452	63994	60666	56522
2017	75948	70187	69057	64524
2018	81215	75186	73481	68765
2019	85708	79957	77680	73202
2020	90057	84251	81927	77353
2021	90754	85475	82642	78578
2022	92894	87950	84601	81069

12－25 分种类分地区

Number of

单位:个

指　　标	Item	全　市 Total	市　区 Urban District
总　　计	**Total**	**5823**	**4732**
一、医院	**Number of Hospitals**	**387**	**344**
1.综合医院	General Hospitals	177	156
2.中医医院	Hospitals of Chinese Medicine	46	39
3.中西医结合医院	Chinese Therapeutics with Western	8	7
4.专科医院	Specialized Hospitals	126	115
#口腔医院	Hospitals for Mouth	35	34
眼科医院	Hospitals for Eye	13	10
耳鼻喉科医院	ENT Hospitals	–	–
肿瘤医院	Tumor Hospitals	3	3
心血管病医院	Cardiovascular Hospitals	2	2
胸科医院	Chest Hospitals	–	–
血液病医院	Blood Diseases Hospitals	–	–
妇产(科)医院	Hospitals for Pregnant Woman	12	12
儿童医院	Children Hospitals	5	5
精神病医院	Mental Hospitals	9	6
传染病医院	Hospitals for Infectious Diseases	1	1
皮肤病医院	Dermatology Hospital	5	5
结核病医院	Tuberculosis Hospitals	–	–
麻风病医院	Leprosy Hospitals	–	–
职业病医院	Occupational Disease Hospitals	–	–
骨科医院	Orthopaedics Hospitals	3	2
康复医院	Healing Hospitals	14	13
整形外科医院	Plastic Hospitals	2	2
美容医院	Beauty Hospitals	15	15
其他专科医院	Other Special Hospitals	7	5
5.护理院	Nursing Centers	30	27
二、基层医疗卫生机构	**Community Medical Institutions**	**5312**	**4285**
1.社区卫生服务中心(站)	Health Service Centers for Community	1282	1108
#社区卫生服务中心	Health Service Centers	138	130
社区卫生服务站	Health Service Stations	1144	978
2.卫生院	Health Service Centers	79	28
#街道卫生院	Rural Township Hospitals in Subdistrict	2	–
乡镇卫生院	Rural Township Hospitals in Country	77	28
3.村卫生室	Health Offices in Village	752	255
4.门诊部	Clinics	947	885
5.诊所、卫生所、医务室、护理站	Other Health Care Institutions	2252	2009
三、专业公共卫生机构	**Professional Public Health Institutions**	**57**	**40**
疾病预防控制中心	Centers for Disease Prevention and Control	15	12
专科疾病防治所(所、站)	Specialized Centers for Disease Prevention and Control(stations)	2	–
健康教育所(站、中心)	Education Center for Health(stations)	–	–
妇幼保健院(所、站)	Maternity and Child Care Centers(stations)	10	7
急救中心(站)	First－aid Centers(stations)	12	7
采供血机构	Blood Supplying Agencies	3	2
卫生监督所	Institutions of Public Health Inspection	14	11
计划生育服务机构	Family Planning Service Institutions	1	1
四、其他卫生机构	**Other Health Care Institutions**	**67**	**63**
疗养院	Sanatoriums	9	8
医学科学研究机构	Research Institutions of Medical Science	1	1
医学在职培训机构	Medical Training Organization for Incumbent	3	2
临床检验中心(所、站)	Clinical Laboratory Center	40	39
统计信息中心	Statistical Information Centers	1	1
其他	Other	13	12

医疗卫生机构数(2022 年末)

Health Institutions(End of 2022)

(unit)

萧山区 Xiaoshan	余杭区 Yuhang	临平区 Linping	富阳区 Fuyang	临安区 Lin'an	桐庐县 Tonglu	淳安县 Chun'an	建德市 Jiande
776	**465**	**497**	**201**	**484**	**355**	**327**	**409**
65	**20**	**22**	**14**	**27**	**20**	**11**	**12**
45	9	10	6	13	12	5	4
6	2	2	4	9	3	2	2
–	1	1	1	–	–	–	1
12	5	8	3	5	4	3	4
5	1	3	1	2	–	1	–
1	–	1	–	–	1	–	2
–	–	–	–	–	–	–	–
–	–	–	–	–	–	–	–
–	–	–	–	–	–	–	–
–	–	–	–	–	–	–	–
–	–	–	–	–	–	–	–
–	–	1	–	–	–	–	–
–	–	1	–	–	–	–	–
–	2	1	1	1	1	1	1
–	–	–	–	–	–	–	–
1	–	–	–	–	–	–	–
–	–	–	–	–	–	–	–
–	–	–	–	–	–	–	–
–	–	–	–	–	–	–	–
–	1	–	–	–	1	–	–
2	1	1	1	–	–	–	1
–	–	–	–	–	–	–	–
1	–	–	–	1	–	–	–
2	–	–	–	1	1	1	–
2	3	1	–	–	1	1	1
695	**429**	**464**	**179**	**451**	**329**	**308**	**390**
297	109	87	157	49	106	49	19
25	12	8	25	6	4	2	2
272	97	79	132	43	102	47	17
–	–	–	8	20	11	21	19
–	–	–	–	–	1	–	1
–	–	–	8	20	10	21	18
88	–	–	–	166	117	168	212
100	67	86	13	27	37	7	18
210	253	291	1	189	58	63	122
6	**3**	**4**	**4**	**4**	**4**	**7**	**6**
1	1	1	1	1	1	1	1
–	–	–	–	–	–	1	1
–	–	–	–	–	–	–	–
–	–	1	1	1	1	1	1
2	1	1	1	1	1	3	1
1	–	–	–	–	–	–	1
1	1	1	1	1	1	1	1
1	–	–	–	–	–	–	–
10	**13**	**7**	**4**	**2**	**2**	**1**	**1**
1	–	–	4	–	–	1	–
–	–	–	–	–	–	–	–
–	–	1	–	–	–	–	1
9	12	5	–	2	1	–	–
–	–	–	–	–	–	–	–
–	1	1	–	–	1	–	–

12-26 分种类分地区

Total Number of

单位:张

指标	Item	全市 Total	市区 Urban District
总计	**Total**	**92894**	**84601**
一、医院	**Number of Hospitals**	**87950**	**81069**
1.综合医院	General Hospitals	48747	44970
2.中医医院	Hospitals of Chinese Medicine	11760	10144
3.中西医结合医院	Chinese Therapeutics with Western	5523	5273
4.专科医院	Specialized Hospitals	17311	16373
#口腔医院	Stomatology Hospitals	497	482
眼科医院	Ophthalmology Hospitals	320	250
耳鼻喉科医院	ENT Hospitals	-	-
肿瘤医院	Tumor Hospitals	2536	2536
心血管病医院	Cardiovascular Hospitals	307	307
胸科医院	Chest Hospitals	-	-
血液病医院	Blood Diseases Hospitals	-	-
妇产(科)医院	Hospitals for Pregnant Woman	2348	2348
儿童医院	Children Hospitals	2105	2105
精神病医院	Mental Hospitals	3112	2462
传染病医院	Hospitals for Infectious Diseases	700	700
皮肤病医院	Dermatology Hospital	947	947
结核病医院	Tuberculosis Hospitals	-	-
麻风病医院	Leprosy Hospitals	-	-
职业病医院	Occupational Disease Hospitals	-	-
骨科医院	Orthopaedics Hospitals	379	333
康复医院	Healing Hospitals	2922	2835
整形外科医院	Plastic Hospitals	121	121
美容医院	Beauty Hospitals	258	258
其他专科医院	Other Special Hospitals	759	689
5.护理院	Nursing Centers	4609	4309
二、基层医疗卫生机构	**Community Medical Institutions**	**2977**	**2280**
1.社区卫生服务中心(站)	Health Service Centers for Community	2100	2067
#社区卫生服务中心	Health Service Centers	2100	2067
社区卫生服务站	Health Service Stations	-	-
2.卫生院	Health Service Centers	798	134
#街道卫生院	Rural Township Hospitals in Subdistrict	8	-
乡镇卫生院	Rural Township Hospitals in Country	790	134
3.村卫生室	Health Offices in Village	-	-
4.门诊部	Clinics	79	79
5.诊所、卫生所、医务室、护理站	Other Health Care Institutions	-	-
三、专业公共卫生机构	**Professional Public Health Institutions**	**1133**	**578**
疾病预防控制中心	Centers for Disease Prevention and Control	-	-
专科疾病防治所(所、站)	Specialized Centers for Disease Prevention and Control(stations)	200	-
健康教育所(站、中心)	Education Center for Health(stations)	-	-
妇幼保健院(所、站)	Maternity and Child Care Centers(stations)	902	564
急救中心(站)	First - aid Centers(stations)	31	14
采供血机构	Blood Supplying Agencies	-	-
卫生监督所(中心)	Institutions of Public Health Inspection	-	-
计划生育服务机构	Family Planning Service Institutions	-	-
四、其他卫生机构	**Other Health Care Institutions**	**834**	**674**
#疗养院	Sanatoriums	834	674
医学科学研究机构	Research Institutions of Medical Science	-	-
医学在职培训机构	Medical Training Organization for Incumbent	-	-
临床检验中心(所、站)	Clinical Laboratory Center	-	-
统计信息中心	Statistical Information Centers	-	-
其他	Other	-	-

医疗病床数(2022 年末)

Beds in Health Institutions(End of 2022)

(bed)

萧山区 Xiaoshan	余杭区 Yuhang	临平区 Linping	富阳区 Fuyang	临安区 Lin'an	桐庐县 Tonglu	淳安县 Chun'an	建德市 Jiande
10828	**2897**	**4122**	**4211**	**2972**	**2625**	**2673**	**2995**
10658	**2764**	**3787**	**3244**	**2861**	**2290**	**2214**	**2377**
7726	1506	2163	1573	1710	1538	1189	1050
1982	92	500	1174	823	586	590	440
–	–	450	72	–	–	–	250
602	858	554	425	328	116	235	587
75	15	–	15	40	–	15	–
40	–	29	–	–	20	–	50
–	–	–	–	–	–	–	–
–	–	–	–	–	–	–	–
–	–	–	–	–	–	–	–
–	–	–	–	–	–	–	–
–	–	–	–	–	–	–	–
–	–	45	–	–	–	–	–
–	–	50	–	–	–	–	–
–	650	130	310	248	–	200	450
–	–	–	–	–	–	–	–
40	–	–	–	–	–	–	–
–	–	–	–	–	–	–	–
–	–	–	–	–	–	–	–
–	–	–	–	–	–	–	–
–	93	–	–	–	46	–	–
121	100	300	100	–	–	–	87
–	–	–	–	–	–	–	–
20	–	–	–	20	–	–	–
306	–	–	–	20	50	20	–
348	308	120	–	–	50	200	50
110	**133**	**75**	**333**	**96**	**220**	**149**	**328**
98	133	75	209	56	13	–	20
98	133	75	209	56	13	–	20
–	–	–	–	–	–	–	–
–	–	–	94	40	207	149	308
–	–	–	–	–	–	–	8
–	–	–	94	40	207	149	300
–	–	–	–	–	–	–	–
12	–	–	30	–	–	–	–
–	–	–	–	–	–	–	–
–	**–**	**260**	**300**	**15**	**115**	**150**	**290**
–	–	–	–	–	–	–	–
–	–	–	–	–	–	–	200
–	–	–	–	–	–	–	–
–	–	260	300	1	98	150	90
–	–	–	–	14	17	–	–
–	–	–	–	–	–	–	–
–	–	–	–	–	–	–	–
–	–	–	–	–	–	–	–
60	**–**	**–**	**334**	**–**	**–**	**160**	**–**
60	–	–	334	–	–	160	–
–	–	–	–	–	–	–	–
–	–	–	–	–	–	–	–
–	–	–	–	–	–	–	–
–	–	–	–	–	–	–	–
–	–	–	–	–	–	–	–

12－27 医院诊疗

Number of

指　　标	Item	机构数(个) Number of Institutions (unit)	诊疗人次数(万人次) Total Number of Patients Treate (10000 person－times)
总　　计	**Total**	**5823**	**14651.00**
一、医院	**Number of Hospitals**	**387**	**8109.34**
1.综合医院	General Hospitals	177	4884.46
2.中医医院	Hospitals of Chinese Medicine	46	1159.98
3.中西医结合医院	Chinese Therapeutics with Western	8	515.64
4.专科医院	Specialized Hospitals	126	1541.36
#口腔医院	Stomatology Hospitals	35	254.68
眼科医院	Ophthalmology Hospitals	13	51.29
耳鼻喉科医院	ENT Hospitals	–	–
肿瘤医院	Tumor Hospitals	3	82.94
心血管病医院	Cardiovascular Hospitals	2	31.30
胸科医院	Chest Hospitals	–	–
血液病医院	Blood Diseases Hospitals	–	–
妇产(科)医院	Hospitals for Pregnant Woman	12	253.37
儿童医院	Children Hospitals	5	451.72
精神病医院	Mental Hospitals	9	58.58
传染病医院	Hospitals for Infectious Diseases	1	30.04
皮肤病医院	Dermatology Hospital	5	208.45
结核病医院	Tuberculosis Hospitals	–	–
麻风病医院	Leprosy Hospitals	–	–
职业病医院	Occupational Disease Hospitals	–	–
骨科医院	Orthopaedics Hospitals	3	9.97
康复医院	Healing Hospitals	14	13.75
整形外科医院	Plastic Hospitals	2	4.38
美容医院	Beauty Hospitals	15	82.69
其他专科医院	Other Special Hospitals	7	8.20
5.护理院	Nursing Centers	30	7.90
二、基层医疗卫生机构	**Community Medical Institutions**	**5312**	**6293.53**
1.社区卫生服务中心(站)	Health Service Centers for Community	1282	3975.54
#社区卫生服务中心	Health Service Centers	138	3925.60
社区卫生服务站	Health Service Stations	1144	49.95
2.卫生院	Health Service Centers	79	574.90
#乡镇卫生院	Rural Township Hospitals in Country	77	558.11
3.村卫生室	Health Offices in Village	752	95.41
4.门诊部	Clinics	947	1011.31
5.诊所、卫生所、医务室	Other Health Care Institutions	2252	636.36
三、专业公共卫生机构	**Professional Public Health Institutions**	**57**	**235.78**
专科疾病防治院(所、站)	Specialized Centers for Disease Prevention and Control(stations)	2	9.81
妇幼保健院(所、站)	Maternity and Child Care Centers(stations)	10	205.55
四、其他机构	**Other Institutions**	**67**	**12.34**
疗养院	Sanatoriums	9	12.34

次数和入院人数（2022 年）

Hospital Patients(2022)

门、急诊人次数(万人次) Out – Patients and Emergency Patients (10000 person – times)	入院人数 (人) Hospital Admissions(person)	每百门急诊次入院人数(人) Hospital Admissions Per 100 Patient – time (person)
13887.70	**3041611**	**2.40**
8037.88	**2948354**	**3.67**
4862.36	1902737	3.91
1157.31	316525	2.74
509.15	159046	3.12
1501.20	543282	3.62
219.78	2380	0.11
51.17	12377	2.42
–	–	–
82.94	159629	19.25
30.29	5198	1.72
–	–	–
–	–	–
252.74	127390	5.04
451.52	109146	2.42
58.58	31825	5.43
29.85	14303	4.79
208.45	34371	1.65
–	–	–
–	–	–
–	–	–
9.97	5278	5.29
13.46	17512	13.02
4.38	2030	4.64
80.26	12841	1.6
7.82	9002	11.52
7.86	26764	34.06
5609.60	**24169**	**0.05**
3817.19	10742	0.03
3767.37	10742	0.03
49.82	–	–
548.13	11509	0.21
532.23	11509	0.22
89.44	–	–
591.14	1918	–
563.70	–	–
229.87	**55176**	**2.63**
9.81	1045	1.06
199.63	54131	2.71
10.36	**13912**	**13.43**
10.36	13912	13.43

12-28 卫生事业

Total Number of

单位:人

指　标	Item	全　市 Total	市　区 Urban District
总　计	**Total**	**181110**	**166048**
一、卫生技术人员	Number of Medical Technical Personnel	148515	135877
1.执业(助理)医师	Licensed (Assistant) Doctor	57455	52474
#执业医师	Licensed Doctor	53769	49507
2.注册护士	Registered Nurse	65875	60716
3.药剂师	Druggist	8145	7258
4.技师人员	Checking Member	10166	9390
#检验师	Docimaster	5680	5230
5.其他	Others	6874	6039
二、其他技术人员	Other Medical Technical Personnel	9050	8621
三、管理人员	Managerial Personnel	7598	7140
四、工勤人员	Logistics Worker	15406	14208

人员数(2022 年末)

Medical Technical Personnel(End of 2022)

(person)

萧山区 Xiaoshan	余杭区 Yuhang	临平区 Linping	富阳区 Fuyang	临安区 Lin'an	桐庐县 Tonglu	淳安县 Chun'an	建德市 Jiande
19960	**8027**	**10089**	**7509**	**6689**	**5511**	**4187**	**5364**
16007	7059	8450	6278	5408	4614	3450	4574
5880	3286	3690	2498	2314	1746	1433	1802
5329	3102	3395	2207	2029	1523	1268	1471
7087	2620	3522	2631	2120	1789	1419	1951
1086	333	389	331	382	370	233	284
993	493	527	396	324	281	238	257
548	305	319	215	199	184	115	151
961	327	322	422	268	428	127	280
829	226	399	609	237	181	128	120
1055	228	339	182	333	236	68	153
1980	514	901	440	598	470	393	335

12－29　卫生技术人员(1978－2022年)

Number of Medical Technical Personnel(1978－2022)

单位:人　　　　(person)

年份 Year	全市 Total	执业(助理)医师 Number of Licensed (Assistant) Doctors	注册护士 Registered Nurses	市区 Urban District	执业(助理)医师 Number of Licensed (Assistant) Doctors	注册护士 Registered Nurses
1978	19059	7375	3483	10867	4346	2510
1979	20060	7539	3536	11779	4733	2632
1980	21110	8311	3885	12376	5179	2804
1981	22737	9284	4139	13697	5946	3032
1982	23558	9883	4369	14221	6204	3193
1983	24914	10833	4562	15213	6990	3352
1984	25648	11291	4817	15807	7393	3487
1985	25593	11503	5071	15840	7644	3705
1986	26489	12623	5391	16543	8239	3940
1987	27663	12369	5805	17361	8329	4156
1988	28676	13674	6938	18022	8710	4801
1989	29791	14177	7348	18619	9146	5085
1990	30990	14483	7822	19231	9374	5397
1991	32169	14858	8153	19630	9494	5610
1992	32628	14842	8417	19690	9373	5736
1993	33172	15181	8643	19708	9499	5797
1994	33964	15465	8979	19907	9472	5940
1995	34245	16465	9531	19943	9607	6249
1996	34946	16789	9794	20695	9889	6508
1997	35423	17112	10019	20728	9902	6571
1998	35857	16022	10577	21035	9452	6788
1999	35256	16668	10587	20519	9610	6856
2000	35487	16317	11186	20344	9050	7300
2001	36643	16994	11576	28293	12968	9343
2002	37193	16092	11922	28818	12332	9653
2003	39019	16614	12460	30299	12731	10161
2004	39816	16770	13248	30886	12894	10840
2005	42353	17833	14514	33206	13802	12034
2006	45375	18831	15557	35904	14689	12986
2007	49780	20701	17455	39860	16290	14601
2008	52379	21223	18702	42015	16747	15556
2009	56270	22753	20997	45219	17996	17530
2010	61117	24345	23418	49232	19414	19481
2011	65869	25773	25231	53008	20566	20949
2012	71618	27369	28382	57971	22004	23760
2013	78340	29686	30996	63359	23886	25808
2014	85614	31977	34724	74064	27675	30528
2015	93036	34832	38182	80799	30316	33672
2016	101194	38172	42011	88076	33344	37154
2017	110395	41833	46343	100478	38333	42580
2018	117425	44896	49911	106923	41105	45838
2019	126995	48962	55004	115959	44842	50639
2020	134258	51135	58542	122937	46884	54024
2021	142341	55013	63044	130469	50437	58259
2022	148515	57455	65875	135877	52474	60716

12-30 体育运动情况(2017-2022年)

Basic Statistics on Sports Activities(2017-2022)

单位:人 (person)

指 标	Item	2017	2018	2019	2020	2021	2022
一、年末体委工作人员数	**Workers in Sports Commissions at Year-end**	**696**	**687**	**615**	**599**	**717**	**768**
#教练员	#Full-time Coaches	157	163	153	159	163	167
二、等级裁判员发展人数	**Number of Referees in Grades**	**110**	**-**	**-**	**298**	**141**	**132**
#女	#Female	60	-	-	106	22	22
一级裁判员	First Grade Referees	-	-	-	-	-	-
二级裁判员	Second Grade Referees	110	-	-	298	141	132
三级裁判员	Third Grade Referees	-	-	-	-	-	-
三、等级运动员发展人数	**Number of Athletes in Grades**	**509**	**364**	**478**	**329**	**744**	**713**
#女	#Female	223	139	179	127	312	240
一级运动员	First Grade Athlete	113	-	-	-	-	-
二级运动员	Second Grade Athlete	396	364	478	328	744	713
三级运动员	Third Grade Athlete	-	-	-	-	-	-

主要统计指标解释

文化事业机构 指从事专业文化工作和为专业文化工作服务的独立建制的单独核算的单位。不包括这些单位另外举办独立核算的其他机构和各部门的业余文化组织。

艺术表演团体 指从事戏曲、音乐、舞蹈、杂技等专业艺术表演,有独立账户,实行单独核算的团体。不包括半工半艺、半农半艺和民间职业剧团。

普通高等学校 指按照国家规定的设置标准和审批程序批准举办,通过国家统一招生考试,招收高中毕业生为主要培养对象,实施高等教育的全日制大学、独立设置的学院和高等专科学校、短期职业大学。

成人高等学校 指按照国家有关规定审批,招收通过全国成人高教统一招生考试的具有高中毕业或同等学历的在职从业人员利用脱产、半脱产、业余或函授等多种形式对其实施高等学历教育,培养高等教育专科或本科毕业水平的专门人才,修业年限、课程设置和总学时数均按高等学历教育要求付诸实施的学校。包括广播电视大学、职工高等学校、农民高等学校、管理干部学院、教育学院、独立设置的函授学院等。

小学学龄儿童入学率 指调查范围内已入小学学习的学龄儿童占校内外学龄儿童总数(包括智力障碍儿童在内,但不包括盲聋哑儿童)的比重。计算公式:

$$小学学龄儿童入学率 = \frac{已入学的小学学龄儿童数}{校内外小学学龄儿童总数} * 100\%$$

等级运动员人数 指经考核正式批准授予等级运动员称号的人数。运动员等级分为国际级运动健将、运动健将、一级运动员、二级运动员、三级运动员、少年级运动员。

等级裁判员人数 指经考核正式批准授予等级裁判员称号的人数。裁判员等级分为国际裁判、国家级裁判、一级裁判、二级裁判、三级裁判。

卫生机构 卫生机构是指从卫生行政部门取得《医疗机构执业许可证》,或从民政、工商行政、机构编制管理部门取得法人单位登记证书,为社会提供医疗保健、疾病控制、卫生监督等服务或从事医学科研、医学教育等卫生单位和卫生社会团体。不包括卫生行政机构、香港和澳门特别行政区以及台湾所属卫生机构。

卫生技术人员 卫生技术人员包括执业(助理)医师、注册护士、药剂人员、检验和影像技师(士、员)等卫生专业人员。

执业(助理)医师、执业(中)药师和注册护士 执业(助理)医师、执业(中)药师和注册护士是指领取医师、药师执业证书和注册护士证书的人员。不包括从事管理工作的医师、药师和护士。

Explanatory Notes on Main Statistical Indicators

Culture Institutions refer to units specialized in cultural development or service, which have independent organizational system and accounting system, excluding other self - accounting establishments run by these units and amateur cultural groups established by various departments.

Art Troupe refers to the troupe engaged in drama, music, dance, acrobatics or other art performance with independent accounts in banks and self accounting system, excluding the troupes which are engaged partly in industrial or agricultural activities and partly in art performance, and folk professional troupes.

Regular Institutions of Higher Education refer to full - time universities, independent colleges, high professional schools and short - term professional universities which are set up according to the government evaluation and approval procedures, recruit high school graduates as main training objects through the national unified entrance examination and, provide higher education courses.

Adult Higher Education Institutions refer to educational establishments, which are set up in line with government relevant rules and approval, enroll staff and workers with senior secondary school or equivalent education through the national unified entrance examination of adult higher education, provide higher education courses in many forms, such as full - time, part - time, spare - time, or correspondence to cultivate specialized talents with the graduation level of junior college or undergraduate, and implement the length of schooling, curriculum and total class hours according to the requirements of higher education. It includes Radio and TV universities, high education schools for staff and workers and for peasants, colleges for management cadres, pedagogical colleges, and independent correspondence colleges.

Enrollment Rate of Primary School - age Children refer to the proportion of primary school - age children enrolled at primary schools to primary school - age children both in and outside schools within the scope of investigation (including retarded children, but excluding blind, deaf and mute children). The formula is:

$$\text{Enrollment Rate of Primary School - age Children} = \frac{\text{Number of primary School - age Children at Primary Schools}}{\text{Total Number of Primary School - age Children Both in and Outside schools}} \times 100\%$$

Number of Grade Athletes refers to the number of athletes who have been given titles through examination. They are classified as international masters of sports, masters of sports, first - grade, second - grade and third - grade sportsmen and young athletes.

Number of Grade Referees refers to the number of referees who have been given titles after examination. They are classified as international referees, national referees and referees of the first, second and third grades.

Health Institutions refer to health institutions and society organization that get the practice license of medical institution from the health administration department, or get registration certificate of legal entity from civil administration, industry and business administration or organization management department, and offer medical treatment, disease control, supervision of sanitation for society or are engaged in medical research and medical education. It excludes health administration department and Institutions of Hong Kong, Macao, and Taiwan.

Medical Technical Personnel include licensed (assistant) doctor, registered nurse, druggist, checking members and photo artificer.

Licensed (Assistant) Doctor, Licensed Druggist and Registered Nurse refers to the doctor, druggist and nurse who get the practice certificate. Those engaged in management are excluded.

十三 人民生活 物价、民政

PEPOLE'S LIVELIHOOD, PRICE INDICES AND CIVIL ADMINISTRATION

13 人民生活、物价、民政
People's Livelihood, Price Indices and Civil Administration

主要统计指标
Major Statistical Indicators

非私营单位就业人员工资总额	Total Wages of Employed Persons of Non-private Units	4604.90	亿元	(100 million yuan)
非私营单位就业人员平均工资	Annual Average Wages of Employed Persons of Non-private Units	153558	元	(yuan)
全体居民人均可支配收入	Per Capita Disposable Income of Urban and Rural Residents	70281	元	(yuan)
为上年	As Compared with the Preceding Year	103.8	%	(%)
城镇常住居民人均可支配收入	Per Capita Disposable Income of Permanent Urban Residents	77043	元	(yuan)
为上年	As Compared with the Preceding Year	103.1	%	(%)
农村常住居民人均可支配收入	Per Capita Disposable Income of Permanent Rural Residents	45183	元	(yuan)
为上年	As Compared with the Preceding Year	105.8	%	(%)
市区居民消费价格指数	Consume Price Index of Urban District	102.4	上年=100	(Preceding Year=100)
市区商品零售价格指数	Commodity Retail Price Index of Urban District	102.9	上年=100	(Preceding Year=100)
工业生产者出厂价格指数	Producer Price Indices for Industrial Products	103.5	上年=100	(Preceding Year=100)

13－01 居民家庭人均收入支出(2020－2022 年)

Per Capita Income and Expenditure of Households(2020－2022)

单位:元 (yuan)

项 目 Item	全体居民 Urban and Rural Residents			城镇常住居民 Permanent Urban Residents			农村常住居民 Permanent Rural Residents		
	2020	2021	2022	2020	2021	2022	2020	2021	2022
一、可支配收入 Disposable Income	**61879**	**67709**	**70281**	**68666**	**74700**	**77043**	**38700**	**42692**	**45183**
工资性收入 Icome from Wages and salaries	36014	39396	41170	39720	43245	44976	23359	25626	27042
经营净收入 Net Buisness Income	6446	7016	7254	5640	6099	6281	9196	10297	10866
财产净收入 Net Income from Property	8235	9144	9360	10182	11198	11358	1586	1792	1944
转移净收入 Net Income from Transfer	11184	12153	12497	13124	14158	14428	4559	4977	5331
二、消费支出 Expenditure	**38235**	**44609**	**46440**	**41916**	**48629**	**50336**	**25664**	**30224**	**31980**
食品烟酒 Food,Tobacco and Liquor	9901	11268	11628	10717	12129	12438	7114	8187	8620
衣着 Clothing	1972	2292	2240	2177	2528	2440	1272	1449	1497
居住 Residence	10658	12107	12864	11434	12878	13709	8006	9348	9729
生活用品及服务 Daily Necessities and Services	2092	2647	2558	2288	2949	2835	1423	1566	1531
交通通信 Transportation and Communication	6253	7084	7821	6883	7786	8514	4101	4571	5251
教育文化娱乐 Education, Cultural and Recreation Service	3242	4414	4050	3704	4960	4465	1664	2458	2511
医疗保健 Medicine and Medical Service	3215	3556	3985	3651	3929	4425	1729	2224	2351
其他用品及服务 Other Supplies and Services	902	1241	1294	1062	1470	1510	355	421	490

13－02 城镇住户调查情况(1978－2022年)

Basic Conditions of Urban Households (1978－2022)

年 份 Year	调查户数 (户) Number of Households Surveyed (household)	平均每户人口 (人) Average Household Size (person)	平均每户就业人数(人) Average Number of Employed Persons Per Household(person)	年人均可支配收入(元) Per Capita Annual Disposable Income (yuan)	年人均消费支出(元) Per Capita Annual Consumption Expenditure(yuan)	人均住房建筑面积 (平方米) Per Capita Living Space in City Areas (sq. m)
1978	28	4.20	2.89	338	301	
1979	28	4.19	2.77	396	365	
1980	28	4.18	2.79	521	491	
1981	100	3.97	2.37	540	513	
1982	100	3.90	2.35	532	532	
1983	100	3.90	2.42	578	535	11.7
1984	100	3.90	2.36	729	679	12.4
1985	150	3.53	2.26	1026	908	12.9
1986	150	3.49	2.27	1169	1072	13.2
1987	150	3.42	2.25	1260	1118	14.1
1988	200	3.41	2.16	1565	1515	14.1
1989	200	3.40	2.15	1764	1615	14.1
1990	200	3.37	2.15	1985	1685	14.5
1991	200	3.40	2.20	2128	1894	14.4
1992	200	3.28	2.14	2580	2296	14.8
1993	200	3.21	2.10	3525	3183	14.9
1994	200	3.31	2.10	5249	4559	15.9
1995	200	3.20	2.05	6301	5559	15.6
1996	200	3.20	2.00	7206	6095	15.9
1997	200	3.14	1.99	7896	6766	16.5
1998	300	3.12	1.93	8465	7235	18.8
1999	300	3.11	1.92	9085	7424	19.5
2000	300	3.10	1.83	9668	7790	19.9
2001	440	2.98	1.72	10896	8968	20.7
2002	500	2.93	1.53	11778	9215	21.7
2003	500	2.92	1.51	12898	9950	22.9
2004	500	2.92	1.48	14565	11213	23.7
2005	600	2.84	1.42	16601	13438	27.6
2006	600	2.81	1.44	19027	14472	28.0
2007	600	2.72	1.45	21689	14896	28.8
2008	600	2.75	1.29	24104	16719	29.9
2009	600	2.68	1.25	26864	18595	30.8
2010	600	2.70	1.25	30035	20219	30.9
2011	600	2.71	1.32	34065	22642	33.7
2012	600	2.69	1.31	37511	22800	34.4
2013	1920	2.79	1.51	40925	30659	34.9
2014	1920	2.79	1.53	44632	32165	35.1
2015	1920	2.79	1.48	48316	33818	35.5
2016	1920	2.80	1.49	52185	35686	35.8
2017	1920	2.91	1.48	56276	38179	36.4
2018	2250	2.93	1.50	61172	41615	37.3
2019	2250	2.96	1.53	66068	44076	38.2
2020	2250	2.94	1.47	68666	41916	39.3
2021	2250	3.01	1.54	74700	48629	40.2
2022	2250	3.03	1.57	77043	50336	40.7

注:1.2000年及以前为主城区数据;2001－2012年为包括萧山区和余杭区在内的市区数据;2013－2022年为包括所有区、县(市)城乡住户一体化改革后新口径数据。

a) The data on the table include the main urban districts before 2000; The data include Xiaoshan district and Yuhang district in 2001－2012; The date include all districts and counties since 2013; The data in this table are calculated at new rage by the results of integrated survey of urban households and rural households sine 2013.

13－03 城镇居民家庭平均每百户耐用消费品拥有量(2014－2022年)

Number of Major Durable Consumer Goods Owned Per 100 Urban Households(2014－2022)

项目 Item		2014	2015	2016	2017	2018	2019	2020	2021	2022
家用汽车 Family Car	(辆) (unit)	45.4	48.7	52.3	55.8	59.7	62.6	65.3	68.1	68.9
摩托车 Motorcycle	(辆) (unit)	6.8	5.4	5.0	4.8	7.0	6.2	5.4	4.5	4.8
电冰箱 Refrigerator	(台) (unit)	92.3	92.2	97.6	99.9	107.0	110.0	110.1	112.1	111.7
洗衣机 Washing Machine	(台) (unit)	86.8	86.9	92.6	94.6	98.5	102.3	102.4	103.3	101.9
热水器 Water Heater	(台) (unit)	93.7	95.5	101.4	105.2	109.2	114.0	115.2	117.5	117.7
空调器 Air Conditioner	(台) (unit)	201.5	207.3	226.6	235.3	243.2	250.2	252.2	258.0	256.4
彩色电视机 Color TV Set	(台) (unit)	174.0	174.1	183.1	187.3	187.9	193.8	191.9	191.6	189.0
摄像机 Video camera	(架) (unit)	10.5	10.5	10.3	–	–	–	–	–	–
照相机 Camera	(架) (unit)	54.4	51.5	48.4	49.9	34.9	28.9	27.6	25.4	25.7
计算机 Computer	(台) (unit)	110.6	110.1	112.0	115.1	100.5	89.8	90.6	94.2	93.0
#接入互联网的计算机 of which:Internet－connected computer	(台) (unit)	100.2	99.8	100.8	104.9	92.9	86.0	87.3	87.5	–
固定电话 Telephone	(部) (set)	54.2	50.7	47.3	45.9	28.9	19.8	17.6	14.5	13.4
移动电话 Mobile Phone	(部) (set)	227.9	229.9	242.1	245.4	258.3	259.0	260.3	263.1	258.9
#接入互联网的移动电话 of which:Internet－connected Mobile Phone	(部) (set)	140.8	155.8	175.3	191.4	212.9	223.6	233.2	251.7	–

注:1. 2014－2022年为包括所有区、县(市)城乡住户一体化改革后新口径数据。

a) The data in this table are calculated at new rage by the results of integrated survey of urban households and rural households sine 2014.

13－04 农村住户调查情况（1978－2022 年）
Basic Conditions of Rural Households（1978－2022）

年 份 Year	调查户数（户） Number of Households Surveyed （household）	平均每户人口（人） Average Number of Residents per Household （person）	平均每户就业人数（人） Average Number of Employed Persons Per Household （person）	人均可支配收入（元） Per Capita Annual Disposable Income of Rural Households （yuan）	人均消费支出（元） Per Capita Annual Consumption Expenditure （yuan）	人均住房建筑面积（平方米） Per Capita Floor Space （sq. m）
1978				162		
1979				204		
1980	60	4.72	2.93	250	287	23.3
1981	60	4.60	2.70	333	294	25.2
1982	60	4.43	2.73	405	328	26.3
1983	170	4.55	2.85	395	355	29.9
1984	170	4.44	2.81	510	416	31.7
1985	420	4.40	2.88	624	542	29.9
1986	620	4.39	2.88	675	601	31.3
1987	620	4.34	2.86	820	714	33.1
1988	620	4.26	2.87	996	925	35.5
1989	620	4.17	2.85	1117	1011	36.8
1990	620	4.16	2.89	1171	923	39.6
1991	620	4.03	2.81	1308	1018	38.0
1992	620	4.01	2.81	1493	1129	37.5
1993	540	3.91	2.76	1748	1276	37.1
1994	630	3.85	2.35	2267	1884	37.8
1995	630	3.87	2.30	3012	2373	40.5
1996	630	3.81	2.77	3482	2772	42.2
1997	630	3.87	2.86	3785	2762	42.0
1998	630	3.87	2.88	4006	2858	46.2
1999	630	3.80	2.80	4209	2851	48.0
2000	630	3.61	2.59	4894	3393	49.0
2001	630	3.57	2.53	5330	3909	52.0
2002	630	3.53	2.53	5708	4444	52.7
2003	670	3.48	2.53	6250	5142	54.7
2004	670	3.48	2.54	6950	5608	58.9
2005	1100	3.34	2.34	7655	6004	66.0
2006	1100	3.63	2.52	8515	6901	66.5
2007	1100	3.60	2.61	9549	7568	68.0
2008	1100	3.56	2.58	10692	8446	69.7
2009	1100	3.57	2.59	11822	9065	70.7
2010	1100	3.58	2.59	13186	10267	71.2
2011	1100	3.46	2.49	15245	12125	72.5
2012	1100	3.45	2.50	17017	13612	71.0
2013	1280	3.38	2.03	21208	16021	66.9
2014	1280	3.35	2.05	23555	17816	67.9
2015	1280	3.36	2.02	25719	19334	68.8
2016	1280	3.38	2.04	27908	20563	69.9
2017	1280	3.38	2.03	30397	21983	70.9
2018	950	3.40	2.05	33193	24203	72.5
2019	950	3.42	2.01	36255	26296	74.1
2020	950	3.44	2.03	38700	25664	75.5
2021	950	3.38	2.03	42692	30224	77.1
2022	950	3.36	2.02	45183	31980	77.4

注：1. 2013－2022 年为城乡住户一体化改革后新口径数据。

a）The data in this table are calculated at new rage by the results of integrated survey of urban households and rural households sine 2013.

13-05 农村居民家庭平均每百户耐用消费品拥有量(2014-2022年)

Number of Major Durable Consumer Goods Owned Per 100 Rural Households(2014-2022)

项　目	Item	2014	2015	2016	2017	2018	2019	2020	2021	2022
家用汽车　(辆)	Family Car　(Unit)	34.3	38.2	42.4	46.5	50.9	52.7	54.9	57.2	60.6
摩托车　(辆)	Motorcycle　(Unit)	32.7	30.7	26.0	24.5	20.4	18.8	17.7	17.0	16.2
电冰箱　(台)	Refrigerator　(Unit)	99.5	103.9	109.0	112.0	121.8	124.4	125.6	127.2	126.3
洗衣机　(台)	Washing Machine　(Unit)	82.7	86.4	92.5	96.0	100.6	103.4	104.1	106.5	106.1
热水器　(台)	Water Heater　(Unit)	85.9	93.2	103.2	109.9	121.1	124.0	127.6	129.2	129.5
空调机　(台)	Air Conditioner　(Unit)	135.9	147.6	168.2	186.7	206.4	211.4	211.6	216.3	217.7
彩色电视机　(台)	Color TV Set　(Unit)	196.1	202.0	213.5	220.3	223.5	217.0	220.0	213.2	213.4
摄像机　(架)	Video camera　(unit)	2.3	2.5	2.9	2.4	-	-	-	-	-
照相机　(架)	Camera　(Unit)	21.1	19.6	19.8	17.4	10.5	9.7	10.3	9.6	9.6
计算机　(台)	Personal Computer　(Unit)	67.3	69.6	75.0	76.4	70.4	60.2	61.3	61.0	61.5
#接入互联网的计算机　(台)	of which: Internet - connected computer　(Unit)	59.8	64.2	68.5	70.2	65.0	57.4	59.4	57.3	-
固定电话　(部)	Telephone　(Set)	52.7	46.4	35.0	31.8	23.0	16.1	14.2	12.9	10.3
移动电话　(部)	Mobile Phone　(Set)	244.6	253.8	265.2	274.5	286.4	267.9	270.9	272.7	272.1
#接入互联网的移动电话　(部)	of which: Internet - connected Mobile Phone　(Set)	121.2	141.7	172.2	200.8	214.7	209.6	231.8	242.5	-

注:1.2014-2022年为城乡住户一体化改革后新口径数据。

a) The data in this table are calculated at new rage by the results of integrated survey of urban households and rural households since 2014.

13－06　就业人员工资总额(1978－2022 年)

Total Wages of Employed Persons(1978－2022)

单位:万元　　　　(10,000 yuan)

年　份 Year	全市(非私营及规上私营) Total (includes Non－private Units and private units above designated size)	非私营单位 Non－private	市区(非私营及规上私营) Urban District(includes Non－private Units and private units above designated size)	非私营单位 Non－private
1978		43775		28256
1979		52127		34318
1980		67918		45574
1981		72896		48809
1982		75584		50959
1983		78336		52909
1984		102223		69135
1985		130114		87774
1986		157471		105995
1987		180077		121003
1988		230868		152859
1989		253956		167055
1990		277910		182985
1991		313906		209052
1992		377614		253653
1993		534537		359041
1994		772236		521669
1995		890488		615450
1996		973592		683244
1997		1073862		762957
1998		1112718		803264
1999		1180947		864418
2000		1267524		949872
2001		1481659		1279749
2002		1614676		1398222
2003		1867776		1617504
2004	2844691	2188159	2313930	1859164
2005	3711915	2970200	3112937	2584779
2006	4526841	3811735	3830043	3338568
2007	6233799	4954813	5256791	4317965
2008	8592198	6416424	7338932	5679543
2009	9909330	7549145	8475547	6665279
2010	12305726	9330552	10531483	8238017
2011	15012179	11222834	12934215	9954506
2012	19540005	14839012	17115217	13217453
2013	23604682	17582336	20762852	15820468
2014	26630950	19822713	24629017	18551986
2015	28884146	21523984	26718242	20179320
2016	32370091	24176045	29918514	22617274
2017	35985206	26467155	34266225	25422943
2018	39952564	28646933	38177817	27526523
2019	45772971	32985194	43842112	31754987
2020	－	36767377	－	－
2021	－	42418207	－	－
2022	－	46048953	－	－

注:1. 口径范围,1997 年及以前为全市全部职工,1998－2012 年为在岗职工,2013 年起为就业人员。2004 年起包含规模以上私营单位。2015 年富阳纳入市区统计范围;2017 年临安纳入市区统计范围。

a) Data on this table refer to wages of all employees before 1997, that refer to all staff and workers in 1998－2012, and refer to employed persons since 2013. Data on this bill includes Private units above designated size since 2004. Fuyang was included in urban statistics since 2015, Lin′an was included in ruban statistics since 2017.

13－07 就业人员年平均工资(1978－2022年)
Average Annual Wages of Employed Persons(1978－2022)

单位:元 (yuan)

年 份 Year	全市(非私营及规上私营) Total (includes Non－private Units and private units above designated size)	非私营单位 Non－private	市区(非私营及规上私营) Urban District(includes Non－private Units and private units above designated size)	非私营单位 Non－private	市区全社会在岗职工 The Fully Employed Persons in Urban Districts	全社会就业人员 Employees of the Whole Society
1978		597		642		
1979		643		692		
1980		777		814		
1981		783		810		
1982		791		809		
1983		813		835		
1984		1036		1071		
1985		1266		1316		
1986		1469		1536		
1987		1616		1690		
1988		1986		2073		
1989		2173		2261		
1990		2382		2486		
1991		2586		2706		
1992		3071		3233		
1993		4220		4561		
1994		6118		6597		
1995		7156		7786		
1996		7966		7851		
1997		9108		10048		
1998		10555		11512		
1999		12187		13225		
2000		14257		15454		
2001		18319		18962	18205	
2002		21418		22091	19749	
2003		24668		25535	20113	
2004	21879	28891	24204	30719	22235	
2005	24685	31069	26366	32166	22645	
2006	27620	32791	29397	33967	23581	
2007	29864	36496	31625	37991	25489	
2008	32513	40193	34107	41501	27863	
2009	35638	43947	37270	45149	30480	
2010	39772	48772	41303	49938	34330	
2011	45775	54408	47695	55958	38837	
2012	51077	56417	52610	57548	42493	
2013	55124	63664	56857	64941	46831	
2014	60904	69209	61924	70034	51449	
2015	66322	76073	67569	77061	55908	
2016	73390	85022	74589	85767	61174	
2017	80482	93891	81440	94430	67047	
2018	88752	103798	89762	104479	－	72951
2019	101069	117339	102289	118337	－	80817
2020	－	128308	－	－	－	－
2021	－	146701	－	－	－	－
2022	－	153558	－	－	－	－

注:1. 口径范围,1997年及以前为全市全部职工,1998－2012年为在岗职工,2013年起为就业人员。2004年起包含规模以上私营单位。2015年富阳纳入市区统计范围;2017年临安纳入市区统计范围。

a) Data on this table refer to wages of all employees before 1997, that refer to all staff and workers in 1998－2012, and refer to employed persons since 2013. Data on this bill includes Private units above designated size since 2004. Fuyang was included in urban statistics since 2015, Lin'an was included in ruban statistics since 2017.

13-08 规模以上单位就业人员工资总额(2022年)

Total Wages of Employed Persons of Units Above Designated Size(2022)

单位:万元 (10,000 yuan)

项 目	Item	就业人员工资总额 Total Wages of Employed Persons	非私营 Non-private	在岗职工工资总额 Total Wages of Fully Employed Staff and Workers	非私营 Non-private	其他就业人员工资总额 Total Wages of Other Employed Persons	非私营 Non-private
全市总计	**Whole city Total**	**42436363**	**29532082**	**41684153**	**29101706**	**752210**	**430376**
市区总计	Urban District	40944052	28812116	40222500	28391157	721551	420959
#上城区	Shangcheng	3902719	2603634	3831004	2558210	71715	45423
拱墅区	Gongshu	4036140	2835883	3918546	2764794	117594	71088
西湖区	Xihu	5411264	4312143	5322603	4252826	88661	59317
高新(滨江)区	Hi-Tech(Binjiang)	8925181	7358310	8837219	7280361	87962	77949
萧山区	Xiaoshan	5057257	3156543	4943256	3084205	114001	72337
余杭区	Yuhang	5488789	3559639	5384177	3545306	104612	14334
临平区	Linping	2377008	1272598	2330277	1248628	46732	23971
钱塘区	Qiantang	3381055	2333279	3320238	2293804	60818	39475
富阳区	Fuyang	1172300	682349	1157453	673495	14848	8854
临安区	Lin'an	1089669	612644	1078082	607291	11587	5353
西湖风景名胜区	The West Lake Scenic Zone	102670	85094	99648	82237	3022	2857
桐庐县	Tonglu	620056	300389	613144	297896	6912	2494
淳安县	Chun'an	305432	140757	293035	136246	12397	4512
建德市	Jiande	566824	278820	555474	276408	11350	2412

注:1.2020年起数据口径范围调整为规模以上单位就业人员工资总额。
a) Numbers since 2020 are the total wages of employees in units above designated size.

13－08 续表 continued

单位:万元 (10,000 yuan)

项 目 Item	就业人员工资总额 Total Wages of Employed Persons	非私营 Non－private	在岗职工工资总额 Total Wages of Fully Employed Staff and Workers	非私营 Non－private	其他就业人员工资总额 Total Wages of Other Employed Persons	非私营 Non－private
按国民经济行业分组 Grouped by Sector						
农、林、牧、渔业 Farming, Forestry, Animal Husbandry & Fishery	－	－	－	－	－	－
采矿业 Mining	9545	5175	9295	5001	250	174
制造业 Manufacturing	12124930	8640056	11988515	8543714	136415	96342
电力、热力、燃气及水生产和供应业 Production & Supply of Electricity, Heat, Gas & Water	262456	253072	260073	250936	2382	2136
建筑业 Construction	5253732	2504292	5014766	2433729	238967	70563
批发和零售业 Wholesale & Retail Trades	4304436	2768630	4234164	2715093	70272	53538
交通运输、仓储和邮政业 Transportation, Storage and Post	1565375	1311626	1554012	1301378	11363	10248
住宿和餐饮业 Hotels and Catering Services	741794	432713	701607	407068	40187	25645
信息传输、软件和信息技术服务业 Information Transmission, Software and Information Technology	10475750	8273383	10451611	8253805	24140	19578
金融业 Financial Intermediation	－	－	－	－	－	－
房地产业 Real Estate	1802770	1382825	1751167	1344130	51603	38695
租赁和商务服务业 Leasing and Business Services	2191039	1252355	2093437	1194617	97602	57739
科学研究、技术服务业 Scientific Research, Technical Services	2374101	1840729	2343555	1816751	30546	23977
水利、环境和公共设施管理业 Management of Water Conservancy, Environment and Public Facilities	177193	111147	173848	110129	3346	1018
居民服务、修理和其他服务业 Service to Honseholds, Repair and Other Services	264842	148060	248674	138808	16168	9252
教育 Education	192373	111789	187684	109816	4688	1973
卫生和社会工作 Health Care and Social Work	396140	244486	378728	231432	17412	13054
文化、体育和娱乐业 Culture, Sports and Entertainment	299886	251745	293016	245300	6870	6446
公共管理、社会保障和社会组织 Public Management, Social Security and Social Organizations	－	－	－	－	－	－

13－09 规模以上单位就业人员平均工资(2022年)

Average Annual Wages of Employed Persons of Units Above Designated Size(2022)

单位:元 (yuan)

项　目	Item	就业人员 Total employment	非私营单位 Non－private	在岗职工 Staff and Workers	非私营单位 Non－private
全　市	**Total**	**128031**	**147811**	**130452**	**150375**
市　区	Urban District	130757	149962	133281	152612
#上城区	Shangcheng	131783	148174	136230	152682
拱墅区	Gongshu	112320	123501	116874	129973
西湖区	Xihu	134950	143449	137485	146007
高新(滨江)区	Hi－Tech(Binjiang)	210665	224408	213416	227734
萧山区	Xiaoshan	97777	105899	98318	106303
余杭区	Yuhang	171039	234392	178184	236080
临平区	Linping	94203	111301	95269	112812
钱塘区	Qiantang	112363	123655	112562	123345
富阳区	Fuyang	88404	99045	88800	99569
临安区	Lin'an	93654	108018	93935	108526
西湖风景名胜区	The West Lake Scenic Zone	94627	95968	94821	96139
桐庐县	Tonglu	83169	94865	83500	95211
淳安县	Chun'an	77704	81035	79733	82935
建德市	Jiande	81715	100879	82504	101550

注:1. 2020年起数据口径范围调整为规模以上单位就业人员平均工资。

a) Numbers since 2020 are the average wages of employees in units above designated size.

13－09 续表 continued

单位:元 (yuan)

项 目 Item	就业人员 Total employment	非私营单位 Non－private	在岗职工 Staff and Workers	非私营单位 Non－private
按国民经济行业分组 Grouped by Sector				
农、林、牧、渔业 Farming, Forestry, Animal Husbandry & Fishery	－	－	－	－
采矿业 Mining	82930	88003	84270	89785
制造业 Manufacturing	113883	131968	114159	132214
电力、热力、燃气及水生产和供应业 Production & Supply of Electricity, Heat, Gas & Water	160063	164204	161306	165296
建筑业 Construction	80645	87364	81821	87585
批发和零售业 Wholesale & Retail Trades	129415	148284	131910	152830
交通运输、仓储和邮政业 Transportation, Storage and Post	128245	132144	129512	133697
住宿和餐饮业 Hotels and Catering Services	62511	62086	68723	70808
信息传输、软件和信息技术服务业 Information Transmission, Software and Information Technology	298930	326010	300050	327231
金融业 Financial Intermediation	－	－	－	－
房地产业 Real Estate	102006	102856	104976	105223
租赁和商务服务业 Leasing and Business Services	100246	96185	102284	97575
科学研究、技术服务业 Scientific Research, Technical Services	174103	195116	175362	196612
水利、环境和公共设施管理业 Management of Water Conservancy, Environment and Public Facilities	72047	82982	73141	83166
居民服务、修理和其他服务业 Service to Honseholds, Repair and Other Services	63387	66923	63569	67701
教育 Education	146984	149932	152181	153011
卫生和社会工作 Health Care and Social Work	133192	141313	136745	146857
文化、体育和娱乐业 Culture, Sports and Entertainment	185103	211533	187267	213341
公共管理、社会保障和社会组织 Public Management, Social Security and Social Organizations	－	－	－	－

13－10 市区消费价格指数(1978－2022年)

Consumer Price Indices in Urban District(1978－2022)

(上年＝100) (Preceding Year＝100)

年 份 Year	居民消费价格指数 Consumer Price Index	商品零售价格指数 Retail Price Index
1978	100.1	100.1
1979	100.4	100.9
1980	100.8	109.3
1981	102.0	102.0
1982	102.0	102.3
1983	102.1	102.3
1984	103.1	103.1
1985	117.2	117.5
1986	106.0	106.1
1987	110.5	111.3
1988	121.9	123.4
1989	117.8	118.2
1990	104.6	104.4
1991	107.5	106.9
1992	110.4	110.2
1993	121.4	117.3
1994	121.5	118.8
1995	116.5	113.3
1996	110.5	107.2
1997	106.7	102.4
1998	101.8	99.8
1999	100.4	98.2
2000	100.8	98.3
2001	99.5	95.3
2002	98.8	97.9
2003	99.5	98.1
2004	102.5	101.6
2005	101.7	100.3
2006	101.2	100.2
2007	103.5	103.1
2008	104.9	106.0
2009	98.6	98.6
2010	103.9	103.7
2011	104.8	104.4
2012	102.5	101.9
2013	102.5	101.5
2014	102.0	100.8
2015	101.8	100.2
2016	102.6	101.5
2017	102.5	101.0
2018	102.3	102.0
2019	103.1	103.1
2020	102.1	100.9
2021	101.3	101.6
2022	102.4	102.9

13－11　市区居民消费价格分类指数(2022年)

Consumer Price Indices by Category in Urban District(2022)

(上年＝100)　　(Preceding Year＝100)

项　目	Item	2022
居民消费价格指数	**Consumer Price Index**	**102.4**
一、食品烟酒	**Food, Tobacco and Liquor**	**102.7**
1. 食品	Food	102.8
(1)粮食	Grain	99.9
(2)薯类	Tubers	111.0
(3)豆类	Beans	102.6
(4)食用油	Edible Oil and Fats	105.9
(5)菜及食用菌	Vegetables	106.2
(6)畜肉类	Meat of Livestock	95.6
(7)禽肉类	Meat of Poultry	103.1
(8)水产品	Aquatic Products	102.9
(9)蛋类	Eggs	102.9
(10)奶类	Milk	98.9
(11)干鲜瓜果类	Dried and Fresh Melons and Fruits	109.5
(12)糖果糕点类	Candy and Cake	103.0
(13)调味品	Flavoring	106.3
(14)其他食品类	Other Foods	103.5
2. 茶及饮料	Tea and Beverages	102.0
3. 烟酒	Tobacco and Liquor	103.5
4. 在外餐饮	Dining Out	102.3
二、衣着	**Clothing**	**99.9**
1. 服装	Garments	99.6
2. 鞋类	Footwear	101.0

13－11 续表 continued

（上年＝100）　　　　(Preceding Year = 100)

项 目	Item	2022
三、居住	**Residence**	**100.9**
1. 租赁房房租	Rent of Rental Housing	99.3
2. 住房保养维修及管理	Housing Maintenance and Management	108.5
3. 水电燃料	Water, Electricity and Fuels	102.1
4. 自有住房	Private Housing	99.4
四、生活用品及服务	**Articles for Daily Use and Services**	**101.6**
1. 家具及室内装饰品	Furniture and Interior Decorations	97.8
2. 家用器具	Home Appliances	104.9
3. 家用纺织品	Home Textiles	95.8
4. 家庭日用杂品	Daily Use Household Articles	100.9
5. 个人护理用品	Personal－care Supplies	102.8
6. 家庭服务	Household Services	101.6
五、交通通信	**Transport and Communications**	**104.6**
1. 交通	Transport	106.3
2. 通信	Communications	98.1
六、教育文化娱乐	**Education, Culture and Recreation**	**106.4**
1. 教育	Education	108.2
2. 文化娱乐	Cultural and Recreation	103.4
七、医疗保健	**Health Care**	**99.4**
1. 药品及医疗器具	Medicine and Medical Instrument	97.8
2. 医疗服务	Medical Services	100.0
八、其他用品及服务	**Other Articles and Services**	**101.9**
1. 其他用品	Other Articles	103.2
2. 其他服务	Other Services	100.7

13－12 市区零售价格分类指数(2022年)

Retail Price Indices by Category in Urban District(2022)

(上年＝100) (Preceding Year＝100)

项 目	Item	2022
商品零售价格指数	**Retail Price Index**	**102.9**
一、食品	**Food**	**102.6**
1.粮食	Grain	99.9
2.薯类	Tubers	111.0
3.豆类	eans	102.6
4.食用油	Edible Oil and Fats	105.9
5.菜及食用菌	Vegetables	106.2
6.畜肉类	Meat of Livestock	95.6
7.禽肉类	Meat of Poultry	103.1
8.水产品	Aquatic Products	102.9
9.蛋类	Eggs	102.9
10.奶类	Milk	98.9
11.干鲜瓜果类	Dried and Fresh Melons and Fruits	109.5
12.糖果糕点类	Candy and Cake	103.0
13.调味品	Flavoring	106.3
14.其他食品类	Other Foods	103.5
15.餐饮业零售	Dining out	102.3
二、饮料、烟酒	**Beverages, Tobacco and Liquor**	**103.3**
1.茶及饮料	Tea and Beverages	102.0
2.卷烟	Tobacco	102.1
3.酒类	Liquor	106.9
三、服装、鞋帽	**Garments, Shoes and Hats**	**99.8**
1.服装	Garments	99.5
2.鞋帽袜	Footgear and Hat	101.0
3.其他衣着配件	Other Clothing and Parts	101.8
四、纺织品	**Textiles**	**97.7**
1.服装材料	Garments Material	103.4
2.床上用品	Bedding	95.9
五、家用电器及音像器材	**Household Appliances, Music and Video Equipment**	**103.1**
1.家庭设备	Household Equipment	104.9
2.文娱用耐用消费品	Durable Consumer Goods for Entertainment	99.3

13－12 续表 continued

(上年＝100) (Preceding Year＝100)

项 目	Item	2022
3. 专业音像器材	Audio and Video Equipment	103.3
六、文化办公用品	**Cultural and office Appliances**	**100.9**
七、日用品	**Articles for Daily Use**	**101.2**
1. 日用百货	General Merchandise for Daily Use	99.9
2. 厨具餐具茶具	Kitchen Ware, Table Ware, Tea Set	99.0
3. 清洗用品	Cleaning Supplies	102.3
4. 其他日用品	Other Articles for Daily Use	103.9
八、体育娱乐用品	**Sports and Recreation Articles**	**100.5**
1. 体育户外用品	Sports Outdoor Products	102.1
2. 娱乐用品	Recreation Articles	99.8
九、交通、通信用品	**Transportation and Communication Appliances**	**100.4**
1. 交通运输机械	Transportation Vehicles	100.7
2. 通信器材	Equipment of Communication	99.0
十、家具	**Furniture**	**97.3**
十一、化妆品	**Cosmetics**	**103.2**
十二、金银饰品	**Gold and Silver Ornaments**	**101.6**
十三、中西药品及医疗保健用品	**Traditional Chinese and Western Medicine and Health Care Articles**	**97.8**
1. 医疗卫生器具	Medical Instruments and Articles	99.0
2. 中药	Traditional Chinese Medicines	92.0
3. 西药	Western Medicines	98.5
4. 保健器具及用品	Articles for Health Care	100.7
十四、书报杂志及电子出版物	**Books, Newspapers, Magazines and Electronic Publications**	**100.3**
1. 教材及参考书	Teaching Materials and Reference Books	100.1
2. 书报杂志及音像制品	Books, Newspapers and Magazines	101.9
3. 计算机办公软件	Computer Office Software	97.4
十五、燃料	**Fuels**	**118.2**
1. 煤炭及制品	Coal and Coal Products	113.2
2. 石油及制品	Oil and Oil Products	118.7
十六、建筑材料及五金电料	**Building Materials and Hardware**	**103.5**
1. 建筑装潢材料	Building Decoration Materials	102.9
2. 五金水暖	Hardware	105.3

13－13　工业生产者出厂价格指数（2014－2022年）
Producer Price Indices for Industrial Products（2014－2022）

（上年＝100）　　　　（Preceding Year＝100）

项　目 Item	2014	2015	2016	2017	2018	2019	2020	2021	2022
工业生产者出厂价格总指数 Total Producer Price Indices for Industrial Products	**98.6**	**96.5**	**99.2**	**104.4**	**102.4**	**99.0**	**97.5**	**104.9**	**103.5**
一、按轻重工业分 Grouped by Industries									
轻工业 Light Industry	**99.2**	**97.4**	**99.8**	**104.0**	**102.0**	**98.1**	**96.3**	**103.8**	**102.7**
以农产品为原料 Made from Agricultural Products	99.9	98.5	99.8	102.6	101.6	98.6	97.8	101.4	102.4
以非农产品为原料 Made from Non－agricultural Products	98.2	95.8	99.8	106.1	102.5	97.2	94.1	105.8	103.0
重工业 Heavy Industry	**98.2**	**95.8**	**98.7**	**104.6**	**102.6**	**99.6**	**98.3**	**105.5**	**104.0**
采掘 Mining & Quarrying Industry	104.2	94.9	97.3	100.6	101.7	96.9	96.0	101.2	102.8
原料 Raw Materials Industry	96.7	92.5	96.4	106.7	102.3	100.0	95.4	114.0	115.6
加工 Manufacturing Industry	98.5	96.7	99.4	104.1	102.7	99.5	99.0	103.1	100.3
二、按二大部类分 Grouped by Means of Producting and Consumer Goods									
生产资料 Means of Production	**98.0**	**95.3**	**98.8**	**105.8**	**103.0**	**98.4**	**96.7**	**106.2**	**104.2**
采掘 Mining	104.2	94.9	97.3	100.6	101.7	96.9	96.0	101.2	102.8
原料 Raw Materials	95.7	91.0	96.1	109.9	103.2	95.8	90.9	115.8	112.7
加工 Manufacture	98.7	96.6	99.6	104.7	103.0	99.2	98.3	103.2	101.4
生活资料 Consumer Goods	**100.6**	**100.1**	**100.1**	**99.9**	**100.3**	**100.8**	**100.0**	**100.4**	**100.9**
食品 Foods	101.1	100.9	100.0	99.4	100.2	101.1	99.1	101.1	100.9
衣着 Clothing	100.1	100.1	101.1	99.9	101.3	99.6	100.2	99.9	102.4
一般日用品 Articles for Daily Use	100.7	99.9	100.5	100.4	99.7	101.1	100.5	98.9	99.9
耐用消费品 Durable Consumer Goods	100.0	99.2	99.1	99.7	100.7	100.6	100.3	101.8	101.9

13－13　续表　continued

(上年＝100)　　(Preceding Year＝100)

项　目 Item	2014	2015	2016	2017	2018	2019	2020	2021	2022
三、按工业部门分 Grouped by Industrial Sector									
冶金工业 Metallurgical Industry	96.2	93.2	101.7	115.0	103.9	97.7	101.6	116.8	100.9
电力工业 Power Industry	99.6	98.2	97.8	100.2	100.9	100.9	97.7	99.0	119.6
煤炭及炼焦工业 Coal and Coking Industry									
石油工业 Petroleum Industry	100.5	92.4	87.7	97.9	101.6	111.1	90.5	109.5	126.8
化学工业 Chemical Industry	95.8	92.7	97.3	107.8	103.4	96.2	91.1	112.7	105.1
机械工业 Machine Building Industry	98.9	97.6	99.4	101.4	100.2	99.3	98.8	101.7	101.1
建材材料工业 Building Materials Industry	103.0	94.0	96.3	111.5	123.1	105.4	102.5	104.1	95.6
森林工业 Timber Industry	101.3	99.9	98.9	100.9	100.5	100.0	99.2	101.1	102.1
食品工业 Food Industry	100.5	100.2	100.2	99.6	100.4	101.2	99.4	100.8	101.0
纺织工业 Textile Industry	98.9	96.3	100.1	103.5	101.7	97.8	96.0	102.4	103.6
缝纫工业 Tailoring Industry	100.5	99.8	99.6	99.6	101.2	99.6	100.1	100.0	102.0
皮革工业 Leather Industry	101.0	100.4	100.5	101.3	101.4	100.2	101.1	–	–
造纸工业 Paper Industry	99.7	98.5	98.9	109.8	103.0	93.2	97.0	102.4	102.6
文教艺术用品工业 Cultural, Educational & Handicrafts Articles	98.8	98.9	99.5	99.7	97.9	98.0	99.4	102.7	103.6
其他工业 Others	104.6	102.9	105.5	102.5	103.0	105.4	105.4	101.1	103.7

13-14 工业生产者购进价格指数(2014-2022年)

Purchasing Price Indices for Industrial Producers(2014-2022)

(上年=100) (Preceding Year=100)

项 目 Item	2014	2015	2016	2017	2018	2019	2020	2021	2022
工业生产者购进价格指数 Purchasing Price Index for Industrial Producers	**97.3**	**92.9**	**98.9**	**108.4**	**103.7**	**96.8**	**96.1**	**113.0**	**106.1**
燃料动力类 Fuel and Power	99.0	95.1	93.6	105.7	103.1	99.3	93.7	120.8	127.8
黑色金属材料类 Ferrous and Metals	92.4	85.9	100.9	115.5	106.8	97.6	99.1	123.0	94.2
1. 钢材 Rolled-steel	92.5	86.3	101.0	115.9	106.8	97.4	99.0	124.2	93.7
2. 其他 Other	90.3	80.5	98.2	106.8	105.1	100.7	100.7	106.8	101.0
有色金属材料及电线类 Non-ferrous Metals and Electric Wire	94.5	92.2	101.3	114.7	101.3	99.8	106.9	125.3	106.9
化工原料类 Chemical Raw Materials	97.7	91.7	100.8	110.9	105.4	91.9	89.8	119.8	104.0
木材及纸浆类 Wood and Paper Pulps	98.5	98.5	99.8	111.6	104.4	92.9	97.3	108.2	104.3
建筑材料及非金属类 Building Materials	105.7	96.9	99.0	117.1	120.9	102.7	100.3	107.7	94.5
农副产品类 Farm and Sideline Products	100.4	99.3	99.3	106.9	96.5	97.4	98.0	105.7	100.6
其他工业原材料及半成品类 Other Industrial Raw Materials and Semi-products	98.9	96.7	98.8	102.7	101.1	98.0	98.4	103.3	105.8
纺织原料类 Textile Raw Materials	99.9	97.1	98.8	104.8	101.9	98.6	96.2	102.9	102.7

13－15 住宅销售价格指数(2022年)
Residential Sales Price Indices(2022)

月份	Month	新建商品住宅 New Residential Commodities Building		二手住宅 The Second－hand Residence	
		上月＝100 Last month＝100	上年同期＝100 Preceding Year＝100	上月＝100 Last month＝100	上年同期＝100 Preceding Year＝100
一月	January	100.3	105.8	100.4	104.8
二月	February	100.4	106.0	100.2	104.6
三月	March	100.7	106.2	100.3	103.6
四月	April	100.6	106.3	100.1	102.7
五月	May	100.4	106.1	99.8	101.6
六月	June	101.0	106.3	100.6	101.4
七月	July	100.7	106.6	99.7	100.6
八月	August	100.4	106.5	99.6	100.0
九月	September	100.4	106.5	99.4	99.8
十月	October	100.3	106.4	99.2	99.5
十一月	November	100.7	106.6	99.8	99.4
十二月	December	100.3	106.4	99.9	99.1

13 – 16 分地区养老机构及儿童福利院情况(2022 年末)

Elderly Care Institutions and Child Welfare Homes by Region(End of 2022)

地区 Region	养老机构及儿童福利院数(个) Elderly Care Institutions and Child Welfare Homes (unit)	养老机构数(个) Number of Elderly Care Institutions (unit)	职工数(人) Staff and Workers (person)	养老机构职工数(人) Number of Employees in Elderly Care Institutions (person)	床位数(张) Beds (bed)	养老机构床位数(张) Number of Beds in Elderly Care Institutions (unit)	在院人数(人) Persons Housed (person)	老人(人) Seniors (person)
全 市 Total	**247**	**246**	**6733**	**6628**	**40642**	**40142**	**17342**	**17059**
上城区 Shangcheng	31	31	691	691	4994	4994	1733	1733
拱墅区 Gongshu	24	24	855	855	5104	5104	1767	1767
西湖区 Xihu	16	16	704	704	3230	3230	1620	1620
滨江区 Binjiang	3	3	494	494	1915	1915	1112	1112
萧山区 Xiaoshan	24	24	555	555	3279	3279	1035	1035
余杭区 Yuhang	7	7	102	102	499	499	175	175
临平区 Linping	7	7	112	112	1398	1398	396	396
钱塘区 Qiantang	5	5	59	59	1094	1094	217	217
富阳区 Fuyang	30	30	486	486	3266	3266	1415	1415
临安区 Lin'an	24	24	452	452	2484	2484	1473	1473
桐庐县 Tonglu	28	28	417	417	2729	2729	1073	1073
淳安县 Chun'an	26	26	271	271	2655	2655	1002	1002
建德市 Jiande	17	17	443	443	2926	2926	1010	1010

13－17 分地区优抚对象

Number of Persons Receiving

单位:人

指 标 Item	全 市 Total	市 区 Urban District	上城区 Shangcheng	拱墅区 Gongshu
享受定期抚恤金人数 Number of Persons Receiving Periodical Commiseration	5152	3870	513	462
烈属遗属 Number of Martyr Kinsfolk	155	80	2	2
牺牲军人遗属 Number of Kinsfolks of the Sacrificed Soldiers	99	67	3	–
病故军人遗属 Number of Kinsfolks of the Illness – died Soldiers	170	123	16	3
残疾军人 Disabled Soldiers	4728	3600	492	457
享受定期补助人数 Number of Persons Enjoying Regular Subsidies	44536	31202	869	343
在乡复员军人 Rural Demobilized Soldier	612	388	5	8
优待优抚对象带病回乡退伍军人 Number of Rural Veterans with Illness Receiving Subsiders	2595	1457	19	6
60周岁以上农村籍退役人员 Rural Veterans aged 60 and above	41329	29357	845	329
优待优抚对象人数 Number of Preferential Treatment Objects	49688	35072	1382	805

人员情况(2022 年)

Public Subsidies by Region(2022)

(person)

西湖区 Xihu	高新(滨江)区 Hi – Tech (Binjiang)	萧山区 Xiaoshan	余杭区 Yuhang	临平区 Linping	钱塘区 Qiantang	富阳区 Fuyang	临安区 Lin'an	桐庐县 Tonglu	淳安县 Chun'an	建德市 Jiande
544	120	640	271	252	99	603	366	389	369	524
6	3	12	8	1	4	23	19	21	25	29
6	0	10	5	4	1	34	4	19	7	7
10	1	21	10	8	2	39	13	18	18	11
522	116	597	248	239	92	507	330	332	319	477
1625	678	9825	3061	2205	1622	5530	5444	4882	4052	4400
12	8	68	50	32	17	96	92	68	56	100
19	12	316	125	58	60	676	166	617	172	349
1594	658	9441	2886	2115	1545	4758	5186	4197	3824	3951
2169	798	10465	3332	2457	1721	6133	5810	5271	4421	4924

13－18 市、县级社会

Basic Statistics on Institutions and

单位:个

指 标	Item	全 市 Total	市 区 Urban District	萧山区 Xiaoshan
合 计	**Total**	**3550**	**2706**	**323**
按活动区域分	**Grouped by Region**			
地级社团	Municipal－level Societies	799	799	－
县级社团	County－level Societies	2751	1907	323
按性质分	**Grouped by Category**			
科技与研究	Technology and Research	44	41	3
生态环境	Ecological Environment	25	24	5
教育	Education	45	37	7
卫生	Health	67	56	10
社会服务	Social Services	243	201	8
文化	Culture	300	260	34
体育	Sport	290	243	26
法律	Law	9	8	3
工商业服务	Industry and Business Services	671	654	36
宗教	Religion	36	28	5
农业及农村发展	Agricure and Rural Development	131	100	47
职业及从业组织	Vocational and Business Organizations	126	120	65
国际及涉外组织	International and Foreign Organizations	1	1	－
其他	Other	1562	933	74

团体机构情况(2022 年)

Organizations at County Level(2022)

(unit)

余杭区 Yuhang	临平区 Linping	富阳区 Fuyang	临安区 Lin'an	桐庐县 Tonglu	淳安县 Chun'an	建德市 Jiande
145	**163**	**246**	**261**	**255**	**372**	**217**
–	–	–	–	–	–	–
145	163	246	261	255	372	217
2	2	4	3	–	1	2
2	–	3	–	1	–	–
2	–	4	3	2	2	4
5	4	3	5	6	1	4
7	9	25	23	16	7	19
11	12	36	25	15	5	20
8	12	18	18	18	9	20
–	–	1	–	–	–	1
16	16	17	14	7	3	7
1	1	4	2	3	3	2
7	3	13	21	11	4	16
3	2	3	1	3	–	3
–	–	–	–	–	–	–
81	102	115	146	173	337	119

13 - 19 社会保障情况(2014 - 2022 年)
Social Security(2014 - 2022)

单位:万人 (10000 persons)

项 目 Item	2014	2015	2016	2017	2018	2019	2020	2021	2022
城镇登记失业人员 Number of the Registered Unemployed Persons in Urban	4.03	3.67	3.72	3.76	4.27	5.32	9.41	12.26	8.99
城镇登记失业率(%) The Registered Rate of Unemployment in Urban (%)	1.84	1.74	1.72	1.70	1.60	1.80	2.42	2.34	
失业人员再就业 The Re - employed Persons of Unemployment	13.50	14.22	11.48	11.04	11.31	6.37	3.44	5.97	10.67
职工基本养老保险参保人数 Number of Persons in the Basic Pension Program in Urban	559.48	569.09	575.98	628.32	671.07	704.69	751.54	799.58	823.23
失业保险参保人数 Number of Persons in the Unemployment Insurance Program	331.83	349.42	374.16	413.20	459.37	486.65	523.46	563.49	576.29
职工基本医疗保险参保人数 Number of Persons in the Basic Medical Insurance Program	469.40	500.21	529.32	580.50	632.66	671.12	713.49	760.52	783.05
工伤保险参保人数 Number of Persons in the Work - injure Insurance Program	406.65	418.17	428.41	462.44	520.12	556.67	633.36	707.43	712.44
生育保险参保人数 Number of Persons in the Bear Insurance Program	309.23	324.59	349.33	390.73	430.43	457.01	514.88	553.94	619.53
城乡居民养老保险(障)人数 Number of Persons in the Urban and Rural old - age Security	103.97	99.45	95.51	88.68	85.09	83.61	81.01	81.12	79.68
城乡居民参加医疗保险人数 Number of urban and rural residents participated in medical insurance	370.81	370.50	368.21	373.93	359.74	364.75	364.60	366.36	365.88

13－20　分地区社会保障情况(2022年末)

Social Security by Region(End of 2022)

单位:人　　　　　　　　　　　　　　　　　　　　　　　　　　　　　　　　　　(persons)

地　区 Region	职工基本养老保险参保人数 Number of Employed Persons in the Basic Pension Program	职工基本医疗保险参保人数 Number of Persons in the Basic Medical Insurance Program	工伤保险参保人数 Number of Persons in the Work－injure Insurance Program	生育保险参保人数 Number of Persons in the Bear Insurance Program	失业保险参保人数 Number of Persons in the Unemployment Insurance Program
全　市 Total	**8232262**	**7830458**	**7124351**	**6195308**	**5762919**
市　区 Urban District	7630923	7316399	6724912	5844408	5496097
桐庐县 Tonglu	247537	212785	174424	155933	119709
淳安县 Chun'an	118032	117138	79813	76172	52362
建德市 Jiande	235770	184136	145202	118795	94751

主要统计指标解释

就业人员劳动报酬 指各单位在一定时期内直接支付给本单位全部就业人员的劳动报酬总额。

在岗职工工资总额 指各单位在一定时期内直接支付给本单位全部在岗职工的劳动报酬总额。

工资总额的计算原则应以直接支付给职工的全部劳动报酬为根据。各单位支付给本单位全部职工的劳动报酬,不论是计入成本的还是不计入成本的,不论是以货币形式支付还是以实物形式支付的,不论是单位自筹的资金还是上级(或政府财政部门)下拨的资金,不论是厂级单位筹集的资金还是下属车间(科室)及附属经营单位筹集的资金,均应列入工资总额计算的范围。

在岗职工平均工资 指各单位的在岗职工在一定时期内平均每人所得的工资额。它表明一定时期内在岗职工工资收入的高低程度,是反映在岗职工工资水平的主要指标。计算公式为:

$$\text{在岗职工平均工资}=\frac{\text{报告期实际支付的全部在岗职工工资总额}}{\text{报告期全部在岗职工平均人数}}$$

全社会单位 包括独立核算的机关、事业单位,非私营企业和私营企业,但不含个体工商户。

离休、退休、退职人员 指正式办理了离休、退休、退职手续,并享受相应的离休、退休、退职待遇的人员。

保险福利费用 指企业、事业、机关单位在工资以外实际支付给职工和离休、退休、退职人员个人以及用于集体的劳动保险和福利费用。

社会福利事业单位 指集中收养社会孤、老、残、幼的机构。包括由民政部门管理的社会福利院、儿童福利院、精神病人福利院和城镇集体办的福利院,以及农村集体举办的敬老院。

社会福利事业单位收养人数 包括民政部门管理和城镇及农村集体举办的社会福利事业单位中收养的老人,少年儿童,缺乏生活自理能力的残疾人员和精神病人。

商品零售价格指数 是反映城乡商品零售价格变动趋势的一种经济指数。零售物价的调整变动直接影响到城乡居民的生活支出和国家的财政收入,影响居民购买力和市场供需平衡,影响消费与积累的比例。因此,计算零售价格指数,可以从一个侧面对上述经济活动进行观察和分析。

居民消费价格指数 是反映一定时期内城乡居民所购买的生活消费品价格和服务项目价格变动趋势和程度的相对数。是综合了城市居民消费价格指数和农民消费价格指数计算取得。利用居民消费价格指数,可以观察和分析消费品的零售价格和服务价格变动对城乡居民实际生活支出的影响程度。

工业生产者出厂价格指数 是反映全部工业产品出厂价格总水平的变动趋势和程度的相对数。其中除包括工业企业售给商业、外贸、物资部门的产品外,还包括售给工业和其他部门的生产资料以及直接售给居民的生活消费品。通过工业生产价格指数能观察出厂价格变动对工业总产值的影响。

Explanatory Notes on Main Statistical Indicators

Labour Remuneration of Employees refers to total remuneration payment by various units to all their employees during a certain period of time.

Total Wages of On – the – job Staff and Workers refer to the total remuneration payment by various units to all their on – the – job staff and workers during a certain period of time.

The calculation of total wages should be based on the total remuneration payment directly paid to staff and workers. All wages and salaries and other payments to staff and workers should be calculated in, whether they are include in cost or not, paid in money or in kind, raised by the unit itself or allocated by the superior (or the financial department of the government), raised by the factory level units or by subordinate workshops (departments) and affiliated business units.

Average Wage of On – the – job Staff and Workers refers to the average wage per person during a certain period of time for on – the – job staff and workers in all units, which is a main indicator to reflect the general level of wage income of on – the – job staff and workers during a certain period of time. It is calculated as follows:

$$\text{Average Wage of On – the – job Staff and Workers} = \frac{\text{Total wages of on – the – job staff and workers actually paid in Reference Period}}{\text{Number of on – the – job Staff and workers in Reference period}}$$

Units of Whole Society includes independent accounting units of government organizations and institutions, non – private and private enterprises, but excludes individual business.

Retired and Resigned Person refers to persons who have formally gone through the formalities for their retirement or quitting from work and enjoy the corresponding treatments.

Insurance and Welfare Funds refers to labour insurance and welfare funds paid by enterprises, organizations and institutions to their staff and workers as well as retired and resigned persons individually in addition to their wages and salaries, and for collective use.

Social Welfare Institutions refer to institutions for centralized adoption of orphans, the elderly, the disabled and the young. It includes social welfare institutions run by civil affairs department, children welfare institutions, welfare institutions for mental patients, collective – owned welfare institutions and old people′s home in rural areas.

Number of People Taken in by Social Welfare Institutions refers to the number of old people, children, disabled persons and mental patients who lack self – care ability taken in by social welfare institutions run by civil affairs departments and collective units in urban and rural areas.

Retail Price Index reflects the general change in retail prices of commodities. The change and adjustment in retail prices directly affect the living expenditure of urban and rural residents, government revenue, purchasing power of residents and the equilibrium of market supply and demand, and the ratio of consumption to accumulation. Therefore, the calculation of retail price index is useful in observing and analyzing the above economic activities from one aspect.

Consumer Price Index reflects the trend and degree of changes in prices of consumer goods and services purchased by urban and rural residents in a certain period, and is a composite index derived from the urban consumer price index and the rural consumer price index. Consumer price index can be used to observe and analyze the impact of the change of consumer price and service price on actual expenditure for living cost of urban and rural residents.

Ex – factory Price Index of Industrial Products reflects the trend and degree of changes in general ex – factory prices of all industrial products, including products sold by industrial enterprise to commerce, foreign trade and materials departments, means of production sold to industry and other sectors, as well as consumer goods sold to residents. It can be used to analyze the impact of ex – factory prices on gross industrial output value.